사회복지학개론

– 사회복지의 이해 –

김 귀 환

나의 가족에게

머 리 말

인류는 14세기 페스트라 불리는 흑사병으로 유럽 인구의 1/3인 1800만 명이 사망한 이래 21세기인 2019년 갑작스럽게 발생한 코로나 19 감염병으로 정치 · 경제 · 사회 · 문화적으로 어려움을 겪고 있습니다. 의학이 비약적으로 발전하였으나 이 상황에 대한 진정한 극복을 위하여 세계가 연대하여야 합니다. 세계가 연대해야 할 이유는 또 있습니다. 그것은 모든 세계시민이 인식하고 있는 것으로 가장 중요한 덕목인 공정입니다. 그것의 실천을 위한 절대적으로 요구되는 노력은 분배입니다.

국제아동기금 유니세프(UNICEF)에서 아동기금을 모금하기 위한 홍보방송을 보았습니다. 파키스탄으로 피난 온 아프가니스탄 가족 구성원들의 삶을 소개하고 있었습니다. 생계유지를 위해 온종일 벽돌 공장에서 일하고 있는 4세 아이부터 15세 정도 청소년의 삶에 관한 이야기로 구성된 영상이었습니다. 많은 사람들이 이 영상을 본다면 정말로 많은 생각을 하게 될 것입니다.

세계정신(Weltgeist)으로서 사회복지에 대한 사회적 관심이 증대되고 있습니다. 그 증거로서 사회복지에 대한 정책적인 실천 내용뿐만 아니라 실천적 주체인 사회복지사들의 역할과 그들의 삶의 수준에 대한 국가적 관심이 사회복지사의 양적 · 질적 수준에 대한 발전적 변화가 표출되고 있습니다. 이런 현상 속에서 학문(science)으로서 사회복지가 가능한가 하는 문제가 제기되는 가운데 사회복지개론이 사회복지학개론으로 과목명이 변경되었습니다. 그러므로 사회복지학을 공부하기 위해서는 인간과 사회에 대한 다양하고 폭넓은 지식이 필요합니다.

모든 학문적 토대에 있어서 정치학개론, 사회학개론, 경제학개론, 경영학개론이 있듯이 2020년도부터는 사회복지개론이 아닌 사회복지학개론이 있습니다. 우리에게 있어서 이것은 19세기에 사회학이란 학문이 등장한 이래로 학문적으로 매우 의미가 있습니다. 사회복지학개론은 학문적으로 사회복지에 대한 가장 핵심적인 것들이면서도 보편타당한 것들에 대한 정리이지만 그것은 체계적이어야 합니다. 그러므로 그것은 한편으로는 가장 기본적인 것들이면서도 포괄적인 것이라고 할 수 있지만, 다른 한편으로는 사회복지의 가장 중요한 것들이면서도 논쟁적인 것들이라고도 간주할 수도 있는 것입니다. 사회복지학개론은 사회복지에 연관된 모든 분야에 대한 포괄적인 설명과 분석

나의 가족에게

머 리 말

인류는 14세기 페스트라 불리는 흑사병으로 유럽 인구의 1/3인 1800만 명이 사망한 이래 21세기인 2019년 갑작스럽게 발생한 코로나 19 감염병으로 정치 · 경제 · 사회 · 문화적으로 어려움을 겪고 있습니다. 의학이 비약적으로 발전하였으나 이 상황에 대한 진정한 극복을 위하여 세계가 연대하여야 합니다. 세계가 연대해야 할 이유는 또 있습니다. 그것은 모든 세계시민이 인식하고 있는 것으로 가장 중요한 덕목인 공정입니다. 그것의 실천을 위한 절대적으로 요구되는 노력은 분배입니다.

국제아동기금 유니세프(UNICEF)에서 아동기금을 모금하기 위한 홍보방송을 보았습니다. 파키스탄으로 피난 온 아프가니스탄 가족 구성원들의 삶을 소개하고 있었습니다. 생계유지를 위해 온종일 벽돌 공장에서 일하고 있는 4세 아이부터 15세 정도 청소년의 삶에 관한 이야기로 구성된 영상이었습니다. 많은 사람들이 이 영상을 본다면 정말로 많은 생각을 하게 될 것입니다.

세계정신(Weltgeist)으로서 사회복지에 대한 사회적 관심이 증대되고 있습니다. 그 증거로서 사회복지에 대한 정책적인 실천 내용뿐만 아니라 실천적 주체인 사회복지사들의 역할과 그들의 삶의 수준에 대한 국가적 관심이 사회복지사의 양적 · 질적 수준에 대한 발전적 변화가 표출되고 있습니다. 이런 현상 속에서 학문(science)으로서 사회복지가 가능한가 하는 문제가 제기되는 가운데 사회복지개론이 사회복지학개론으로 과목명이 변경되었습니다. 그러므로 사회복지학을 공부하기 위해서는 인간과 사회에 대한 다양하고 폭넓은 지식이 필요합니다.

모든 학문적 토대에 있어서 정치학개론, 사회학개론, 경제학개론, 경영학개론이 있듯이 2020년도부터는 사회복지개론이 아닌 사회복지학개론이 있습니다. 우리에게 있어서 이것은 19세기에 사회학이란 학문이 등장한 이래로 학문적으로 매우 의미가 있습니다. 사회복지학개론은 학문적으로 사회복지에 대한 가장 핵심적인 것들이면서도 보편타당한 것들에 대한 정리이지만 그것은 체계적이어야 합니다. 그러므로 그것은 한편으로는 가장 기본적인 것들이면서도 포괄적인 것이라고 할 수 있지만, 다른 한편으로는 사회복지의 가장 중요한 것들이면서도 논쟁적인 것들이라고도 간주할 수도 있는 것입니다. 사회복지학개론은 사회복지에 연관된 모든 분야에 대한 포괄적인 설명과 분석을 시도해야 할 것입니다. 여기서는 이론적으로나 실천적으로 그리고 논쟁적인 사회복지에 관한 모든 것들이 심층적이면서 백과사전식의 개괄적으로 다루어질 것입니다. 왜냐하면 사회복지에 입문하기 위해서는 사회복지에 연관된 가장 기본적이고 기초적인 것들뿐만 아니라 사회복지에 있어서 다양한 논쟁적 이해도 요구되기 때문이다.

인간의 욕망과 욕구는 영원하고 무한정하다는 것은 변하지 않는 현실입니다. 이런 진실 속에서 정권이 바뀔 때마다 국민은 그대로이고 그 삶도 그대로인데 삶의 질적 양적 수준에 대한 논란은 그치지 않고 있습니다. 그에 대한 논쟁의 중심에는 사회복지가 있습니다. 사회복지는 인간의 삶의 증진을 위한 수단인 동시에 목적이기도 합니다. 그러므로 사회복지는 매 순간마다 변화하는 인간의 삶을 위해 준비하고 대변해야 하는 살아있는 생물체와 같은 것입니다.

복지는 개별적 인간 삶의 중심이라 할 수 있습니다. 왜냐하면 모든 인간은 인간답게 살기를 원하고 그렇게 노력하기 때문입니다. 어느 누구도 의도적으로 자신이나 타인을 막 다루는 사람은 없을 것입니다. 혹자들은 그런 사람들이 있다고 합니다. 현실에는 실질적으로 그러한 삶을 살고 있는 사람들이 많이 있습니다. 많은 사람들은 그런 사람들이 문제가 있다고들 합니다. 그러나 그것은 현대사회에서 사실이 아닐 것입니다. 사랑과 관심이 없는 사회가 문제일 것입니다. 그러므로 사회복지는 사회구성원들의 삶에 있어서 발생하는 어려움을 개인적 차원에서 사회적 차원으로 인식의 전환이라 할 수 있습니다.

사회복지학개론은 사회복지에 연관된 이론이나 실천에 있어서 학문적 접근을 위한 총론이라 할 수 있습니다. 그러므로 사회복지개론은 학문적인 측면에서 사회복지와 관련된 것들을 총괄하는 역할 수행하는 매우 중요한 지침서라 할 수 있습니다. 그러므로 사회복지개론은 인간의 삶에 연관된 가장 기본적인 것이기도 하지만 가장 현실적이어야 하고 논쟁적인 것들에 대하여 논의되어야 합니다. 그것을 위하여 사회복지에 입문하는 독자들에게 가장 중요하고 필수적인 요소들을 담아서 사회복지의 모든 것을 체계적으로 이해할 수 있고 전할 수 있도록 정리되어 있어야 합니다. 이 책은 이런 측면에서 사회복지에 대하여 접근하여 서술될 것입니다. 아주 구체적이면서 총괄적인 사회복지에 대해 기술될 것입니다. 이런 측면에서 사회복지학개론은 사회복지의 백과사전이라 할 수 있을 것입니다. 그것을 위하여 우리에게 있어서 사회복지뿐만아니라 한국의 사회복지를 설명하는 장에서는 사회사업(social work)에 대한 이해가 필요하며, 사회복지라는 용어를 사용하면서 사회사업을 규명할 것입니다.

여기서 사회복지학개론은 사회복지에 관심이 있는 전공자나 비전공자 모두 읽을 수 있는 교양서적 사회복지입문 등을 포함하여 그동안 사회복지에 관한 여러 분야의 저술된 책들을 종합적으로 정리한 결과물로서 사회복지에 관한 백과사전이라 할 수 있습니다. 그것을 위하여 사회복지에서 논의되고 있는 보편적인 사항들에 정리가 필요한 것입니다. 그러므로 4차 산업혁명 시대의 도래를 준비하고 있는 이 시대에 이 책을 통하여 시대적 사명으로 사회복지 연관된 모든 것들에 대한 다양한 사고들을 논하는 것은 가치가 있다고 봅니다.

이 책은 다섯 분야로서 구성되어 있으며 각 분야는 내용적인 측면에서 사회복지를 과거 현재 미래로 서술되어 있습니다. 제1부에서는 사회복지에 대한 총론으로서 기본적인 사항으로 개념이나 역사, 의미 등을 살펴볼 것입니다. 제2부에서는 사회복지의 역할을 수행하는 구조와 그 요소들 대한 분석을 시도합니다. 제3부에서는 사회복지의 각론으로 사회복지학에서 다루어지는 분야를 소개합니다. 제4부에서는 사회복지의 다양한 제도들을 수립할 수 있는 토대로서 사회복지에 연관된 법들에 대한 소개와 분석할 것입니다. 마지막으로 제5부에서는 사회복지의 미래에 대해서 논합니다. 사회복지의 방향이나 직업으로서의 사회복지사 그리고 사회복지 실현을 위한 토대인 사회복지 정책에 대하여 논하게 될 것입니다.

사회복지학에서는 많은 그리고 다양한 논의가 이루어져야 합니다. 항상 긍정적 의미에서 사회복지가 현대사회에서 최선이며 최고의 덕목이라는 이야기에 대한 고민도 매우 중요합니다. 또한 사회복지가 잘 사는 것도 추구하지만 더불어 사는 삶을 중요한 덕목으로 추구해야 하는 것도 사실입니다. 그것은 관심과 배려일 것이며 민주주의의 목적일 것입니다. 이 책을 통하여 독자들이 사회복지에 대한 깊은 사고와 사색의 시간을 즐길 수 있기를 바랍니다. 우리에게 있어서 그리고 세계시민에게 있어서도 사회복지는 해야 할 일도 많고 그 길은 멀고도 험하지만 중단하거나 멈출 수 없는 임중도원(任重道遠)이고 공재불사(功在不舍)한 분야인 것입니다.

끝으로 이 책이 나오기까지 수고해주신 관계자분들과 박철용 회장님에게 감사를 드리며, 나의 아내 신선화와 딸 김노은에게도 아울러 고마움을 전합니다.

2021년 2월

순천에서 김귀환

목 차

제2부 사회복지의 구조

제3부 사회복지의 분야

제4부 사회복지와 법

제5부 사회복지의 미래

그림 목차

표 목차

제1부

사회복지로의 접근

여기서는 사회복지의 이론적 측면을 포괄적으로 접근한다. 그것을 위하여 사회복지의 의미나 개념 그리고 역사적 태동과정이나 사회적 기능 그리고 사회복지의 변화와 발전에 대하여 연대기적으로 다루어질 것이다. 사회복지에 대한 윤리적 접근은 매우 중요하다. 왜냐하면 오늘날 서로 돕고 나누는 것은 매우 중요하고 권하는 것임에도 불구하고 그 제한과 한계에 이해에 대한 정확함이 요구되기 때문이다. 그러므로 사회복지의 실천적 접근을 위해 사회복지에 대한 전문성을 논하는 것 또한 매우 중요한 사회복지의 전제가 될 것이다.

제 1 장 사회복지의 개념

산업혁명 이후 전 세계적으로 사회복지와 복지국가에 대한 이해와 추구는 국가의 존재 이유이다. 이러한 시대적 흐름에 동참하기 위해 우리 사회에서 사회복지에 대하여 그리고 그 개념에 관하여 이야기할 수 있다는 사실이 매우 놀라우면서도 반가운 일이다. 왜냐하면 그동안 우리 사회의 경제적 발전에 대한 놀라움 그리고 사회복지가 다른 나라의 일처럼 너무 멀리 그리고 생소한 단어로 다가왔기 때문이다. 본래적으로 사회복지(Social Welfare)는 사회의 구성원들이 고르게 잘 사는 것에 대한 추구를 의미한다. 이론적인 측면에서 사회복지의 실현은 정책적으로 연관된 사회복지에 대한 이데올로기적인 접근으로 잔여적(선별적, 선택적)이거나 제도적(보편적)이라는 개념적 토대에서 출발한다. 이것은 사회구성원들의 잘 살기를 원하는 것에 대한 욕구나 욕망의 해결을 위한 접근방식인 것이다. 그것을 다른 식으로 이야기한다면 사적인 욕망의 해결로부터 사회복지적인 삶의 추구라고 부를 수 있을 것이다. 그러므로 사회복지에 있어서 중요한 사실은 잘 사는 것이 어떤 것이며 어떻게 잘 살아야 하는 것뿐만 아니라 문제해결을 위한 방법론적인 문제제기에서 출발한다는 것이다. 그 방식은 정치적인 것이며 정치적 결정인 것이다. 이런 이유로 많은 사람들은 사회복지를 매우 정치적인 것으로 간주하고 있는 것이다.

1. 사회복지와 사회복지학의 의미

복지(Welfare)란 어원적으로 well(적절하고 충분히)과 fare(살아가다, 되어가다)로 이루어진 단어이다. 오늘날에는 복지는 사람들의 만족상태와 행복한 정도를 규정하는데 이야기되고 있는 일상적인 용어이다. 그러므로 복지라는 의미는 매우 사적인 개념으로 사용되었다. 왜냐하면 본질적으로 복지는 개인의 본능에 충실한 경제 인간(homo economicus)으로서 인간의 사적 욕망과 그 만족을 위해 사적 노력과 관계되어 있기 때문이다. 그러나 복지에 대한 개념적 변화는 산업화에 의한 사회의 복잡화와 다양화 등으로 사회구성원들의 삶에 불평등 문제가 심화되면서 그 문제해결을 위하여 복지에 대한 사회복지라는 공적인 개념이라는 포괄적 접근을 의미하게 되었다. 이것을 위한 학문적 접근으로 둘 이상의 개인이 모인 집단에 대한 규정인 사회와 사회구성원들의 삶에 대한 실천적 의지의 체계화의 결과물이 사회복지학(Department of Social Welfare)이다.

1) 사회복지의 개념

사회와 국가를 구성하는 주체로서 인간의 의지는 잘 살기 위한 욕구와 욕망을 추구하고 실현하려고 한다. 이것을 위한 시대의 변화에 따라 인간의 욕구에 부응하는 다양한 제도 구축의 결과를 사회복지라고 할 수 있다. 그러므로 국가와 사회는 의무와 책임을 제도적으로 그것을 뒷받침해야 하는 것이다.

(1) 사회복지의 개념

인간은 인간 개개인들이 모여 살면서 공동체(community)로서 사회(society)라는 것을 형성하였다. 각각의 사회들이 형성되면서 국가가 만들어지는 동안 인류는 인구의 폭발적인 증가를 경험하였으며 그에 따른 사회는 더욱 복잡해지고 있었다. 그것은 인간에게 복잡하고 다양한 문제들의 발생을 의미하였다.

산업혁명과 자본주의 체제 하에서 인간에게 발생하고 발생하였던 많은 문제들 중에서 근본적 문제의 핵심은 경제적 불평등이다. 경제 분야에 있어서 이러한 사회문제는 사회복지에 대한 개념적인 측면에서 사회보장제도의 출발점이라고 할 수 있다. 왜냐하면 그것은 소득불평등으로 인한 사회문제의 해결을 유럽에서는 사회복지보다는 사회보장이나 사회정책이란 개념을 사용하였기 때문이다. 역사적인 측면에서 이런 문제들을 해결하기 위하여 16세기 영국에서 인간의 삶에 대한 제도적 보장을 위한 접근이 시작되었고 시민사회와 산업혁명 이후 유럽 국가들의 사회보장과 사회복지에 대한 국가적 관심이 증대하였던 것이다. 역설적이지만 사람들이 이 시기부터 프랑스의 교육철학자 장 자크 루소(Jean-Jacques Rousseau, 1712~1778)가 이야기한 것처럼 공동체 사회구성원들 간의 삶에 있어서 양적 질적 차이의 심화와 불평등에 대한 의식이 나타나기 시작한 것이다[1].

여기서 사회복지의 등장과 발전적 토대는 원시적 사고로서 복지의 원론적 의미인 개인적 차원의 도덕적 원리와 종교적 가치와 관련되어 있다. 그러므로 사회복지는 한편으로는 물질을 통하여 실천되기도 하지만, 다른 한편으로는 탈물질주의(post-materialism)를 지향하며 발전된 사회제도라고 할 수 있을 것이다. 그 이후 현대 산업사회에서 그것은 노동이 삶을 유지시킬 수 있는 근원이기에 노동과 사회복지의 조화로운 발전이 모든 사회의 핵심적 과제로 되었다는 것을 의미한다. 그 과제는 개인적 의미에서 그리고 사회적 차원에서 복지의 실천적 의미로서 사회구성원들을 잘 먹이고 잘 살게 하는 것이다. 그것을 위하여 어려움은 있지만 사회 전체적인 측면에서 두 가지 방식으로 진행되어 왔다. 하나는 산업화 이전이나 산업화의 초기에는 개인적 차원에서 복지에 대한 이해가 진행되었을 것이다. 다른 하나는 극복할 수 없을 것 같던 산업의 고도화와 인구의 증가, 부의 확대, 전쟁 발발 등의 전 지구적인 문제들은 사회적 의미에서 사회복지제도나 정책을 통하여 더불어 잘 먹고 잘살 수 있는 사회 건설을 증진시켰다고 볼 수 있다.

---

1) 루소는 그의 인간불평등의 기원론에서 불평등의 역사를 1. 사람의 수가 증가하면서 공동체가 형성되었다. 2. 공동체 속에서 개인들은 남을 의식하기 시작하였다. 3. 존재가 사유화되면서 사람의 가치는 존재에서 소유로 재정립되었다. 4. 생산수단이 사유화되면서 인간은 소유에 종속되어 갔다고 적고 있다.

정리한다면 사회복지의 의미는 시대적으로 정도의 차이는 있지만 양적으로나 질적으로 인간의 삶에 대한 증진을 목적으로 한다는 것이다. 이것을 위하여 한편으로는 도덕적인 측면 그리고 종교적인 측면에서 개인적 관심과 배려가 시작되었다. 그러므로 그 목적과 연관하여 사회복지의 핵심적 기능은 협의의 의미에서 사회적 약자들에 대한 보호서비스의 제공에 있다. 또한 그 배려와 관심은 사회복지의 기능의 토대로서 광의의 의미로서 국가적으로 그리고 사회적인 측면에서 사회복지의 제도화로 발전하고 있다.

(2) 사회복지 이념적 토대

사회복지의 개념을 실현하기 위해 사람들에게는 인간의 삶에 대하여 고려하고 있는 사회복지의 기본적인 것들이 있다. 사람들에게는 그것이 사회복지의 이념이라고 할 수 있을 것이며 아래와 같이 고려될 수 있을 것이다.

첫째, 사회복지의 근원적 가치는 평등이다. 왜냐하면 더불어 잘 산다는 것이 평등을 의미하기 때문이다. 그러나 사회복지의 목적이 모든 사회구성원들의 평등한 삶을 추구하는 것이지만, 단순히 산술적 평등에 대한 논쟁의 여지가 있는 것이 사실이다. 이것은 경제적 평등뿐만 아니라 인간으로서 누릴 수 있고 누려야 할 모든 것들에 대한 평등을 의미한다.

둘째, 복지국가에서 평등한 삶은 사회구성원들의 똑같은 삶이 아닌 다양한 삶을 의미한다. 또한 이것은 능력에 따른 삶을 의미하는 것이 아닌 인간으로서의 생존권에 대한 완전한 보장을 전제하는 경쟁적 구도 하에서 추구되어야 한다.

셋째, 사회복지는 미래 사회의 생산성을 제고해야 한다. 그러므로 정책적인 측면에서 사회복지는 산업계에서 불고 있는 4차 혁명이나 5차 혁명과도 같은 미래 사회구성원들의 소득을 담보할 수 있는 가치나 능력을 통하여 경제적 효과를 가져올 수 있는 분야로 간주될 수 있는 것이다.

넷째, 사회복지는 사회구성원들의 참여를 목적으로 한다. 결자해지의 측면에서 사회복지는 정부정책에 의한 삶의 증진뿐만 아니라 사회구성원 상호 간의 배려와 관심과 같은 자발적 참여가 목적인 것이다.

결론적으로 논의된 사회복지의 실천적 토대로서 평등, 다양성, 생산성 그리고 참여라는 요소들의 구성 방식에 따라 사회복지의 이념이 정해지는 것이다. 예를 들자면 그것은 복지국가의 이론적 구분으로 잔여적 복지 또는 보편적 복지 등 사회복지의 실천 이념으로 설명될 수 있을 것이다.

2) 사회복지의 주체

사회복지의 주체란 사회복지를 실천하고 실현하는 데 연관된 사람이나 사물들이다. 사회복지는 사회구성원들의 생활상의 기본적 욕구를 충족시키면서 사회관계의 구조적 모순을 극복, 예방하여 기본적 인권을 옹호하려고 하는 사회복지 주체들의 사회활동의 총체를 의미한다. 그러므로 사회복지 실현의 주체인 사회구성원들은 —사회복지사를 포함하여— 사회복지를 이해할 수 있는 능력을 통하여 사회복지의 현황과 문제, 변화방향을 거시적으로 이해하는 안목을 지녀야 할 것이다. 이런 측면에서 사회복지에 대한 학문적 분석은 필요하다.

사회복지학 사전에 의하면 사회복지의 주체는 정책주체, 실천주체, 운동주체 등 세 유형의 주체로 구성되어 추진된다고 규정되어 있다. 그러므로 사회복지 주체의 유형들은 타인에 대해 자기의 의사를 펼치는 행동의 장본인을 의미하며, 예를 들어 사회복지 주체로서 사회복지의 행동의사를 실현하는 국가 및 지방 공공단체, 민간단체 및 지역주민들이 사회복지 목표나 설정을 아래와 같이 각각의 상황에 따라 정하는 것이다.

첫째, 정책주체로서 국가는 사회복지의 실질적 주체로서 권력을 통한 사회복지 실천의 주체로서 그 자체가 사회복지의 목적이며 수단이라 할 수 있다. 그러므로 현대국가는 복지국가를 지향하며 정부는 국민의 복지증진을 위해 효과적으로 자원을 동원하고 효율적으로 분배하는 기능을 수행한다. 그것을 위하여 국가는 경제적 번영과 사회의 안정(건강, 교육, 주택, 물질적 안정)을 통해 인간의 복지를 방해하는 재난과 위험으로부터 보호를 담당하는 정책을 제공한다[2].

둘째, 국가의 실천적 토대는 사회복지의 각론 분야라고 할 수 있다. 예를 들어 사회복지정책, 장애인복지, 노인복지, 아동복지, 청소년복지 등 각 분야들은 지방공공단체, 민간단체에 의해 구체적으로 실천되고 집행된다. 사회복지의 다양한 정책들의 실천주체로서 사회복지에 대한 전문적 소양을 쌓은 그들에 의해 현실화되는 것이다. 학문적인 측면에서 이런 실천적 토대를 견고히 하고 사회복지의 제도화를 위한 사회복지학은 그것을 효율적으로 실행하기 위해 뒷받침하고 있다.

셋째, 사회복지 실천의 주체들은 사회복지 근대화의 시대적 요청에 의해 그리고 사회복지 수요자(client) 및 사회구성원들이나 주민들 중심의 운영, 지역사회 전체의 사회적 제 요인들에 대한 통합적 관점, 전문직 처우의 고도화를 관리목표로 설정하고 있다. 그들은 그 활동의 진행 관리, 내부 감사, 정보 처리를 엄격히 하여 그것에 적합한 기동성을 도모하기 위해 동태적인 조직의 확립과 그것에 필요한 직원의 육성에 노력해야만 한다. 관리체계의 확립과 능력개발을 위한 운영에는 집중적 관리와 분산적 통제의 균형이 요구된다. 그러나 사회복지의 실천 주체의 공공적 성격이 강화됨에 따라 민간기업이 지닌 합리성이나 진보성에 뒤떨어지는 매너리즘(mannerism)이 발생하기 쉬운 면도 지적되고 있다. 이와 같이 제기된 문제들을 극복하기 위하여 공립 민영조직을 육성하여 공영과 경쟁시키는 것이 필요하다는 주장이 나타났으며 실질적으로 운영되고 있다.

정리한다면 실천적 측면에서 사회복지는 공공복지분야와 민간복지분야로 구분하여 살펴볼 수 있을 것이다. 전자는 국가나 지방정부에 의해 실천되는 사회복지를 의미하며, 후자는 민간에 의한 그리고 민간이 운영하고 있는 시설이나 복지기관에 의해 추진되는 복지라고 할 수 있다. 우리나라의 경우 사회복지는 1950년 한국전쟁 이후에는 대부분 외국원조에 의존을 통하여 이 분야에 깨어있던 개인들

2) 사회복지를 추구하는 집단에 대한 명칭으로 복지국가와 복지사회라는 용어가 사용되고 있다. 이 두 단어는 복지의 주체와 대상과 범위 및 수단이 무엇이냐에 따라 구분된다. 복지국가는 정부가 사회복지의 주체가 되고 대상과 범위도 정부가 결정하여 사회복지를 구현하고 있다. 반면 복지사회는 사회복지 주체도 다양하고 대상도 사회 일반으로까지 범위가 포괄적이라고 할 수 있다. 사회복지 주체로서 개인과 공동체, 집단과 회사가 모두 주체가 되고 기초적 복지 개념을 훨씬 뛰어넘는 적극적이고 포괄적인 그리고 전반적 복지의 총칭으로 볼 수 있다. 누구나 인간답게 행복한 삶을 살 수 있는 모든 사회적 조건과 환경을 조성하는 것을 복지의 지표라고 할 때, 진정한 복지사회의 추구는 끊임없이 진행될 것이다.

에 의해 진행되었다. 그것을 통해 민간복지의 토대가 형성되었으며, 그 이후 국가경제가 미약했던 1970년대 1980년대까지 기관의 대부분이 개인이 설립한 법인에 의해 운영되는 민간복지기관에 의해 사회복지가 실천되었다. 사회복지라는 개념이 본격적으로 도입되었던 1990년대 후반부터는 사회복지가 국가적으로 체계화가 진행되면서, 한편으로 재정적인 지원을 통하여 공익법인으로 유도하면서 다른 한편으로는 국가가 만든 기관을 법인에 위탁 운영하는 방식이 진행되었다. 현실적으로 우리나라의 사회복지는 기관복지라고 할 수 있으며, 그것은 국가에 의해 만들어진 많은 기관들이 민간에 의해 만들어진 법인에 운영되기에 민간에 의해 주도되는 사회복지라 할 수 있을 것이다. 아래의 〈표 1-1〉은 공공복지와 민간복지에 대한 장단점을 비교·분석한 것이다.

▼ 표 1-1 공공 사회복지와 민간 사회복지의 장단점 비교

구분	공공복지	민간복지
장점	• 재정적으로 안정 • 국민 최저생활의 보장 • 서비스 제공의 보편성과 지속성 • 형평성, 책임성의 담보 • 서비스에 대한 접근은 청구권적 의미	• 법적 한계를 넘어서는 개인의 욕구에 직접적으로 대응 용이 • 국가에 대해 대상자의 입장에서 비판 • 수혜 대상자의 자존심 유지 • 독창적인 서비스 개발용이 • 서비스 제공의 다양성과 프로그램 개발의 혁신성
단점	• 관료적, 획일적인 운영 • 탄력성과 융통성 결여 • 복지욕구를 위한 법적 토대의 형성에 있어서 즉각적 대응이 어려움 • 지역 간의 격차 발생	• 재원확보의 불확실성 • 보편적이고 지속적인 서비스 제공의 어려움 • 자혜적, 시혜적 성격 • 서비스의 선별적인 제공

내용적으로 공공복지는 거시적인 측면에서 재정이나 서비스에 연관된 정책 등의 사회복지의 틀을 조성하고, 민간복지는 그 틀 속에서 사회복지현장에서 클라이언트를 위한 미시적이고 구체적인 실행을 담당하고 있다. 일반화할 수는 없지만 공공복지를 중심으로 사회복지정책을 실천하는 국가를 보편적 복지국가로 부르고 있으며 민간복지를 정책적 기조로 삼아서 사회복지를 실천하고 있는 국가를

잔여적 복지국가로 구분할 수도 있을 것이다. 이와 같이 총체적으로 사회복지를 실현하고 있는 국가들을 복지국가라고 규정할 수 있을 것이다.

결론적으로 사회복지는 개인적인 측면에서뿐만 아니라 사회적인 차원에서 접근하면서 그 의미를 부여받기도 하지만, 국가적인 측면에서 사회복지의 의미로서 복지국가의 공공성을 추구하는 정책이라 할 수 있을 것이다. 이러한 의미를 부여하기 위하여 사회복지는 예를 들자면 건강보험과 같은 기관이나 시설의 조직적인 활동과 같은 것으로 개인이나 집단, 국가 등이 개인이나 집단의 공적인 도움을 통하여 일상적인 생활 속에서 그리고 건강상 만족스러운 기준에 도달할 때까지 행해지는 계획적인 사회적 서비스라고 할 수 있다. 그러므로 사회복지는 한편으로는 이상적이기도 하지만 거시적 개념으로서, 다른 한편으로는 사회복지의 대상에 대한 구체적인 측면에서뿐만 아니라 전 국민을 대상으로 일반적이고 보편적인 그리고 예방적이면서 적극적이면서 생산적인 방식으로 그리고 제도적이고 정책적인 것들의 조화로운 발전을 통하여 사회통합을 추구하고 있는 것이다. 그러므로 경제적인 측면을 포함하는 국가의 폭넓은 지원을 통한 체계화와 학문적으로 사회복지학의 이론적인 지원을 통하여 복지국가가 건설되는 것이다.

3) 소결
– 사회복지학 –

많은 사람들에게 전공에 대하여 질문한다면 사회학이나 철학, 경영학, 수학 등의 명칭으로 대답하는 것을 들을 수 있다. 그런데 사회복지를 전공하는 학생들은 자신들의 전공에 대하여 사회복지학이 아닌 사회복지를 전공한다는 답을 듣게 된다. 우리에게 익숙해 있는 사회복지보다는 사회복지학이라는 명칭이 내용적인 면은 차치하더라도 외형적으로 이론적이고 체계적으로 보일 수도 있다.

사회복지학은 이론과 실천의 관계에 있어서 학문적으로 사회복지가 가능한가라는 문제제기에 대한 체계화라고 할 수 있다. 인간의 삶의 과정 속에 사회복지분야의 발전과 이론적으로 문제해결을 위한 논쟁의 요소들은 항상 존재하고 있다. 이런 측면에서 인간의 삶의 질적 증진을 위해 무엇인가 해야 하는 것처럼 존재가 사유를 결정한다는 칼 마르크스(Karl Marx, 1818~1883)의 관점은 사회복지의 학문적 존재 이유라 할 수 있을 것이다.

학문적 발전은 수많은 연구와 조사와 그에 대한 시행착오를 통하여 예외적 현상을 감소시키면서 진행된다. 그것은 많은 시간을 요구하는 역사적 과정이라 할 수 있을 것이다. 세상에는 인간의 다양한 관심을 통하여 변화하고 발전하여 왔다. 그 인간의 관심이 체계화되어 정리되는 과정이 학문화하는 것이라 할 수 있다. 즉 한 분야에 대한 체계화란 관심에 대한 예외가 감소되는 것을 통한 이론의 정립인 것이다. 모든 학문에는 그것에 대한 총체적인 접근을 위한 설명이 요구된다. 일반적으로 학문적인 측면에서 그것을 개론으로 부르고 있다. 사회복지학은 학문적인 측면에서 가장 논쟁적으로 새롭게 등장한 분야이다. 그러나 실질적으로 인간의 삶이 자체가 사회복지를 의미하기에 그 역사는 인류의 역사와 함께하였다고 볼 수 있을 것이다.

사회복지의 실천적인 면으로 사회복지정책은 사회복지학과 깊은 연관성이 있다. 사회복지정책학은 사회복지학과 정책학(policy science)[3]의 복합어이다. 그런데 사람들은 사회복지정책학이 아닌 사회복지정책론이라 부르고 있다. 그 이유는 이론적으로 논쟁의 요소가 존재하고 있다는 것이다. 그러므로 사회복지개론에서 사회복지학개론으로의 명칭 변경은 사회복지가 단일 학문으로서 인정받고 있음을 의미한다.

그러므로 사회복지는 사회적, 제도적 정치·경제적으로 접근하여야 하며, 사회복지의 발전이란 사회경제적 수준에 상응하는 복지의 질적 변화를 통한 인간의 삶을 위한 사회환경의 건설을 의미한다. 그것을 실천하기 위한 정책적 측면에서 사회복지의 개념은 두 가지 측면에서 구분하여 살펴볼 수 있다. 하나는 사회복지 실천의 범위를 사회적 약자와 요보호 대상자만을 한정하는 협의적인 개념과 다른 하나는 포괄적인 의미에서 모든 사회구성원들의 삶을 국가나 사회가 책임지는 광의적인 개념이다. 전자의 의미에서 사회복지는 그 대상이 사회적 약자나 요보호

3) 정책학은 정책에 있어서 합리성의 탐구에 대한 고찰, 합리성의 추구 시 발생할 수 있는 모순의 관리 그리고 그것을 극복하기 위한 정책의 선택에 관한 것들을 연구한다.

대상자 등 사회 일부에 국한되며, 복지서비스도 의식주와 기초의료 등을 중심으로 제공된다. 후자의 의미에서 사회복지는 원칙적으로 사회구성원 전체를 대상으로 하고, 제공되는 복지서비스도 의식주는 물론 의료, 교육, 주택, 노동, 재해, 노후 등 사회생활을 해나가는 데 경험하게 되는 대부분의 삶의 요소들과 관련되어 있다. 그러므로 사회복지는 욕망의 차원에서 개인의 삶이 아닌 공적인 차원의 사회나 집단 국가의 복지에 대하여 체계적으로 접근해야 하는 것이다.

2. 사회복지의 목적

사회복지의 목적을 어의적으로 분석할 수 있다면, 한편으로는 사회복지를 뜻하는 Social Welfare라는 단어에서 Welfare는 좋다는 의미의 'wel'과 상태라는 의미의 'fare'가 합쳐진 것으로 결국 좋고 만족스러운 상태를 의미한다는 것이다. 다른 한편으로 사회복지의 목적 실천을 위한 내용에 대한 접근이다.

사회복지의 목적을 실천하기 위하여 사회복지의 규정과 역할 그리고 기능에 대한 분석은 매우 중요하다. 왜냐하면 오늘날 현대사회에서 변화와 발전이 오히려 무한 경쟁구조로 이어지고 있어 불편한 것이 사실이지만, 사회구성원들이 인식하고 있듯이 사회복지의 목적은 사회복지의 기능(social welfare function)과 역할의 실현이기 때문이다. 그것에 대한 축약된 의미는 결국 사회구성원들의 삶의 질적·양적 증진인 것이다. 이것을 위하여 사회복지실천은 매우 중요하다. 사회복지실천의 장에서 사회복지의 주체 간의 상호작용을 통하여 사회복지정책을 토대로 사회복지의 목적이 실현되는 것이다.

원시시대과 같은 비경쟁적 구도에서 정책적으로 사회복지의 목적에 도달하는 데에는 많은 문제들은 발생하지 않았다. 그러나 오늘날과 같은 치열한 삶의 현장에서 사회복지의 목적을 실현하기 위해서는 경쟁적 구도 속에 복지서비스를 제공하는 당사자와 서비스를 제공받는 클라이언트 사이에서는 다양한 문제들이 발생하고 있다. 여기에서 이런 문제들을 해결하기 위하여 민간 주체와 공적 주체 그리고 사회복지를 위한 자원 등이 사회복지정책적인 접근을 하는 것이다. 전자에는 법인형태의 종교단체 및 기업, 자선단체 등이 속하며 이들에 의해 제공되는 복지를 민간 사회복지라고 한다. 후자에는 국가와 지방자치단체 등이 포함되며 이에 의해 제공되는 복지를 공적 사회복지라고 한다[4].

일반적으로 사회복지의 목적 실현은 다양한 정치 · 경제 · 사회적 자원에 대한 규정과 기능 역할에 있어서 민간복지에서 공공복지로의 전환을 의미한다고 볼 수 있다. 이것은 사회복지 기능의 변화라기보다는 복지국가에 있어서 잔여적 복지로부터 보편적 복지로 정책적 전환을 의미하는 것이다.

1) 사회복지와 사회문제

사회복지의 목적은 사회구성원들이 더불어 잘 먹고 잘사는 것이다. 이것은 가장 중요하면서 가장 간단한 과제임에도 불구하고 국가적으로 가장 중대한 사회문제로 간주되고 있다. 왜냐하면 사회문제의 대부분이 인간의 삶과 연관되어 있으며 인간의 삶에 대한 것들을 복지라고 할 수 있기 때문이다.

사회문제는 일반적으로 그 사회구성원들이 공유하고 있는 문제를 의미한다. 사회문제는 고정되어 있는 것이 아니라 한 사회의 구조적 특성에 따라 사회문제로 규정되기도 하고 그렇지 않기도 한다. 사회적 위험으로 고용, 노동, 소득에 있어서 증가하는 불안정과 불평등이 현대사회의 중요한 문제로 간주되고 있다. 예를 들어 그동안 사회문제의 구조적 특성으로 간주되었던 것으로 자본주의 경제체계, 산업화, 도시화[5] 그리고 핵가족화 문제 등, 그것을 통하여 야기되는 빈곤문제, 질

4) 대부분의 논자들과 사회복지와 연관된 책들은 사회복지와 주체와 객체를 구분할 때, 주체는 국가나 기관으로, 객체는 클라이언트, 즉 사회복지의 대상으로 간주한다. 이것은 좁은 의미에서는 사회적 약자들이지만 넓은 의미에서는 모든 사회구성원들이 대상이 되며, 사회구성원들은 사회복지의 객체라는 의미가 성립된다. 사회구성원들은 사회복지의 주체이면서 객체라는 접근도 가능하다.

5) 인클로저(Enclosure) 운동은 단어 뜻 그대로 울타리를 치는 것으로부터 파생된 사회문제이다. 6세기경 영국의 상황은 농노들의 비참한 생활 속에서 지주들의 농사보다 모직산업의 수익성을 인식하여 농토에 울타리를 만들어 양을 치는 목양지로 전환하는 일 나타났다. 이후에 이런 상황은 산업혁명의 원동력이 되었으나 농민이 노동자로 전락하여 도시 빈민으로 되는 사회문제가 발생하였으며, 그 과정은 농토 → 목양지 → 농민이동 → 노동자 → 도시 빈민으로 진행된다.

병문제, 실업문제, 노후문제, 환경문제, 육아문제 등과 같은 문제들이 속할 것이다. 그럼에도 불구하고 이러한 사회문제들은 현대 산업사회에서 필연적으로 발생하게 되는 개인적 차원의 문제뿐만 아니라 사회구조적인 측면에서 발생하는 문제들을 의미하기도 한다. 이 두 가지 차원의 문제는 별개의 것이 아닌 상호 연관성을 가지고 있다. 이와 같은 문제들의 해결을 위한 사회적 현상은 적극적 의미의 사회복지와 소극적 의미에서 사회통제를 통하여 이루어져 왔다. 이런 과정 속에서 문제해결의 의지는 이데올로기적이라 할 수 있으며[6] 그것에 의해 사회보장과 사회복지의 실천방식이나 실천의지가 사회복지정책으로 구현되는 것이다. 전자의 측면에서 산업사회 이전 사회인 고대사회 또는 농업사회에서는 개인의 능력, 계급의 위치 등 주어진 여건에 따른 개인적 차원에서의 복지가 이루어졌지만, 산업사회 등장 이후에는 이것을 해결 내지는 완화시키기 위하여 국가와 사회적인 차원에서 복지가, 즉 넓은 의미에서 그것은 사회복지라고 부를 수 있을 것이다. 결국 사회복지란 국가 공공부조의 적용을 받는 사람, 정신적 육체적으로 장애가 있는 사람, 아동, 기타 보호 육성을 요하는 자가 자립하여, 그 능력을 발휘할 수 있도록 필요한 생활지도와 갱생보호를 하는 것, 즉 인간의 사회적 부적응 문제를 해결하기 위한 조직적 노력일 뿐만 아니라 요람에서 무덤까지 사회 모든 구성원들의 행복을 추구하는 체계적이고 적극적인 노력이라 할 수 있다.

정리한다면 사람이 모인 집단인 사회에서 발생하는 문제들을 질적인가 또는 양적인가 그리고 긍정적인가 부정적인가와 같은 접근은 기능적인 측면에서 규정되는 것이다. 그러므로 사회문제적인 측면에서 개인문제가 사회문제로 전환되면 그 문제를 해결하기 위한 국가적 · 사회적 관심이 출현하는 데 사회복지는 역할과 기능의 측면에서 이와 밀접한 관련이 있는 것이다.

6) 현대 산업사회에서 사회복지의 추구방식은 이데올로기에 종속되어 변화 발전하고 있다. 이데올로기는 사회복지의 탄생과 발전에 있어서 방향성을 제시하였다. 그것은 18세기 중엽 영국의 산업혁명으로 산업자본주의의 등장하였고, 역사적인 측면에서 빈민법의 등장과 사회보장과 사회정책은 자본주의의 확장 속에서 시민(부르주아)계급의 성장과 노동자들의 투쟁 속에서 사회주의와의 관계에 종속되어 있다.

2) 복지병

산업의 고도화는 오히려 노 · 사 간의 갈등을 심화시키고 있었다. 그것을 해결하기 위해 정치권의 합류는 노 · 사 · 정 위원회[7)]를 출범시켰으며, 그것을 통하여 사회복지의 내용적인 측면이 확대되었다. 이와 연관하여 복지병(Welfare Disease)은 사회구성원의 행복과 평등을 추구하는 사회복지의 제도화가 새로운 사회문제로서 불평등 구조를 생산하는 아이러니한 현상의 결과물이라 할 수 있을 것이다.

일반적으로 복지병을 정의한다면 자립 · 자활의 의지가 없이 복지제도에 의존하게 되는 현상이라고 할 수 있을 것이다. 이러한 복지의존 현상은 두 가지 측면에서 살펴볼 수 있다. 하나는 세계 제2차 대전 이후 영국의 고복지정책의 상징인 요람에서 무덤까지와 같은 슬로건처럼 사회구성원들의 삶을 국가가 책임을 진다는 것과 다른 하나는 잦은 파업에 따른 삶의 위기에 대한 국가의 보호를 의미하기도 한다. 결국 국가의 부담 증가로 이어진 영국의 복지정책의 위기의 원인을 복지병이라고 할 수 있을 것이다.

전자로 인하여 노동자에게 생산의욕의 감소, 무기력해지고, 방임적인 태도가 나타났던 현상이며, 다른 하나는 1960~1970년대 영국에서 과도한 복지로 인한 재정 악화, 노동의욕 저하 등의 무기력한 분위기가 팽만한 가운데 잦은 파업이 사회를 지배해 왔으며, 그 결과 영국은 장기적인 불황에 빠지게 되었다. 복지병이란 용어는 1960년대 초에 영국의 이러한 현상에 대하여 그 당시의 서독[8)]의 저널리즘이 영국 노동자의 비능률성을 비유적으로 명명하면서 비롯되었다. 그 원인

---

7) 노사정위원회는 1998년 우리나라 경제가 IMF 관리체제에 있었던 김대중 정부 시기에 만들어졌다. 이 위원회는 노동문제 등 사회문제에 대한 노동자 · 사용자 · 정부 3자 간의 사회적 합의기구이다. 이후 2018년 문재인 정부하에서 경제사회발전노사정위원회로 확대 · 개편되었다.

8) 서독(West Deutschland)이라는 국호는 제2차 세계대전에서 패망한 독일에 대하여 승전국인 미국, 프랑스, 영국, 소련에 의한 분할 통치의 산물이다. 독일 동부를 점령한 소련은 베를린을 포함하는 가장 넓은 지역을 통치하였다. 소련의 베를린 봉쇄가 진행되던 1948년 7월 1일, 프랑크푸르트에서는 독일 서쪽의 세 지역을 분할 통치하고 있는 서방측 군정 장관들과 정부 수반이 모여 서부 독일 지역에 새로운 연방 공화국 건설에 대해 논의하였다 그 결과 서방 점령 지역 11개 주의 대표들이 모여 1949년 5월 8일에 53대 12로 독일의 임시 정부 구성을 위한 기본법을 제정하면서 동독과 서독이라는 분단체제가 시작되었다. 분단체제 70여 년을 청산하고 1990년 10월 3일 통일 독일, 독일연방공화국(Bundesrepublik Deutschland)으로 탄생하였다.

으로는 오랜 대영제국의 번영을 뒷받침해 온 중산계급의 쇠퇴가 그 요인일 수 있을 것이다. 예로부터 영국인은 적극 · 과감 · 냉철 · 끈기 · 자기희생 · 이기주의를 미덕으로 삼아왔지만, 세계 제2차 대전 이후 고복지 · 고부담 정책과 평등주의가 일반화함에 따라 부나 특권에 대한 의식에 대한 소멸되었다는 것에서 그 원인을 찾을 수도 있을 것이다.

사회복지의 정책적인 측면에서 이러한 복지의존현상은 보편적 복지에서도 나타나지만, 역설적이게도 선별적 복지에서 더 잘 나타나고 있다는 것이다. 그 이유는 보편적 복지는 누구에게나 지원되는 복지제도인 반면, 선별적 복지는 자산조사를 통해 재산이나 소득조사를 거쳐서 대상을 선별하기 때문에, 일을 하거나 재산을 모으면 선별적 복지의 대상에서 탈락할 수 있다는 것이다. 이때 복지대상에서 탈락하느니 일을 하거나 재산을 모으는 등의 노력을 하지 않게 되는 현상이 야기될 가능성이 크다는 것이다[9]. 이것이 바로 복지병, 복지의존현상인 것이다.

3) 소결

사회적으로 논쟁거리들을 사람들은 사회문제라고 부르고 있다. 그것들은 사회적으로 해결되어야 하며 사회구성원들은 그 해결을 위하여 노력해야 한다. 그 해결을 위한 정책적 배려가 사회복지인 것이며, 그 목적이라 할 수 있다. 그러므로 사회복지의 목적 실현을 위한 복지국가의 건설은 매우 중요하다.

일반적으로 복지국가와 복지사회는 모든 사회적 상황에서 평안하고 만족스러운 상태를 추구하는 것으로 규정하고 있다. 이것이 사회복지에 의미를 부여할 수 있는 것이다. 정리한다면 사회복지는 한편으로 이상적인 목적 이외에도 사회에서 현실적으로 요구되는 기능적인 목적이 있다. 그러므로 복지의 사회 기능적 목적에는 아래와 같은 사회통합과 유지, 존속을 위한 목적, 경제성장과 안정을 위한 목적, 정치적 안정을 위한 목적 등이 있다.

---

9) 이와 같은 유사현상은 장애인등급제 폐지 원인에서도 찾아볼 수 있을 것이다. 장애인등급제는 장애인에게 등급을 부여함으로써 오히려 장애인을 등급에 대한 의존심화현상을 강화시키고 있다는 것이다.

① **사회통합, 유지, 존속**

사회 불평등과 같은 사회문제가 심화되면 사회갈등도 심화되며 사회의 유지 · 존속도 위태로워진다. 사회복지는 사회문제를 해결하면서 완화시키는 작용을 한다. 이것에 의해 사회갈등은 약화되어 사회의 통합 정도가 커지며 그만큼 사회의 유지 · 존속도 보장된다.

② **경제성장과 안정**

사회복지는 한편으로 경기가 지나치게 호황일 때는 일정 정도의 사회적 부를 저축시키는 역할을 하며, 다른 한편으로 지나친 불황일 때는 사회보장을 위한 지출을 통하여 소비의 진작이 경기활성화를 자극함으로써 경기를 조절하는 기능을 한다. 또한 사회복지는 사회구성원들에 있어서 인적 자본의 질을 향상시키는 역할을 함으로써 지속적인 안정적 경제성장에 기여하기도 한다.

③ **정치적 안정**

사회복지는 정치적이다. 그러므로 사회복지의 최종 목적이라 할 수 있는 사회통합은 정치적 결과물로서 사회복지정책의 합리적인 실천을 통하여 사회문제들의 해결 또는 사회적 갈등을 해소시킨다. 사회 · 정치적 불안요소를 제거됨으로써 사회구성원들은 안정된 상태에서 생활을 영위할 수 있을 것이다.

결론적으로 사회복지의 최종적인 목적은 한편으로는 인간 개개인의 인격과 기본권의 보장이다. 위에서 논의된 세 가지의 사회복지의 목적은 모두 인간의 인권 실현을 위한 토대인 것이다. 다른 한편으로는 사회복지의 목적은 경제시장이나 자신의 가족에 의해 생활요구를 충족시킬 수 없는 특별한 악조건 하에 있는 개인에 대해 생활요구를 충족할 수 있게 함에 있다고 규정할 수 있다. 이런 목적을 구체적으로 실천하기 위해서는 사회복지의 기능에 대한 논의가 요구된다.

3. 사회복지의 기능

사회복지의 역할은 사회복지의 목적을 실천하여 실현하는 것으로 이것을 위한 제도화의 결과물을 사회복지의 기능이라 할 수 있다. 그러므로 사회복지의 기능과 역할은 본질적으로 사회복지의 어의적인 해석에 대한 실천적 토대이며 의미라고 정리할 수도 있을 것이다. 이것은 거시적인 측면에서 오늘날 후기산업사회, 정보화 사회, 금융자본주의사회, 다문화사회 등으로 다양하게 규정되고 있는 현대사회에서 희망하는 사회 형태로서 복지사회, 복지국가를 제도적으로 건설하기 위한 토대인 것이다. 그러므로 복지국가는 사회복지의 목적에 대하여 역할을 수행하기 위한 기능들을 제도화한 국가 형태라 할 수 있다.

사회복지의 기능은 역할 수행을 위한 토대로써 2013년도 사회복지학 사전에 의하면 사회복지의 기능을 아래와 같이 평가적 기능, 조정적 기능, 송치적 기능, 개발적 기능, 보호의 기능 등 다섯 가지로 정리하고 있다.

1) 평가적 기능

평가적 기능은 과거와는 다르게 기능에 대한 논의에 있어서 가장 중요하게 간주되는 기능이다. 사전평가와 사후평가로 나누어지는 데 사전평가는 복지적 원조의 초기에 필요한 사회자원과 현실적으로 가능한 해결, 방법 등을 문제 당사자가 발견하도록 원조하는 것이며 사후평가라 함은 원조 종료 시 또는 일단락되었을 때 지금까지의 문제해결 과정을 반성하며 효과판정, 결정, 미래예측 및 개선책 같은 것을 문제 당사자와 더불어 검토하는 기능이다.

2) 조정적 기능

이 기능이란 사회복지가 사회구성원으로서 한편으로 개인이 맺고 있는 다수의 상호관계가 모순되지 않도록 개인, 가족, 제도적 기관에 작용하여 개인이 사회관계를 잃지 않도록 원조하여야 하며, 다른 한편으로 사회구성원들이 지역사회에 있어서 각종 생활 관련 시책운영을 주민의 입장에 의해 상호보완 견제할 수 있는 제도를 실현하는 것이다.

3) 송치적 기능

이 기능의 의미는 사회복지를 통하여 모든 국민들이 사회생활상에서 필요로 하는 것들을 충족하기 위해 적당한 제도나 자원을 선택하여 그것을 건설적으로 이용할 수 있게 원조하는 것이다. 예를 들어 가정에서 양호를 받을 수가 없다든가 기업에 취업되지 못하는 등의 요구불충족 상황에 있는 사회복지 대상자가 스스로 가장 적합한 요구충족수단이나 사회자원을 활용하여 생활을 적극적으로 전개해 나가도록 촉진하는 것이다.

4) 개발적 기능

이 기능은 사회구성원으로서 자신들이 소유한 문제해결 능력의 잠재적 가능성을 찾아내어 그것을 발전시켜 나갈 수 있게 원조하는 것을 의미한다. 이것은 개인에게도, 집단에게도 적용될 수 있다.

5) 보호적 기능

보호적 기능이란 논의된 이상의 네 기능에 의해서도 역시 그 생활상의 요구 충족이 이루어지지 않는 사회구성원들의 삶에 대해서는 그 사회관계를 보호하는 서비스를 제공하는 것을 의미한다. 그러므로 이 기능은 위의 네 가지의 기능을 병행시키면서 실천하는 기능인 것이다.

이상의 사회복지 기능에 대한 실천적 내용을 좀 더 구체적으로 말한다면 인간의 존엄성 유지, 인간다운 생활의 보장, 적절한 수준의 사회적 삶의 보장 등이 사회복지의 일반적 목적에 다양성과 배려와 관심 인내를 의미하는 톨레랑스(Tolerance)와 같은 개념이 내포되어 있다고 볼 수 있다. 이런 일반적 목적을 실천하기 위해서는 사회복지의 역할과 기능적 측면에서 외적인 측면뿐만 아니라 내적이고 사회문화적인 측면에서 정상화[10], 사회통합과 같은 사회복지의 목적이 접근되어야 한다. 결론적으로 현대사회에서 추구하는 사회복지의 기능을 통하여 사회복지의 역할 실천으로 풍부한 사회복지의 내용들을 구체화하는 것이다.

4. 사회복지의 발전

사회복지의 발전이란 인간의 본능의 측면에서 삶의 질적 상승과정이며, 다른 한편으로 사회복지 발전의 본질은 사회복지 실천을 위한 빈틈없는 제도화인 것이다. 그것은 사회의 구성원들이 사회복지 목적을 제도적으로 진정성 있고 건강하게 실현하는 것을 의미한다. 그러므로 모든 사회구성원들이 행복하고 잘 사는 삶을 지속적으로 추구하는 것이 사회복지 발전이라 할 수 있을 것이다.

모든 사회 구성원들이 똑같이 잘 살 수 있는 사회를 만들기란 매우 이상적이며 매우 어려운 일이며, 어떤 사회가 그것을 구현할 수 있는가에 대한 논쟁도 매우 다양하게 있을 것이다. 그럼에도 불구하고 역사적으로 사회 형태의 변화는 지배적인 이데올로기 변화와 같이하고 있으며, 그 결과는 정치·경제·사회·문화적으로 차별 없는 삶의 추구가 사회복지의 발전인 것이다. 그것의 실천을 위해 역사적으로 사회복지법 제정은 실천적 의미에서 뚜렷하게 방향성이 나누어져 있었다. 하나는 자본주의 사회에서 법 제정이며 다른 하나는 사회주의 사회에서 법 제정이다.

10) 여기서의 정상화는 장애인분야에서의 정상화라는 개념과 더불어 넓은 의미에서 모든 사람들이 인간적인 삶을 누려야 한다는 사실을 인간의 정상적인 권리로 규정하고 있는 것이다.

그것은 한편으로 사회복지가 역사적으로 매우 정치적이었음을 의미한다. 왜냐하면 사회복지에 있어서 정치와 정치인이 할 수 있는 일은 사회구성원들의 삶의 질적 상승을 위한 제도화된 것으로서 법을 제정하는 것이다. 그 제도화의 첫발이 이데올로기적인 측면에서 사회보장과 사회복지의 맹아로 알려진 빈민법(Poor law)을 탄생시켰다. 그러나 진정으로 빈민법이 사회복지적이었는가에는 논란의 여지가 있을 것이다. 왜냐하면 그런 체제의 발전은 오히려 인간의 자유와 평등과 물질적 풍요의 보장이라는 낙관적 견해로부터 사회의 분열과 계급모순의 발생으로 진행되었기 때문이다. 이런 자본주의 체제의 모순은 생존권 문제를 야기하였다. 그런 생존권은 소극적 의미에서 사회적 약자에 대한 국가의 은혜로 생존을 유지할 수 있는 잔여적 복지 또는 선택적 권리인 것이다. 그러나 자본주의 사회에서도 그것은 사람들의 당연한 권리로서 20세기 들어 국가에 의한 형식적인 자유보장이 아닌 국가개입에 의한 적극적 의미에서 자유이며, 국민이 최저생활의 유지를 위해 요구되는 것을 확보하기 위하여 국가에 요구할 수 있는 권리로서 사회복지법들이 변화되고 있다.

법의 목적이 정의의 추구라고 한다면 사회복지에 있어서 정의란 무엇인가에 사고는 매우 중요하다. 사회복지의 측면에서 정의의 의미로서 법의 지향성은 인간의 삶에 대한 통제나 규제를 실행하는 법들과는 달리 인간의 삶에 있어서 행복을 지향하는 가장 인간적인 법이라 할 수 있다. 이러한 양방향에서 접근적 토대는 생존권의 보장이다. 사회구성원들의 생존권 보장의 역사적 과정이 사회복지의 제도화이다. 그 방법적 토대가 이데올로기에 종속하는 것이며 그 결과물이 사회복지법과 사회복지정책인 것이다.

정리한다면 사회복지의 발전은 한편으로 사회복지의 목적의 효율적이고 효과적인 실천과정인 것이며, 다른 한편으로 사회구성원들의 삶의 양적으로나 질적으로 증진시키는 것이다. 그것을 위하여 사회복지는 아래와 같은 첫째, 인간 지향적이며, 둘째, 소득 재분배, 셋째, 비용과 효용의 양면성을 갖고 있다는 것 등 세 가지 사항을 지향하여야 할 것이다.

1) 인간 지향적 특성

오늘날 우리 사회에서 화두처럼 이야기되고 있는 표어가 '사람이 먼저'다. 마찬가지로 사회복지는 사람이 중심이 되어야 한다. 인간 지향적이라는 의미는 사회복지정책의 특성이기도 하지만 정치 · 경제 · 사회 · 문화 모든 분야에서 인간이 중심이 되는 사회가 지향되어야 하는 것이다. 특히 사회복지 분야에서 인간 지향적이라는 것은 인간으로서 기본적인 삶을 보장한다는 의미로, 즉 인권 중에서도 가장 중요한 요소이다. 사회의 구성원, 그리고 관련 정책이 적용되는 범위 내에 있는 사람 누구나 인간으로서의 존엄성이 보장되고 그 사회가 지향하는 가치체계 안에서 인간으로서 대우받을 수 있는 생활이 보장되어야 한다.

2) 소득 재분배 특성

인간다운 삶의 지향점은 경제적인 측면에서 접근할 수 있다. 이것은 실질적으로 소득 재분배는 재원 마련이 전제가 되기에 경제적 능력이 중요하며 그에 따른 성장과 분배라는 두 바퀴가 균등하여야 함을 의미한다. 그러므로 사회복지정책은 한편으로 능력에 의한 소득분배뿐만 아니라 인권의 측면에서 접근을 통하여 진정한 의미에서 사회통합을 이룰 수 있는 토대인 것이다. 왜냐하면 사회복지의 지향점은 인권이지만, 한편으로는 그것을 지킬 수 있는 것은 경제라 할 수 있기 때문이다. 그러므로 다른 한편으로 이것은 사회불평등을 유발시킬 수 있는 경제의 불합리한 점을 합리적으로 변화시킬 수 있는 정책적 토대이기도 한 것이다. 사회복지의 가장 궁극적인 목적이라 할 수 있는 인간의 존엄성뿐만 아니라 정책결정에 필요한 가치들에 대한 배분도 모두 효율적인 소득 재분배를 통하여 완성될 수 있다고 볼 수 있을 것이다.

3) 비용과 효용성의 양면성 특성

모든 사회복지에는 정신적인 것뿐만 아니라 물질적인 것이 요구된다. 그러므로 사회복지정책의 논의에 있어서 경제적 측면이 고려되는 것이며, 보수적인 시각에서는 그것을 비용으로 인식하는 것이다. 이런 시각에서 사회복지에 사용되는 비용은 낭비라는 측면이 부각되기도 한다. 그러나 모든 정책은 비용과 편익의 양면성을 지니고 있으므로 어떤 정책을 설정할 때 우리는 비용과 편익의 범주를 완전히 추정할 수 있어야 한다. 이러한 비용과 편익을 누가 담당해야 하는지에 대해서도 결정해야 한다. 그러므로 경제적인 측면에서 사회복지정책은 상위계층의 대상자가 아닌 하위계층의 대상자가 주 대상층이고 이들을 위한 적은 비용의 투입을 통해 많은 효율성을 나타내야 한다. 사회복지에 대한 인식에 있어서 가장 중점을 두어야 하는 특성은 비용보다는 투자라는 인식일 것이다.

위에서 논한 것처럼 사회복지에 연관된 재정은 비용이 아닌 사회적 투자라고 할 수 있다. 왜냐하면 산업화의 결과물인 사회복지를 통하여 산업의 발전뿐만 아니라 산업의 주체로서 노동자의 삶에 대한 관심의 증진이 사회복지의 발전으로 이어졌기 때문이다. 정리한다면 사회복지의 발전은 역사적인 현상이다. 산업화는 사회복지의 등장의 단초를 제공하였으며, 산업의 발전은 사회복지에 연관된 제도와 정책 그리고 법제정으로 진행되었다.

5. 상품으로서 사회복지

인류 역사에 있어서 복지에 대한 기본적인 접근은 개인적 차원에서 이루어지는 것이라 할 수 있다. 그러나 사회의 발전과 자본주의라는 새로운 사회적 생산양식의 발생과 더불어 복지는 더 이상 개인적 차원에서 만족시킬 수 없는 것으로 되었으며, 그것은 하나의 상품으로서 기능하게 되었다. 그것은 사회복지라는 상품이 어떠한 방식으로 작용하는가에 의해 복지국가의 분류와 수준을 규정하는 중요한 기준으로서 하나의 이론으로 형성되었다. 그것은 인간의 욕구와 삶의 질을 증진시키는 요소이기에 주체가 아닌 객체로서 간주되어야 한다는 의미이다.

그러므로 사회복지에서 상품으로서 사회복지는 복지국가를 지향하고 있는 자본주의 사회에서는 이율배반적인 용어라고 할 수 있다. 이런 이유로 상품으로 사회복지는 자본주의 발전의 정점을 보여주는 것이다. 왜냐하면 그것은 인간의 삶의 질적 수준도 상품화의 대상이 된다는 것으로 이것은 모든 것이 돈으로 살 수 있는 매매의 대상이 된다는 것을 의미하고 있기 때문이다. 다르게 표현한다면 현대사회에서 자본주의의 발전은 자본만이 세상을 지배할 수 있다는 신념으로 모든 것들의 기준을 자본을 통한 이윤 추구만을 강조하는 사회만이 생존할 수 있음을 보여주고 있다는 것이다.

이것은 빈부의 격차 없이 모든 사회구성원들의 평등한 삶을 추구하는 것이 목적이었던 사회복지가 오히려 오늘날 복지국가와 사회복지를 추구하는 국가에서는 복지가 하나의 상품으로 작용하고 있다는 것이다. 이와 같은 모순적 현상은 자본주의 심화로 인하여 사회복지의 기능이 오히려 불평등을 야기할 수 있다는 사회적 위기의식을 증대할 수 있는 것이다. 사회구성원들의 삶의 증진을 위한 추구 속에서 그것은 사회복지의 공공성보다는 특정 대상의 복지나 이윤 추구의 대상으로 되고 있다는 것을 의미하며, 이런 현상을 사회복지의 상품화로 부르고 있는 것이다.

이러한 사실은 과거에 자본으로도 할 수 없는 것으로 간주되었던 것들이 점점 사라지고 있다는 것을 의미한다. 그 결과가 논의되었던 사회복지의 상품화라는 개념의 등장인 것이다. 이것이 한편으로 자본주의 모순의 극복의 결과물인 사회복지가 아이러니하게도 다른 한편으로 자본주의 심화로 인하여 시장에서 작동하고 있는 것과 같은 하나의 상품으로 간주되는 현상이 나타났다는 것을 보여주는 것이다. 이런 측면에서 인간의 생존권 보장을 위한 최후의 보루인 사회복지도 자본주의 사회에서는 이윤 창출을 위한 도구로써 작용할 수 있다는 것이다. 즉 사회복지가 영리사업의 대상으로 된 것이다. 다른 식으로 이야기한다면 상품으로서의 사회복지는 탈상품화(decommodation)인 것이다.

1) 탈상품화의 의미

본질적으로 사회복지는 공공재로서 모든 국민의 삶을 보장하는 국가의 제도이다. 이런 이유로 사회복지에 대한 민영화나 상품화의 정도가 복지국가의 수준이나 정도를 가늠하는 척도로 사용되기도 한다. 즉 상품으로서의 사회복지는 사회복지가 거래나 교환이 가능한 것으로 취급될 수 있다는 것이다.

일반적으로 사회복지에 대한 분석의 토대로서 자본주의 사회와 시장에 기능의 종속이나 심화의 정도를 규정하려고 할 경우 상품화 개념은 상품화지수를 통하여 사회복지의 자본주의화에 대하여 평가하는 것을 의미한다. 즉 사회복지의 상품화지수가 높다는 것은 사회복지의 탈상품화가 낮다는 의미로 복지사회에서는 매우 심각한 것으로 간주된다. 이런 측면에서 덴마크 사회학자 요스타 에스핑 안데르센(Gosta Esping-Andersen)[11]은 사회복지분야에서도 측정 가능한 변수를 도입하기 위해 상품화와 반대 개념인 탈상품화라는 개념을 도입하여 사회복지에 측정기준을 제시하려고 하였다. 탈상품화 지수가 높다는 사실은 반대로 상품화지수가 낮다는 의미이다. 실질적으로 약간의 지수에 따라 차이와 구별은 할 수 있지만, 사회복지는 탈상품화 정도에 따라 복지국가를 형식적으로 잔여적 복지국가와 보편적 복지국가로 구분하여 설명하고 있다. 그것은 공공성이 강한 사회복지에 대하여 상품화란 개념을 사용하는 것보다는 상품화에 대한 비판적 개념인 탈상품화 개념을 도입하여 분석을 시도하는 것이다.

〈표 1-2〉와 같이 체제구별과 정책적 차이와 복지발달 정도를 토대로 비교 분석하고 있는데, 복지국가들의 분류에 있어서 탈상품화 정도에 상대적으로 낮은 미

11) 덴마크 출신의 에스핑 안데르센은 코펜하겐(Copenhagen)대학과 미국 위스콘신-매디슨대학(University of Wisconsin-Madison)에서 수학 후 스페인 폼페이파브라대학 사회학과 교수로 재직하고 있으며, 복지국가에 이론에 정통한 학자로 최근 저서로는 21세기 복지국가, 21세기 가족, 불완전한 혁명 등이 있다.

국이나 일본과 같은 잔여적 복지국가는 자유주의 복지국가로 규정되고 있으며 상대적으로 높은 지수인 서유럽이나 북유럽 나라들이 속하여 있는 보편적 복지국가에는 조합주의적 복지국가로서 독일이나 프랑스 그리고 스웨덴이나 노르웨이 등이 속하여 있는 사회민주주의 복지국가로 구분하여 설명하고 있다.

▼ 표 1-2 탈상품화 정도와 복지체계

탈상품화	복지체계	복지국가
↓	자유주의 복지국가	미국, 일본
↑	조합주의적 복지국가	대륙형 복지국가(독일, 프랑스)
	사회 민주주의적 복지국가	스칸디나비아형 복지국가(스웨덴, 노르웨이)

복지국가나 사회복지의 수준에 있어서 구분이나 구별을 위한 논의의 중심에는 탈상품화 개념을 통하여 진행되고 있다. 결론적으로 탈상품화라는 개념은 이념적으로 국가나 정부의 개입 없이 수요와 공급에 의해 조정되는 시장기능을 강조하는 자본주의 사회에서 사회복지의 증진이 적절하지 않음에도 불구하고 복지국가에서 선진적 복지국가나 후진적 복지국가 또는 복지국가의 유형을 구별하는 토대로 작용하고 있다.

2) 탈상품화와 사회복지

탈상품화와 사회복지의 수준에 있어서 그 관계는 반비례 관계이다. 그러므로 사회복지의 상품화 수준이 높다는 것은 탈상품화가 매우 낮다는 의미이다. 복지국가란 이런 측면에서 사회복지에 연관된 제도나 상품의 운영과 실천을 국가가 한다는 것이다.

탈상품화 정도에 따른 유형별 국가들의 특징을 살펴본다면 첫째 자유주의 복지국가들은 자산조사형 사회부조를 채택하고 있다. 이 유형에 속하는 사람들에게는 노동 대신 복지를 선택하지 않도록 수급권을 엄격하게 적용하며, 급여도 낮은 수준에 머물러 있다. 둘째 조합주의적 복지국가에 있어서 국가는 사회복지와 관련하여 시장을 활성화를 위해 역할을 하기도 한다. 국가기구가 시장을 대체할 수 있지만, 지위의 격차는 유지된다. 예를 들어 역사적으로 이러한 조합주의 체제는 과거에 교회에 의해 형성되기도 하는데, 전통적인 가족제도를 중시한다는 특징이 있다. 현대적 의미에서 사회민주주의 복지국가는 완전고용과 직결되어 있다. 또한 조합주의적 · 국가주의적 복지국가가 복지서비스의 일차적 책임자로 가족을 상정하는 것과는 달리, 사회민주주의 복지국가는 시장도 가족도 아닌 국가가 직접 포괄적인 사회서비스를 제공하고자 한다.

역사적으로 사회복지의 탈상품화는 산업혁명 초기 노동자들의 투쟁에 대한 자본가들의 선물인 사회보험으로부터 출발하였다고 볼 수 있는데, 왜냐하면 사회보험의 운영 주체가 대부분의 나라에서는 국가나 공공기관에 의하여 운영되고 있기 때문이며, 이런 이유로 사회보험 중심인 국가를 복지국가로 인정하고 있다. 사회보험은 상대적으로 시장의 영향을 받지 않으면서, 사회구성원들 간의 사회적 불평등을 해소하려는 노력을 사회 전체에 책임을 나누어 갖기 위한 정책의 일환으로 출발하였던 것이다. 그러나 이데올로기에 따른 생산양식의 차이는 사회복지에 대한 접근과 실천행위에서도 다른 형태로 전개되고 있었다. 이때 특정 재화에 대한 탈상품화는 그 재화의 평등한 사회분배와 관련되는데, 이 과정에 각종 복지정책들과 제도들이 ― 잔여적 사회복지정책, 보편적 사회복지정책― 관여하게 된다. 결국 시장의 논리를 제한하고 있는 탈상품화는 사회복지의 발달과 밀접히 관련된다고 할 수 있다.

6. 복지국가

사람들은 오늘날 복지국가(welfare State)라는 말을 들으면 흔히 북유럽의 스웨덴이나 노르웨이, 핀란드 그리고 덴마크 등을 떠올리곤 한다. 인간이 잘 산다는 것을 일률적인 기준으로 규정할 수는 없다. 그러나 어느 누구도 잘살기를 원한다는 사실만은 부인할 수 없을 것이다. 그러므로 복지국가를 일률적으로 정의한다는 것은 의미가 없다. 즉 이것은 인간의 욕구와 욕망 매우 한없고 다양해서 그 정도를 가늠하기가 어렵다는 사실과 맥락을 같이 한다. 그럼에도 불구하고 복지국가에 대하여 규정하고 유형화하는 것은 전 지구적으로 인간의 삶을 증진시키는 것을 일반화하려는 노력인 것이다.

1) 복지국가의 조건

복지국가란 국민의 공공복리와 행복의 증진을 가장 중요한 목적으로 하는 국가이다. 이런 복지국가는 역사적 산물로서 보편적 의미를 규정한다는 것은 매우 어렵다. 왜냐하면 인간의 삶의 질의 상승에 비추어 본다면, 자의적인 측면이 매우 강하기 때문이다(김귀환, 2008). 복지국가의 개념은 1930년대 후반에 알프레드 짐머른(Alfred Zimmern, 1879~1957)이 권력국가에 대비하여 사용한 것이 처음이며, 1941년에 영국 켄터베리 대주교를 지냈던 윌리엄 템플(William Temple, 1881~1944)이 나치의 전쟁국가와 대조시켜 영국의 국가이념을 복지국가라고 부르면서부터 일반화되었다고 한다(심연수, 1998).

사회복지의 발전이라는 측면에서 사회복지의 전 지구화(Globalization)란 복지국가의 건설을 의미하며 자연스러운 과정일 것이다. 이것은 전 지구인들의 삶이 실질적이면서 현실적인 행복을 누린다는 것이다. 이것을 위해서 지구상의 모든 국가들이 복지국가가 되어야 한다. 그러나 복지국가가 된다는 것은 산업사회에서 실질적인 조건을 만족시켜야 한다. 모든 국가들이 복지국가를 추구하지만, 그 나라들 모두에 대하여 복지국가로 불리지 않고 있다. 또한 사회복지제도와 정책들을 실행한다고 복지국가로 규정되지 않는다. 왜냐하면 복지국가 되기 위해서는 기본적으로 아래와 같은 세 가지의 조건들을 충족시켜야 하기 때문이다. 이 세 가지 요건은 경험적인 측면에서 현 복지국가들을 분석하여 공통분모를 정리한 것이다. 그러므로 일반적으로 현대 산업사회에서 복지국가는 선진국들을 의미하고 있지만, 그들 모두를 복지국가로 부르지 않고 있다. 왜냐하면 아래와 같은 조건을 모두 충족하고 있지 않기 때문이다. 그 조건은 세 가지로 정리된다.

원론적인 의미에서 복지의 의미를 행복과 안녕의 추구에 있다면, 행복은 복지국가가 되기 위한 첫 번째 조건이라 할 수 있을 것이다. 그런 측면에서 역설적이지만 불행을 추구하고 있는 국가가 없다는 사실로부터 모든 국가들을 복지국가라고 할 수 있을 것이다. 복지국가는 대내외적으로 국가의 지향점이나 목적 등에 대하여 국민의 삶에 대한 확신을 표명하여야 한다는 것이다. 국가는 국민의 생존권 보장뿐만 아니라 국민의 좋은 삶에 대하여 법적으로 책임과 의무가 있다는 것이다.

두 번째 조건으로는 국민들의 삶의 질이다. 그것은 국가의 경제력을 의미하며 현실적으로 선진국이라 지칭할 수 있다. 어떤 통계에 의하면 세계에서 행복지수가 가장 높은 나라로 가장 가난한 나라인 방글라데시가 선정되었던 적이 있었다. 과연 그 나라를 복지국가라 할 수 있는가. 논란의 여지가 많아 대부분의 사람들은 그것에 동의하지 않을 것이다. 그러므로 복지국가에서 행복의 충분조건으로 삶의 질은 충분한 가치가 있다. 이것을 실현하기 위하여 복지국가는 선진국이어야 한다. 보편적으로 규정된 경제적인 측면에서 선진국에 포함될 수 있는 기본적인 요건을 충족하고 있어야 한다는 것이다.

세 번째 복지국가를 위한 가장 중요한 조건으로는 민주주의(Democracy)이다. 대부분의 국가들은 첫 번째 조건은 갖추고 있으나 두 번째와 세 번째 조건에 도달하지 못하는 경우가 있는데, 두 번째에 도달하여 만족하는 많은 국가들이 있지만, 세 번째에 문제가 제기되어 그 나라들은 모두 복지국가라 인정되지 않고 있다. 왜냐하면 그들 중 몇몇 국가들은 민주주의 국가 아닌 독재국가 또는 권위주의 국가이기 때문이다. 예를 들자면 복지국가의 이론적 토대를 제공하였던 과거의 공산주의 국가들 중에 소련이나 동독 등은 공산주의가 붕괴하기 전까지는 세계적인 산업국가로서 선진국 그룹에 속하였지만, 어느 누구도 그 나라들을 복지국가로 인정하지 않고 있다는 것은 익히 알려진 사실이다. 그 이유는 공산주의 국가들의 대부분이 권위주의 체제의 독재국가였기 때문이다.

여기서 논의된 복지국가라 할 수 있는 세 가지의 요소들은 필요조건이거나 충분조건으로 작용하는 것이 아니다. 그 요소들 간의 관계는 상호 간의 조건들을 보존하고 보완하면서 복지국가로 진행되는 것이다. 그러므로 복지국가를 추구하는 국가 중에서 어느 한 조건이 두드러짐에도 불구하고 복지국가라 할 수 없음은 이유가 있는 것이다.

2) 사회복지와 복지국가의 유형

사회복지의 유형과 복지국가와의 관계는 상호적이라 할 수 있다. 왜냐하면 복지국가의 유형화를 위한 기준이 사회복지의 수준이나 목적과 역할과 관계가 있기 때문이다. 사회복지의 유형에는 해럴드 윌렌스키(Harold L. Wilensky, 1923~2011)[12)]와 찰스 르보(Charles N. Lebeaux., 1913~2001)의 모델이 일반적으로 그 기준을 제공하고 있다. 복지국가에 대해 논의된 조건이나 규정 하에서 복지국가에 속하는 나라들은 서유럽이나 북미 그리고 아시아에서는 일본과 싱가포르 등이라고 할 수 있을 것이다. 사회복지의 유형에 대한 철학적 접근의 실천적 토대는 사회복지정책이다. 이데올로기적인 측면에서 사회복지의 정책적 실현은 국가적인 접근으로 논의된 사회복지분야의 논쟁적 요소인 보편적 복지와 잔여적 복지로 구분할 수 있다.

(1) 윌렌스키와 르보의 사회복지 유형

미국의 사회복지에 대하여 분석을 시도한 윌렌스키와 르보는 사회정책의 목표 등의 기준으로 아래와 같은 2분형 유형(Two Section Type Theory)인 잔여적(보충적) 모형과 제도적(보편적) 모형을 제시하였으며, 이것은 사회복지 유형 중 가장 오래되고 많이 사용되고 인용되고 있다.

① 잔여적 모형

이 모형은 보완적, 보충적 모형이라고도 하며, 일반적으로 초기 산업사회와 자

12) 윌렌스키는 미국의 사회학자로 조직이론가이다. 그는 UC버클리(UC Berkley)대학교 교수를 역임하면서 조직에 대한 이해와 회사나 집단의 잠재적 가치에 나오는 조직의 지적 능력에 대한 연구의 선구자로 알려져 있다.

유방임주의 국가에서 나타났다. 이 모형에 의하면 사회복지는 가족이나 시장과 같은 정상적인 사회구조가 제 기능을 발휘하지 못하는 경우에만 일시적인 개입으로 문제를 해결한다. 결국 사회복지의 제공에 있어서 정부의 역할은 최소화되면서 가족이나 시장이 사회복지 욕구 해결에 자연적이고 정상적인 주된 역할이나 기능이 실패했을 때에만 정부가 개입하게 되는 것이다. 예를 들어 이 모형에 의하면 빈민과 같은 한정된 취약 계층을 대상으로 해서 사회적으로 최저한의 급부를 제공해주는 역할을 수행하게 된다. 그러나 이 경우에 있어서도 사회복지의 급여 수준이 낮고 수급을 위해서는 수급자에게 수치감(Stigma)을 느낄 수 있는 자산조사가 실시된다는 것이다. 결론적으로 개인주의와 개인의 책임, 경쟁 등과 같은 이념적 토대는 사회복지 급여나 서비스를 각 개인들의 욕구에 따라서 제공되기보다는 자격 여부에 따라서 제공한다는 것이다.

② **제도적 모형**

보편적 모형으로 불리는 이 모형의 논리적 토대는 사회복지를 실패한 희생자에 대한 안전망으로 보는 것이 아닌 현대사회에서 통합적이고 정상적인 일선 기능을 수행하는 기본 제도로 간주하고 있다는 것이다. 국가의 역할이 극대화되면서 사회복지에 연관된 서비스들이 자산조사에 의한 급여가 아닌 하나의 사회권으로서 간주한다는 것이다. 그러므로 이 모형에 따르면 보편적으로 급여가 제공되지만 급여의 수준이 상대적으로 높고 사회구성원의 대부분이 혜택을 보기 때문에 사회복지 수혜자와 비수혜자의 구분이나 사회복지의 확대에 대한 이념적 대립도 무의미하다. 결과적으로 이 모형은 사회구성원들 간의 사회적 결속을 강화하게 하는 역할을 한다.

(2) 복지국가의 유형

에스핑 안데르센은 자신의 저서 복지자본주의의 세 가지 세계(The Three Worlds of Welfare Capitalism)에서 탈상품화 정도, 국가와 사회계층의 형태, 시장 및 가족과의 관계 세 가지 기준을 토대로 복지국가를 아래와 같이 유형화하였다. 그것은 탈상품화 지수(decommodification index)와 복지국가 정책에 의해 파생되는 사회계층화 지수(social stratification index) 두 가지 지수이다. 전자는 연금급여, 상병급여, 그리고 실업급여의 수준에 의해, 그리고 후자는 하루하루 자신의 노동을 팔지 않더라도 생활할 수 있는 개인의 복지가 시장에 의존하지 않고도 충족될 수 있는 정도를 의미하는 지수인 것이다.

① 자유주의적 복지국가

미국을 대표로 하는 자유주의 모델로서 엄격한 선별주의 원칙을 지향하고 있다. 국가의 역할을 빈민법적인 측면에서 자격 있는 빈자를 추출하는 데 노력하는 것을 복지를 성장에 장애가 되는 것으로 파악하는 것으로 인식한다. 이런 인식하에서 복지의 의미를 매우 잔여적(residual)으로만 주어질 때 시장이 제대로 유지될 수 있다는 자유주의의 기본적 인식에서 출발한다. 그러므로 자산조사에 의한 공공부조 프로그램에 있어서 낮은 수준의 보편적 이전급여, 낮은 수준의 사회보험을 제도적 특징으로 한다.

② 조합주의적 복지국가

역사적인 측면에서 조합주의 이론은 원론적으로 부정적인 측면과는 다르게 사회복지의 측면에서는 가족복지의 긍정적인 형태로 변화하였다. 독일을 대표로 하는 보수주의 모델로서 오스트리아, 프랑스, 독일, 이탈리아와 같은 나라들이 속하여 있다. 여기에 속하는 국가에서 소득은 기본적으로 개인의 인적 자본에 따라 정해지는 것이며, 인적 자본은 교육이라는 과정을 통해 증진되는 것이며 그 토대는 가족이다. 노동력의 상품화 정도는 온건한 편이나 시민적 권리로서의 사회복지 개념을 받아들이고 있다. 이것을 통하여 조합주의적 복지국가의 평등전략은 보수주의 복지체제가 지향하는 기회평등에 경도되어 있다고 할 수 있다. 결론적으로 사회적 연대의 진원지는 가족이고 국가는 이러한 가족의 특성을 지원하고 보완하는 역할을 한다. 그러므로 조합주의적 복지국가에서는 민간 보험이나 기업복지의 역할과 같은 사적인 역할에 대한 최소화를 지향하면서 전통적 가족 및 지역사회에 역할과 기능을 강조하고 있다.

③ 사회 민주주의적 복지국가

스웨덴을 대표로 하는 이 유형은 사회구성원들의 최소한의 생활수준 보장뿐만이 아니라 가능한 최대한의 수준에서 평등을 지향하고 있다. 이에 따라 높은 탈상품화가 이루어지며, 예컨대 하층 육체노동자의 경우에도 상대적으로 사회적 지위가 높은 직업군의 사람들과 동등한 복지권을 향유하는 보편주의적 복지가 구현되고 있다. 보수주의와는 달리 전통적인 가족주의에서 성차별적 노동시장 정책이나 복지정책을 추구하지 않는 사회 민주주의 모델은 인적 자본의 효율적 사용이라는 견지에서 보수주의보다 더욱 노동 친화적(work-friendly)이고 거시 효율적(macro-efficient)인 시스템이라고 볼 수 있다. 그러므로 사회민주주의 복지국가에서 일할 권리는 소득보존의 권리와 동일한 대우를 받으며, 그것을 위한 완전고용의 유지가 매우 중요한 국가적 전략이다.

(3) 소결

에스핑 안데르센에 의하면 자유주의적 복지국가에서는 공공부조를 강조하고 사회민주주의 복지국가에서는 보편적 프로그램을 토대로 하여 사회복지가 운영되는 반면에 조합주의적 복지국가에서는 이러한 시스템 외에 사회보험과 같은 사회보장제도를 통하여 사회적 위험을 중층적으로 예방하고 있다. 또한 가족의 기능을 중시하면서도 민간의 복지기능도 중요하게 간주한다. 다음의 〈표 1-3〉에서 알 수 있는 것처럼 동일한 위험에 대해서 자유주의 복지국가나 사회민주주의 복지국가에 비해 사회보장이나 사회복지에 있어서 운영 주체가 다원화되어 있다.

▼ 표 1-3 에스핑 안데르센에 의한 복지국가 분석 토대

	자유주의적 복지국가	조합주의적 복지국가	보편주의적 복지국가
사회복지정책적 토대	공공부조	사회보험	보편적 사회복지정책
가족의 역할	주변적	중심적	주변적
시장의 역할	중심적	주변적	주변적
국가의 역할	주변적	보조적	중심적
탈상품화의 정도	낮음	높음	매우 높음

근원적으로 복지국가의 역할은 무한경쟁으로 인도하는 자본주의 시장의 폐해로부터 사람들을 보호하는 것이다. 이것을 위하여 국가는 세 가지의 역할을 수행하여야 한다. 하나는 국가가 국민에게 일자리를 보장해주는 가장 안정적이고도 거대한 고용주가 되어야 한다. 둘은 공공부문 일자리 창출이다. 셋은 당연히 이는 막대한 비용을 수반하기 때문에 자연스럽게 전 국민 증세를 가져올 것이다.

이러한 역할의 수행은 경제적 능력이 수반되지 않으면 여러 어려움이 뒤따르게 될 것이다. 실질적으로 우리 사회에서는 1960~1970년대의 사회복지의 확대과정 속에서 전 세계적으로 제국주의 몰락과 산업화의 핵심 동력이었던 석탄으로부터 특정 지역에 집중적으로 매장되어 있는 원유로 이동하면서 경제분야에 연관된 네 가지의 특징적인 상황이 발생하였다.

첫째, 산업초기부터 순차적인 성장이 아닌 절대적 수입에 의존해야 하는 중화학분야에 대한 집중적인 투자가 진행되었다. 이것은 1970년대 중동지역에서 자원민족주의가 등장하면서 원유 가격의 폭등과 품귀현상으로 인한 많은 산업국가들의 경기침체와 우리 사회에서도 국가 재정 위기를 발생시켰다.

둘째, 제2차 세계대전 이후 급속한 산업화가 진행되면서 부의 증진에 따른 사회복지에 대한 관심으로 많은 선진복지국가에 관료 및 행정기구의 팽창과 비효율성 증가하였다. 마찬가지로 우리나라에서도 실천의 유무와 관계없이 사회복지에 연관된 법과 제도들이 형성되고 있다.

셋째, 원유가격의 폭등으로 경제침체는 대량생산과 대량소비를 지향하는 포디즘적 생산방식[13]은 비효율적인 것이 되었으며, 새로운 생산방식과 절제되고 검소

한 생활방식의 사회를 지향하였다.

넷째, 경제적 어려움으로 복지국가의 후퇴라는 인식과 부의 집중으로 인한 빈부 격차의 심화는 이데올로기적인 측면에서 마르크스주의적인 관점에 의한 독점 자본주의의 축적과 정당화 간의 모순을 부각시켰다. 이것은 정책적으로 급격한 산업화와 성장지상주의가 진행되었다.

정책적 측면에서 그리고 법제정의 측면에서 한편으로 사회복지 태도의 시각은 잔여적 복지라 할 수 있을 것이다. 그러나 다른 한편으로 보편적 복지란 우리 사회에서 진정한 의미의 사회복지정책을 실행할 수 있는 이론적 토대라 할 수 있다. 잔여적 복지의 실천 과정에서 사회주의 이념의 출현은 보편적 복지로 귀결되었다. 이러한 사고 틀 하에서 전 세계적인 경제적 침체로 나타난 위의 현상들이 복지국가에 있어서 반드시 사회복지의 정책적 몰락을 의미하는 것은 아니다. 단지 사회복지에 연관된 정책적 수정이나 전환이 진행되었다. 사회복지적인 전통을 정책적으로 내포하고 있는 토대의 변화이다. 잔여적 복지에 연관된 정책의 확장으로 사회복지적으로 열악한 상황으로 이어졌던 것이다. 오일쇼크가 극복되면서 보편적으로 복지국가의 지향점은 사회민주주의(사민주의) 모델이다. 이 모델에 의하면 복지국가는 사람들에게 시장에 종속되지 않고도 (사회적 합의로 자리 잡힌) 사람처럼 살 수 있는 생계에 대한 보장의 의무를 가진다.

13) 산업사회는 대량생산, 대량소비, 대규모 시장을 특징으로 한다. 미국의 실업가인 헨리 포드(Henry Ford, 1863~1947)가 이 사실에 주목하여 대량생산 체계를 만들어 냈는데, 이것은 1913년 작업 속도, 정밀도 및 조작의 간편화에 맞추어 설계된 전문화된 작업 용구와 기계가 사용되는 조립라인 및 연속공정 기술로서 포드 조립라인이라 부르고 있으며 표준화된 제품의 대량생산과 대량소비의 과정을 포디즘이라 하였다.

7. 정리

현대사회에서 세계의 모든 국가들에 있어서 개념적으로 그리고 의미적으로 사회복지는 그 자체가 하나의 목적이기도 하고 수단이기도 하다. 그런 의미에서 사회복지는 한편으로 사회복지적이어야 하며, 다른 한편으로 하나의 상품인 것이다. 이 상품을 잘 운용하여 모든 사회구성원들에게 분배해야 하는 것이다. 사회복지는 정치 · 경제 · 사회 · 문화적인 측면에서 다음과 같이 정리할 수 있을 것이다.

첫째, 역사적으로 사회복지는 권력자의 시혜이며 선물로서 간주되었다. 이런 측면에서 사회복지는 정치적인 것이다. 실질적으로 우리 사회에 있어서도 사회복지는 국가적인 위기 때마다 정치적인 측면에서 타개책으로 사회복지에 연관된 제도나 법제정이나 개정이 진행되었다. 그것은 국민의 삶을 담보하는 것보다는 정치인들의 정치적인 삶의 연장을 수단으로써 그 의미를 있다는 것이다.

둘째, 사회복지는 주는 것이다. 그러므로 사회복지 실천을 위해서는 충분하면서도 튼튼한 재정이 요구된다. 그러므로 경제적인 측면에서 사회복지는 국가의 안정적인 재정을 토대로 한다. 그리고 사회복지에 연관된 것들에 대한 예산 집행은 회수 기간이 —국민이나 수혜자들의 국가에 대한 충성심, 납세의 의무 등— 다른 투자에 비해 기간이 매우 오래 걸릴 수 있다는 것이다. 문제는 경우에 따라서 정치인이나 경제인 등 사회구성원들이 사회복지에 대한 재정적인 것들을 한편으로 비용으로 생각하거나 다른 한편으로 투자로 간주한다는 것이다. 왜냐하면 사회복지의 정책적 집행의 결과는 단기적으로 나타나는 것이 아니라 장기적인 측면에서 접근되어야 하기 때문이다.

셋째, 사회적인 측면에서 사회복지는 사회복지의 제공자와 사회복지의 수혜자로서 사회구성원들의 생존권을 포함하여 삶을 골고루 증진시키는 것이다. 그러므로 사회복지가 사람이 중심이라는 것이며 관계 속에서 의미를 가진다는 것이다. 다른 식으로 이야기한다면 사회 속에서 천상천하 유아독존이 아닌 천상천하 상호관계 속에서 이루어지는 것이 사회복지인 것이다.

넷째, 문화적인 측면에서 사회복지는 다양한 의미를 지니고 있다. 사회구성원들의 삶이 문화이기에 사회복지는 시혜나 선물, 화폐, 정치와 관계하고 있지만 그들의 문화로 자리 잡아야 한다는 것이다. 그러므로 사회복지는 세 가지에 논의에 대한 윤리적인 접근은 재정적 토대에 대한 출처와 그 집행에 있어서 도덕적이고 공정해야 한다는 것을 의미한다.

결론적으로 사람들은 사회복지를 나눔이라고 정리하고 있다. 진정한 의미에서 사회복지는 감성적으로 그리고 사적으로는 봉사나 나눔이라고 할 수 있을 것이다. 인간의 본능의 측면에서 인간의 삶이 질적 양적 상승의 욕망을 지니고 있기에 역사적으로 단순사회에서는 복지에 대한 사적인 접근으로 생존권과 같은 문제들이 해결 가능하였을 것이다. 그러나 산업의 발달과 복잡하고 복합적인 사회의 등장은 논의된 것처럼 희생이나 봉사가 아닌 법적인 측면에서 제도적이고 정책적으로 사회복지의 실천이 요구되는 것이다.

생각해 봅시다

1. 사회복지에서 무상급식, 무상보육의 의미에 대하여 생각해 봅시다.

2. 자본주의와 사회복지에 대하여 생각해 봅시다.

3. 사회복지에서 탈상품화 개념에 대하여 설명하시오.

제 2 장 사회복지의 역사

사회복지의 역사는 자본주의 하에서 한편으로 현실적인 측면에서 산업사회의 등장 이후 노동자와 자본가의 투쟁과정이다. 사회복지는 그 투쟁과 실천의 산물이라 할 수 있을 것이다. 다른 한편으로 사회복지의 제도화와 법 제정을 통한 실천과정이라 할 수 있다. 그러므로 현대적 의미에서 사회복지는 산업혁명이 진행되는 18세기 이후 근대사회에서 나타나기 시작한 사회적 현상으로 근대사회의 구조적 특성과 밀접한 관계를 지니고 있다.

18세기 산업혁명이 진행되었던 유럽 사회에서 발생하였던 급격한 사회적 변화를 독일의 고전 사회이론가인 페르디난트 퇴니스(Ferdinand Tönnies, 1855~1936)와 에밀 뒤르껭(Emile Durkheim, 1858~1917)은 게마인샤프트(Gemeinschaft: 공동사회)에서 게젤샤프트(Gesellschaft: 이익사회)로 이동한다는 주장과 기계적 연대에서 유기적 연대로의 사회구조가 전환한다는 이론을 제기하였다. 이와 같은 산업사회에서 산업과 경제의 변화와 성장은 사회복지 발전을 위한 가장 중요한 전제조건이라 할 수 있다. 그것에 대한 설명과 분석을 위한 사회복지의 역사적인 측면의 접근은 산업혁명을 기점으로 둘로 구분될 것이다. 하나는 이 장에서 다루어질 산업혁명 이전과 다른 하나는 산업혁명 이후이며, 그것의 대부분은 유럽에서 제도화된 사회복지에 관한 역사일 것이다. 그러므로 현대적 의미에서 사회복지는 시기적으로 봉건사회[1]가

1) 종교적으로 가톨릭이 지배하였던 봉건사회는 사회·경제적 측면에서 유럽 중세 1,000년을 지배한 사회구조로서 봉건제도를 토대로 한 사회이며 봉건주의(Feudalism)라 부르고 있다. 이 제도는

붕괴되면서 농업자본주의로부터 산업자본주의 사회가 성립하던 17~18세기 처음 태동(태동기)하였다고 할 수 있다. 그 당시에는 용어적으로 사회복지보다는 사회정책이나 사회보장이 사용되고 있었다[2]. 그 이후 19~20세기 초에 걸쳐 급격한 산업화로 인한 노동자와 자본가 간의 갈등 심화를 공산주의 이론가들은 공산주의 혁명을 통한 노동자 중심의 사회주의 사회 건설로 해결하려고 하였다. 반면에 기존의 기득권 계층이었던 자본가들은 정치적인 측면에서 정치가들의 중재로 노동자와 갈등문제를 해결하려고 하였다. 이런 과정 속에서 한편으로는 투쟁, 다른 한편으로는 타협을 통하여 주요 복지제도들의 역사적인 모습들이 갖추어지기 시작했으며(초기 형성기), 20세기 중엽부터는 사회복지의 전형적 형태가 완성(완성기)되었다.

결론적으로 사회복지는 자본주의에 대해 내적 외적 비판적 관점에 대한 결과물이라 할 수 있을 것이다. 산업혁명 이후 사회의 급격한 산업화 속에서 한편으로는 자본주의 계급모순을 해결하는 과정에서 노동자들의 투쟁 산물로 고려될 수 있을 것이며, 다른 한편으로는 시혜나 자비의 의미로서 권력자들에 의해 주어진 것으로 간주되는 정치적 산물이라고 할 수 있을 것이다. 그러므로 이 장에서는 사회복지의 전개과정의 측면에서 역사적인 접근으로 통하여 개인적인 측면에서 복지의 의미변화와 서구사회를 중심으로 한 사회복지의 정책, 법과 제도화에 대하여 연대기적(Chronological)으로 분석이 될 것이다.

국왕, 기사, 농노 세 계급을 근간으로 구조화된 형태이다. 역사적인 측면에서 이 구조가 붕괴된 후 유럽 사회는 르네상스 시대로 들어간다.

2) 시장질서와 자본질서의 모순에 대항하는 노동운동은 19세기 후반에 이르러 절정에 달했는데, 이로써 자본주의의 심각한 폐해를 인식하고 이를 부정하는 사회적 분위기가 전 유럽에서 형성되고 있었다. 사회정책(Sozial Politik)이란 개념은 독일에서 산업화 과정에서 발생하는 여러 사회문제의 현황과 원인 및 대처방안 등을 연구하기 위하여 구스타프 슈몰러(Gustav von Schmoller)를 중심으로 1873년에 설립된 사회정책협회(Verein fuer Sozialpolitik)가 활동하면서 일반화된 개념이다. 그것의 실천과정에서 사회보장이란 의미는 어원적으로 영어의 Social Security에서 Security의 Se(=Without 해방) + Cura(=Care 걱정 근심), 즉 불안을 없게 한다는 측면에서 사회의 안전이나 안정을 강조한다고 볼 수 있다.

1. 산업혁명 이전의 사회복지

18세기 산업혁명 이전의 사회구조는 농업사회이다. 이 시기의 사회복지는 개인 차원의 복지이다. 인간의 삶에 있어서 복지에 대한 욕망과 욕구는 무한하다 할 것이다. 이런 측면에서 사회복지의 태동 시기는 아마도 인류의 역사와 같이할 것이다. 왜냐하면 과거나 현재 미래에도 인간은 삶의 본능과 욕구에 대한 삶의 질적 상승을 똑같이 추구하고 있기 때문이다.

1) 사회복지의 태동기

인간에게 있어서 복지의 등장 시기에 대한 사고는 매우 어려운 문제이다. 왜냐하면 이것은 인간의 본질적이고 본능적인 것이기 때문이다. 그러나 학문적인 측면에서 사회복지의 태동은 17~18세기 영국적인 상황 속에서 발생되었다고 한다[3]. 이 시기 유럽 사회에서 봉건사회가 점차 해체되고 자본주의가 서서히 형성되던 과도기로서 봉건주의적인 성격과 자본주의적인 성격이 공존하던 시기였다. 봉건사회의 해체로 인하여 이 시기의 전통적인 농민들이 농장 주인에 의해 토지로부터 축출되어 생존권이 박탈되면서 대규모 빈민층과 부랑인층을 형성하게 되었다. 따라서 이 당시 심각한 사회문제는 빈민문제와 부랑인문제가 큰 비중을 차지하였는데, 빈민구제 방안, 부랑인들을 정착시켜 그들의 노동을 자원화하기 위한 방안 등이 그 주류(main stream)를 이루었다. 사회복지의 측면에서 모순이 있지만, 큰 틀에서 본다면 그런 배경에서 입법된 빈민법이 첫 번째 복지에 관련된 법

3) 이 시기의 영국의 사회구조에 커다란 변화에 영향을 미친 세 가지 사건이 발생하였다. 하나는 농노제의 해체이다. 이 과정에서 지방의 신흥지배계층으로 젠트리(Gentry)라는 새로운 사회계급이 등장하였으며, 농토로부터 축출된 후 살길을 잃은 농민들의 빈민화가 발생하였다. 둘은 15세기 말에서 17세기 중반까지 주로 지주들이 곡물생산보다 양모생산을 위한 경지확보 및 농지를 목장으로 전환시킨 운동으로 농민의 실업과 이농, 농가의 황폐, 빈곤의 증대 등을 야기시켰던 제1차 인클로저운동(Enclosure Movement)이다. 셋은 노동자들의 주축으로 일어난 차티스트 운동(Chartist's Movement)은 사회경제적으로 쌓여온 불만으로 19세기 중엽 영국에서 일어난 노동자의 참정권을 주장하는 노동운동이다.

으로 간주될 수 있을 것이다.

전통사회에서도 복지서비스를 제공하거나 사회적 도움을 필요로 하는 사람을 돌보아주는 시책들이 존재했다. 그러나 전통사회에서의 복지서비스 제공 및 사회적 보호는 빈민층이나 사회적 약자들의 생존권과 같은 근본적인 것보다는 주로 교회공동체와 지역공동체에 의한 상호부조 형태, 또는 지배층에 의한 시혜나 자비와 같은 일시적 구제책 형태로 제공되고 있었다. 즉 이러한 서비스 및 보호의 제공은 일방적, 자선적, 시혜적(paternalism)으로 실천되고 있었지만, 제도화로 정착되지 않고 있었다. 그러므로 그것은 공급자나 수급자 모두 개인적인 차원에서 제공하는 주체들의 자의에 의해서 비정기적으로 시행되었기에 사회복지적이라 할 수 없었다. 이런 복지환경 속에서 산업혁명의 발생은 복지의 주체뿐만 아니라 대상자들에 있어서 복지형태에 대한 역사적 변화를 가져오고 있었다. 그러므로 산업혁명 이전 사회복지의 이와 같은 특성은 산업혁명 이후 근대사회로 들어오면서 나타난 사회복지 특성과 근본적으로 상이하다 말할 수 있을 것이다. 왜냐하면 귀족이나 농민으로부터 노동자로의 사회 주체세력의 교체는 사회복지에 대한 제도화의 의미를 변화시켰기 때문이다.

일반적으로 오늘날 사용되고 있는 사회복지의 의미, 즉 제도적, 보편적, 권리적인 의미로서 사회복지가 전통사회에도 존재했다고 보기는 어려울 것이다. 그런 측면에서 논쟁의 대상이 되는 것이 빈민법인 것이다. 이 법은 말 그대로 빈곤자에 대한 빈곤의 구제를 구빈의 측면에서 접근하여 제정 · 공포 · 실행되었다. 이런 이유로 많은 사람들은 사회복지의 태동을 이 법에 두고 생각하고 있는 것이다.

2) 빈민법

사회복지의 측면에서 빈민법은 사회복지의 맹아로 간주되고 있다. 역사적인 측면에서 빈민법의 등장은 15세기까지 거슬러 올라갈 수 있는데, 그 시기에 영국에서는 사회구조적인 대변화가 일어나고 있었다. 그것은 바로 농노제의 해체이다. 이 과정에서 젠트리[4]라는 새로운 사회계급의 등장하였으며, 농토로부터 축출되어 삶의 터전을 잃은 농민들은 도시나 도시근교 이동하여 도시 빈민으로 전락하였다. 이것에 대한 해결책으로 나타난 것이 빈민법의 제정이라 할 수 있을 것이다. 이 법은 영국 사회에서 상황에 따라 여러 가지 형태의 법으로 재탄생되면서 1948년 국민부조법의 제정으로 114년 동안 영국인의 삶에 영향을 끼쳤던 빈민법은 폐지되었다.

빈민법의 원명은 엘리자베스 빈민법(Elizabeth 빈민법)으로 1601년에 제정된 최초의 사회복지에 연관된 사항들을 규정하고 있다. 이 법은 당시 심각한 사회문제로 간주되었던 빈민과 부랑인 문제에 대처하는 내용을 담고 있다. 이 법에서는 당시 빈민과 부랑인을 노동 능력자와 노동 무능력자, 빈곤아동으로 구분하였으며, 노동 능력자에게는 강제노동을, 노동 무능력자에게는 최소한의 구제를, 빈곤아동은 도제로 흡수할 것을 규정하였다. 노동 무능력자가 최소한의 구제를 받기 위해서는 거주지를 제한할 것과 노동능력자에게는 거주제한과 함께 작업장을 지정할 것을 규정하였다.

빈민법의 의미는 사회구제에 있어서 구빈의 책임을 종교적인 측면에서가 아닌 제도적으로 지방정부에 의해 실행되었던 것이다. 실천방식으로는 교구 단위로 노동능력이 없는 자를 선발하여 구제하고, 노동능력이 있는 자에게는 구제의 의무를 부여하였다. 특히 구제에 필요한 재원은 구빈 감독관을 두어 교구주민들 중 자산이 있는 자로부터 징수하였던 구빈세(poor rate)[5]로 조달되었다[6].

위와 같은 당시 상황은 이 시기에 제정된 사회복지에 관련된 법들에 의해 반영되었다. 그 당시 대표적으로 제정되었던 사회복지입법에는 이미 언급된 빈민법을

4) 어원적으로 젠트리(gentry)는 젠틀맨을 의미하며, 영국에서 14~15세기의 중세 말부터 등장하였던 지방의 신흥지배계층을 말한다. 후에 이 계층은 지역의 치안판사 및 높은 사회적 지위를 획득하게 되고 많은 사회적 실권을 장악하게 되었다.

5) 구빈세의 영문표기는 poor rate로서 직역하면 빈민세이다. 사전적인 의미에서 구빈세는 그 의미가 중세에서의 교회세에서 출발한다. 구빈세적 성격이 포함되어 있었으나 세제로 확립된 것은 절대왕제 하의 공적구제제도의 성립과 빈곤문제의 국민적인 확산을 배경으로 하고 있다. 구빈경비를 교구 주민의 세금으로 충당하도록 강제 부과해 이것을 재원으로 충당했다. 영국은 이 공적구제의 확립에 의해 민간자선사업 및 지방자치행정의 독자적 활동을 더욱 발전시켰다.

6) 봉건제도에서 자본주의로 옮겨가는 과정에서 농토를 떠나는 인구가 증가하였고, 빈곤자와 부랑자가 많이 발생하였다. 그리하여 1601년 엘리자베스 빈민법에 따라서, 빈곤자의 부조 외에 빈민 · 부랑자 및 자녀에게 기술교육을 실시할 목적으로, 강제노역소가 전국에 설치되었다.

비롯하여 정주법, 작업장법, 길버트법, 스핀햄랜드법, 신빈민법 등[7])이 있다.

3) 신빈민법(Poor Law Reform of 1834)

산업혁명에 의한 산업자본주의 하에서는 인간의 노동이 토지와 신분에 종속되어 있어서 매매의 자유가 어려웠던 전통사회와는 다르게 인간의 노동을 하나의 상품처럼 자유롭게 매매될 수 있게 되었다. 따라서 자본주의 제도가 성립되던 이 시기에는 인간의 노동을 토지와 신분으로부터 분리시켜 자유로이 이동 매매할 수 있도록 하는 방안뿐만 아니라 자본주의를 지원하기 위하여 빈민이나 부랑인들에 압박을 가하여 그들을 임금 노동자로 전환시키면서 빈곤의 덫[8])으로부터 벗어나려는 노력들이 사회복지에 관련된 법의 제정으로 나타나고 있었다. 사회복지 태동기에 사회복지가 주로 빈민계층에 대한 시혜적 구제를 실천하였지만, 사회복지 발전기에는 그것과 더불어 산업화로 인한 임금노동자에 대한 사회복지의 중요성도 강조되고 있었다. 그 결과물이 1834년에 제정된 신빈민법이라 할 수 있으며 그 핵심은 1834년 영국의 빈민법 조사위원회보고서에 수록된 신빈민법(an Act for the Amendment and Better Administration of the Laws to the Poor in England and Wales)의 운영원칙으로 구제를 받는 빈민의 처우는 최하급의 독립노동자 수준보다 낮아야 한다는 원칙과 같은 세 가지의 토대로 구성되어 있다.

7) 1662년에 제정된 정주법(Settlement Act)은 부랑자 금지법으로 빈민에게 구제 및 일자리 제공을 규정하는 동시에 그들의 이동의 자유를 제한하는 법률이다. 작업장법은 당시 교회의 교구들에 의한 빈민에의 작업장 제공과 관리를 규정한 법률로서 빈민법을 보완하기 위해 1722년에 제정된 법이다. 1789년에 제정된 길버트법(Gilbert Act)은 기존의 법들과는 달리 작업장을 통해 부랑자를 억제하고 노동력 공급을 하는 등 내용적으로 사회복지에 근접하였다. 즉 노동의 강제가 아닌 빈민들의 원외구제를 허용하여 보다 인간다운 생활을 가능하게 하였다. 1795년에 제정된 스핀햄랜드법(Speenhamland Act)은 최저생계비에 대해 관심을 가지고 국가가 조세를 통하여 최저임금을 ―부족분을 국가가 보충― 보장해주도록 한 법이다.

8) 빈민법 제정 이후 제정된 사회복지에 관련된 법체제가 야기하였던 문제를 의미하던 용어로써, 노동을 하지 않아도 생활비가 국가로부터 보장되고, 최저생계비 이하의 임금을 받아도 나머지 부분에 대해 ―최저생계비에 모자란 부분을― 국가가 보충해 주는 제도가 잘 갖추어져 있으면 사회구성원들이 굳이 취업을 하려고도, 또 최저생계비 이상의 더 나은 임금을 받으려고 노력하지 않게 된다는 의미이다. 이후 이 용어는 복지병에 대한 좁은 의미로 사회복지가 너무 발전하면 사회가 나태해지고 의존적이게 된다는 뜻으로 확장되어 사용되는데, 특히 사회복지를 비판하는 논자들이 자주 사용하는 개념이다.

① 균일처우의 원칙(The Principle of National Uniformity)은 교구에 따라 상이하게 시행되고 있는 구빈행정을 행정기구를 개혁해서 전국적인 행정수준의 통일과 중앙집권화된 구빈행정의 출발의 토대이다.

② 열등처우의 원칙(The Principle of Less Eligibility)으로 구빈 대상자의 구제수준이 자활노동자들의 생활수준 보다 높지 않아야 한다는 것이다. 다른 방식으로 이야기한다면 구제받은 빈민의 생활수준이 구제받지 않고 일자리를 가진 최하층의 노동자들의 생활수준보다 높아서는 안 된다는 원칙으로 이후 사회복지 실천의 중요한 원칙으로 작용하고 있다.

③ 작업장활용의 원칙(The Principle of Workhouse System)으로 원조보다는 자활을 통한 스스로의 구제를 강조하는 원칙이다. 즉 노역장강제수용에 대한 원칙으로 병자, 노인, 허약자, 모자가족에게만 예외적으로 원외구조를 인정하면서 원조를 억제할 수 있는 작업장 수용을 원칙으로 한다는 것이다.

결론적으로 신빈민법은 빅토리아 여왕 시대에 들어 빈민법의 빈민 구제 재원의 토대였던 구빈세 징수로 인한 중상류층의 불만 증가에 대한 해결책으로 제정되었다고 볼 수 있을 것이다. 그것은 빈민들의 게으름이 원인이라는 빈곤에 대한 개인적 차원의 접근을 의미하는 것이다. 이와 같은 원외구제에 의해 발생한 빈민과 노동자의 소득에 있어서 모순된 문제를 해결하기 위한 신빈민법은 위에서 논의된 것처럼 세 가지 기본적 토대를 통하여 원외구제를 중지시켰다. 결과적으로 이 법을 통하여 봉건제 해체과정에서 대규모로 형성된 빈민들에 대한 보호·구제를 17세기 이후 설립된 영국의 강제노역소가 제공했다기보다는 오히려 노동의 상품화로 자본주의화를 촉진시키는 효과를 가져왔던 것이다[9].

9) 신빈민법은 빈민법에 의해 17세기 이후 설립된 영국의 강제노역소인 비인간적인 워크하우스(work house)에 의한 구제 이외에는 어떠한 구제도 인정하지 않는, 소위 워크하우스 테스트 원칙과 함께 실질적으로는 구제의 부정이라고도 할 수 있는 사고였다.

2. 산업화와 사회문제

산업화는 18세기 중엽 영국에서 시작된 산업혁명에 기인한다. 그것은 기술혁신뿐만 아니라 사회 구조적인 변화도 동반하여 진행되었다. 보편적으로 그 특징들은 재화의 대량생산, 대량소비 되며, 대규모 기계화된 생산시설과 전문화된 분업이라 할 수 있다. 자급자족을 특징으로 하였던 생산방식이 사회분업을 통해 이루어짐으로써 직접생산자들은 더 이상 자급자족으로 살아갈 수 없게 되었으며 사회적 분업에 의해 주어지는 일자리가 사회구성원의 삶 영위에 매우 중요한 위치를 차지하게 되었다.

인간의 삶의 질적 변화는 대량생산과 대량소비로부터 발생하였으며, 그것은 한편으로는 물질을 통한 인간에게 풍요로운 삶을 제공하기도 하였지만, 다른 한편으로는 표준화, 규격화 그리고 물질만능주의를 통하여 인간성에 결함을 야기시키기도 하였다. 대량생산의 핵심인 분업과 전문화, 생산시설의 자동화는 인간을 기계의 부품, 노예로 만들었으며, 산업화 초기의 긍정적 역할은 오히려 노동자를 공격하는 작용을 하였다. 이것으로 위에서 언급하였던 1811년 기계파괴운동으로 알려진 러다이트 운동(Luddite Movement)[10]이 발생하게 된 것이다. 또 다른 측면에서 산업화는 위생, 환경, 질병, 장애와 연관된 문제들을 야기시키고 있었다. 산업재해 역시 대규모의 기계화된 시설과 설비를 통해 생산이 이루어지는 산업사회에서 발생하는 문제라 할 수 있다. 위에서 이야기하였던 실업문제 그리고 노후문제 역시 산업화와 관련된 심각한 사회문제라 할 수 있다. 왜냐하면 산업사회에서는 사회구조와 인구구조 그리고 산업구조의 변화와 방향이 매우 급속하게 변화하고 있으며 두 가지 측면에서 지속적으로 실업에 연관된 문제들이 발생하고 있기 때문

10) 노동자들은 산업혁명 이후 등장하였던 실업과 같은 사회문제의 원인을 기계에 있다고 규정하였다. 러다이트(Ruddite) 운동은 18세기 말에서 19세기 초에 걸쳐 영국의 공장지대에서 일어난 노동자에 의한 기계파괴운동을 말한다. 이 운동은 자본주의라는 이데올로기에 대한 이해 없이 노동자들이 해고와 임금저하의 원인을 기계에 가두면서 단순히 기계만 사라지면 예전과 같은 환경으로 돌아갈 수 있다는 생각으로부터 발생하였던 실업의 발생에 대한 반자본주의 운동이다. 이 운동은 기계파괴금지법의 제정 등 지속적인 탄압으로 쇠퇴하게 되었다.

이다. 하나는 산업화로 인하여 노동 가능한 연령의 강조를 의미하는 정년제라는 제도가 만들어졌다. 이 제도는 생산과정에서 기계를 다뤄야 하며 계속적으로 변화하는 생산 관련 전문지식을 습득해야 하는 산업사회 생산의 특성과 관련 있다. 이러한 정년퇴직 제도로 인해 산업사회 구성원들은 일정한 연령이 되면 제도적으로 생산에 참여할 수 없게 되고 그로 인해 경제적, 사회적, 문화적 삶이 큰 타격을 받게 된다. 다른 하나는 노인문제 그것은 새로운 형태의 사회문제로서 노인인구의 증가에 따른 사회 고령화의 등장이라고 할 수 있다. 산업과 과학의 발전으로 인간수명의 연장은 한편으로는 정년제도로 인하여 노동현장에서 제도적 배제되는 사람의 증가되었으며, 다른 한편으로는 현대적 의미에서 노인의 증가는 사회구성원들의 부담으로 작용하였다.

사회의 발전을 의미하는 이와 같은 산업화와 자본주의 과정은 한편으로는 사회구성원들의 삶의 수준을 상승시켰지만 다른 한편으로 이념적인 구조적 모순으로 구체적으로 아래와 같은 다양한 문제들을 야기시켰다.

1) 도시화, 핵가족화 그리고 사회문제

현대 산업사회, 자본주의 사회가 형성되면서 일자리를 찾아 이촌향도 현상의 심화로 인한 도시화가 빠르게 진행되었으며 가족제도도 대가족으로부터 핵가족화도 광범위하게 진행되었다. 도시화에 따라 도시지역에 인구가 집중되었는데, 이에 따라 가족문제, 주택문제, 환경문제, 위생문제, 교통문제 등이 현대사회의 고전문제로 대두하게 되었다.

산업사회에서는 노동자들이 직장을 따라 부모와 고향을 떠나게 되는 그리고 공장에 밀집하여 있는 도시로 이동하게 되면서 인구이동이 발생하였다. 그것은 두 가지의 사회문제들을 발생시켰는데, 하나는 도시의 인구집중 현상이다. 젊은 청년들은 농민보다 노동자의 삶이 낫다는 생각으로 도시로 이동하여 노동을 통하여 삶을 유지하고 가정을 형성하게 되었다. 다른 하나는 농촌사회의 문제인 이농현상으로 농촌인구의 감소와 고령화이다. 이와 같은 전체적인 이촌향도 현상은 대부분의 사회 가족구조의 틀을 변화시켰다. 농업사회의 다산과 대가족이 아닌 부부가 함께 일하는 구조 속에서 둘 이하의 자녀로 구성되는 가족구조를 형성하게 되었다. 그러나 알려져 있는 것처럼 핵가족화의 문제가 단순히 2세대 이하로 구성되는 가족형태의 증가만을 의미하는 것은 아니다. 핵가족화는 가족형태뿐만 아니라 가족구조와 가족관념(문화)의 변화까지 의미하는 것이다. 그것에 대하여 여기서 자세히 논할 수는 없지만 가족구성원 간 연대의식의 약화, 가족구성원 규모의 축소, 가족기능의 축소 등의 변화를 수반하였다. 그리고 이러한 변화의 맥락에서 노인부양문제, 아동양육 및 육아의 문제가 심각한 사회문제로 대두되는 것이다.

그러므로 이러한 문제들은 산업의 급속한 발전에 의해 변화된 사회의 구조의 산물이다. 산업화는 인간의 삶을 한편으로는 풍요롭게 하였지만, 다른 한편으로는 인간에게 억압적으로 작용하였기에 인권에 대한 관심의 표명이 새로운 사회문제의 해결로서 사회복지적 접근이 요구되었다.

2) 사회문제에 대한 대처로서 사회복지

현대사회에서는 개인적인 차원에서 해결의 어려운 문제들이 증가하고 있다는 것이다. 사회복지는 복잡한 현대사회에서 사회구성원들의 개인문제나 사회문제들을 해결하는 적극적인 정책이다. 이것은 사회문제들을 해결하기 위하여 현대사회에서는 개인적인 차원의 복지가 사회복지로서 제도화되었음을 의미하는 것이다. 그러므로 현대사회에서 사회복지는 일시적이고 자선적이며 주변적인 성격에서 벗어나 사적인 문제들을 공적인 문제로 인식한 상시적이고 제도적인 그리고 보편적 성격을 형성하게 되었다.

이러한 성격변화와 함께 현대사회의 사회복지가 국가와 사회에 의해 체계적으로 관리 운영되었음을 의미한다. 그런 측면에서 사회문제의 해결방식에는 두 가지 차원이 있다. 하나는 온정주의(paternalism)[11]적인 방식이다. 그것은 복지에 대한

11) 온정주의는 오늘날처럼 사회복지가 독자적 사회제도로 형성되기 이전에 복지서비스의 제공을 종교단체나 자선단체에 대해 집중적으로 의존하면서 형성되었다. 그래서 이러한 단체나 개인에 의한 복지서비스 제공은 그 단체나 개인의 자발성, 자선, 온정에 의존하는 것이기 때문에 일시적일

소극적인 접근으로 처벌과 같은 제재의 방식을 의미하며, 다른 하나는 적극적 방식으로 사회문제를 사회복지를 통한 해결을 의미한다. 전자는 근대국가 이전의 사회에서 행해졌던 문제 해결방식이며, 후자는 현대사회에서 그리고 선진사회에서 실행되고 있는 방식이라고 할 수 있다. 오늘날 대부분의 사회에서는 후자의 측면에서 사회문제를 즉각적인 해결도 중요할 뿐만 아니라 적극적인 차원에서 예방적 차원으로 해결하고 있으며 이런 국가들이 복지국가인 것이다.

결론적으로 산업사회의 사회문제들은 예전에 발생되었던 것들과 다른 자본주의 모순으로 인한 불평등한 분배에 의해 부익부 빈익빈의 심화로 이어졌다. 이와 같은 사회구조적 문제를 해결하기 위해서는 제도화된 사회복지가 요구된 것이다. 일반적으로 사람들은 산업자본주의를 자본주의와 동일시하는 경향이 있는데, 그 이유는 현대사회에 대한 다양한 규정이 있음에도 사회의 동력에 대한 핵심이 아직까지는 산업에 있기 때문이다.

3. 산업혁명과 자본주의

산업혁명으로부터 발생하였던 산업자본주의는 이전의 사회구조와 계급구조에 커다란 변화를 가져왔다. 그것은 그 당시의 대표적인 사회계급이었던 귀족이나 농노라는 구조로부터 자본가와 노동자라는 대립적인 새로운 계급의 등장인 것이다.

노동자와 자본가의 대립된 사고는 지독한 갈등을 야기시켰음에도 불구하고 그것은 오히려 사회복지 출현이라는 필연적인 사회적 상황을 발생시키기도 하였다. 사회복지는 노동자들의 자본가에 대한 적대의식을 감소시키는 당근으로 작용하였다. 그런 측면에서 그 당시의 사회복지는 노동자들을 위한 진정한 복지로부터 시작하였다고 보기는 어려울 것이다. 그럼에도 불구하고 노동자들의 자본가와 정

수밖에 없고 시혜적인 성격을 지닐 수밖에 없었다. 이와 같은 사회복지의 특성을 흔히 온정주의라고 하는데, 온정주의라 하면 그 어감과는 달리 발전하지 못한 상태 또는 초기의 미성숙한 상태라는 부정적 의미로 사용되고 있기도 하다.

치가에 대한 지속적인 투쟁으로부터 오늘날과 같은 복지사회, 복지국가가 등장하였고 발전하였다고 볼 수 있는 것이다. 이론적인 측면에서 산업사회와 자본주의는 동의어로 사용되고 있지 않지만, 사회복지적인 측면에서 산업사회의 주체로서 노동자와 자본가 사이에서 갈등의 심화는 19세기 후반이 되면서 자본주의 시장질서로 인한 병폐들을 심각한 수준으로 이르게 한 근본적 원인으로 간주될 수 있을 것이다. 따라서 자본주의 시장질서에 대해 국가적 개입을 통하여 자본주의 사회의 문제점들을 완화, 보완 개선하려는 움직임이 나타났는데, 이 시기 독일에서 만들어진 사회보험과 같은 제도들이 사회보장제도인 것이다.

그러므로 여기서 논해야 할 사회복지는 인간의 본능적인 측면에서 삶의 질적인 추구보다는 법과 제도의 측면에서 산업혁명 전후 노동에 대한 다양한 의미부여와 분업 그리고 자본주의의 등장을 통한 사회구조의 변화를 토대로 하는 분석이 되어야 할 것이다. 이것을 설명하기 위하여 여기서는 산업혁명에 의한 자본주의 사회질서 변화를 통하여 사회복지의 움직임의 단초를 살펴보려고 한다.

1) 산업사회의 특성

산업사회는 영국에서 18세기 중엽 산업혁명(Industrial Revolution) 이후 등장하였던 사회이다. 산업사회에서는 중요한 변화는 농업사회에서 하나하나의 공정을 손으로 하였던 수공업으로부터 동력의 변화, 즉 석탄으로 물을 끓여 수증기를 통해 기계를 돌려 상품을 생산하는 자동화 체계로 생산수단의 전환을 의미하였다. 이것은 기계화된 수단에 의해 생산의 방식과 공정이 분야별로 구별되어 진행되는 분업을 통하여 재화가 대량으로 생산되며 소비도 대량으로 이루어지는 대량생산 구조의 등장을 의미하는 것이다.

산업사회의 특성은 다양한 측면에서 규정될 수 있다. 에밀 뒤르껭[12]에 의하면

12) 프랑스의 사회학자 에밀 뒤르껭(Emil Durkheim)은 사회구조의 발전을 기계적 연대로부터 유기적 연대로 진행하는 것이라 하였다. 그 토대는 분업으로, 산업사회 이전 사회형태인 농업사회에서는 사회적 분업에 대한 의존성이 크지 않았다. 그러므로 그 사회의 구성원들은 개개인의 생존을 위해 여타 성원들 간에 상호작용과 의존 가능성이 매우 약하다 할 수 있다. 그는 이런 구조를

산업사회에서 재화의 생산과 소비는 분업에 의존하기 때문에 사회적으로 역할이 상이한 구성원들 개개인의 생존은 타 구성원들에 상호 간에 의존하게 된다. 따라서 이러한 사회에서 사회구성원들은 상호 간에 연대를 맺게 된다. 이러한 연대를 그는 유기적 연대라 명하였으며, 그러한 구조에서는 한 부분의 생존 여부가 다른 부분의 생존에 절대적 영향을 주고받는 상태를 말한다. 그러므로 이러한 사회구조에서는 질병이나 기아 등의 문제가 근본적으로 그 문제에 처한 개인 당사자 또는 개별가족의 문제만이 아닌 사회 전체의 문제로 간주되고 있는 것이다. 왜냐하면 이러한 문제는 그 당사자의 생존을 위협할 뿐만 아니라 그 당사자와 유기적으로 연결되어 상호의존하고 있는 사회구성원들의 생존뿐만이 아니라 더 나아가 사회 자체의 생존까지 위협하게 되기 때문이다. 이처럼 산업사회에서는 한 개인 또는 개별가족이 처한 그 문제가 그 당사자의 개인적 문제일 뿐만 아니라 여타 사회구성원, 궁극적으로는 사회 자체의 존립 여부에 영향을 미치는 사회적 문제의 성격도 갖기 때문에 이러한 문제해결을 위해 사회적 차원에서 조직적으로 개입하는 제도가 필요하게 되는데, 사회복지제도가 그것이라 할 수 있다.

사회복지와 연관하여 산업사회의 또 다른 중요한 점은 재화의 대량생산과 대량소비에 대한 사회적 분배에 문제제기를 하고 있다는 것이다. 왜냐하면 산업사회의 발전은 자본주의적 생산방식에 크게 의존하고 있기 때문이다. 자본가계급으로 과도한 부의 집중과 부의 독점은 노동자계급을 소외시키면서 사회복지의 출현과 깊은 연관을 갖게 되었다.

2) 자본주의 사회의 특성

자본주의(Capitalism)는 전반적으로 19세기 이후 모든 사회를 지배하는 사회 질서의 표준이 되었다. 자본주의란 사회의 경제체제의 한 유형으로 자본[13]이 지배하

기계적 연대라 불렀다. 전자의 사회에서는 개인이 직접적으로 사회에 결속되어 고유된 신념이나 감정이 중시되며, 개인의 인성이나 권리는 전체와 유사하게 나타난다. 후자의 경우에는 개인들 간의 상호의존이 중시되는 분화된 사회로서 독자적인 인성과 개인의 권리가 강조되는 사회이다.

13) 자본(capital)이라는 말은 여러 의미로 사용되므로 한마디로 정의하기가 어려우며 입장이나 관점

는 사회를 말한다. 자본주의 사회에서 자본이란 생산수단을 의미한다. 그러므로 생산수단의 대부분이 사적으로 소유되고 시장에 의해 수요와 공급이 이루어지고 소득이 분배되고 있는 자본주의는 봉건제도 이후 지구상의 대부분의 국가들을 지배하고 있는 경제체계가 되었다[14]. 역사발전 과정에서 자본주의 유형은 아래와 같이 변화 발전되었다.

(1) 농업자본주의

사회복지의 측면에서 이 시기는 가족복지시대라고 할 수 있을 것이다. 자본주의는 농업분야에서도 농촌을 자본주의화 시켰다. 농업자본주의(agricultural capitalism)의 발전은 일반적으로 봉건제도 하의 농촌의 변화과정으로 파악할 수 있을 것이다. 그러므로 시기적으로는 중세시대 끝나고 르네상스 시기인 14세기 정도라 할 수 있을 것이다. 즉 자급자족의 경제인 농업사회, 농촌사회에서 그 산물인 농산물들이 상품으로서 기능하면서 농산물이 하나의 자본의 대상으로 변화하였다. 그 과정은 네 가지로 구별하여 살펴볼 수 있다. 하나는 영주 또는 봉건적 지주가 농업기업가로 되는 과정이며, 둘은 토지가 상품화되면서 토지소유에 의한 신분제가 폐지되는 과정이다. 셋은 농산물이 상품화되면서 그 가격이 시장경제에 종속되어 가격이 결정되는 과정, 그리고 넷은 농업 전문화에 따른 농민계층의 분화, 농업형태, 농업기술의 개량 진보 등으로 대경영에 의한 소경영의 축출되는 과정이다. 그러므로 전체적으로 본다면 사회복지의 측면에서 이 시기는 가족복지의 의미를 부여할 수 있을 것이다. 왜냐하면 농업사회에서는 가족이라는 자본도 포함되며 그 노동력은 교육 경제 등의 기능을 수행하고 있었기 때문이다.

의 차이에 따라 그 개념이나 정의도 달라질 수 있지만, 보편적으로 자본은 재화와 용역을 생산하거나 효용을 높이는 데 드는 가치 있는 밑천으로서 실물이나 화폐와 같은 것들을 의미한다고 규정할 수 있을 것이다.

14) 공산주의 창시자인 독일의 철학자 칼 마르크스(Karl Marx)는 역사적으로 사회의 발전단계를 다섯 단계로 구분하였는데, 원시공산사회 → 노예제 사회 → 봉건사회 → 자본주의 사회 → 공산주의 사회가 그것이다.

(2) 상업자본주의

이 시기의 국력증강을 위한 핵심계층으로 부르주아는 상인을 의미한다. 그러므로 상인들을 위한 국가의 정책으로 사회복지는 의미가 있을 것이다. 상업자본주의(merchant capitalism)는 상업, 소위 장사가 밑천이며 장사를 통해 자본을 마련한다. 상업자본주의의 성장은 시기적으로 지리상의 발견 이후가 될 것이다. 그러므로 시기적으로 15세기 이후로서 시민계급의 부의 증가로 이어지면서 자기 삶의 증진을 위한 토대를 구축하였는데, 그것은 후에 제국주의로 변하게 된다. 바로 이 시대에 영국은 도시화와 산업화의 전 단계에 해당되면서 빈민법이 제정되었다. 사회복지적인 측면에서 제국시대의 권력관계에 의해 상업자본주의와 상인계급에 대한 삶의 보장을 위한 각종 특혜가 등장하였다.

(3) 산업자본주의

산업혁명을 통한 산업자본주의의 등장은 사회복지의 제도화에 본격적인 영향을 미치고 있었다. 그것은 상인에서 노동자로 사회의 핵심계층에 변화를 야기시켰으며 사회복지의 목적이나 기능에 있어서도 변화를 가져왔다. 산업혁명으로 발생한 산업자본주의(industrial capitalism)는 상업 자본의 제국주의적인 전개로 축적된 자본에 의해 형성되고 있었다. 그 과정은 가내 수공업 형태에서 공장제 수공업(manufacture)으로 바뀌었으며, 다시 이것은 기술혁신에 따른 산업자본으로 조성되었다. 오늘날의 사회복지는 18세기 산업혁명이 영국에서 발생한 이후 200여 년의 산업자본주의 역사의 흐름 속에서 발전해 왔다. 그 역사 속에서 복지를 설명하고 그 발전에 대한 논리적 근거를 제시하는 방식을 사회복지분야에서는 그리 중요하게 다루어지지 않았다. 이 장에서는 사회복지의 발달과 더불어 그것을 설명하고 있는 주요 이론들을 살펴봄으로써 사회적·정치적·경제적 요인들이 복지발전에 어떤 영향을 끼치고 있는가에 대해 논의하게 될 것이다.

위에서 논의된 자본주의 이데올로기는 단계별로 명확하게 구분되어 발생한 것이 아니라 중첩적인 것으로 금융자본주의 등 다양한 형태의 자본주의가 현재에도 진행되고 있다. 그것에 의하여 사회복지는 이데올로기에 의해 방향성이 제시되기도 하지만, 사회복지의 주체와 객체, 즉 클라이언트들에 의해 이데올로기가 선택되기도 한다. 그러므로 사회복지는 산업자본주의와 연관하여 두 가지 정도의 특성으로 정리될 수 있을 것이다.

하나는 자본주의 사회는 비판적인 측면에서 기본적으로 계급투쟁과 계급갈등 구조에서 접근한다. 자본주의 사회의 구성원들은 유산자 계급과 무산자 계급으로 구분되어 형성된다. 전자는 소위 자본가로 불리는 부르주아 계급, 후자는 프롤레타리아들이 속한다. 문제는 양 계급 간의 갈등으로 파생되는데, 그 갈등의 핵심은 부의 집중과 같은 자본주의 모순을 극복할 수 있는 분배문제의 해결이다. 그러므로 문제의 핵심인 분배를 해결하려는 의지와 과정으로부터 근대적 의미에서 사회복지의 맹아를 찾을 수 있을 것이다.

다른 하나는 자본주의 사회에서 모든 재화에 대한 상품화 현상이 발생하는 특징이 있다. 재화의 상품화란 재화가 시장을 통해 생산·교환됨을 의미하며 그 재화의 생산·소비과정에 자본이 침투하여 자본의 논리에 의해 지배됨을 의미한다. 중요한 사실은 자본주의화가 진행되면서 토지, 노동력, 주택, 교육, 의료 등 일상생활에 필요한 대부분의 재화와 서비스가 상품화되는데, 이는 곧 이러한 것들이 자본화되어 자본의 논리에 따라 생산되고 분배된다는 것을 의미하는 것이다. 이런 과정을 통하여 상품의 생산자인 동시에 소비자인 노동자와 상품의 소유자이면서 소비자이기도 한 자본가들 사이에서 불평등적인 관계가 심화된다는 것이다. 이러한 갈등관계 속에서도 자본주의 사회에서 자본의 속성은 양 계급 간의 불평등을 해소시키고 있는 것이 아니라 오히려 잉여가치를 계속해서 축적함으로써 지속적으로 불평등 구조를 강화시키고 있다. 이러한 자본의 운동논리를 통하여 필연적으로 사회적 부가 사회의 일부에 편중되는 불평등한 사회가 등장하였다. 자본주의가 가장 철저하게 관철된 경우는 산업혁명이 본격화된 18~19세기의 영국적인 상황에서 볼 수 있다.

자본주의는 재화의 생산·소비의 효율성이 매우 우수하다는 장점이 있는 반면, 분배의 측면에서는 불평등이 심화된다는 단점이 있다. 따라서 이 시기의 영국은 사회적 부의 축적이 고도로 이루어졌지만, 축적된 부의 분배 면에서 불평등 또한 심화되고 있었다. 이런 불평등문제에 대하여 미국 시카고대학 경제학자 라구람 라잔(Raghuram G. Rajan)[15] 교수는 2003년에 저술한 『자본가로부터 자본주의 구하기(Saving Capitalism From The Capitalist)』라는 그의 저서에서 사회 불평등의 원인을 자본주의라는 제도의 모순에도 있지만 자본가의 비도덕성에서 찾고 있는 것이다.

이런 사회구조에서는 사회구성원들의 갈등 심화와 자본가의 도덕성이 계속 악화되면 폭동, 정치적 위기 등 사회문제가 발생하게 되어 불평등이 일상화되고 있다. 나아가서는 그것으로 사회구성원들의 불안으로 말미암아 사회 스스로가 붕괴를 초래하기도 한다. 더욱 심각한 문제는 자본주의 제도 —시장주의, 경쟁의 원리— 자체적으로는 이러한 문제를 스스로 해결할 수 있는 제어장치가 없다는 사실이다. 그 해결의 토대가 평등의 원리이며, 사회주의, 공산주의 원리의 도입은 국가가 시장개입을 통해 자본주의로 인한 사회 불평등을 완화시키려는 노력의 일환이다. 산업사회의 출현은 사회적으로 자본주의 심화를 의미하며, 그 과정에서 자본주의 사회 도처에서 공산주의 수단을 도입하여 자본주의의 모순을 해결하려는 노력이 등장하고 있었다. 그 결과로 현대의 사회복지제도는 바로 이러한 국가의 시장개입 맥락과 같이하고 있다.

4. 산업혁명 이후의 사회복지

본격적인 산업사회의 발전 과정에서 급격하게 발생하였던 노동문제 등 각종 사회문제들의 해결을 위해 후발 산업국가인 프랑스와 독일에서는 사회주의와 자본

15) 인도 출신의 인도중앙은행 총재로서 시카고대학의 석좌교수이며 IMF 최연소 수석 이코노미스트를 역임하였다.

주의라는 두 이데올로기를 혼합하려는 시도가 등장하고 있었다. 여기서는 이런 정치 · 경제적 국가의 개입상황 속에서 자본가의 부유해짐과 결정적 다수인 노동자들에게도 관대해질 수 있는 상호공존을 위한 사회정책의 일환이었던 사회보장제도들에 대하여 논의될 것이다.

선진 산업국가인 영국과 달리 독일과 프랑스 등이 100여 년 뒤처져 있는 상황을 극복하기 위해 더욱 강도 높은 노동은 노동자와 자본가 그리고 정치가 사이에서 심각한 사회문제를 야기시키고 있었다. 이런 측면에서 독일에서 사회정책과 사회보장이 처음으로 제도화되었다는 것은 의미가 있다. 사회보장제도는 위에서 이야기한 자본주의 모순으로 야기되고 있는 사회적 문제들을 —질병, 노화, 실업 등— 해결하기 위한 소득보장으로 사회복지의 큰 틀 속에 속한다.

사회복지와 사회보장이 혼돈되어 사용되는 와중에서 사회복지 형성기에서의 사회보장제도와 사회복지가 완성되는 시기 그리고 20세기 후반에 들어서면서 오일쇼크로 인한 경제 위기는 사회복지에 대한 새로운 변화를 전 세계적으로 추구하게 되었는데 여기서는 이 변화하고 있는 사회복지에 대하여 다루어지게 될 것이다.

1) 노동운동과 사회정책

19세기 노동운동은 노동자의 생존권 보장을 위한 투쟁이며 그 결과 노동자의 삶에 대한 보장이라는 측면에서 사회정책이라는 개념이 등장하였다. 그것은 사회보장국가의 정책[16] 또는 그것을 지향하는 정책이라 할 수 있다. 우리나라에서 사회보장이란 「사회보장기본법」 제3조 제1항에 규정된 것처럼 질병, 장애, 노령, 실업, 사망 등 각종 사회적 위험으로부터 모든 국민을 보호하고 빈곤을 해소하며

16) 2차 산업혁명 국가인 독일은 산업화 과정에서 나타나는 많은 사회문제들의 —노동자들의 임금, 건강 등— 해결을 위한 입법 과정은 다음과 같은 현대적인 사회보장의 원칙을 형성시켰다. 첫째로 사회 안전의 원칙(Das Prinzip der sozialen Sicherheit), 둘째로 사회정의의 원칙(Das Prinzip der sozialen Gerechtigkeit), 셋째 사회 평등의 원칙(Das Prinzip des sozialen Gleichgewichts), 넷째 사회 공동체의 원칙(Das Prinzip der sozialen Solidaritaet)이 그것이다.

국민 생활의 질을 향상시키기 위하여 제공되는 사회보험, 공공부조, 사회복지서비스 및 관련된 다양한 복지제도를 말한다.

산업화과정에서 발생하는 사회문제의 해결을 위한 정책적 토대로서 사회정책은 한편으로는 사회적 불안을 제거한다는 의미와 평안한 생활을 국가 또는 사회의 의무로 접근하였다. 이전에 이러한 사회적 불안과 각종 어려움은 가족이나 이웃의 부조를 통하여 해결되어 왔으며 그것은 역사적으로 증명되었다[17]. 그러나 근대사회에서는 산업화의 진전에 따라 도시화, 핵가족화 등은 가족 구성원들의 지역적 분리로 인하여 상호작용인 상호부조를 어렵게 하였다. 그리하여 국가적 사회적 차원의 제도적 접근으로 사회보장정책이 성립하게 된 것이다.

이 과정 중에서 시장질서와 자본질서의 모순에 대항하는 노동운동은 19세기 후반에 이르러 절정에 달했는데, 이로써 자본주의의 심각한 폐해를 인식하고 이를 부정하는 사회적 분위기가 전 유럽에서 형성되고 있었다. 이 시기에 사회정책(Sozial Politik)이란 개념은 노동자 문제를 해결하기 위한 정책적 연구를 통하여 구스타프 슈몰러(Gustav von Schmoller, 1838~1917)에 의해 형성되었다.

2) 개혁의 측면에서 사회보장

사회복지에서 개혁의 의미는 19세기에 이념적 사회적 현상으로 노동자 투쟁에 의한 혁명으로부터 노동자와 자본가와 타협의 결과로서 두 가지 측면을 고려해 볼 수 있을 것이다. 독일이나 프랑스보다 100년 앞서 산업혁명을 경험하였던 영국은 복지국가로 가는 도정에서 이미 안정적으로 자본가와 노동자 간의 협의나 타협과 같은 사회보장을 위한 여유나 다양한 관점들이 존재하고 있었으며, 그 주요한 흐름으로 두 가지를 아래와 같이 소개할 수 있을 것이다.

하나는 보수주의 측면에서 접근한 변화이다. 그것은 19세기 사회의 중요한 흐

17) 우리나라에서도 정책적인 측면에서 고려 문종(1047~1082) 때 의료구제사업기관으로 동 · 서대비원이 설립되었으며, 서민에게 의약의 혜택을 주기 위하여 예종 때 혜민국이 창설되었다. 조선시대 들어와서도 이와 같은 시혜적인 현상은 계속되었다. 그런 현상들은 영국에서는 시혜적인 측면이 아닌 통제의 수단으로 작용하였다.

름 중의 하나가 부르주아 세력 내부에서 자본주의의 점진적인 개혁을 요구하는 흐름이 나타났다는 점이다. 이 세력은 한편으로 자본주의 제도 자체는 인정하지만, 다른 한편으로 그것으로부터 발생하고 있는 문제점 역시 심각하게 받아들였으며, 인도주의적 견지에서 자본주의로 인한 문제점을 해결하기 위해 자본주의의 점진적 개혁을 요구하였다.

다른 하나는 진보주의적인 측면에서 개량주의로 알려진 페이비언 협회(Fabian Society)이다. 페이비언 협회는 혁명으로서 노동자들의 권익 보장된다는 마르크스 이론과 다르게 자본가들과 타협을 통하여 사회주의 국가를 건설할 수 있다는 신념을 가지고 있었다. 이러한 이념을 페이비언주의(Fabianism)[18]라고 부르고 있으며, 점진적 개혁주의 혹은 개량적 온건 사회주의라는 의미로 사용하게 되었다.

이 두 가지 관점은 영국의 선진 복지국가로 진행되는 과정에서 그 주체로서 역할에 대한 온화한 주도권 투쟁의 결과이다. 전자는 복지를 자본가의 양보이며 자비, 선물이라 권위적 사고를 토대로 하고 있다. 후자는 그것을 노동자 투쟁의 전리품으로 간주한다는 것이다. 두 이데올로기의 온화한 적용 속에서 자본가와 노동자의 갈등 구조의 해결과정은 자연스럽게 국가자본주의와 같은 정책으로 사회보장, 사회복지로 인도되었다.

3) 발전국가의 등장

발전국가의 의미는 현재의 선진국들이 산업혁명 이후 자본가에 집중된 법적 제도적 토대들이 노동자에게도 그 방향성이 진행되고 있다는 것이다. 19세기 후반에는 제2차 산업혁명이 발생하였으며, 그 국가들은 —독일, 일본 등— 국가 주도하에서 급속한 산업화를 추진하였다. 당시 1차 산업혁명 국가인 영국이나 프랑스 등은 2백 년 정도의 시간 동안 산업화와 자본주의가 진행되고 있다. 그러나 후발

18) 어원적으로는 로마 장군 파비우스(Fabius)가 장기적이고 끈질긴 전술로 한니발에게 승리한 사건에서 유래한다. 마르크스주의 주장인 혁명을 통한 사회주의 실현을 점진적인 사회변혁을 —사회복지, 사회보장정책 등— 통하여서도 현실화할 수 있다는 점진적 사회주의 이데올로기로 1884년에 영국에서 처음 시작되었다.

산업국가인 독일이나 일본 등은 선발 산업국가들의 오류를 극복하면서 국가의 체계적 관리 하에 사회적 자원을 효율적으로 짧은 시기에 상당한 발전을 이루는 데 성공하였다.

그런데 국가 주도하의 급속한 발전을 이루기 위해서는 노동계급과 자본가 간의 협력적 관계가 특히 중요했는데, 국가는 한편으로 노동계급과 자본가 간의 갈등 타협점을 모색하고, 다른 한편으로 양 계급에 이 타협점을 수용할 것을 강제하였다. 국가가 사회의 주요 계급 간의 이해관계 조정에 적극 개입하면서 산업자본주의화 과정에 주도적 역할을 하였는데, 오늘날 이러한 국가를 발전국가라 부르고 있다. 발전국가에서는 자본가계급의 양보와 노동계급의 이익 보장을 위한 국가의 강제 조정이 국가의 주요 역할 중 하나인데 노동계급을 위한 각종 복지정책이 이러한 차원에서 나타난 것이다. 그것으로부터 탄생한 것이 사회보장제도이다. 이 시기 형성된 주요 사회보장제도들은 아래와 같다.

- 1883년 독일 질병보험 제도 - 우리나라의 국민건강보험제도
- 1884년 독일 노동자보상보험 제도 - 산업재해보상보험제도
- 1887년 독일 폐질보험 제도 - 국민연금보험제도
- 1911년 영국 국민보험 제도 - 고용보험제도

19~20세기 초 유럽에서는 급속한 산업화로 인하여 자본가와 노동자 간의 갈등이 심화되고 있었다. 이러한 상황을 극복하기 위하여 노동자 스스로 노력하였던 시기가 사회복지의 초기 형성기이다. 이 시기에 오늘날의 현대적 사회복지제도의 틀이 서서히 등장하고 있었다. 앞에서 언급하였던 태동기의 사회복지법들은 형태적인 측면에서는 오늘날의 복지제도와 유사한 면이 있지만, 신빈민법에서 알 수 있듯이 내용적으로는 자본주의 시장논리를 토대로 하고 있다는 점에서 근대적 의미의 복지제도와는 거리가 있다고 볼 수 있다. 그러므로 노동운동, 개혁세력, 발전국가라는 개념들은 사회복지 형성기로서 의미가 있다. 19세기 후반 자본주의 질서와 자본가의 이익을 제한하는 대신 노동자의 권리를 보장하고 확대하는 여러

가지 제도들을 등장시켰다. 이 제도들은 공통적으로 노동자의 지속적인 노동활동과 소득보장에 관련된 사회보장으로 발전국가의 핵심이라고 할 수 있다.

5. 현대사회에서 사회복지

산업혁명으로 인한 급속한 사회적 변화와 물질적 풍요는 국가들 간의 부익부 빈익빈 구조를 가속화하였으며, 이는 두 차례의 세계대전으로 이어졌다. 1 · 2차 세계대전을 치르면서 그 결과는 사회가 붕괴되고 인간의 정신은 피폐해졌다는 것이다. 이런 사회적 현상이 사회복지에 대한 인식의 전환의 모멘텀(momentum)으로 제공되었다고 볼 수 있는 것이다.

1) 사회복지의 완성기

사회복지의 완성기는 넓은 의미에서는 20세기 초부터 좁은 의미에서는 1 · 2차 세계대전의 종전 후부터 1970년대 오일쇼크가 발생한 시기로 규정할 수 있을 것이다. 그러나 실질적인 의미에서 사회복지의 완성을 논의한다는 것은 매우 어려운 일이다. 단지 그것은 모든 국가들의 인간의 삶의 증진을 위해 노력하는 방향을 발전으로 인식한다는 것으로 이해하여야 할 것이다. 왜냐하면 인간이 제도나 정책을 통하여 인간의 무한한 욕망과 욕구를 만족시키는 것은 한계가 있기 때문이다.

19세기 후반부터 등장하기 시작한 사회보험방식의 사회보장제도들은 20세기에 접어들면서 세계 경제의 호황으로 사회복지의 분야에 대한 국가들의 투자가 대규모로 이루어지면서 양적으로는 팽창했지만, 그 운영 면에서는 여러 문제를 안고 있었다. 각각 제도들이 체계적으로 연계되어 운영되지도 못했고, 또한 동일한 제도가 지역과 사업장에 따라 서로 다른 기준으로 난립하여 운영되고 있는 상태였다. 그러나 대공황과 1 · 2차 세계대전을 겪으면서 각 국가들은 국민들의 삶을 체계적으로 관리, 보호, 보장할 필요성을 더욱 느끼게 되었다. 즉, 세계대전과 경제공황 등으로 인한 현대사회의 위험과 문제는 개인이나 지역, 사업장별로 대처해 나갈 수 있는 개인적 차원이 아닌 이에 대해서는 사회적인 차원에서 체계적으로 대처해야 한다는 필요성을 재인식하게 된 것이다.

그러한 인식의 결과물이 1935년 제정된 미국의 사회보장법(Social Security Act)과 1941년 만들어진 영국의 베버리지 보고서(Beveridge Report)라 할 수 있다. 전자가 세계 대공황의 극복을 위해 그리고 후자인 베버리지 보고서에서는 제2차 세계대전 이후 사회구성원이 삶을 영위하는 과정에서 필요로 하는 경험 및 서비스를 국가와 사회가 관리해야 한다는 철학을 담고 있다. 그것을 토대로 이 보고서는 기존의 산만하던 사회보험들을 하나의 통일된 체계로 통합하고 자영업자까지 포함하는 포괄적 사회보험을 제안하였는데, 이러한 제안은 거의 대부분 수용되어 1948년 확대 국민부조법으로 제정되었으며, 출산, 양육, 교육, 의료, 취업, 실업, 재해, 퇴직 및 노후생활, 가족생활, 주택 등 사회구성원들이 영위하는 사회생활의 영역 대부분이 사회복지의 영역으로 포함되게 되었는데, 여기서 요람에서 무덤까지라는 말이 탄생한 것이다.

이러한 영국 사회복지의 모델은 현대 사회복지의 기본모델로 확립되었으며, 이후 세계 각국으로 파급되어 정착되기에 이르렀다. 그러나 사회복지의 이데올로기적인 접근은 사회보장을 자본주의적 체계와 사회주의적 체계로 대결구도로 분리하여 형성시키고 있었다. 그것은 국민들의 생존권에 대한 보장을 사회보험을 주축으로 하는 보편적 복지의 보장체계와 잔여적 복지체계로서 사보험을 주축으로 하는 보장체계로 구분된다. 그럼에도 불구하고 복지국가를 추구하기 위한 현대 사회복지의 근간을 이루는 것이 사회보장제도이다. 그것은 다양한 방식의 수혜자 부담을 원칙으로 하는 사회보험으로서 실업보험, 의료보험, 산재보험, 노령연금보험 등의 4대 보험제도와 국민세금인 조세로서 재원을 충당하고 있는 공공부조제도로 구성된다는 것에 이의를 제기하는 사람은 없을 것이다.

이러한 사회보장 체계의 구체화에 사회복지의 완성이라는 의미를 부여할 수 있을 것이다. 두 번의 세계대전으로 파괴되고 피폐한 전후 복구사업으로 세계 경제는 급격히 성장하였다. 그것은 인간의 생존권 보장을 위한 제도화의 기본 틀을 체계화하고 실현, 완성시키기에 충분한 밑거름으로 작용하였다. 그러나 그것도 1960년대의 급속한 산업화와 그로 인한 물질만능주의, 인간의 본질에 대한 회의적 사고와 그것에 대한 근본적 문제 제기 그리고 1970년대의 오일쇼크는 사회복지의 물적 토대가 붕괴되면서 선진국들의 사회복지에 대한 정책적 전환을 시도하였다.

2) 사회복지의 변화기

이미 앞에서도 언급한 것처럼 20세기 중반 사회복지는 양적으로나 질적으로 발전을 거듭하면서 체계적인 틀을 갖추게 되었다. 흔히 이러한 체계적 사회복지 틀을 갖춘 국가를 복지국가라고 부르며 전성기를 구가하고 있었다. 그러나 1970년대로 접어들 무렵부터 사회경제적 상황이 변화하면서 기존 복지국가의 틀은 도전을 받게 되었고 기존 사회복지체계도 변화를 모색하게 되었다.

그것은 주로 유럽의 사회민주주의 국가에 국한된 현상으로서 일반화시키는 데는 무리가 있음에도 불구하고 20세기 중반 사회복지의 지속적인 팽창은 급속한 경제성장으로도 복지에 연관된 지출로 인하여 정부재정 부담이 과도해지고 복지운영에 위기를 발생시켰다. 이러한 위기는 1970년대에 이르러 세계 경제가 장기불황으로 인하여 사회복지 재정확보의 어려움과 복지에 투입되는 자원의 정당성을 약화시켰다. 그동안 이데올로기적으로 사회복지의 토대로 작용하였던 사회민주주의는 복지국가의 비대해진 관료기구의 관료주의와 비효율성으로 비판의 대상이 되면서 복지국가로서 자본주의 이데올로기의 이론적 토대가 미국과 영국을 중심으로 전개되고 있었다. 1980년대 세계화(Globalization)에 따른 국가의 자본통제력 약화 등의 문제도 전통적 사회복지체계의 변화를 촉진하고 있다. 그것은 미국의 레이거노믹스(Reaganomics)[19]와 영국의 대처리즘(Thatcherism)[20]과 같이 최소정부를

---

19) 경제의 재활성화를 통하여 힘에 의한 위대한 미국을 건설하겠다는 미국 40대 대통령 레이건에 의하여 추진된 경제정책으로 레이건과 이코노믹스의 복합어이다. 그것을 위한 구체적인 정책 토대로는 세출의 삭감, 소득세의 대폭 감세, 기업에 대한 정부 규제의 완화, 안정적인 금융정책 등이 있다.

지향하며 시장경제를 중시하는 신자유주의로서 이데올로기 측면에서 복지국가에 대해 비판적인 입장을 갖고 있다.

그러나 이상과 같은 요인들은 사회복지의 체계 변화를 가져왔음에도 불구하고 그것은 복지의 후퇴가 아닌 한편으로는 적극적 복지로부터 소극적 복지로 전환, 다른 한편으로는 제3의 길(The third way)[21]의 추구인 것이다. 그 내용으로는 사회복지 영역에서 민간역할 확대와 정부역할 축소, 가족과 개인의 책임 및 자립·자조의 강조, 복지대상자의 선별주의 원칙 강조가 전 지구적으로 복지국가에서 확장 실행되었다.

6. 소결

어느 시대에서도 그 상황에 적절한 복지는 존재하였다고 볼 수 있다. 이런 사실은 보편적으로 그리고 개인적 차원에서 인간에게 요구되는 필수적 삶의 요건을 위해 노력하는 정도가 복지의 수준을 가늠한다는 것을 의미한다.

인류의 역사에서 사회복지에 대한 열망은 인간의 삶의 궤적이며 발전하는 과정이다. 그 과정은 결국 사회복지의 제도화를 의미한다. 지속적인 산업의 발전은 사회복지의 발전으로 이어졌으나, 한편으로는 시대적 상황과 다른 한편으로는 세계 경제 침체와 경제 상황의 변화에 따른 1960년대와 1970년대를 사회복지의 암흑기라 규정되기도 하였다. 전자는 미국이나 유럽에 발생하였던 기성세대에 대한

20) 대처리즘은 영국 경제의 재생을 위하여 1979년 보수당 정권의 대처 수상이 노동당 정부가 고수해 왔던 각종 국유화와 복지정책 등을 포기하고 민간의 자율적인 경제활동을 중시하는 머니터리즘(monetarism)에 입각한 강력한 경제개혁을 말한다.

21) 사회주의의 경직성과 자본주의의 불평등을 극복하려는 새로운 이념 모델을 제시하여 주목을 받았다. 영국의 런던정치경제대학의 교수인 앤서니 기든스(Anthony Giddens)가 1994년에 발표한 논문 '좌파와 우파를 넘어서'에서 제시된 개념으로 제3의 길을 현대 사회민주주의의 복원과 성공에 이르는 길로 규정하였다. 이러한 논점은 사회주의의 경직성과 자본주의의 불평등을 극복할 수 있는 대안으로 그 당시의 영국수상 토니 블레어(Tony Blair)를 비롯해 신중도(Die neue Mitte)의 독일의 수상 게르하르트 슈뢰더(Gerhard Schröder) 등 유럽 중도좌파 정치가들의 이론적 배경이 되면서 전 세계적인 주목을 받았다.

대규모 저항운동에 따른 억압의 형태로서 나타났으며, 후자는 중동지역에서 자원의 무기화에 따른 석유의 수출 규제로 발생하였던 오일쇼크(Oil Shock)이다. 전반적으로 서구사회는 외적인 위기보다는 정치·사회·문화적 내홍에 어려움을 겪고 있었다. 그러므로 사회복지는 개인적 차원에서의 복지의 증진을 통해 발생하였던 부작용과 같은 사회문제의 —빈부의 격차, 노동력 착취 등— 해결사로 등장하였던 것이다.

논의된 것처럼 사회복지는 서구사회의 전유물로 간주되어 왔으며 실질적으로 사회복지가 아닌 복지국가는 대부분이 서구 선진국들이 속하여 있었다. 그러므로 서구 선진국이면서 복지국가들에 있어서 후자보다는 전자의 문제에 대한 해결의 지로써 복지에 대한 제고를 통하여 사회복지에 대한 권리의 제한을 의미한다. 그 토대는 19세기 산업사회의 등장이다. 산업혁명은 사회구조의 변화를 야기시켰으며 자본가와 노동자라는 계급구조를 탄생시켰다.

생각해 봅시다

1. 산업혁명 사회복지 등장 과정에 대하여 논하시오.

2. 산업혁명 이후 사회복지 변화과정에 대하여 논하시오.

3. 현대사회에서 사회복지 발전과정에 대하여 논하시오.

제 3 장 한국의 사회복지

우리 사회에서 사회복지의 역사는 그리 길지 않지만 역사적으로 그 전환점을 이야기한다면 한국전쟁이라고 할 수 있을 것이다. 사회복지라는 단어의 등장과 사용은 시기적으로 그리 오래되지 않았으며, 아마도 그것은 학교의 강좌가 아닌 교명으로 1980년대 초에 간헐적으로 등장하기 시작했다. 정부의 측면에서도 보건뿐만 아니라 사회복지가 1990년대 이후 국민의 정부에서 보건복지가 함께하면서 사회복지의 중요성이 대두하게 되었다고 볼 수 있다.

1950년대 이후 우리 사회에서는 사회복지라는 용어보다 사회사업(Social Work)이 익숙해져 있었다. 이 장에서는 우리나라의 사회복지에 대하여 논하는 것은 연대기적인(chronological) 접근을 통하여 기술될 수 있을 것이며, 그것은 내용적으로는 우리나라 사회복지의 제도화 과정인 것이다. 그러므로 여기서는 실질적인 의미에서 사회복지 개념으로 설명 가능한 시대부터 전개될 것이며, 그 현상은 사회복지에 연관된 정책이나 제도의 토대의 법 제정으로 귀결된다.

그것은 짧은 역사 속에서 독일과 같이 하향식으로 사회복지제도가 형성되는 데 기여하였다. 한국의 사회복지에 연관된 제도는 대부분 독일의 사회보장제도를 토대로 구성된 일본의 사회복지제도를 모범으로 하여 도입된 것이라 할 수 있다. 사회복지에 관련된 법 제정의 측면에서 본다면 더욱 그럴 것이다. 여기서는 우리 사회에서 사회복지의 개념적인 변화와 발전을 논의하고, 그 과정을 세 부분으로 나누어 해방 전후에서 1950년대까지, 1960년대, 1970년대, 1980년대, 1990년대, 2000년대 정부 이후로 분석할 것이다.

1. 사회사업

우리 사회에서 사회복지에 대한 접근은 한국전쟁 이후 사회사업으로부터 출발해야 한다. 사회사업은 말 그대로 공적인 일들을 사업으로 사적인 기관들이 접근하는 것이다. 어원적인 측면에서 복지라는 용어는 등장은 아마도 정부조직 측면에서 접근할 수 있다고 본다.

역사적인 측면에서 사회사업의 의미를 접근한다면 두 단계로 설명이 가능할 것이다. 한편으로는 사회사업은 1876년 일본과 강화조약 체결에 의한 문호개방 이후 서구 선교사들이 우리 사회에 기독교 선교를 위한 방법으로써 실행된 것이다. 다른 한편으로는 사회사업은 민간 차원에서 한국전쟁 이후 전후복구와 회복을 위하여 제공된 외국원조를 통하여 사회적 현상에 대한 극복 차원에서 입양과 고아원 등이 설립 등을 실천하였다. 그러므로 우리에게 있어서 초기 사회사업의 의미는 국가나 사회 그리고 사회구성원들의 개인의 삶의 변화를 추구라기보다는 당시 상황의 극복 차원으로 접근할 수 있을 것이다.

사회사업은 특수계층을 대상으로 한 개별적이고 선택적이며 치료적, 사후적, 소극적, 소비적인 성격을 지니고 있다. 그러므로 사회사업이란 개인으로 하여금 개인을 집단의 일원으로서 사회적 · 인간적인 만족과 독립을 성취하도록 원조하고 인간관계에 관한 사회적 지식과 숙련을 기초로 한 전문적 활동으로 정의할 수 있을 것이다. 사회사업에는 사회복지와 사회통제의 이중적 기능이 있다. 전자의 측면에서 구호대상자들(빈곤한 사람, 장애인, 노인, 어린이 등)에게 제공되는 개인적, 자선적 복지서비스의 조직적인 사업을 의미한다. 한편으로 후자의 측면에서는 청소년 범죄자나 일반 범죄자에게도 제공되는 개인적, 자선적 복지서비스의 조직적인 사업인 것이다. 처음에는 개인이나 자원단체에 의해 관리되어 왔으나 점차 산업화가 확대됨에 따라 전문화되었고 오늘날에는 법적 기관에서 운영하고 있는 곳이 많다.

이러한 역할을 실천하는 사람을 언어적으로 사회사업가(Social Worker)로 표기되고 있으며, 소셜 워커는 오늘날 사회복지사의 영문표기로 사용되고 있는 것이다. 이런 측면에서 사회사업의 효율적인 전개를 위하여 학문적인 측면에서 접근한 것이 사회사업학이다. 사회사업학은 사회학, 정신분석학, 법률 등 다방면의 지식을 요구하는 응용과학이다. 그러므로 우리 사회에서 사회복지의 역사에 대해 논의하기 위해서는 사회사업에 대한 논의가 불가피할 것이다.

사회사업의 주체로서 사회사업가는 윤리적 자세와 인격적 특성이 강조되어야 한다. 그것을 통하여 오늘날 우리 사회에서 사회복지를 민간복지 중심의 복지관 복지로 규정되었다. 이런 개념적 정의에서 1990년대 이후 우리 사회에서 사회복지로 보편화되고 있는 가운데 사회사업은 아직도 진행 중이라 할 수 있는 것이다. 오늘날에는 사회사업은 사회복지로 불리고 있다.

2. 일제강점기의 사회복지

1905년 대한제국이 일제에 의해 강점당한 후부터 해방된 1945년까지 실질적인 의미에서 이 시대에 대한 사회복지를 논한다는 것은 부끄럽기도 하고 무의미기도 할 것이다. 왜냐하면 그 시기에 제도화나 법적 토대로서 우리 국민들의 삶의 증진은 역사적 경험으로부터 의미가 없기 때문이다.

그 당시 서구문물을 일찍이 도입한 일본은 사회복지의 측면에서도 제도를 가지고 있었으나 우리 국민들에게 내선일체 또는 황국신민이라는 선동적 구호와는 다르게 모든 정책들은 우리나라 내에 거주하고 있는 일본인만을 위한 것이며, 우리 국민에게는 단지 식민지 정책의 일부 시혜적인 측면을 부각시키기만 하였다. 실질적으로 일본 제국주의는 1874년에 제정되었던 구휼규칙을 1929년에 폐지하고 보다 새로운 구호법을 제정하여 향상된 구빈행정을 시행하였으나 그것은 일본인에게만 해당되었다. 일본은 우리 국민들의 더 많은 희생을 강요하기 위해 정치적 선전용 결과물로서 일본에서 시행되었던 구호법을 우리 국민에게도 확대시행을 위한 조선구호령을 제정하였던 것이 사회복지적인 의미에서 전부라 할 수 있다.

조선구호령은 일제 말기인 1944년에 우리 국민에 대한 착취를 강화하기 위해 당근(회유)의 측면으로 시행되었다. 조선구호령은 우리나라에서 20여 년이 지난 1961년에 생활보호법으로 그리고 다시 40여 년이 지나 1999년에 와서야 일제 잔재를 벗은 국민기초생활보장법으로 새롭게 완전히 탈바꿈하였다.

3. 미군정 하의 사회복지

1945년 8월 15일 이후 미군정의 시작은 우리나라의 불완전한 해방을 의미하였다. 이것은 대한민국의 독자적인 정부 수립이 아닌 새로운 지배세력인 미국으로의 교체라고도 할 수 있을 것이다. 그것은 우리나라의 근본적인 독립이라는 의미보다는 일본 제국주의로부터 미군정으로의 통치 집단의 전환이라는 의미를 부여할 수도 있을 것이다. 일본으로부터의 불완전한 해방은 대한민국의 현대사뿐만 아니라 우리 사회구성원들의 삶을 지속적으로 왜곡시켰다. 왜냐하면 미군정도 일본 제국주의와 마찬가지로 우리나라의 정치적 안정과 경제적 발전보다는 통치의 목적을 —공산주의 확대 방지— 사회 안정에 두고 있었기 때문이다.

그러므로 그것을 위하여 새로운 지배세력인 미군정은 우리 사회에 대한 정보부재를 해결하기 위하여 독립을 위해 헌신하였던 임시정부요인이나 광복군이 아닌 일제강점기 협력자들을 선택하였으며 그들을 통하여 해결하였다. 이 시기의 사회복지법은 빈곤과 사회적 혼란에 대처하기 위한 구호적·응급적인 성격이 강하였지만, 전술한 것처럼 우리 사회 상황을 제대로 파악하지 못한 미군정은 현실과 괴리된 정책들을 집행하고 사회복지법들을 제정하였다. 예를 들어 미군정은 어린이 보호를 목적으로 1946년 9월 18일 아동노동법규와 1947년 5월 16일 '미성년자노동보호법'을 과도정부 법령 4호의 공포로 1953년 근로기준법이 실행되기 전까지 아동복지에 영향을 끼쳤지만, 그 법들은 그 당시 삶을 더욱 어렵게 만들었으며 우리의 빈곤한 현실과는 적절하지 않았다. 미군정기의 사회복지입법은 일제

시대의 시혜적 성격과 같은 구호법규, 아동노동법규, 미성년자노동보호법 등 시대적 환경에 임시변통적으로 대응하는 정책적 제도화가 대부분이었다고 볼 수 있으며, 그 속에서 우리 사회의 복지증진과 연관된 창의적인 정책이나 입법을 찾는다는 것은 의미가 없을 것이다.

미군정이 종식되고 1948년 7월 17일 제헌의회에서 제정 공포한 헌법을 통하여 자유민주주의를 정치 기본질서로 하는 대한민국 정부가 수립되었다. 제1공화국 헌법은 노령 질병 등 근로능력 상실로 인해 생활능력이 없는 자에게 법률이 정하는 바에 따라 국가의 보호를 받아야 한다는 것과 사회부조의 법적 근거 그리고 비록 제한적이기는 하지만 생존권이념을 헌법에 명시하였다는 점에서 의의를 가지고 있지만, 그것은 모든 국민이 아닌 노령, 폐질, 노동능력 상실자 등 생활능력이 없는 자는 국가적 보호를 받는다는 제한적 의미를 지니고 있다.

4. 1950년대 사회복지

1950년대 우리 사회에서는 한국전쟁에 대하여 논하지 않고는 어떠한 현상도 설명 또는 이해할 수도 없을 것이다. 여기서는 한국전쟁 이후 진행된 사회복지에 의미에 대하여 논의한다. 해방 후 정치적 안정을 이루지 못한 채 대한민국은 1948년에 남한만의 단독정부를 수립하였다. 그 후 얼마 되지 않아 1950년 한국전쟁의 발발은 정비되지 않은 국가체제 하에서 극도의 혼란을 야기하였다. 그것은 1953년 휴전 이후에도 지속되었는데, 식량난과 경제적 고통, 수많은 전쟁 이재민과 과부, 고아, 부상으로 인한 장애인 발생으로 막대한 사회적 비용이 절실하게 요구되었다. 그것의 대부분이 미국을 중심으로 해외 원조에 의해 해결되고 있었다. 그러므로 이 시기를 응급구호·외국원조의 시대라 규정할 수 있을 것이다. 실질적으로 이러한 외국원조는 당시 우리 사회의 사회복지의 맹아로서 사회사업의 등장과 경제발전의 토대가 되었다고도 볼 수 있다. 이런 측면에서 1950년대를 전문사회사업교육의 출발기라고 볼 수 있는데, 왜냐하면 현재의 사회복지라는 의미의 사회사업이란 용어가 본격적으로 사용되기 시작하였다[1]. 교육기관으로는 1947년에 설치된 이화여자대학교의 기독교사회사업과, 1957년 보건사회부 산하에 중앙사회사업종사자훈련소[2]가 설치되어 사회사업 종사자에 대한 전문 훈련을 실시하기 시작하였다. 1958년 부흥부 산하에 중앙지역사회개발위원회가 미국 정부기관의 후원으로 설치되어, 전국 농촌지역에 시범 마을을 선정하여 전문적 훈련을 이수한 지역사회사업가를 파견하는 일을 하였다.

그런 측면에서 한국전쟁은 우리나라 사회복지분야에 전기를 마련해 주었다고 할 수 있다. 왜냐하면 전후 사회적 상황에 대한 복구가 사회사업으로 전개되었기 때문이다. 그러나 실질적으로 전후 시기에는 유공자들에 대한 사회복지에 연관된 아래와 같은 법들이 우선적으로 제정되었다. 그것은 1980년대 이후 사회복지라는 용어 사용의 맹아로 작용하였다고 볼 수 있을 것이다.

이 시기는 전후 사회적 혼란의 종결을 위해 노력하고 원조물자에 의해 자립 경제의 확립을 통한 빈곤 해결이 최우선의 과제였다. 그럼에도 불구하고 정치적 혼란은 우리 사회를 그것으로부터 벗어나게 하지는 못하였으며, 상이군인, 경찰 등 전쟁에 연관된 자들만을 위한 법을 우선적으로 제정함으로써 권력유지 차원의 시혜임을 보이고 있다. 이런 사회적 환경은 4 · 19혁명과 5 · 16 쿠데타로 이어지게 되었다.

---

1) 우리나라에서 사회사업의 출발은 1950년 한국전쟁과 더불어 국제연합 산하의 기구를 비롯한 많은 외국원조 기관과 단체들의 활동으로 비롯되었다. 이후 자원에 대한 효율적 사용을 위해 미국에서 사회사업 전문교육을 마친 이들이 파견되어 있었다. 그들을 통하여 사회사업이란 개념이 우리나라 정부 · 학교 · 민간단체 등에 소개되면서 1953년에는 미국의 한 민간단체의 알선으로 우리나라 대학에 사회사업학과를 설치하는 문제를 연구하기 위하여 사회사업교육전문가가 파견되었다. 그 결과 정부는 이 권고를 받아들여 1958년과 1959년에 각각 대학원과 대학 과정을 서울대학교에 설치하였다.

2) 1957년 8월 2일에 보건사회부장관 소속으로 중앙사회사업종사자훈련원이 설치되었으며, 1977년 3월 16일 국립사회복지연수원으로 개칭되었다. 현재 이는 1999년 1월 1일 자로 개편된 정부조직법에 의해 보건 · 복지 분야 종사자의 교육훈련을 실시하는 국립보건원의 훈련부로 통합되어 사회복지 분야의 전문교육을 실시하고 있다.

5. 1960년대 사회복지

1960년대는 우리 사회의 본격적인 전후 복구시대라고 할 수 있다. 한국전쟁의 휴전 이후 원조물자에 의해 유지되었던 한국사회는 1960년대 이르러 정치적 민주화와 통일에 대한 열망이 뜨겁게 타오르고 있었다. 그것은 한편으로는 정치적인 측면에서 4·19 혁명에 의해 1948년 정부수립 후 부패로 점철된 이승만 독재가 무너진 후 제2공화국의 민주주의 정부를 태동시켰지만, 다른 한편으로는 1961년에 발생하였던 5·16 군사 쿠데타로 군사정권이 등장하면서 정치적으로 사회가 또다시 후퇴되면서 민주주의는 붕괴되었다. 전후 혼란한 정국 속에서 사회복지에 대한 논의는 부재하였다.

1963년에 제2공화국이 군사 쿠데타에 무너지면서 잠시 군정 시기가 지난 후 군사정권은 선거를 통해 제3공화국이 수립되었다. 제3공화국의 정권에 대한 정당성 확보를 위한 외국자본 도입을 통한 경제개발은 그 과정에서 서울을 위시한 대도시 인구집중, 가족형태 붕괴(대가족→핵가족), 도시빈민발생, 급속한 사회적 변화로 인한 가치갈등 그리고 빈곤의 극복이 아닌 급격한 빈부의 격차를 야기하였다. 또한 준비 안 된 사회복지와 같은 시혜적 법들의 제정은 오히려 기대감 상승으로 인한 상대적 박탈감과 혼란으로 인도하였다. 한편으로는 도시화로 인한 다양한 새로운 사회문제들이 발생되었지만, 다른 한편으로는 1960년대를 우리나라 사회복지의 태동기라 할 수 있으며, 실질적으로 사회복지에 연관된 입법이 가장 많이 진행되었다.

이 시기의 사회복지법의 제정을 이러한 사회적 문제들의 해결에 대한 의지표현이라기보다는 정치적인 측면에서 접근할 수 있을 것이다. 헌법에도 적극적 의미에서 국가의 사회보장에 대한 노력과 책임을 명시하는 생존권이 규정되었다. 형식적 의미에서 1960년대는 우리나라 사회복지 입법의 르네상스 시기라 할 수 있다. 왜냐하면 1960년대는 전문사회사업에 관한 교육과 연구의 전파 확충기라고 할 수 있는데, 1962년 중앙대학교에, 1964년 성심여자대학과 대구대학에, 1968년

서울여자대학에, 1969년 부산대학교와 숭실대학교에 사회사업학과가 설치되었으며, 아래와 같은 사회복지법들에서 볼 수 있는 것처럼 이 시기에도 사회복지라는 용어는 아직 우리나라에서 보편적으로 사용되지 않고 있었다.

- 공무원연금법(1960), 갱생보호법(1961), 군사원호보상법(1961, 1950년에 제정된 군사원호법과 경찰원호법의 통합, 원호처 발족), 윤락행위방지법(1961, 성매매에 관한 특별법 제정으로 2004에 폐지됨), 생활보호법(1961, 1944년 제정된 조선구호령이 폐기된 이후 약 40년간 공공부조법률로서 기능한 후 2000년 10월 국민기초생활보장법의 시행으로 폐지됨), 아동복리법(1961, 1981년 아동복지법 제정), 선원보험법(1962, 사문화됨), 재해구호법(1962), 국가유공자특별원호법(1962), 군인연금법(1963, 1963년 1월 28일 공무원연금법에서 분리됨), 사회보장에 관한 법률(1963년 제정, 1995년 사회보장기본법 제정으로 폐기됨), 산업재해보상법(1963), 의료보험법(1963, 가입임의성을 인정하여 사회보험 의의를 상실함)

그러나 이러한 법제정에도 불구하고 실질적인 정치 · 경제 · 사회에 관련된 문제의 해결을 위한 준비가 되어 있지 않았으며 그것은 현실적으로 국민들의 삶의 질적인 상승으로 인도하지 못하였다. 그 당시 우리 사회에서 복지국가의 이념 또는 사회보장이라는 권리에 대한 국민들의 이해 부족도 있었지만 사회복지에 대한 여러 과정 등은 정치적이었다는 사실이다. 그러므로 이 시기에서 사회복지에 대한 국가적인 관심은 사회복지에 대한 의지보다도 오히려 사회복지법을 토대로 사회복지정책을 집행할 수 있는 재정적인 투입이나 경제적 능력의 확장이라 할 수 있다.

6. 1970년대 사회복지

1970년대 초 경제적 부흥을 위한 제3공화국 정부의 계획은 외적으로 세계질서의 변화로 인하여 위기를 겪게 되었으며 내적으로 우리 사회는 이 시기에 들어서면서 또다시 정치적 혼란에 빠지게 되었다. 왜냐하면 국제적으로 1970년대는 1960년대의 자본주의와 공산주의 이데올로기의 심각한 대립이 미소 양극화 체제의 긴장이 완화된 데탕트(détente) 시대로 국제관계가 변화되었기 때문이다. 그러나 오히려 국내적으로는 새로운 국제상황에 대처하기 위한 명목으로 새로운 정치체제가 모색되었는데, 그 결과가 유신체제로서, 그것은 박정희 일인 독재 장기집권화의 강화를 의미하였다. 역설적이지만 이와 같이 내적으로 유신체제와 같은 정치적 상황은 정치적 정당성 강화를 위해 오히려 사회복지의 입법사적인 측면에서는 제2의 르네상스 시대라 할 수 있을 것이다.

제4공화국 시기는 제3공화국의 정통성 상실에 대한 정치·사회적 자구책으로 5.16 군사 쿠데타 이후 무더기로 입법된 사회보험에 대한 시행령·시행규칙을 제정하였으며, 그중에서 실시 용이한 보험을 선택하여 실시하였고 여러 가지 이유로 유보되어 온 사회복지에 연관된 법들의 시행되었다. 왜냐하면 세계 경제의 어려움과 외국원조의 감소 그리고 정책적으로 공공부조보다는 수혜자 부담원칙이 적용되는 사회보험이 선호되었다. 이런 논리적 근거는 그동안 선진국의 사회사업 이론과 방법에 대하여 발전도상국에 적용될 수 있도록 비판적 접근이 시도되었다는 것이다. 그 토대는 1950~1960년대 대학에 설치된 사회사업학과에서 본격적으로 졸업생을 배출하였고 선진국에서 전문사회사업교육을 이수한 귀국한 인재들이 한편으로는 현장에서 활동을 하였으며, 다른 한편으로는 교육자로서의 역할을 수행하고 있었다는 사실이다. 이와 같이 1970년대에 들어와 우리나라의 사회사업에 있어서 학문적인 연구를 통하여 발전을 위한 새로운 전기를 맞게 된다. 또한 이 시기에는 아래와 같은 사회복지법들의 입법이 추구되었기도 하다.

- 사회복지사업법(1970년 사회복지사업 종사자 자격증 제도 신설하고 사회복지법인에 대한 법적 근거가 마련됨), 사립학교교원연금법(1973, 2000년 사립학교교직원연금법으로 명칭 변경), 개정의료보험법(1963년에 제정된 법의 구체화로 1977년 500인 이상 사업장 가입 의무화), 국민복지연금법(1973, 경제 불황과 사회현실의 여건 부족을 이유로 시행이 10년 동안 보류된 후 형식상으로는 1988년에 시행된 국민연금의 기초가 됨), 의료보호법(1977), 공무원 및 사립학교교직원 의료보험법(1977),

입양특례법(1976, 1995년 입양촉진 및 절차에 관한 특례법, 2011년 입양특례법), **의료보호법**(1977, 2001년 의료급여법)

1970년대에도 1960년대처럼 위와 같은 많은 사회복지법의 제정되었지만 결과적으로 사회복지법의 형식적인 측면에서 입법이 반복되었다고 볼 수 있을 것이다. 그것은 한편으로는 집행되어야 할 제도들은 경제적인 어려움으로 정책적인 뒷받침이 되지 않으면서 체계적인 실현이 되지 않았으며, 다른 한편으로는 효율성이나 합리성이 결여된 졸속입법이기에 일부 사문화된 법들로 전락하거나 부분적으로 집행되는 현상이 나타났다. 그러므로 이 시기의 사회복지는 사회의 모든 구성원들을 위한 의료보험과 같은 사회보장정책은 연기시키면서, 친정체제 강화를 위하여 공무원이나 경찰, 원호대상자들과 같은 국가 시책에 호응하는 사회의 특정 세력이나 계급들의 삶에 대한 사회복지가 진행되었다고 볼 수 있다.

7. 1980년대 사회복지

1980년은 세계사적으로 변화의 시대라고 할 수 있을 것이다. 우리에게 있어서 1980년은 정치적 격변기였다. 그 격변은 1979년 12·12 군사 쿠데타를 의미하며, 그 결과 제5공화국이 등장하였다. 제5공화국도 제3공화국처럼 정치적 정통성 시비로 어려움을 겪으면서 사회적 갈등 심화로부터 자유로울 수 없었다. 또한 이전의 정치·경제·사회적으로 수면 아래 잠겨 있던 산업화와 도시화의 폐단, 장애인문제, 핵가족 문제, 노인인구의 증가 등의 사회문제들이 세계화라는 이데올로기의 등장과 민주화의 염원 등이 국민들 삶 속에 현실화되고 있었다.

사회적으로 정치적 문제에 대한 억압적 분위기 속에서 정통성 시비는 사회복지를 지향과 그 출발을 강제하였다고 볼 수 있다. 그런 상황은 1970년대 사회사업에 연관된 인력들이 귀국함에 따라 사회복지라는 용어와 개념들이 보급되었으며,

그 결과 1980년대 초 20개 대학에 사회사업 또는 사회복지학과가 설치되었다. 실질적으로 1987년 헌법 개정을 통하여 제2장에 국민의 권리와 의무에 사회복지라는 용어와 그것을 위한 구체적인 내용들이 규정되었다[3].

이 시기에는 사회발전의 가능성에 대한 각종 사회복지적 접근을 시도하면서, 그 해결방법을 복지사회 구현에서 찾았다. 그 결과 헌법에 사회구성원들의 생존권 보장을 위한 사회보장, 사회복지의 증진에 대해 국가의 의무를 강조하였으며, 소득보장, 의료보장뿐만이 아니라 사회복지서비스 급여의 필요성도 강조되면서 사회복지법에 대한 제정과 개정이 진행되었다. 예를 들자면 사회복지사업기금법(1980), 아동복지법(1981, 1961년 제정된 아동복리법 전면개정), 심신장애자복지법(1981, 1989년 장애인복지법으로 명칭 변경), 노인복지법(1981), 개정사회복지사업법(1970년에 제정된 법을 전면개정, 1983년 복지증진의 책임을 국가와 지방자치단체에 있음을 규정. 사회복지종사자를 사회복지사로 하고 자격을 1, 2, 3급으로 분류 -사회복지관 설립운영 근거를 규정, 한국사회복지사협의회를 법정단체화하고 업무위탁 규정 마련), 개정갱생보호법(1986, 1961년에 제정된 법을 강화), 국민연금법(1973년에 제정된 국민복지연금법의 시행유보를 1986년에 전면 개정하여 1988년 1월 1일 시행), 최저임금법(1986), 의료보험확대실시(농어촌지역, 1976년 개정된 의료보험에서 농어촌지역 주민의 보험가입이 유보된 것을 1988년 1월 1일부터 급여 혜택), 보호관찰법(1988, 1995년 보호관찰 등에 관한 법률로 명칭 변경), 노태우 정권 초기에 모자복지법(1989, 2002년 모·부자복지법, 2007년 한부모가족지원법으로 명칭 변경)이 제정되었다. 그러나 사회적 불안의 해소를 위하여 정치적인 측면에서 출발한 복지국가 구현은 정권의 정당성에 대한 문제뿐만 아니라 관계자들의 사회복지에 대한 인식부족으로 그 구호에 비해 성과는 미미하였다. 그러나 국민연금 전면실시, 의료보험확대 등 사회복지서비스법의 입법화는 미미하지만 복지국가 추구에 대한 초석이라 할 수 있다.

3) 대한민국 헌법 제34조에는 다음과 같이 규정되어 있다: ① 모든 국민은 인간다운 생활을 할 권리를 가진다. ② 국가는 사회보장·사회복지의 증진에 노력할 의무를 진다. ③ 국가는 여자의 복지와 권익의 향상을 위하여 노력하여야 한다. ④ 국가는 노인과 청소년의 복지향상을 위한 정책을 실시할 의무를 진다.

8. 1990년대 이후의 사회복지

1990년대는 정치 · 사회적으로 민주화와 함께 정권교체가 이루어졌으며 노태우 대통령부터 임기가 5년 단임제로 변경되었다. 특별히 1993년 문민정부의 등장은 사회 전반에 민주화가 뒤따르고 있었다. 이 시기에는 여성의 권익 신장과 가정의 평화를 지키기 위해 성폭력범죄의 처벌 및 피해자 보호 등에 관한 법률(1994)과 가정폭력방지 및 피해자 보호 등에 관한 법률(1997)이 제정되었다. 그러나 국민이 선택한 민주주의 정부라는 사실이 정치에 대한 신뢰를 정책적 신뢰로 간주하는 오류를 범하게 되었다. 그것은 아직 경제적으로 준비가 미흡한 상태에서 우리나라는 신자유주의[4]라는 세계시장으로 편입되었다.

그것은 한편으로 사회복지에 대한 오해를 불러일으켰으며, 다른 한편으로 경제위기로 인한 국제통화기금(IMF, International Monetary Fund) 관리체제로 이어졌다. 그 결과는 정치 · 경제 · 사회적인 측면에서 강도 높은 구조조정이 이루어졌고, 그것에 의해 수많은 실업자, 노숙자들이 양산되었으며, 가정이 해체되고 붕괴되면서 각종 사회적 혼란을 가중시켰다. 아이러니하게도 이와 같은 외적 상황으로 사회복지에 대한 국가적 관심은 증대되었다. 1998년 국민의 정부의 생산적 복지는 사회복지에 대한 관심을 증가시키면서 그동안 제정되었던 사회복지에 연관된 법들을 정비하였다. 예를 들어 논란이 되었고 구시대의 유물이었던 의료보험이 국민의 정부에서 통합의료보험법으로 국민건강보험법(1999)과 공공부조법으로 그리고 국민기초생활보장법(1999)의 제정은 사회복지 발전의 전기를 마련하였다.

4) 신자유주의(Neo-liberalism)는 다른 이데올로기와 마찬가지로 그 의미가 매우 광범위하다. 신자유주의는 자본주의이나 사회주의 공산주의와 마찬가지로 자유주의의 한 부류이다. 그러므로 사회복지적인 측면에서 자본주의가 공익에 기여할 수 있다는 사실 그리고 공산주의와 사회주의는 국민의 삶의 증진을 위하여 국가의 개입을 인정하고 있다. 그러나 신자유주의는 국가와 사회복지 간의 관계에 있어서 국가의 책임을 축소시키면서 개인의 삶의 증진을 스스로의 책임으로 강조하는 방향으로 법이나 제도, 정책을 지향하고 있다.

9. 2000년대 이후의 사회복지

우리에게 2000년 밀레니엄(Millennium)의 세기는 1998년 경제환란을 극복하는 과정 중 다가왔다. 2000년대 2019년까지 5번의 정권교체가 있었다. 이 시기는 본격적으로 국가적 차원에서 우리나라 사회복지의 관심기라고 할 수 있을 것이다. 여기서는 각 정권에 있어서 내세우는 사회복지에 대한 관심을 법의 제정과 정책과 제도의 실시에 연관하여 고찰을 시도한다.

우리나라에서 사회복지를 연대적 구분이 아닌 의미적 구분으로 시도한다면, 이 시대는 한편으로 사회복지의 핵심을 건설한 시기로서 사회복지의 조성기라 부를 수 있을 것이며, 다른 한편으로 정치적 이념적 차이를 근거로 사회복지의 후퇴로 이야기할 수도 있을 것이다. 왜냐하면 과거의 정권에서는 사회복지가 정치적인 측면에서 정권의 부조리를 희석하기 위한 도구로만 사용되었지만, 2000년대 이 시기에는 진정성이건 그렇지 않았건 간에 사회복지에 대한 관심이 국가의 정책적인 측면에서 표출되었기 때문이다.

군사정권 하에서 정권교체는 정치적으로 많은 문제를 표출하면서 김영삼 대통령의 문민정부에서는 경제위기와 IMF 관리체계로 인한 많은 기업도산과 실직자와 노숙자들 그리고 가족해체 등 많은 사회문제들이 발생하였다. 1998년 정권교체와 세기적 전환으로 김대중 대통령의 국민의 정부는 한편으로는 외환위기 등 경제위기의 극복과 다른 한편으로는 그것으로 인한 가족해체 등 사회문제의 해결이라는 두 가지 당면과제를 짊어지고 있었다. 그것을 위해 국민의 정부는 사회복지실천의 방법론적인 측면에서 정책적으로 생산적 복지 추구하였다.

과거 1960, 70년대 사회복지가 실천보다는 거시적인 측면에서 사회복지 관련 입법의 시기였다면, 이 시기의 사회복지는 국민들에게 직접적으로 다가가는 미시적이고 실천적인 측면에서 사회복지법들의 제정을 통한 사회복지의 구체화와 제도화로 이어졌다고 볼 수 있다. 그러므로 그것에 도달하기 위하여 그 당시 우리나라의 최고 목표는 국제통화기금 관리체제로부터 벗어나는 것이었다. 그것을 위하여 한편으로는 경제발전이 매우 중요하게 여겨졌지만, 다른 한편으로는 신자유주의가 지배적인 상황 하에서 경제위기로 인하여 발생하였던 사회문제들의 해결도 매우 중요한 부분으로 간주되었다.

후자의 측면에서 그 시작은 국민의 정부였다. 그러므로 국민의 정부는 IMF 관리체제로 인한 경제위기와 그로 인한 사회적 혼란에 대하여 사회복지적으로 접근하였으며, 생산적 복지를 정책적 지향점으로 삼았던 것이다.

1) 국민의 정부

1998년 국민의 정부의 사회복지 목표는 생산적 복지이다. 사회복지에 있어서 우리나라에 실질적인 의미를 부여하였다. 왜냐하면 이전에도 여러 법적 토대와 그 실천도 있었지만, 우리나라에 사회복지라는 용어와 개념이 회자되기 시작한 1980년대에는 사회복지의 진정한 의미에 있어서 법적 정책적 토대에 대한 진전은 없었기 때문이다. 그러나 20세기와 21세기를 잇는 과정에서 경제 환란과 국제통화기금 관리체계와 그로 인해 발생한 사회문제를 수습하기 위해 등장하였던 김대중 정권은 진정한 의미에서 본격적으로 사회복지에 관심을 표명하고 실천하였다.

실질적으로 국민의 정부에서는 국민연금법 개정(1998. 12. 31 제정 / 1999. 4. 1. 시행)으로 도시지역 자영자, 5인 미만 사업장 노동자, 임시일용직 노동자, 시간제 노동자, 도시지역 모든 주민으로 확대하면서 전 국민 연금시대 개막의 기틀을 마련하여 복지국가로의 길을 열었다. 또한 오랫동안 제 역할을 수행하지 못했던 생활보호법을 폐지하고 주거급여 신설 긴급구호제도 도입 등을 규정한 국민기초생활보장법(1999), 의료보험법 및 국민의료보험법은 폐지하고 통합의료보험법인 국민건강보험법(1999), 장애인고용촉진 및 직업재활법(2000년), 의료급여법(2001, 1977년 제정된 의료보호법을 전부 개정) 등을 개정 또는 제정하면서 이념적 의미의 사회복지를 형식적 의미에서 실제적 의미로서 사회복지의 정책적 토대뿐만 아니라 법적으로도 국제통화기금의 관리체제로 인한 많은 사회문제를 극복하기 위해 생산적 복지[5]의 토대를 건설하였다.

5) 사회복지에 대한 인식을 본격적으로 제시하였던 김대중 정부의 생산적 복지의 핵심 아이디어는

중요한 사실은 2001년 8.15 경축사에서 김대중 대통령은 고령화시대에 대비해 노인요양보장제도의 도입을 발표하였다. 이것은 노인인구 증가와 건강수명의 증가 등에 관련된 제도의 실천과 실행뿐만 아니라 경제환란으로 인한 노숙인 등 사회문제 해결 의지의 표현으로써 차기 정권인 참여정부의 과제이기도 하였다.

2) 참여정부

2003년 참여정부의 사회복지는 사회구성원 모두 사회복지의 주체이며 대상이라는 측면에서 참여복지이다. 참여정부는 정책적 측면에서 국민의 정부의 사회복지를 발전적으로 참여복지의 차원에서 접근하고 있다. 그것은 참여정부가 이전의 정부들보다 복지문제에 대하여 정부적인 차원에서뿐만 아니라 사회구성원들 스스로 주체적으로 적극적인 관심을 표명하면서 복지문제를 사회 이슈화하였다는 것을 의미한다.

그러나 사회복지에 대한 주인의식으로의 참여에 대한 오해는 사회복지에 대한 국민적 그리고 정부적 인식의 부족으로 참여정부의 통치기간동안 사회의 양극화가 심각해졌다는 점에서 복지제도의 보편성과 적절성에 대한 인식이 높지 않았다고 볼 수 있다. 그럼에도 불구하고 성과적인 측면에서 참여정부 시기에는 사회복지법들의 개정이나 제정의 측면에서 2003년에 사회복지사업법 일부 개정을 통하여 지역사회복지계획 수립을 지자체의 의무로 규정하는 지역사회복지협의체를 도입하였으며, 2004년에는 영유아보육법 개정으로 시설설치가 신고제에서 인가제로 전환되었다. 또한 긴급전화 및 노인보호전문기관 설치의 규정을 위하여 그리고 최저생계비 계측조사주기를 5년에서 3년으로 단축하기 위하여 노인복지법과 국민기초생활보장법이 개정되었다. 2004년에는 세계무역시장의 자유화와 농업시장개방으로 인해 예상되는 농어촌 위기를 극복하기 위해 농어촌주민의 보건복지증진을 위한 특별법, 건강가정기본법, 2005년에는 저출산고령사회기본법, 자

여러 이견이 있었음에도 불구하고 극빈층에게 기초생활을 보장하고, 자립 · 자조 · 자활을 지원해 개인의 창의성을 발휘하게 하며, 결과적으로 국민 전체의 생산성과 복지를 동시에 향상시키도록 하는 있었다고 볼 수 있을 것이다.

원봉사활동기본법, 2006년에는 식품기부활성화에 관한 법률과 긴급복지지원법(2010년 12월 22일까지 한시적 시행규정으로 2009년 5월 28일 개정으로 한시법 규정이 삭제됨), 한부모가족지원법(2007), 기초노령연금법(2007) 다문화가족지원법(2008) 등을 제정하였다.

논의된 다양한 사회복지법을 개정 제정하였던 참여정부의 참여복지는 정책적인 구현을 위하여 분배를 더 추구하는 보편적 복지를 지향하였으며 국민의 정부의 성장과 분배 모두를 지향하는 선택적 복지를 발전적으로 계승하려는 경향이 있었다. 이런 측면에서 참여정부의 복지정책을 확대지향적인 것으로 평가할 수는 있을 것이다. 노인정책의 일환으로 2008년에 실시된 노인장기요양보험제도 실시는 노무현 대통령의 대선공약으로 노인인구 증가와 평균수명의 급격한 증가에 따른 산물이라 할 수 있다. 이것을 위하여 2003년 3월부터 2004년 2월까지 공적노인요양보장추진기획단이 설치운영되었으며 2004년 3월부터 2005년 2월까지는 공적노인요양보장제도실행위원회를 구성 운영하면서 2005년 10월 19일부터 11월 8일까지 정부는 노인장기요양보험제도를 입법 예고하였다. 2007년에는 노인장기요양보험법을 제정하였으며 2008년 노인정기요양보험제도 실시됨으로 우리나라는 세계에서 독일, 일본에 이어 세 번째로 5대 사회보험 국가가 되었다.

3) 이명박 정부

2008년 출범한 이명박 정부는 우리나라 사회복지의 수준을 10여 년 후퇴시켰다는 평가를 받고 있다. 실질적으로 사회복지정책들의 내용적인 측면에서도 비사회복지적이라는 이야기를 듣고 있다. 그 이유는 정권 초기에 기업 프렌들리(friendly), 즉 기업친화적인 이명박 대통령이 정책적으로 사회적 분배보다는 대기업중심의 경제성장에 보다 역점을 두었기 때문에 이명박 정부에게 붙여진 명칭이다. 집권 초기부터 현재까지 국민의 삶의 질 향상을 위한 사회보장제도의 확충보다는 사회적 이슈로 부각되는 그 당시의 현안 문제들에 대한 임기응변식 조치를 취하는 자세를 지속적으로 견지하였다고 볼 수 있다.

이런 측면에서 이명박 정부의 비사회복지적인 내용에 대한 예를 든다면 영리병원에 대한 논의로서 이명박 정권이 끝난 이후로도 계속되고 있었다. 이것은 국가가 사회보험으로 운영 중인 국민건강보험을 자본시장에 개방해 민간 보험회사에서도 이를 운영할 수 있도록 하는 건강보험의 민영화의 추진으로 논란을 야기시켰다. 특히, 한미 자유무역협정(FTA: Free Trade Agreement) 이후 경제자유구역과 제주도에 영리병원 설립을 허용한다는 보도가 나온 이후 불안감을 나타내는 사람들이 더욱 증가하였다. 그러나 박근혜 정부에서 영리병원에 대한 논의를 통하여 제주도에 중국 자본으로 녹지국제병원이라는 영리병원을 설립하려고 하였다[6]. 그러나 결과적으로 국내 첫 영리병원개설 허가가 2020년 10월 20일 제주지방법원에서 취소됨으로 국내에서 영리병원이 운영되기는 어려울 것으로 전망된다.

이명박 정부 시기에는 사회복지법에 연관되어 2011년 장애인활동지원에 관한 법률, 노숙인 등의 복지 및 자립지원에 관한 법률, 장애아동복지지원법, 2014년에는 장애인연금법이 제정되었다. 이것은 시장기능에 복지 개념을 도입한 것으로 수혜자들이 기다리지 않도록 적극적으로 찾아가서 서비스를 제공하는 것을 의미한다. 이런 이유로 한편으로는 모든 복지 시스템에 원스톱 복지전달체계를 구축해, 태아에서 노후까지 맞춤형 사회복지의 목적인 삶의 질적 증진의 측면을 추구하였다는 평가도 있으며, 다른 한편으로는 부자 감세와 같은 모순된 정책으로 빈부의 격차가 커졌으며 사회적 약자계층에 대한 예산 축소 등으로 이명박 정부의 능동적 복지는 사회복지적인 측면에서 집권기간 내내 논란의 중심에 있기도 하였다.

4) 박근혜 정부

2013년에 출범한 박근혜 정부가 정책적인 측면에서 사회복지는 2016년 각종 부실과 부패한 정책과 인사로 임기 도중 2017년 3월 10일 전 국민들의 촛불혁명

6) 의료민영화란 민간보험회사가 주체가 되는 의료보험이다. 정책적인 측면에서 민간의료보험이 국가가 운영하는 건강보험과 경쟁 혹은 대체할 수 있도록 하는 것이다. 이것은 영리법인 허용 등의 조치를 통해서 자본시장으로부터 의료기관에 대한 자본조달 기준을 합법화하여, 이윤 추구를 존재 이유로 하는 의료기관과 민간보험사 간 자율계약을 통해 의료서비스 범위, 비용, 질을 결정하고 공급하는 방식이 일반화되어가는 과정을 의미한다.

으로 탄핵될 때까지 살펴볼 수 있다. 이명박 정부와 마찬가지로 기본적으로 정책적인 측면에서 사회복지가 후퇴했다는 평가를 받고 있다. 박근혜 정부는 사회복지의 철학적 측면에서 반사회복지적인 정책들이 나타나고 있었다. 왜냐하면 공공복지에 연관된 철도, 의료 가스 등 각종 공공기관에 대한 민영화 정책을 추진하고 있었기 때문이다.

사회복지정책의 핵심으로 박근혜 정부가 2013년 12월에 발표한 제4차 투자활성화 대책을 살펴보면, 이 정책들이 실제 환자와 병원 노동자, 병원 운영과 건강보험에 의료민영화가 보이고 있다는 사실이다. 경제 위기 속에서 투자처를 찾지 못하고 있는 재벌과 자본가들에게 보건의료 부문은 새로운 시장으로 간주되고 있던 시기에 박근혜의 의료민영화 정책은 국회에서 법을 개정하는 절차를 피하면서도, 병원의 영리 추구를 전면적으로 허용하려고 하였다. 박근혜 정부는 부대사업만 전담하는 자법인(자회사)을 설립하고 이 자법인을 영리법인으로 할 수 있도록 허용하려 한다는 것이다.

박근혜 정부가 사회복지적인 측면에서 추진한 또 하나의 핵심적인 목표는 사회보험 및 문화 환경 등 있어서 국가책임 보육과 생애주기별 맞춤형 복지라 할 수 있다. 그러나 전자에 있어서는 무상보육이라는 시대적 흐름에 대한 5세 이하에 대한 보육에 대한 국가책임은 박근혜 대통령의 후보시절 공약인 것이다. 그러나 그 정책은 소위 누리과정에 대한 재정지원 중단으로 지켜지지 않으면서 부모들과 어린이집 등 거대한 사회적 혼란과 보육대란으로 이어졌다. 후자에 있어서 그 내용은 두 가지 방향에서 살펴볼 수 있는데 하나는 생활영역별 맞춤형 급여체계 구축과 다른 하나는 일을 통한 빈곤탈출에 대한 지원이다. 2008년 1월에 시작된 기초노령연금이 폐지되고 2014년 7월 제정된 기초연금법이 실행되었음에도 불구하고 노인빈곤율 40%로 낮춘다는 계획은 결과적으로 47%에 이르게 되었다.

전체적인 측면에서 박근혜 정부의 사회복지정책은 정치적으로 민주당에서 주장하였던 무상복지와 보편적 복지정책과 대동소이하다고 볼 수 있다. 왜냐하면 이미 실천되었거나 보편적 복지정책으로 주장되었던 것들을 부분적으로 선별적 복지정책으로 변형하여 추진되었기 때문이다.

5) 문재인 정부

2016년 촛불혁명으로 탄생한 문재인 정부는 현재 진행 중인 정부로서 정책적인 측면에서 큰 틀은 재정분권과 연계해 지방재정 부담 완화 및 자율성 확대라고 할 수 있다. 사회복지의 정책적인 측면에서 규정한다면 보편적 복지를 실현하려고 하는 정부라고 할 수 있다. 왜냐하면 그동안 성장 일변도 정책에 대한 비판적인 측면에서 분배를 통한 사회복지 실현이 정권에 따라 호흡 고르기와 같은 흐름으로부터 벗어나는 정책적 집행이 시도되고 있기 때문이다. 그것은 국민의 삶과는 관계없이 정권의 입맛에 따라 사회복지의 정책적 전진과 후퇴의 반복이 아닌 발전적인 측면에서 접근은 긍정적이라 할 수 있다. 또한 그것의 토대 형성을 위해 구체적으로 법과 제도적 확립을 추진하고 있기도 하다. 그러나 재정분권을 주요 아젠다로 추진하고 있는 문재인 정부는 지방세 확충으로 지방재정이 늘어도 복지에 대한 부담이 그 이상으로 커지면 실질적인 재정분권의 효과는 미약해진다는 비판이 받고 있다. 실질적으로 사회복지비 비중이 갈수록 증가하고 있기에 보편적 복지를 추진을 위한 기초연금, 아동수당 등 국가가 전국 공통으로 추진하는 사회보장사업들은 지방정부 재정건전성을 담보하기 위하여 국가가 책임을 가져야 한다는 것에 대하여 고심을 하여야 할 것이다.

10. 결론
- 고령화와 한국사회 -

사회복지를 논할 수 있는 1970년대는 산업화 본격화된 시기로서 우리나라에서는 경제성장이 민족중흥의 역사적 사명이라는 이데올로기가 지배적이었다. 사람들은 아랫목이 먼저 따뜻해지면 윗목도 함께 따뜻해진다는 논리에 근거해 경제가 성장해야 가능하다는 성장제일주의로서 사회복지가 제험으로 먹고살기 어려운 사람에게 국가에 베푸는 시혜쯤으로 인식되고 있던 시기였다. 그러나 2000년대 들어오면서 사회복지에 대한 인식의 전환은 사회의 민주화를 이룩하면서 사회복지의 국민 권리라는 정책적 토대 위에서 전진에 대한 호흡을 고르면서 발전되었다.

1) 노인문제의 의미

2019년 현재 우리나라 노인인구는 768만 명 14.9%이며 2020년에는 813만 명 15.7%로 700만 시대를 연 지 3년 만에 노인인구 800만 시대가 열릴 것으로 예상된다. 우리 사회에서 인구구조와 노인케어에 관한 문제는 인구변화에 대한 예측과 그에 대한 준비를 하지 않았다는 것이다.

1970년대까지는 우리나라의 과잉인구에 대한 인식은 전 지구적인 측면에서뿐만 아니라 '가정마다 둘만 낳아 잘 기르자' 1980년대 '딸 아들 구별 말고 하나만 낳아 잘 기르자'와 같은 표어에서 보여주는 것처럼 인구폭발에 대한 두려움은 국가적인 차원에서 접근되고 있었다. 그러나 1990년대 말부터 노인인구 증가와 사회의 급격한 노령화에 대한 예측과 더불어 갑작스러운 출산율에 대한 문제제기는 우리 사회의 큰 위기로 인식되었다. 또다시 검증되지도 준비되지도 않은 정책적 전환인 출산율 증가에 매진하고 있다. 전자나 후자나 그것은 단기간 내에 등장하는 것도 아니며 해결할 수 있는 문제도 아니다. 또한 문제해결을 위해 출산율의 증가를 중요한 변수로 보는 이유는 사회의 지속적인 존재를 위한 부양인구가 적정선을 유지해야 하기 때문이다. 그럼에도 불구하고 오늘날 우리 사회의 가정에서는 아직도 전문적인 도움 없이도 노인에 대한 케어는 이미 광범위하게 이루어지고 있다. 그러나 이것만으로는 노인에 대한 케어는 부족하며, 전문적인 측면에서 장기간을 요구하는 케어를 가정과 친척들이 감당한다는 것은 매우 어려울 것이다. 왜냐하면 거기에는 수많은 재정적인 부담이 뒤따르게 될 것이기 때문이다.

그러므로 우리에게는 더욱더 과학적인 노인케어, 전문적인 노인케어가 요구된다고 하겠다. 이런 측면에서 노인에 대한 전문적인 케어는 노인의 생활세계와 생존기간을 고려하여 노인케어를 위한 과정을 계획하면서, 노인의 자립가능성과 자기규정을 정립시키는 작업을 해야 할 필요가 있다. 그것을 위하여 우리는 아주 기본적인 것부터 준비해야 다가오는 고령사회를 정치, 경제, 사회, 문화적으로 불안 없이 맞이할 수 있을 것이다.

2) 노인케어의 제도화

인구통계학적 노인인구의 수치의 증가 상황을 일본과 비교하여 본다면 장기적인 측면에서 2001년 노인인구비율이 7.6%에서 2007년 10%에 도달하여 우리나라는 노인케어로서 장기요양보호에 대한 사회적 필요성이 조성되었다고 볼 수 있다. 특별히 일본의 경우 1990년 노인인구비율은 12.0%, 노인의료비중은 28.8%에 개호보험이 도입되었는데, 2001년 우리나라 경우에는 노인인구비율 7.6%에 따른 노인의료비중이 22.2%로 매우 과도한 노인의료비가 지출되었기 때문이다. 새로운 보험 도입 당시 두 나라의 고령화 정도를 비교하면 우리나라의 노인장기요양보험제도 도입은 발 빠른 조치였다고 할 수 있을 것이다.

(1) 노인케어의 의미

우리 사회의 급격한 사회적 변화와 고령화는 많은 문제를 내포하고 있음은 이미 여러 번 언급되었다. 그것의 핵심은 사회문제로서 증가하는 노인에 대한 부양에 심대한 영향을 미치는 요소로 작용하고 있다는 것이다. 왜냐하면 현실적으로 가족의 해체와 함께 경제적으로 독립적인 측면에서 노인 스스로 부양 가능한 노인의 수가 많지 않기 때문이다.

그것의 근본 원인은 과학기술의 발달로 인한 기형적 인구구조의 탄생과 더불어 우리 사회에서 물질지상주의의 심화로 인한 노인에 대한 편견의 증가라 할 수 있다. 전자의 급속한 영향으로 후자의 의미가 우리나라에서는 더욱 심화되어 나타나고 있는 것이다. 이것을 해결하기 위하여 제도라는 거시적인 틀과 제도 속에서 발생할 수 있는 사용자와 공급자들 간의 미시적인 틀과의 관계형성은 노인케어의 실행의 중요한 두 개의 축이라 할 수 있을 것이다. 그러나 정책적인 측면에서 본다면 노인케어의 부담을 사회적 부담으로 전이하려는 우리나라의 정책 방향에 대해서는 좀 더 시간이 필요할 것으로 예상된다. 왜냐하면 경제 강국으로 독일과 일본의 제도화에 대한 상황적 비교연구를 통하여 우리나라에서 노인케어의 제도화가 현실적으로 타당한지 그리고 우리 사회의 물적 토대와 외적 상황과 같은 인프라 상황 속에서 작동할 수 있는지는 매우 중요한 사안이기 때문이다. 그러므로 우리 사회의 고령화 과정이 서구사회의 전철을 밟는다고 해서 그 해결방법도 서구가 실행하고 있는 정책을 도입하려 하는 것은 시대착오적인 생각이며, 그것은 우리의 나태함으로부터 비롯된다고 본다.

결론적으로 노인을 케어하기 위하여 서구의 제도적 도입과 그 흐름에 동참하지 않는 것이 사회복지의 후진성을 담보한다는 인식으로부터 탈피가 우선적으로 우리에게는 절실하다고 본다. 그것은 그동안 우리의 노인문제에 대한 논의의 수준을 정치 경제 사회 문화적으로 비교할 수 없는 외국의 사례에 대한 연구가 아닌 복지선진국들의 수준에 맞추어야 한다는 강박관념 속에서 소개와 모방 그리고 모델화 작업에 지나지 않았음을 의미한다. 즉 이론적 토대로서 일방적인 일본의 개호보험제도에 대한 연구 그리고 그동안 신자유주의 이데올로기에 동조로 인한 우리나라의 취약한 경제구조는 노인케어에 있어서 전통적인 의미에 호소하여 가족기능을 통한 사회보장의 길을 가는 것이 오히려 적절할 것이다.

(2) 치매와 고령사회

우리나라에는 2020년 현재 노인인구의 10% 정도의 70여만 명의 치매환자가 있다. 치매(癡呆, dementia)는 잘 알려진 바와 같이 사회의 고령화의 결과물이라 할 수 있다. 왜냐하면, 기대수명이 낮았던 과거의 사회에서는 그리 큰 문제가 되지 않았기 때문이다. 산업의 발달과 영양상태의 호전 그리고 의학의 발달로 인하여 많은 나라에서 고령화는 불가피한 현상이기에 치매의 증가는 막을 수 없을 것이다. 그런데 치매에 있어서 중요한 사실은 예방이 가능하다는 것이다.

노인에 대한 전문적인 자기이해와 능력이 노인케어에 관한 시각에서 매우 중요하다. 그러므로 케어와 연관된 보험법만이 노인케어를 위한 봉사와 시설의 하부구조에 대한 최종적인 책임을 가지는 것은 아니라는 것이다. 미국의 노동운동가 사무엘 곰퍼스(Samuel Gompers, 1850~1924)는 사회보험으로 빈곤을 제거하거나 예방할 수 없다고 하였다. 그러면서 사회보험은 근본적 해결책이 아니며 사회적 불의를 공격하지도 못한다고 하였다. 복지국가를 만들고자 사회복지에 대한 지대한 관심을 표명하고 있는 정책결정자들은 급격한 노인인구 증가를 경험하고 있는 우리 사회에서 노인케어를 대비하려는 정책결정을 위하여 곰퍼스의 말을 잘 살펴보아야 할 것이다.

새로운 사회보장 형태로서 노인케어는 협동과 협력의 극대화를 통하여 공통적인 책임을 현실화할 수는 있는 것이다. 그러므로 현재 실행되고 있는 노인장기요양보험제도는 지금까지 논의된 우리나라의 전체적인 상황에 대하여 더욱 적극적으로 고려하면서 세밀하고도 구체적인 접근이 요구된다. 그것은 현대사회의 전체적인 부양구조에 있어서 케어의 사회보험화를 통하여 해결될 수도 있지만, 인간의 가족구조 속에 감정적인 측면으로 녹아들어 있던 부양문제를 사회구조의 변화에 따라 제도적 정책적인 측면에서 접근하는 것이 아닌 역사적으로 내려온 문화적 생활방식에 대한 회복과 함께하여야 할 것이다. 왜냐하면 노인케어에 있어서 문제발생 원인은 고령화에도 있지만 전통적인 측면의 가족의 붕괴에도 커다란 문제의식을 가져야 하기 때문이다.

많은 나라에서 사회의 고령화에 대한 준비로 각종 제도들을 만드는 이유는 인구구조의 변화에 따른 고령자들과 치매환자들에 대한 효율적 관리를 통한 사회적 비용을 절약하려는 의도가 포함되어 있다. 그러므로 유병장수가 특징인 우리 사회의 노인인구구조에서 그것은 건강한 노화를 통하여 다가오는 미래사회를 후손에게 넘겨주어야 함을 의미한다.

3) 한국 사회복지의 전망과 평가

우리나라의 사회복지예산은 점점 증가하고 있는 측면에서 사회복지에 대한 인식은 모든 국민이 수혜자가 되어야 한다는 것이다. 그러므로 우리나라의 사회복지는 정책적인 예산 집행도 한편으로는 보편적 복지를 지향하고 있지만, 다른 한편으로는 사회적 약자에 대한 직접적 지원과 관심이 매우 현실적이라고 할 수 있다.

우리나라는 2019년 현재 혼인 건수 239,159, 이혼 건수 110,831로 결혼한 사람들의 절반 정도가 이혼한다는 사실, 가출의 증가 등 우리 사회의 가족해체와 같은 사회적 분위기는 이미 위험수준에 도달해 있다. 이것이 우리나라뿐만 아니라 모든 고령국가들의 노인인구 증가와 더불어 노인문제의 근원이다. 그러나 우리의 정신세계에는 아직도 전통적으로 노인케어를 위한 소프트웨어가 잔존 유지되고 있다. 그 씨앗이 완전 소멸되어 노인케어를 위한 정책과 대치되면서 국가의 지원만을 호소하는 도덕적 무기력증으로 노인과 주부양계층을 인도하여 경제적 파산으로 이어져서는 안 될 것이다. 우리들은 독일과 일본에서의 노인케어에 대한 예로부터 사회적 비용의 절감을 위하여 가정에 기반을 둔 서비스에 많은 부분 의존하고 있음(home-based system)을 간접적으로 인식할 수 있을 것이다.

이러한 현실의 극복만이 앞에서 논의된 우리 사회에서 노인에 대한 케어문제를 해결할 수 있을 것이다. 노인문제를 단지 노인복지의 차원에서 접근하여 노인케어가 노인문제의 전부인 것처럼 인식해서는 안 된다. 그것의 해결을 위해서는 좀 더 근본적인 접근이 요구된다 하겠다. 그것은 웃어른인 노인들을 대접하는 사회적 기풍을 조성하는 것이라 하겠다. 그러므로 독일에서 이미 경험하였던 노인문제들에 대한 해결책으로 노인문제 전문가인 프랑크 쉬르마허(Frank Schirrmacher)가 제시하였던 그것이 바로 가족복지의 회복이라 할 수 있으며, 가족복지는 교육적인, 어려서부터 인성을 중시하는 전인교육의 실현으로 이루어질 수 있을 것이다(Frank Schirrmacher: 2005). 그것은 유교문화권으로 효사상을 기반으로 하였던 우리 사회의 전통적 가족윤리의 회복을 통하여 노인에 대한 케어와 부양의 당위성으로 인도할 수 있을 것이다. 그것을 통하여 사회적 혼란을 최소화하면서 클라이언트들의 사회복지의 평등과 분배적 의미뿐만이 아니라 경제적인 측면에서 재정적으로 안정된 사회복지의 토대 건설이라는 의미에서 우리나라만의 고유한 복지사회가 건설될 수 있을 것이다.

세계사적인 측면에서나 우리의 역사적인 측면에서도 사회복지의 역사는 사회복지에 연관된 것들의 제도화이며, 그 결과물들에 대한 입법사라고 할 수 있다. 우리나라 사회복지에 있어서도 사회복지의 정책적인 것과 그것을 위한 사회복지 관련법들의 제정과정인 것이다. 결론적으로 우리나라의 사회복지 발전을 위한 분석틀은 두 가지 측면에서 접근할 수 있다. 하나는 내용적인 측면에서 사회복지정책들에 관한 것이고, 다른 하나는 양과 질적인 측면에서 사회복지 관련법들의 수가 증가에 관한 것이다.

사회복지정책적인 측면에서 사회복지의 역사는 발전적으로 선별적 복지정책에서 보편적 복지정책으로 전환이라 할 수 있다. 그러므로 정책적인 측면에서 우리나라의 사회복지에 대한 정책적인 정체성도 보편적 복지의 실천이라 할 수 있다. 왜냐하면 경제적으로의 어려움은 있지만 국민소득은 30,000달러로서 선진국 반열에 도달하였으며 그리고 이념적으로 치열한 논쟁의 여지는 있지만 그럼에도 불구하고 보육이나 교육 그리고 노인복지정책에 있어서는 사회복지적으로 매우 긍정적이며 보편적이기 때문이다.

또 다른 측면에서 사회복지의 역사적인 변화와 변천은 우리나라 사회복지 연관법의 종류와 그 수는 좁은 의미에서 사회복지사업법에 규정된 27개의 법 이외에 넓은 의미에서 간접적으로 연관된 법들을 포함한다면 —장애인에 연관된 5개 이상 그리고 노인에 연관된 3개 이상, 아동에 연관된 법 5개 이상 등— 논자에 따라 다르겠지만 최소한 50여 개 이상이 될 것이다. 후자는 사회복지 연관 법들의 입법사의 측면에서 접근한 것으로 아직은 우리나라를 복지국가로 볼 수는 없지만 시대적으로 구분하여 규정하여 본다면, 1960년대와 1970년대에는 사회복지에 연관된 기본적 법들이 많이 제정된 사회복지에 대한 과시기로, 1980년대와 1990년대는 법의 제정이 사회복지를 정치적인 측면에서 권리로서 간주하려는 시기로 그리고 2000년대는 김대중 정부와 노무현 정부의 건설적인 사회복지의 토대로부터 이명박, 박근혜 정부에서 정치적 문제로 인한 사회복지에 있어서 후퇴가 보이기는 했으나, 사회복지에 있어서 세계사적이고 총체적인 흐름 속에서 복지제도가 시행되고 있으며 복지행정 구조를 갖추어가고 있는 국가로서 사회복지법제들이 체계화되고 있는 시기라 할 수 있다.

결론적으로 우리 사회에서 사회복지에 대한 관심이나 사회복지법의 제정은 양적인 측면에서는 매우 정치적이었다고 볼 수 있다. 그것은 바로 법제정의 진정성의 결여라는 사실을 의미하기도 한다. 왜냐하면 그것은 사회복지법들의 제정 초기 한편으로 국가책임에 대한 회피와 민간에 대한 의존 강조인 것이며 다른 한편으로 공적 사회복지서비스의 전달체계의 부족을 의미하고 있기 때문이다. 그럼에도 불구하고 복지에 대한 관심은 더욱 증가되고 있다. 가족 중심으로 이루어졌던 복지의 형태로부터 사회복지라는 전국가적이고 전사회적인 측면에서 복지로의 접근은 불과 얼마 전에 시작되었다. 여기에 사회의 민주화는 그동안의 경제성장의 결과물에 대한 사고의 전환을 가져왔으며, 그것이 사회복지에 국가적 차원의 관심인 것이다. 그럼에도 불구하고 복지국가를 추구하고 있는 우리나라의 사회복지법들에 있어서 제정과 개정의 질적인 측면에서 신중한 고려가 요구된다. 그것을 위하여 사회복지는 국민의 요구에 대한 정치적 수용과 정권의 집행 의지가 매우 중요할 것이다.

생각해 봅시다

1. 우리나라 사회복지의 의미를 산업화와 연관하여 생각해 봅시다.

2. 2000년 이후 정권들의 사회복지정책에 대한 비판적 접근하여 생각해 봅시다.

3. 우리 사회에서 고령화와 사회복지의 의미에 대하여 생각해 봅시다.

제2부

사회복지의 구조

여기서는 내용적인 측면에서 우리나라 사회복지의 구조에 대하여 논의된다. 사회복지 실천을 위한 구조는 정책과 제도라는 두 개의 수레바퀴인 사회보험과 공공부조로 지탱되며 구체적으로 사회복지서비스와 함께 세 개의 축이 구조적으로 혼합되어 사회복지 실천 현장에서 집행 실천되고 있는 것이다. 각론으로 서구의 사회복지 발전의 측면에서 사회복지에 직접적으로 연관된 분야에 대한 내용을 한편으로는 각각의 내용들에 대한 분석뿐만 아니라, 다른 한편으로는 현실에서 사회복지의 세 가지 축이 작용하는 것에 대하여 다루게 될 것이다.

제 4 장 사회복지의 구조 - 행정시스템을 중심으로 -

우리에게 있어서 사회복지의 의미는 이데올로기적 사변보다도 현실적이면서도 실질적으로 노동을 통하여 노동이라는 짐을 분담하고 여가라는 이득을 나누어 사회구성원들 모두에게 최대한도의 복지를 누리도록 사회를 조직하기 위한 근본적인 문제로 다가올 것이다. 그것을 위하여 이 장에서는 사회복지에 대한 이해를 위해서 우리나라의 사회복지의 실천적 구조에 대한 분석이 시도될 것이다. 그것을 위하여 사회복지를 추구함에 정책적인 측면을 구조적인 측면에서 실천하는 것에 대하여 논의한다. 사회복지에 연관된 법들의 기능적인 측면에서 접근한 것처럼 사회복지의 구조에 대한 분석도 두 가지 측면에서 접근하려고 한다. 하나는 형식적인 측면에서 우리나라 사회복지의 조직형태에 대하여 살펴보고, 다른 하나는 내용적인 측면에서 접근할 것이다. 전자는 주로 우리나라 사회복지의 정책의 대부분을 생산하고 집행하고 있는 행정시스템에 대하여 논하고, 후자는 사회보장과 사회복지서비스에 연관된 전자의 핵심적인 내용들에 관하여 이야기할 것이다.

1. 사회복지의 형식적 구조

사회복지 실천을 위한 형식적 구조는 사회복지에 연관된 활동을 위한 조직들에 관한 것이다. 그 조직은 현실적으로 정부조직들이나 민간 사회복지기관이나 시설 등 다양하게 운영되고 있지만, 여기서는 전자의 측면에서 사회복지에 관련된 정부부서로 제한하여 살펴본다면 사회복지를 관장하는 정부의 명칭은 국가마다 약간은 차이가 있을 수 있지만 비슷하다고 볼 수 있다.

모든 국가들은 형식적으로 정부조직에는 사회복지에 연관된 부서를 운영하고 있다. 예를 들어 미국에서 사회복지 업무를 관장하고 있는 부서는 연방정부기관으로 보건복지부(United States Department of Health and Human Services, HHS)이며, 독일은 연방정부기관으로 가족 · 노인 · 여성 · 청소년부(Bundesministerium für Familie, Senioren, Frauen und Jugend: BMFSFJ)와 연방보건부(Bundesministerium für Gesundheit: BMG), 스웨덴의 보건사회부(Ministry of Health and Social Affairs), 일본의 경우에는 우리나라의 보건복지부와 고용노동부의 역할을 수행하는 후생노동성이 설치되어 있다. 우리나라의 경우에는 1990년대 이전 보건사회부 시대와 이후 보건복지부시대로 구분할 수 있다.

역사적으로 우리나라 사회복지에 대한 관할 부서는 형식적이지만 일제강점기에 내무국이라는 이름으로 설치되어 소극적인 역할을 수행하였다. 그러나 실질적인 의미에서 사회복지의 관할부서는 미군정기 명칭에서 보듯이 일제의 영향으로 구성된 보건후생부를 그리고 1948년 대한민국 정부수립 이후 사회부로 출발하여 1949년에 시작된 보건부로 명칭 변화가 있었다. 이후 1955년 보건사회부로 명칭 변경되었으며, 이후 보건복지부 시대로서 잠시 2008년 이명박 정부 시기에 보건복지가족부가 되었으나 바로 보건복지부로 환원되어 현재에 이르고 있다. 우리나라 정부 차원에서 사회복지 업무에 대한 총괄적인 관할 부서는 1993년대 이래로 보건복지부(Ministry of Health & Welfare: MW)이다. 현재 보건복지부는 2013년 이래로 세종특별자치시에 있는 정부세종청사에 위치해 있다. 보건복지부의 헌법적인 보장의 측면에서 주요 업무는 매우 포괄적이라 할 수 있다. 왜냐하면 국민들의 생활과 그 삶에 대한 모든 것들에 관계되어 있다고 볼 수 있기 때문이다. 예를 들어 보건위생과 방역, 의무, 약사, 보건산업, 건강보험, 기초생활 보장, 자활 지원, 사회보장 및 사회서비스 정책, 저출산 · 고령화에 대처하는 인구 정책, 영유아 및 아동 보육, 노인 및 장애인 보건복지 등 국민 보건과 사회복지 증진에 관한 업무 등이 있다. 여기서는 우리나라 보건복지부의 형성과정과 그 조직의 구조에 대하여 살펴볼 것이며, 아래의 〈표 4-1〉은 정권에 따른 사회복지에 관할 부서의 명칭 변화와 핵심 업무에 대하여 정리하고 있다.

▼ 표 4-1 사회복지 정부 관할부서 변천과정 분석

시기		주관부서	내용
일제 강점기	1912	내무부 지방국 지방2과	-
	1917	지방국 → 내무국	-
	1921	내무국2과	-
	1936	내무국 사회과	-
미군 정기	1945	보건후생부	-
	1946. 9. 14	보건후생부	부녀국 신설
	1946. 9. 18	보건후생부	아동보호법규
	1947. 5. 16	보건후생부	미성년자노동보호법
대한민국 정부수립	1949. 7. 25	보건부	비서실, 의정국, 방역국, 약정국
	1955. 2. 7	보건사회부	6국 22과
1960년대		보건사회부	사회복지행정의 출발
1970년대		보건사회부	공공부조보다 사회보험행정을 중심으로 전개
1980년대		보건사회부	특수계층에 대한 사회복지서비스 강화
문민정부		보건복지부	사회복지입법사에서 사회복지 기본틀인 사회보장기본법 제정
국민의 정부		보건복지부	1998년 경제 환란에 따른 사회문제 해결을 위한 토대 구축, 생산적 복지, 사회복지의 체계화

시기	주관부서	내용
참여정부	보건복지부	사회복지의 정착을 위한 성장과 분배를 시도, 참여복지
이명박 정부	보건복지가족부	사회복지분야에 능률과 효율성을 강조
박근혜 정부	보건복지부	맞춤형 복지서비스
문재인 정부	보건복지부	재정분권과 자율성 확대

2020년 현재 문재인 정부 보건복지부의 조직[1)]은 그 규모와 예산에 있어서 우리나라 정부 18개 부서 중에서 제일 광범위하다고 할 수 있다. 그 구조와 구성은 장관 1명, 복지를 담당하는 제1차관과 보건을 담당하는 제2차관, 4실(기획조정실, 보건의료정책실, 사회복지정책실, 인구정책실) 그리고 6국(건강보험정책국, 건강정책국 · 보건산업정책국 · 장애인정책국 · 연금정책국, 사회보장위원회사무국)에 15관(정책기획관, 국제협력관, 비상안전기획관, 보건의료정책관, 공공보건정책관, 한의약정책관, 복지정책관, 복지행정지원관, 사회서비스정책관, 인구아동정책관, 노인정책관, 보육정책관, 의료보장심의관, 정신건강정책관, 첨단의료지원관)과 64과, 담당관과 센터 등으로 이루어져 있다.

보건복지부는 소속기관도 다른 어떤 부서보다 많이 보유하고 있다. 국립소록도병원, 오송생명과학단지지원센터, 국립망향의동산관리원, 질병관리본부[2)], 국립서울병원, 국립나주병원, 국립부곡병원, 국립춘천병원, 국립공주병원, 국립마산병원, 국립목포병원, 국립재활원 등이 있다. 산하기관으로는 국민건강보험공단, 국민연금공단, 건강보험심사평가원, 국립중앙의료원, 대한적십자사, 국립암센터, 한국보건복지인력개발원, 한국보건산업진흥원, 한국장애인개발원, 한국사회복지협의회, 한국건강증진재단, 한국노인인력개발원, 한국국제보건의료재단 등이 있다. 외청이었던 식품의약품안전청은 2013년 3월 국무총리에 소속한 식품의약품안전처로 승격하였다.

---

1) 보건복지부는 업무의 전문성을 강화하기 위해 복수차관제의 도입하고, 감염병에 대한 신속하고 전문적인 대응을 위하여 보건복지부에 속해 있던 질병관리본부를 승격하여 독립적인 질병관리청을 운영하기 위한 정부조직법의 개정안이 2020년 8월 4일에 국회를 통과하였다.
2) 질병관리본부는 2019년부터 현재까지도 전 세계적으로 대유행되고 있는 감염병 코로나19를 극복하는 과정에서 현대사회에서 신종 감염병의 등장 증가로 인한 질병관리의 중요성을 인식하고 2020년 정부조직법 제36조에 질병관리본부를 질병관리청으로 개정하면서 초대청장으로 정은경 질병관리본부장이 임명되었다.

우리나라 보건과 사회복지의 수준은 보건복지부의 조직이 유기적으로 작동하는 것에 의존할 것이다. 왜냐하면 외형적으로 잘된 조직도 중요하지만 조직 간의 소통 가능성의 수준이 매우 중요하기 때문이다. 이런 조직은 시대와 상황에 따라 적응을 위하여 기구편제의 차별화뿐만 아니라 각 부서나 기관 간의 소통이 원활하게 이루어질 수 있는 업무의 편제도 함께 진행되어야 할 것이다.

2. 사회복지의 내용적 구조

본격적으로 사회복지라는 개념이 등장하기 전 19세기 중반에 사회보험은 이미 어떠한 사회복지제도보다도 현대 복지국가에서 가장 중대한 역할을 수행하고 있었다. 사회보장의 한 방식으로 사회보험은 사회복지의 내용적인 측면에서 산업사회의 등장 이후 사회보장의 가장 중요한 부분이다[3].

역사적으로 사회복지의 출발은 사회보장의 발달과 관계가 있다. 이런 이유로 사회복지와 사회보장은 한편으로는 의미상 같은 것으로 사용되기도 하지만, 다른 한편으로는 구별 구분되어 사용되기도 한다. 그러나 사회복지는 더욱 포괄적인 측면에서 국민들의 생활 안정 및 교육, 직업, 의료 등의 보장에 관한 복지를 추구하기 위한 사회적 노력으로, 이를 위한 사회정책, 사회보장, 주택보장, 공중위생 등을 의미한다. 법적인 측면에서 사회복지와 사회보장에 관련된 법은 무수히 많으며, 인간 욕구의 변화에 부응하면서 지속적으로 세분화되면서 제정되고 있다. 이런 현상에 대하여 19세기 초 영국의 법률학자이며 사회학자였던 헨리 제임스 섬너 메인(Sir Henry James Sumner Maine, 1822~1888) 경이 이야기한 신분에서 계약으로 시대의 변화와 발전과 같은 진보적 사회운동은 역사적 흐름 속에서 사회복지의 제도화로 이해할 수도 있을 것이다.

---

3) 역사적으로 17, 18세기 제국주의 국가들의 식민지 지배로부터 해방된 국가들은 제도적인 그 당시의 유럽 사회보장제도의 이식이 진행되었다. 이것은 의도적이든 비의도적이든 정치 · 경제 · 사회 · 문화적 상황과는 달리 일찍이 사회보장제도가 도입 실행되었다.

그러한 과정 속에서 언어적으로나 법적으로도 사회복지와 사회보장은 구별 없이 사용되어 왔다. 현실적으로 그리고 내용상 사회복지와 사회보장에 있어서 용어적 차이는 그리 크지 않다. 굳이 정리하여 표현한다면 현대사에서 중요한 사실은 사회복지의 전통적인 측면에서 사회보장의 축이었던 사회보험이 사회복지의 출발점이라 할 수 있다는 것이다. 여기서는 이미 앞에서 논의된 사회복지보다는 사회보험에 대한 근원적 분석을 위하여 사회보장 개념을 중심으로 논의될 것이다.

1) 사회보장

역사적으로 사회보장(Social Security)은 서구사회에서 급속한 산업화로부터 시작되었다. 그 시작은 산업현장에서 발생하고 있는 노동자들의 삶과 인권에 대한 보호에 있어서 경제적 측면으로 접근이다. 다른 식으로 이야기한다면 노동자들의 삶에 대한 질적 상승보다는 산업화로 인한 부작용인 사회문제의 해결 방법으로 제시되었다는 것이다. 그 방법은 지역마다 국가마다 다양하게 등장하였다. 중요한 사실은 그것이 산업화가 진행되었던 유럽 사회에서 비슷한 시기에 등장하였으며, 그 하나가 독일에서 발생하였던 사회보험인 것이다. 사회보장[4]이란 국가의 책임하에 국민들을 각종 사회적 위험, 즉 실업, 질병, 재해, 퇴직, 출산, 사망, 결혼 등으로 인한 소득의 상실이나 결여 또는 추가적인 지출로부터 보호하기 위한 수단이라고 정의할 수 있다. 사회보장은 간단히 말해 국가가 사회구성원의 사회적 삶을 적절하게 보장하고 관리하는 것을 의미한다.

4) 사회보장이란 용어는 1940년경에 그 개념이 정립되었지만, 처음으로 사용된 것은 세계 제1차 대전을 전후한 1929년의 세계공황을 극복하기 위해 1934년 루스벨트(F. Roosevelt) 대통령이 뉴딜정책의 일환으로 경제보장위원회라는 내각위원회에 소득보장계획을 지시하였고, 1935년에는 미국에서 사회보장법(Social Security Act)이 제정된 이후이며, 제2차 세계대전 후 베버리지 보고서에 의한 영국의 사회보장제도와 국제노동기구(ILO)의 '사회보장의 길(Approaches to Social Security)'을 통하여 보편적으로 사용되기 시작하였다. 사회보장의 발달은 서구 자본주의국가를 중심으로 급속히 발전되어 현대 복지국가를 형성하는 데 결정적인 기여를 하였다.

(1) 사회보장의 개념

서유럽을 중심으로 발전하였던 사회보장 개념은 매우 포괄적이다. 서구 산업사회 19세기 중반기에 등장한 사회보장 개념은 한편으로는 애덤 스미스(Adam Smith, 1723~1790)[5] 류의 자유방임적 사고, 즉 국가는 시장원리에 의해 자율적으로 운영되도록 하고 국가는 다만 국방과 치안 유지만을 담당한다는 야경국가(night-watch state)를 의미하였다. 국가의 사회적 의무에 대한 소극적인 접근을 비판하면서, 다른 한편으로는 적극적인 접근으로서 국가가 사회의 전반적 운영에 개입하여 관리할 것을 주장하는 케인스주의적 사고[6]에 입각한 것이다. 이와 같은 사회보장의 제도화는 1930년대 미국의 뉴딜정책에서 공식적으로 처음 등장하였으며 1935년에 사회보장법(Social Act)으로 제정으로부터 시작되었다고 볼 수 있다.

이러한 사회보장제도의 목적에 대한 학자들의 견해는 다양한데, 이러한 여러 견해들을 종합하면 다음과 같이 세 가지로 정리할 수 있다.

하나는 최저생활보장을 위한 사회적 위험에 대한 대처이다. 사회구성원들이 질병, 장애, 노령, 실업, 재해 등 사회적 위험에 처하게 되면 소득이 상실되거나 추가비용이 발생하기 때문에 어려움에 처하게 된다. 이때 사회적 위험을 시간적·사회적으로 분산시킴으로써 어려움에 대처할 수 있으며, 또 그렇게 함으로 사회구성원들은 인간다운 삶 영위를 위한 최저한의 생활을 보장받게 하는 것이 사회보장제도의 첫 번째 목적이다.

둘은 소득재분배이다. 이것은 소득을 한 개인에게서 다른 개인에게로, 한 집단에서 다른 집단에게로 적절하게 이전하는 것을 말한다. 이러한 소득재분배에는 제도적으로 소득이 높은 계층으로부터 낮은 계층으로 이전되는 수직적 재분배와, 동일 소득계층 내에서 재분배가 이루어지는 수평적 재분배 —예컨대, 취업자에게

5) 애덤 스미스는 영국의 도덕철학자이며 경제학자이며, 경제학의 아버지로 불린다. 그의 저서 도덕감정론(1759)과 국부론(1776)에서 사용한 보이지 않는 손(Invisible Hand)으로 유명하다. 이 어귀는 시장이 정부나 그 밖의 기관 없이도 스스로 자기 통제적 기능을 가지고 있다는 점을 비유적 표현한 것이다. 애덤 스미스가 비유적으로 사용하면서 유명해진 말이다.

6) 케인스주의(Keynesian)는 방임주의의 실패에 대하여 등장한 것으로, 케인스(John Maynard Keynes, 1883~1946)는 영국의 금융경제학자로 정부의 적극적인 개입을 주장하는 경제학파로서 신자유주의와 대비된다.

서 실업자에게로, 건강한 자에게서 병자에게로—, 노동세대에서 퇴직세대로 소득이 이전되는 세대 간 재분배 —예컨대 부과방식 노령연금— 등이 있다.

셋은 사회통합이다. 이것은 사회복지의 존재 이유이며 최종적인 목적이라 할 수 있다. 이것은 사회보장의 본질적인 목적으로 사회보장제도를 통해 국민들의 적절한 삶이 보장되고 또 사회적 불평등이 완화됨으로써 사회구성원들은 소속감과 연대감을 고취할 수 있다. 또한 사회보장제도를 통해 위험발생률이 높고 자립능력이 약한 사회집단들 간에 연대를 위한 기반이 마련되는데, 이는 결국 사회적 평등을 강화함으로써 사회통합을 이루게 된다.

결론적으로 사회보장은 오늘날 현대사회에서 사회복지로 확장된 개념이라 할 수 있다. 그리고 그 한 부분이 사회보험인 것이며 국가의 정치·경제적 상황에 따라 실천적 차이가 있는 공공부조 그리고 사회복지의 본질적 의미를 부여하는 사회복지서비스에 대한 우선적 정책적 고려가 이루어지고 있다.

(2) 사회보장의 역사

산업혁명이 발생한 유럽에서 노동자에 대한 생존권과 인권보장의 측면에서 접근하였던 개념은 사회보장이다. 어원적으로 본다면 그 당시의 사회적 상황에 따른 사회보장의 의미는 확실하다. 사회보장은 영어의 Social Security에서 Security의 Se(=Without 해방) + Cura(=Care 걱정 근심), 즉 "불안을 없게 한다"는 의미를 갖고 있다. 그러므로 사회보장이란 한편으로는 단순히 사회적 불안을 제거한다는 의미와 평안한 생활을 국가 또는 사회가 보장한다는 뜻으로 이해할 수도 있다. 그러나 다른 한편으로는 시대적 상황의 변화에 따른 질병이나 분만, 실업, 폐질, 노령 및 사망으로 인한 소득상실이나 감소 등 사회적 위기(Social Risk)의 등장으로 인한 경제적 곤궁에서 유래하는 근심과 불안을 제거함으로써 사회적 평등과 평화의 의미도 포함되어 있다.

역사적인 측면에서 사회보장은 전산업사회(Pre-industrial society)에서도 미약하기는 하지만 존재하고 있었다. 가족 내에서의 부모와 자식, 친척 간에 이루어지는 세대 간의 계약, 또는 종교기관에서 행해지는 상호부조도 같은 의미를 부여할 수 있을 것이다. 이미 많이 알려진 것처럼 산업화로 인한 많은 빈민층의 확대는 빈민법과 1601년에 개정된 엘리자베스 빈민법의 등장을 초래하였고, 그것은 토마스 모어(Thomas More, 1478~1535)가 16세기경에 이미 자신의 저서 유토피아(Utopia)에서 언급한 것처럼 현대적 의미의 공공부조와는 달리 피구휼자의 권리가 아니라, 전적으로 자혜이며, 노동빈민에 대한 멸시와 가혹한 처우를 배경으로 하고 있다[7]. 그러나 그것이 사회보장의 맹아로서 작용하였음은 부인할 수 없을 것이다. 그러므로 사회보장의 의미는 의도적이든 비의도적이든 산업혁명과 급속한 산업화에 의해 발생한 사회문제들과 노동자들의 삶에 대한 국가적 사회적 관심으로 접근할 수 있을 것이다. 그것은 독일에서 산업화 과정에서 발생하는 여러 사회문제의 현황과 원인 및 대처방안 등을 연구하기 위하여 구스타프 슈몰러을 중심으로 1873년에 설립된 사회정책협회(Verein fuer Sozialpolitik)가 활동하면서 사회정책(Sozial Politik)이란 개념은 일반화되었다. 이러한 사회정책은 근본적으로 자본주의 체제 유지를 위한 체제보완이라는 측면에서 노사 간 갈등문제의 해결과 노동자 보호정책으로부터 출발되었다. 그러나 현대사회에서 그 개념은 확장되어 사회적 취약계층에 속한 개인들의 삶의 질을 향상시키기 위해 국가개입에 의해 실행되는 정치적 행위를 의미한다. 영국에서는 일찍이 빈민구제에서 사회봉사, 사회정책이 발달하였지만, 독일에서는 노사갈등의 해소에 관한 관심으로부터 발달하게 되었다. 그러므로 사회정책은 사회보장국가의 정책으로 그것은 막스 베버(Max Weber, 1864~1920)에 의하면 강의실에서 다루어지는 이론과는 달리 실천적인 것으로 이해되고 있는 것이다.

7) 토마스 모어는 유토피아에서 아래와 같이 쓰고 있다; 공공사회라는 이름과 권리를 이용하여 사리만을 추구하려는 부자들에게서 발견한 것은 그들이 가난한 사람의 노동과 수고를 될 수 있는 한 싼값으로 흥정하기 위하여 방법과 수단을 가리지 않고 온갖 술책을 고안 안출한다는 것이다. 또한 부자들은 가난한 사람들도 공공의 개념에 포함시켜 공공의 복지라는 미명하에 그들에 대한 방책을 실시하려고 하며, 그것을 그들은 법제화하여 효력을 갖게 한다는 것이다.

(3) 사회보장의 유형

사회보장은 법과 제도적인 측면에서 사회보험과 공공부조, 사회복지서비스의 세 가지 범주로 유형화될 수 있다. 그러나 구체적으로 살펴본다면 첫째 사회복지서비스는 사회복지의 각 분야에서 별도로 다루어지기 때문에 일반적으로 사회보장에서는 사회보험과 공공부조만을 다루기도 한다. 현재 우리 사회에서 전자에는 국민연금을 비롯한 각종 연금제도와 산업재해보상보험제도, 고용보험제도, 국민건강보험제도, 노인장기요양보험제도 등이, 후자에는 국민기초생활보장제도와 의료급여제도 등이 실행되고 있다. 정리하면 우리나라에서는 현재 다섯 가지의 사회보험과 여러 유형의 공공부조 정책 그리고 다양한 사회복지서비스가 행해지고 있는 것이다. 지금까지 논의된 사회복지체계를 정리한다면 국가의 미래와 사회구성원들의 삶의 미래를 담보하기 위한 사회보험 분야, 삶의 현실적인 측면을 지원하고 있는 공공부조 분야 그리고 실질적인 삶의 질적 상승으로 인도하는 사회복지서비스 분야 세 개의 축[8]이 아래의 [그림 4-1]처럼 상호 간의 보완 관계에 의한 사회안전망 기제(social safety mechanism)를 형성하고 있는 것이다.

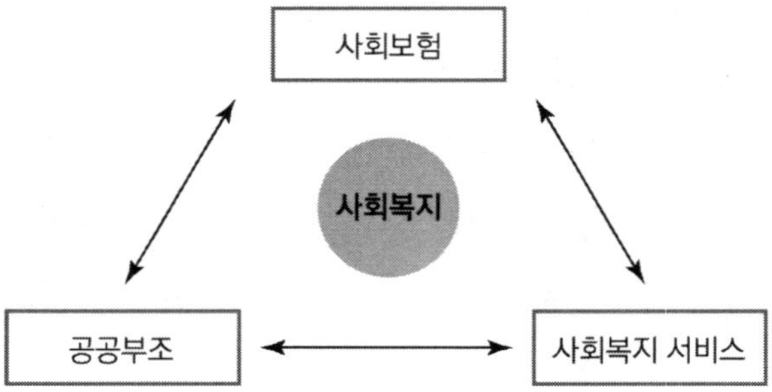

▲ 그림 4-1 **사회복지의 구조**

8) 여기에 하나의 사회보장형태를 이야기한다면 현금급여제도(데모그란트 Demogrant)이다. 이 제도는 복지에 대한 개인들의 책임논리와 일맥상통하고 있어 시장논리가 유지되는 사회에서 선호되는 사회보장방식이다. 이 급여제도는 집단의 욕구를 개별적으로 수용하지 않고 차별없이 그리고 무능력 개인적 기여도에 관계하지 않는 비기여성 제도이다. 2020년 코로나19로 인한 경제위기를 극복하고 실시한 정책으로 우리나라에서는 재난지원금이란 이름으로 가족구성원의 수에 따라 현금급여가 이루어졌다.

역사적으로 사회복지의 개념적 의미에 있어서 사회복지 유형적인 실현은 단순히 사회보험, 공공부조와 사회복지서비스의 순차적인 등장이라기보다는 동시대적으로 필요로 하는 제도들이 구조를 형성하며 상호관계 속에서 효율적인 실천이라고 할 수 있다. 우리 사회에서 실천적 형태는 2005년 사회복지사업법에 근거한 지역사회복지협의체[9]로서 전국규모의 민관이 함께하는 사회복지에 연관된 최대 조직이며 이후 2015년에는 지역사회보장협의체로 명칭이 변경되어 운영되고 있다.

2) 사회복지의 핵심 가치

자본주의와 산업화과정에서 안정된 사회구조를 위한 정책으로 사람들은 사회복지를 이야기할 것이다. 사회는 변화하고 있기에 사회의 안정화를 위한 요소들에 대한 생각도 항상 변하고 있으며 그에 따른 사회복지적 가치도 변화되고 있다. 이것은 매우 중요한 가치로서 더불어 함께하는 사회의 건설을 위하여 사회복지의 관심과 배려의 사고도 다원화되고 다양화되어야 할 것이다. 그런 사회복지적 사고를 토대로 우리 사회가 반드시 극복해야 하며 그것을 통하여 미래를 대변할 수 있는 분야에 대하여 논하게 된다.

(1) 저출산

저출산에 대하여 우리나라는 1990년대 사회의 고령화에 대한 위기의식 속에서 미래에 대한 부양문제로 인식하기 시작하였다. 1980년대까지 인구증가에 있어서 저출산은 우리 사회의 중요한 정책 중 하나였다. 그러나 아래의 〈표 4-2〉에서 보여주는 것처럼 40여 년 동안 5명에서 1명으로 합계출산율과 출산아 수의 급격한

9) 지역사회복지협의체는 2015년에 사회보장급여의 이용 · 제공 및 수급권자 발굴에 관한 법률개정에 따라 지역사회보장협의체 변경되었다. 지역사회보장협의체는 기존의 지역사회복지협의체가 수행하던 역할을 강화하였다. 거버넌스적인 측면에서 사회보장협의체의 구성은 동법 제41조 제3항 규정에 의해 민관 사회복지전문가들로 위촉된다.

감소와 같은 저출산에 대한 문제의식은 심각한 위기의식의 발로인 것이다. 이런 이유로 우리 사회의 저출산 문제에 있어서 해결을 위해 지속적인 사회복지정책이 실시되었다. 그동안 이와 연관된 정책적 측면을 단순화한다면 저출산 정책은 영유아와 아동복지와 연관된 보육정책이라고 할 수 있을 것이다.

▼ **표 4-2 연도별 출생아수와 합계출산율 분석**

	1970	1990	1995	2000	2001	2015	2016	2019
출생아수	1,006,645	649,738	715,020	640,089	559,934	438,420	406,243	302,676
합계 출산율	4.530	1.570	1.634	1.480	1.309	1.239	1.172	0.918

역사적인 측면에서 보육제도는 산업혁명 초기에 노동력의 부족에 대한 보존을 위하여 여성의 사회참여를 끌어내기 위하여 등장하였다. 현대 우리 사회에서 보육문제는 경제적인 측면에서 해결, 즉 일과 노동의 양립 가능성 증진으로만 접근되었다. 직설적으로 말한다면 자본주의 구조를 옹호하는 정책만을 생산하고 있다. 예를 들어 저출산 극복을 위한 정년연장, 아이와 함께 출근하기와 같은 정책이다. 이와 같은 정책들은 한편으로 여성에게 아이를 출산하지 않고 일생을 마친다는 것은 인생의 중요한 부분을 놓치는 일이라고 엄마로서 역할을 강조하면서 다른 한편으로 엄마의 역할을 할 수 없게 하는 보육정책과 제도의 양산을 통하여 여성을 자본주의 도구로만 간주하려는 것이다. 우리 사회에서 보육은 여성과 아이를 위한 것이 아닌 여성노동에 대한 경제적 고려로부터 벗어나지 않고 있다. 따라서 그것은 보육의 부분적인 해결을 위한 정책만을 생산하고 있는 것이다.

저출산에 따른 출산을 위한 보육정책에 있어서 진정한 의미의 의도된 출산도 중요하지만, 미혼모라든지 그 이외의 임신과 같은 의도되지 않은 상황 하에서 출산하려는 여성 그리고 이미 출산한 여성과 아이에 대해 가족을 만들어주는 국가적·사회적 보호와 배려, 보육이 선행되어야 한다[10]. 보육정책의 근본은 가족구

10) 2019년 현재 우리나라 미혼모의 수는 20,761여 명 정도로 발표되었다. 그중에서도 20세 미만 여성 미혼모도 268명으로 전체 미혼모의 10% 이상을 차지하고 있다. 국가는 그들을 학교로부터

성원들에 의한 최소한의 보육을 전제로 해야 한다. 그런 측면에서 보육은 사회의 통합을 의미하며 통합의 주체는 사회의 구성원, 즉 가족이다. 그러므로 보육의 주체는 가족인 것이며 보육정책의 주체도 부모와 가족이어야 하는 것이다.

그러므로 보육문제 해결의 오류는 근원적 해결 없는 정책만을 생산 집행하고 있기 때문이다. 보육예산의 증가가 저출산을 해결할 수 있다는 식의 사고라든지 예산의 증가 없이 예산의 효과적 사용이라는 논쟁은 보육의 주체에 대한 배려가 아닌 것이다. 왜냐하면 그것들을 통하여서는 가족이 보육할 수 없기 때문이다. 다시 말한다면 출산이 전제되어야 보육이 필요한 것이지, 출산을 위하여 보육이 요구되는 것은 아니다. 출산은 보육의 전제이기도 하지만 돌봄을 전제로 한 미래와의 약속으로[11] 그 토대가 가족이라는 사실에 대한 우리 사회의 인정이 지속가능한 사회 건설의 근원이라 할 수 있다. 보육에 대한 문제제기는 더 이상 사회참여라는 이름의 노동력 착취라는 오명으로부터 벗어나야 한다는 것이다. 이것에 대한 논의가 보육에 대한 올바른 지향점을 제시할 수 있을 것이다.

(2) 사회의 고령화

우리 사회에서 노인인구 증가에 대한 문제의식은 많은 경우 고령화 사회에서 고령사회로 진입으로 인한 노인인구의 증가에 대한 것으로서 그에 따른 노인의 사회복지서비스 제공에만 초점이 맞추어져 있다. 총인구 3,000~4,000만 정도의 1970~1980년대 우리나라 노인인구비율은 3~4%로 노인인구수는 150만 정도였다. 노인인구비율에서 65세 노인인구 1% 증가는 90년대 이후부터 50만 명을 의미하며 2년마다 우리나라 노인인구가 50만 명 이상 증가하였다는 것이다. 아래의 〈표 4-3〉에서 우리나라는 10년 만에 250만 명의 노인인구 증가하였다는

쫓아내는 것과 같은 사회적 편견으로부터 그들을 보호하고 배려하여 오히려 자신의 행위에 책임을 질 수 있도록 학업을 마치게 하여 사회인으로 성장시킨다면 훌륭한 인적자원을 얻게 되는 것이며, 이러한 사회에 대한 신뢰는 자연스럽게 출산으로 이어질 것이다.

11) 이것은 식량과 인구와 관계에 대하여 부정적으로 논하였던 맬서스주의의 고전적 의미로부터 보육제도의 개선을 통한 다자녀 출산장려정책으로 출산율의 증가는 사망률의 저하 그리고 수명연장으로 이어져 오히려 삶의 질의 저하를 가져올 수 있을 것이라는 신맬서스주의의 공포를 의미한다.

사실과 노인인구에 연관된 사회적 지표들의 변화 기간이 매우 짧음을 보여주고 있다.

▼ 표 4-3 우리나라 노인인구 관련 통계분석[12] 단위: (%)

	1990	1999	2000	2003	2005	2008	2011	2014	2016	2018	2020
노인인구비율	5.1	6.5	7.2	8.3	9.0	10.2	11.0	12.4	13.2	14.3	15.7
노령화지수	20.0	32.3	34.4	41.1	46.8	58.8	71.0	87.0	98.4	111.9	129.0
노인부양비	7.4	9.6	10.1	11.5	12.5	14.0	15.0	16.8	18.0	19.6	21.7

사회 고령화가 빠르게 진행됨에 따라 노년기 삶에 대한 관심으로 평균수명이라는 용어에 주목하게 되었다. 그러나 현재에는 새롭게 등장한 용어로서 기대수명을 사망자의 평균연령으로 혼동하는 경우가 많아 보다 정확한 의미를 표현해주는 기대수명(Life expectancy at birth)을 사용하고 있다. 그러므로 평균수명(Average life expectancy)의 개념은 기대수명(Life expectancy at birth)과 동일한 것으로 현재의 연령별 사망 수준이 그대로 지속된다고 가정하면서 올해 태어난 출생아가 앞으로 몇 세까지 살 것인지를 의미한다. 아래의 〈표 4-4〉는 우리나라 기대수명이 1살 증가하는 데 소요되는 기간은 3년 정도라는 사실과 여성과 남성 사이의 기대수명 차이가 일본과 비슷한 7년 정도로 4년 정도의 노르웨이나 스웨덴 서구사회의 노년기 삶에 있어서 분석이 필요할 것이다.

▼ 표 4-4 연도별 기대수명변화추이 분석

	2007	2012	2013	2015	2017	2018
남성	76.7	77.6	78.1	79.0	79.7	79.7
여성	83.4	84.2	84.6	85.2	85.7	85.7
평균	80.0	80.9	81.4	82.1	82.7	82,7

12) 노인인구의 증가로 인한 사회의 변화를 나타내는 지표로서 유소년인구(0~14세) 100명에 대한 고령인구(65세 이상)의 비를 표시하는 노령화지수[(65세 이상인구/0~14세 인구) × 100]와 노인에 대한 부양가능성을 살펴볼 수 있는 지표로서 생산연령인구(15~64세) 100명에 대한 고령인구(65세 이상)의 비를 의미하는 노년부양비[고령인구(65세 이상) ÷ 생산연령인구(15~64세) × 100]가 있다.

고령사회란 노인의 수적 증가도 의미하지만 길어진 노년기 삶에 대한 성찰도 매우 중요하다. 그러므로 노인복지는 우리들이 자손으로서 또는 국민으로서 해야 할 도리면서 의무이다. 이것은 가족과 국가의 발전을 위한 노인들의 노고에 대해 국가의 책임을 확대해야 한다는 것을 의미한다. 민간, 기업 종교단체 그리고 사회단체들의 노인복지에 대한 참여는 필수적이다. 다른 측면에서 현대사회에서 노인복지는 앞에서 언급한 것처럼 노인 스스로 주체가 되어 정립되어야 한다.

미래의 노인복지는 단순히 65세 이상의 연령에 도달하여 제도적으로 또는 가족관계 속에서 노인의 부양이나 보호의 측면뿐만 아니라 합리적이고 보람된 노년기의 생활을 영위할 수 있게 하는 데 그 의의가 있을 것이다. 그러므로 협의의 노인복지도 생활곤궁, 고독, 욕구, 불만이나 삶의 보람을 상실한 노인을 대상으로 하는 공공부조와 같은 서비스도 중요하지만 광의의 의미에서 노인복지로서 노인의 생활상의 안정, 의료, 주택, 교육, 레크리에이션 등의 노년기 자발적이고 주체적인 사회적 서비스에 관한 정책이 해당될 것이다. 그러므로 노인복지의 목적이 노인이 인간다운 생활을 영위하면서 자신이 속한 가족과 사회에 적응하고 통합하는 것에 있다면, 그것은 한편으로는 필요한 자원과 서비스를 제공하는 공·사적 행위가 사회의 한 객체인 노인에게 복리적인 상태를 유지하도록 실천하는 것이며, 다른 한편으로는 노인이 주체적인 사회의 구성원으로 존재하기 위한 토대를 건설하는 것이다.

(3) 다문화

다문화(Multiculture)는 그동안 우리 사회에 외국인 하면 미국인 외국문화 하면 서구문화 또는 미국문화만을 이해하였던 시각에 새로운 의미와 기회를 부여할 것이다. 그러나 우리에게 있어서 다문화에 대한 이해는 문화적인 측면보다는 단순히 그 대상을 다른 민족과 가족을 이룬 것으로만 이해하고 있다는 사실이다. 이런 이유로 우리 사회에는 다문화는 없고 다민족만 있는 것이다. 정의적인 측면에서 다문화가구란 내국인(귀화) 및 외국인(결혼이민자)이 한국인 배우자와의 혼인으로 이루어지거나 그 자녀가 포함된 가구를 의미하며 우리나라 다문화가구 수는 〈표 4-5〉와 같다. 〈표 4-5〉에서 보는 것처럼 우리나라 외국인등록인구는 2019년 현재 전체 인구의 2.5% 정도이며 전체 결혼 건수에서 국제결혼 건수는 10%를 차지하고 있다. 이것은 우리나라에서 단순한 외국인의 증가뿐만 아니라 다문화가정의 증가를 의미하는 것이다. 그러므로 우리 사회의 단일민족 단일문화라는 사고로부터 그리고 노동자나 유학생 등의 외국인 거주자라는 다민족 시각으로부터 다양한 문화가 공존해야 하고 공존하고 있는 다문화적인 정책적 전환이 요구되는 것이다.

▼ 표 4-5 국제결혼 건수와 다문화가구 수 변화추이

	2015	2016	2017	2018	2019
국제결혼 건수	21,274	20591	20,835	22,698	23,643
전체 혼인 건수	302,828	281,635	264,455	257,622	239,153
다문화가구 수	299,241	316,067	318,917	334,856	353,803
다문화가구원 수	887,804	963,174	963,801	1,008,520	1,062,429
다문화가구 내국인(출생)	562,916	595,050	588,968	617,785	649,864
다문화가구 내국인(귀화)	148,824	158,498	168,519	175,659	184,466
다문화가구외국인 (결혼이민자)	143,206	158,620	158,958	165,919	173,085
다문화가구 외국인(기타)	32,858	52,006	46,356	49,157	55,008
외국인등록인구	1,143,087	1,161,677	1,171,762	1,246,626	1,271,807

근본적으로 우리나라 다문화의 의미는 한국전쟁 이후 주둔하였던 미국 군인으로 그들 중 일부가 한국여성과 국제결혼을 통한 가정으로부터 시작한다. 그것을 문화적인 측면에서 접근하는 것은 논란의 여지가 있고 불합리하다고 그동안 주장되기도 하였지만, 다문화의 정의적 측면에서 다문화가족 1세대라 불릴 수 있을 것이다. 또 다른 측면은 1990년대 이후 등장하였던 한국남성과 동남아시아나 중앙아시아 출신 여성들과의 불평등구조의 국제결혼 형태와 외국인노동자의 증가

에서 찾을 수 있을 것이다. 물론 정도의 차이가 있지만, 우리 사회에서 이와 같은 강대국 남성과 가난한 약소국 여성 간에 가난 극복 수단으로서의 결혼은 경제의 우위를 문화의 우월로 착각하게 만들었다. 그와 같은 가족구조는 우리 사회에서 점점 증가하고 있는데, 그들은 현재 언어 및 문화적 차이로 인하여 사회부적응과 가족구성원 간 갈등 및 자녀교육에 어려움을 겪고 있다.

우리 사회에서 다문화 문제는 문화적 충돌이라기보다는 약자에 대한 억압현상이며, 그보다 더 중요한 실질적 문제는 앞에서 언급한 자녀들의 교육으로부터의 소외이다. 양육 책임의 대부분은 어머니에게 있고 언어는 한국어를 강요하고 있는 우리의 가족구조 속에서 그들의 자녀에 대한 정규교육은 매우 중요하다. 그것은 그들의 모국어는 자연스럽게 엄마에게서 익히면서 학교로부터 한국어를 학습하는 것을 의미한다. 이와 같이 그들만의 다문화 센터, 도서관과 같은 시설 확충보다는 기존의 제도로도 교육적 인식과 공감대 형성을 통하여 함께할 수 있다는 것이다. 저출산과 사회의 고령화로 인한 급격한 인구감소와 부양문제 등이 예상되는 우리 사회에서 적절한 시기에 우리에게 찾아온 다문화와 다문화가족은 사회복지의 중요한 분야로서 새로운 기회와 친구로서 사회의 동력으로 작용할 것이다.

3. 거버넌스

거버넌스(Governance)[13]의 단순한 의미는 민관협업이다. 일반적으로 정부가 직접적으로 실행하거나 참여하기 어려운 분야에서 민간이 관과 협업으로 실천하는 것을 거버넌스라고 부르고 있다. 여기서는 사회복지와 민간시설이나 기관과의 협업(Collaboration)에 관한 논의이다. 사회복지분야에서도 거버넌스라는 개념이 폭넓게

13) 거버넌스의 개념은 신공공관리론(New Public Management)에서 중요시되는 개념으로서 국가·정부의 통치기구 등의 조직체를 가리키는 'government'와 구별된다. 즉, 'governance'는 지역사회에서부터 국제사회에 이르기까지 여러 공공조직에 의한 행정서비스 공급체계의 복합적 기능에 중점을 두는 포괄적인 개념으로 파악될 수 있으며, 통치·지배라는 의미보다는 경영의 뉘앙스가 강하다.

사용되고 실천되고 있다. 거버넌스는 사전적인 의미에서 통치, 관리나 통치 방식으로 번역되고 있으나, 일반적으로 우리 국어사전에 의하면 공동의 목표를 달성하기 위하여, 주어진 자원들의 한계 속에서 모든 이해 당사자들이 책임감을 가지고 투명하게 의사결정을 수행할 수 있게 하는 제반 장치로 설명하고 있다. 다른 식으로 말한다면 국가경영 또는 공공경영의 의미로 해석할 수 있을 것이다. 그러나 현재에도 제대로 번역이 안 되는 것은 마찬가지다. 최근에는 학문적으로 정치학이나 행정학에서 관료제에 대치되는 개념으로 행정의 측면에서도 거버넌스의 개념으로 확장하여 보는 민관협치라는 견해가 확산되어 가고 있다.

현대사회에서 국가들은 국가의 존재 이유인 사회구성원들에 대한 행복한 삶을 보장하기 위해 최고의 노력을 기울이고 있다. 그것을 위한 결과물인 사회복지의 제도화를 통한 구체적인 실천으로 거버넌스는 각각의 사회구성원들이 모여 고유한 집단들을 형성하고 그것의 조직화된 형태가 행정구역인 것이고 지배구조인 것이다. 그러므로 진보된 사회복지는 고유한 집단이나 지역사회 구성원들의 고유한 삶을 보장하는 것이다. 그 토대로서 모든 분야에 있어서 거버넌스 개념은 학문적으로나 정치적으로 그리고 국가적으로 매우 현실적이면서도 미래지향적인 것으로 작용하고 있다.

우리 사회에서 거버넌스라는 개념이 보편적으로 알려지면서 널리 쓰이기 시작한 것은 2000년대 중반 무렵이다. 거버넌스 구축에 관한 하나의 예는 빈곤의 사각지대에 대한 지원이나 지방정부의 고유한 사회문제에 대한 관심과 해결을 위하여 사회보장과 사회안전망 구축으로 민관 참여 거버넌스(Participatory Governance)의 형태와 같은 것들을 이야기할 수 있을 것이다. 그러므로 거버넌스는 사회복지분야와 연관하여 정부 · 준정부를 비롯하여 반관반민 · 비영리 · 자원봉사 등의 조직이 수행하는 공공활동, 즉 공공서비스의 공급체계를 구성하는 다원적 조직체계 내지 조직 네트워크의 상호작용 형식과 같은 인간의 집단적 활동으로 사회복지를 실천하고 있는 것으로 정리할 수 있을 것이다[14].

14) 세계는 제4차 산업시대에 따른 기술진보를 통하여 사회적 가치와 구조화 속성의 변화에 맞추어 민간 참여의 공동체적 의사결정 시대인 코스모크라시(Cosmocracy)의 시대 흐름으로 진화하면서 사회복지 레짐(Social Welfare Regime)도 민관협치 조정기제로 변화되어 나가고 있다(이기호, 2019).

결국은 우리 사회에서 사회복지의 발전은 1995년 풀뿌리 민주주의가 시작된 이래 지방자체단체에서 중앙정부와 지방정부라는 용어를 사용함으로써 역사적 전통이 강한 각각의 고유한 정부들과 민간과의 공동작업을 통하여 다양한 프로그램의 운영이 가능할 수가 있을 것이다. 구체적으로 우리 사회복지 분야에서 거버넌스는 중앙정부의 보건복지부와 지방정부의 시 · 군 · 구 그리고 민관에 위임하거나 운영주체로서 연관된 사회복지시설이나 기관과의 상호작용 대한 현황을 아래와 같은 [그림 4-2]처럼 구조화할 수 있을 것이다.

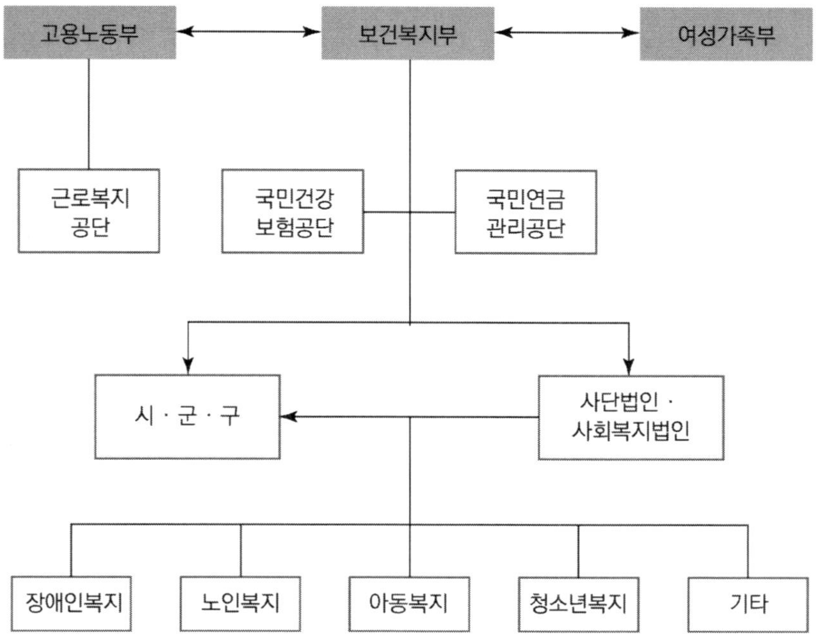

▲ 그림 4-2 **사회복지 거버넌스 구조**

이전의 사회복지에 있어서 운영주체들의 대부분은 한국전쟁 이후 설립되었던 민간기관들로 구성되어 있었으나, 국가의 경제력과 2000년대 이후 사회복지에 대한 제도적 접근과 관심으로 사회복지 실천 현장에 대한 변화가 나타나기 시작하였다. 이러한 실질적인 변화는 2003년 사회복지사업법이 개정되면서 나타나기 시작하였다. 개정된 이 법은 지역사회 복지향상을 위해 민과 관의 파트너십(public-private partnership)에 근거하여 2005년 7월 말까지 각 시 · 군 · 구에 지역사회복지협의체를 의무적으로 설치하도록 규정하였다. 이 규정에 의거하여 지역사회협의체의 구성원들은 사회복지 또는 보건 의료에 관한 학식과 경험이 풍부한 자, 사회복지 사업을 행하는 기관 · 단체의 대표자, 보건 의료 사업을 행하는 기관 · 단체의 대표자, 공익 단체에서 추천한 자, 각 시 · 구의회에서 추천한 의원, 사회복지 업무 또는 보건 의료 업무를 담당하는 공무원, 실무협의체 위원장 등을 위원으로 되어 있다. 이것이 노무현 정부에서 추진하여 현재에 이르고 있는 지역사회복지협의체가 우리 사회 거버넌스의 좋은 예라고 할 수 있을 것이다.

생각해 봅시다

1. 산업혁명과 사회보장에 대하여 생각해 봅시다.

2. 미래의 위험을 보장하려는 보험의 역할에 있어서 위험에 대하여 그리고 사회보험 발생과정에 대해서 생각해 봅시다.

3. 노동자와 자본가 관계에서 사회보험의 의미에 대하여 생각해 봅시다.

제 5 장 사회보험

18세기 중반 영국에서 산업혁명이 시작된 이래 100년 지난 19세기 중반 독일과 프랑스에서 2차 산업혁명이 등장하였다. 특히 독일에서의 산업혁명은 속도전 양상으로 압축적으로 급속히 발전하였다. 그것은 긍정적인 측면뿐만 아니라 부정적인 현상도 야기시켰다. 후자의 측면에서 많은 사회문제들이 발생하였으며, 그것의 해결을 위하여 전자의 의미로서 정책적 접근의 산물인 세계 최초의 사회보험의 등장하였던 것이다. 우리나라에서는 1963년에 매우 미약하지만 처음으로 사회보험으로 산업재해보상보험이 시작되었으며 2000년대 들어오면서 모든 사회보험이 완비되어 운영되고 있다.

1. 사회보험제도

산업사회에서는 과거와는 다른 사회적 문제들이 제기되었다. 고전적인 측면에서 국민을 대상으로 하여 질병, 노령, 실업, 사망, 기타 신체장애 등과 같은 사회적 위험으로 인한 활동능력의 상실과 소득의 감소가 발생하였을 때 법에 의해 수혜자 부담원칙과 같은 강제성이 부여되어 있는 사회보험은 보험방식에 의하여 국민의 삶을 보장하는 제도라고 할 수 있다. 그러므로 사회보장의 방법의 하나로서 사회보험(Social Insurance)은 매우 중요한 사회복지정책인 것이다. 왜냐하면 선진 사회복지국가들은 사회보험의 비중이 다른 사회복지분야보다도 매우 많은 부분을 차지하고 있기 때문이다.

1) 사회보험의 개념

모든 사회복지 실천의 주체가 국가인 것처럼 사회보험도 일반 사보험과는 다르게 국가를 주체로 하고 있으며 사회보험을 실시하고 있는 대부분의 국가들도 국가가 주도하고 있다. 산업혁명 이후 산업사회에서 노동문제는 노동자의 삶의 문제이기에 사회정책은 노동정책을 의미하였다. 실질적으로 노동정책이 노동복지로 발전하였던 것이다. 초기부터 노동복지는 다음 장에서 논의될 공공부조와는 다른 수혜자 부담의 원칙으로 사회보험으로 시작되었다는 것은 매우 의미가 있는 사실이다. 사회보험은 100여 년 동안의 독일 산업화 과정에서 발생하였던 노동문제가 사회문제로서 간주되면서 그 해결을 위한 토대로써 1871년 사회정책의 한 결과물로 등장하였다.

사회보험의 제도화는 복지국가를 지향하고 있는 대부분의 국가들에 있어서 사회복지의 수준을 가늠하는 척도가 되고 있다[1]. 일반적으로 사회보험에는 산재보험, 고용보험, 국민건강보험, 국민연금보험 등 4대보험이 여기에 속하여 있다. 그러나 우리나라를 포함한 독일 일본 등 3국은 사회의 고령화에 대비하는 제5의 보험으로 노인장기요양보험과 돌봄을 의미하는 수발보험(Pflegeversicherung)과 개호보험(介護保險)을 별도로 운영하고 있다.

1) 실질적으로 복지국가 또는 복지국가를 지향하고 있는 대부분의 국가들에서 정도와 수준의 차이는 있지만 사회보험제도를 제도적으로 실시하고 있다. 그러나 그 방식은 국가에 따라 매우 다양하게 실행되고 있는데 예를 들자면 스웨덴에서 사회보험의 재정은 고용주와 자영업자의 사회보장부담금과 조세형태의 정부보조로 구성되어 있으며 건강보험은 조세로만 운영되는 국가보건서비스 방식으로 실행되고 있다. 또한 사회보험 관리운영체계도 운영주체가 각기 별도로 있는 우리나라와는 다르게 국가사회보험위원회가 통합관리 운영하고 있다. 이것을 위한 또 다른 예로서 본서 제13장 세계의 사회복지 덴마크를 참조할 수 있을 것이다.

2) 사회보험의 운영

산재보험, 건강보험, 국민연금, 고용보험 등 소위 4대 사회보험과 경우에 따라서 노인장기요양보험을 포함하여 사회복지의 기준과 복지국가의 수준을 제시한다고 할 수 있다. 그러나 사회보험의 운영에 있어서는 보험의 종류나 유형에 따라 그 의미와 방식에 있어서 국가마다 차이를 보이고 있다. 큰 틀에서 분류한다면 하나는 비스마르크(Bismark)방식의 사회보험방식이며, 다른 하나는 베버리지(Beveridge)방식으로 부르는 조세방식으로 구분할 수 있을 것이다.

사회보험들은 다양한 방식으로 운영되고 있기에 일률적으로 설명하는 것은 매우 어려운 일이다. 그러므로 여기서는 사회보험의 운영에 있어서 가장 중요한 요소인 재원조달방식을 기준으로 하여 의료보장에 연관된 정책의 운영방식에 대하여 살펴보려고 한다. 의료보장에 연관된 사회보험들의 재원조달방식에는 사회보험방식의 비스마르크방식과 조세방식으로 알려진 베버리지방식이 있다. 차이점으로는 사회보험방식은 소득에 연계된 보험료를 주요 재원으로 하는 반면에 조세방식은 세금과 기타 정부수입으로 충당한다는 것이다. 그러나 영국 스페인 이탈이아 등 조세방식으로 재원 조달하는 나라들도 상병수당[2)]은 사회보험방식으로 운영하기도 한다. 또한 의료전달체계에 있어서도 각 나라의 재원조달방식을 서로 다르기 때문에 단일한 기준으로 분류하기 매우 어렵다. 사회보험방식에 있어서도 가입자와 보험기금의 계약관계에 따라 우리나라처럼 국민건강보험공단과 같은 단일기금, 다수보험자 중 자동가입제를 실시하는 오스트리아, 독일이나 스위스처럼 다수보험자 중 본인의 선택하여 가입하게 되는 형태로 분류하고 있다. 규제와 감독도 정부가 하는지 사회적 합의로 하는지 또는 민간자율인지 따라 구분되고 있는 것이다. 이와 같은 의료보장에 운영방식의 구분과 분류를 위한 요소들을 아

2) 상병수당이란 일을 하다 다치거나 질병 등의 건강 문제로 노동 능력을 잃은 노동자에게 요양에 필요한 비용 외에 소득을 보전해 주는 제도이다. OECD 회원국 중 미국, 스위스, 우리나라를 제외하고는 건강보험이나 실업보험에서 상병수당을 지급하거나 기업체에게 유급병가를 의무화하고 있다. 반면에 미국과 스위스는 유급병가가 기업의 자발적인 복지제도로 활성화되어 있으며 재원마련을 위해 보험회사에서 소득보상보험을 판매하고 있다. 우리나라에 있어서는 2020년 7월 14일 정부가 확정 · 발표한 한국판 뉴딜 종합계획에 고용 · 사회 안전망 구축과 같은 해당 내용이 포함되면서 그 추진 여부가 주목되고 있다.

래의 〈표 5-1〉에서 구체적으로 보여주고 있다.

▼ 표 5-1 사회보험에 있어서 의료보장체계 운영방식에 대한 분석

<table>
<tr><th>재원
조달</th><th>Boehm의
분류방식</th><th>규제
감독</th><th>재원
조달</th><th>의료
공급</th><th>단일기금</th><th>다수보험자 중
자동가입</th><th>다수보험자 중
선택가입</th></tr>
<tr><td rowspan="3">사회
보험</td><td>Social Health Insurance</td><td>사회</td><td>사회</td><td>민간</td><td>룩셈부르크</td><td>오스트리아</td><td>독일, 미국
스위스</td></tr>
<tr><td>Etatist Social Health Insurance</td><td>정부</td><td>사회</td><td>민간</td><td>헝가리
폴란드
한국</td><td>벨기에
프랑스
일본, 그리스</td><td>체코, 네덜란드
이스라엘</td></tr>
<tr><td>Social-Based-Mixed</td><td>사회</td><td>사회</td><td>정부</td><td>-</td><td>슬로베니아</td><td>-</td></tr>
<tr><td rowspan="2">조세</td><td>National Health Service</td><td>정부</td><td>정부</td><td>정부</td><td colspan="3">덴마크, 핀란드, 노르웨이, 스웨덴, 영국</td></tr>
<tr><td>National Health Insurance</td><td>정부</td><td>정부</td><td>민간</td><td colspan="3">호주, 캐나다, 아일랜드, 이탈리아</td></tr>
</table>

결론적으로 사회보험을 운영에 있어서 우리와 같은 사회보험방식과 노르웨이나 스웨덴 북유럽 정부처럼 일반조세를 통하여 운영하는 방식으로 구분할 수 있을 것이지만 내용적으로 더욱 세분되어 있다는 것이다. 그러므로 사회보험을 운영함에 있어서 일률적으로 하나의 방식만이 아닌 여러 방식을 복합적으로 하여 운영하고 있다. 왜냐하면 가입자들에 대한 서비스를 하나의 방식으로만 충족의 어려움이 있기 때문에 논의된 세 가지 방식들이 상호보충적으로 보완하면서 운영하고 있는 것이다.

2. 사회보험의 역사

사회보험의 역사는 독일 사회보장의 제도화 과정이라 할 수 있다. 왜냐하면 아래의 〈표 5-2〉에서 보는 것처럼 4대 사회보험뿐만 아니라 다섯 번째 사회보험도 독

일에서 처음으로 제도화되었기 때문이다. 아래의 〈표 5-2〉는 선진국의 사회보험 도입연도를 비교한 것이다. 사회보험 도입연도의 시기적 차이는 국가들 간의 산업화 시기와 그에 따른 노동자들의 인권에 대한 인식 그리고 정책적 관심의 결과로서 대부분의 국가들은 산재보험, 의료보험, 노령연금, 고용보험 순으로 등장하였다.

▼ 표 5-2 선진국의 사회보험법 제정연도

	산재보험	의료보험	국민연금	고용보험	제5의 사회보험
벨기에	1903	1894	1900	1920	
네덜란드	1901	1929	1913	1916	
프랑스	1898	1898	1895	1905	
이탈리아	1898	1886	1898	1919	
독일	1871	1883	1889	1927	수발보험(1995)
아일랜드	1897	1911	1908	1911	
영국	1897	1911	1908	1911	
덴마크	1898	1892	1891	1907	
노르웨이	1894	1909	1936	1906	
스웨덴	1901	1891	1913	1934	
핀란드	1895	1963	1937	1917	
오스트리아	1887	1888	1927	1920	
스위스	1881	1911	1946	1924	
호주	1902	1945	1909	1945	
뉴질랜드	1900	1938	1898	1938	
캐나다	1930	1971	1927	1940	
미국	1930	-	1935	1935	
일본	1931	1922			개호보험(2000)
한국	1964	1963	1974	1995	노인장기요양보험 (2008)

후발산업국가로서 독일은 산업화를 가열찬 속도로 진행하고 있었다. 그 당시 유럽에서 영국과 프랑스가 산업혁명에 성공하고 안주하고 있던 시기에 프로이센

의 재상이었던 오토 비스마르크(Otto Bismark, 1815~1898)는 프로이센 중심의 통일을 실현시켰다. 그는 이 과정에서 한편으로 프랑스와의 전쟁에서 받은 배상금으로 정부의 공업육성정책을 통하여 중화학 공업, 섬유공업, 기계공업 등 새로운 공업을 발달시켰다. 독일은 국가 주도로 시작된 산업혁명을 통해 계획적으로 철도, 도로 항만, 운하 등을 건설했고 이런 기간산업의 발달 덕분에 순조롭게 독일의 산업화가 이루어질 수 있었다. 독일의 산업혁명은 1836년 관세동맹[3)]의 완성에서 시작하여 1873년까지 계속되었다. 다른 한편으로 이와 같은 빠른 산업화와 통일의 과정에서 독일사회에서는 노동, 실업, 빈곤 사망과 같은 많은 문제들이 발생하였고 더욱 심화되는 현상이 야기되었다. 특히 노동자와 자본가 사이에서의 갈등문제가 이데올로기와 연결되면서 독일사회를 극도의 혼란으로 몰아넣고 있었는데, 그것을 해결하기 위해 그는 채찍과 당근이라는 정치적 접근을 통하여 1871년 당근인 세계 최초의 사회보험인 산재보험의 탄생하게 되었다. 물론 국가의 상황에 따라 사회보험의 실행에 있어서 차이는 존재하고 있지만 대부분 복지 선진국에서는 사회보험의 비중이 매우 크게 작용하고 있다.

3. 사회보험의 유형과 종류

일반적으로 19세기 중반에 유럽사회를 중심으로 제도화된 사회보험은 수급권이 없고 단지 개인의 능력에만 종속되어 있는 사보험과는 —불확실한 삶에 예방, 자발성, 경쟁, 보험 계약자, 계약, 보험료, 개인의 능력— 달리 국가를 운영 주체로 하고 있다. 유럽의 산업국가들은 의도적이든 비의도적이든 모든 국민을 대상

3) 관세동맹에 오스트리아와 하노버(Hannover), 한자(Hansa)동맹 등은 참가하지 아니하였으나, 이 동맹은 그 후 현재의 독일에서 자본주의의 발전과 프로이센에 의한 독일의 정치적 · 군사적 통일의 중요한 전제가 되었다고 볼 수 있을 것이다. 이 동맹으로 대내관세가 철폐되고, 화폐 · 어음 · 도량형 · 교통제도 등의 국내적 경제영역의 통일이 이룩되었으며, 철도망의 발전과 더불어 광범한 국내시장의 형성을 보게 되었는데, 이것은 중공업을 중심으로 한 독일 자본주의의 본격적인 발전을 준비하게 하였다. 1870년의 프로이센 · 프랑스 전쟁을 계기로 다음 해 이 동맹은 1871년 정치적으로 통일되었고 독일제국의 모체를 구성하는 데 기본적인 토대가 되었다.

으로 하여, 질병, 노령, 실업, 사망, 기타 신체장애 등으로 인한 활동능력의 상실과 소득의 감소가 발생하였을 때를 준비하는 차원에서 사회보험방식에 의하여 가장 강력한 수급권을 보장하고 있는 제도를 준비하고 실천하고 있었다.

사회보험은 위험의 이전과 분산, 기여금(보험료)에 의한 재원마련 등의 보험방식을 채택한다는 점에서 민간보험과 동일하다[4]. 그러나 몇 가지 점에서 차이가 있는데, 첫째, 가입방식이 강제적이라는 것과, 둘째 특정 개인의 욕구충족을 위한 것이 아닌 모든 사회구성원들의 삶의 안정과 같은 사회적 욕구충족을 위한 것이라는 점, 셋째 보험료를 의미하는 기여금은 소득비례이지만 급여는 보험료의 수준에 따른 균등급여이므로 소득재분배가 발생한다는 점 등에서 민간보험의 성격과는 다르다 할 수 있다.

전통적으로 사회보험에는 질병에 대처하는 의료보험, 산업재해에 관계된 산재보험, 실업과 고용을 보호하는 고용보험과 노령, 장애, 사망을 대비하는 노령연금 등이 포함되는데 이를 흔히 4대보험으로 부르고 있다. 하지만 사회보험 역시 고정되어 있는 것이 아니라 사회변화에 맞춰 함께 변화하고 있다. 특히 우리 사회에서는 평균수명의 증가에 따른 노령연금은 국민연금으로 이름을 바꾸고 노령연금, 장애연금, 유족연금으로 구분하여 지급하고 있다. 의료보험은 사회의 고령화에 따라 유병장수로부터 건강한 노화의 증진을 위한 목적적 함의를 지닌 국민건강보험으로 명칭이 변경되었다. 또한 산업화의 고도화로 발생하고 있는 사회문제로서 실업을 해결하기 위한 실업보험은 실업에 대한 적극적 대처를 의미하는 고용보험으로 명칭이 변경되었다. 그리고 노인인구의 급격한 증가로 인하여 의료비 증대 그리고 의료재정의 위기를 극복하고자 제5의 사회보험이라 불리는 수발보

4) 사회보험분야에서 연금제도에 대한 심도 있는 이해를 위하여 이론적으로 이것은 매우 중요한 부분이다. 기여금 운용방식은 두 가지로 구분할 수 있는데, 하나는 적립식이며 다른 하나는 부과식이다. 전자는 일반적으로 연금제도 도입 초기의 정책으로 기여금을 적립하여 운영한 결과를 지급하는 것이다. 이것은 가입자가 낸 보험료를 적립하면 적립액과 운영수익만큼 급여를 수령하는 방식이다. 반면 후자는 고갈이 예상되는 전자의 미래를 보완할 수 있는 것으로 연금이 고갈될 시점에 당대 노동자의 보험료로 노인세대에게 급여를 지급하는 방식이다. 이야기한 것처럼 연금제도의 역사적 과정이나 우리나라 연금제도의 설계도 전자로부터 후자로의 전환이다. 문제는 전환시점으로 많은 논쟁을 하고 있다. 또 다른 하나를 추가한다면 민간보험의 영역이지만 연금의 개인계정으로 연금의 민영화를 의미한다.

험이 독일에서 실행되었고 일본에서 2000년에 실행된 개호보험을 모델로 하여 노인장기요양보험법 2007년에 제정된 이후 수많은 토론과 공청회를 거쳐 우리나라에서도 2008년에 7월 1일에 노인장기요양보험이 실행되었다.

1) 우리나라 사회보험의 역사

우리나라 사회복지의 역사는 실증적으로 사회보험의 제도화 과정과 같이한다고 볼 수도 있다. 왜냐하면 우리 사회에서 사회복지의 진정한 관심과 실천이 1998년 이후 본격적으로 진행되었기 때문이다. 한국전쟁 이후 사회보험으로서 산재보험이 도입되었다. 우리나라에서도 2008년 7월 시행을 목표로 하고 있는 노인장기요양보험이 추진되었다. 이것은 사회의 고령화로 인해 노인들의 수가 급속히 증가함에 따라 의료보험재정뿐만 아니라 가족 내에서도 심각한 부담이 되었으며, 기존의 의료보험대상자였던 노인환자 중 중장기 요양이 필요한 자들을 구분, 구별하여 그 비용을 사회보험방식으로 조달하여 의료재정에 연관된 사회문제들의 해결을 목적으로 하고 있다.

2) 산재보험

세계사적인 측면에서 산재보험(workers' compensation insurance)은 산업혁명 이후 사회보험 중 제일 먼저 만들어진 보험으로 우리나라의 산재보험은 산업재해보상보험의 줄인 말이다. 이 보험은 생활보호제도의 일환으로 사업장에서 일하는 노동자들이 업무수행 중 또는 업무수행과 관련하여 부상·질병 또는 사망한 경우에 노동자 본인의 치료나 본인 부양가족의 생계를 보장하기 위한 제도로 피해노동자에게 재해보상을 보장하기 위하여 국가가 책임을 지는 의무보험을 말한다. 우리나라의 산재보험은 다음의 〈표 5-3〉에서 보여주는 것처럼 급격한 산업화로 인한 노동자를 산업재해로부터 보호하기 위하여 1964년에 최초로 시행된 사회보험이다.

▼ 표 5-3 산재보험 연혁

시행시기	내용
1953. 05	근로기준법의 제정으로 사업주의 개별브상책임제 시행
1963. 11	산업재해보상보험법 제정 · 공포
1964. 06	산업재해보상보험법 시행령 제정 · 공포
1964. 07	산재보험제도 실시: 500인 이상의 광업 및 제조업에 적용하여 시행
1994. 12	13차에 걸쳐 개정되면서 5인 이상의 노동자를 고용하는 사업장으로 적용 범위 확대, 보상수준의 향상 등 제도와 정책
1995. 05	근로복지공단을 설립하여 산재보험 사업의 집행업무를 사업의 관장자인 노동부 장관으로부터 근로복지공단에 위탁, 이관
1997. 12	전국 227,564개의 사업장의 노동자 8,236,641명이 산재보험에 적용
2000. 07	1인 이상의 노동자를 고용하는 사업장 모두로 적용 범위가 확대

산재가 발생하면 산재노동자나 그 유족은 사업주를 상대로 안전관리소홀 등을 사업주의 고의 · 과실을 이유로 하여 민사소송을 제기하여 손해배상을 받을 수 있다. 그러나 민사소송을 제기할 경우 사업주와 노동자의 과실여부를 가려야 하고 엄청난 소송비용과 많은 시간을 필요로 하게 된다. 또한 사업주의 재정상태에 따라서 노동자가 소송에서 이기고도 적절한 배상금을 받지 못하는 경우도 있다. 이와 같이 산재보험은 노동자의 업무상의 재해를 신속하고 공정하게 보상하고, 이에 필요한 보험시설을 설치 · 운영하며 재해예방 기타 노동자의 복지증진 사업을 행함으로써 노동자는 생활안정, 사업주는 기업안정, 국가는 경제발전을 가져오기 위하기 위한 목적으로 실시하는 제도이다.

산재보험에 있어서 재원은 노동자 재해에 대한 사용자의 보상책임을 담보로 한다. 이러한 이유로 보험료는 사업주가 전액 부담하고, 국가는 보험사업의 사무집행에 소요되는 비용을 부담한다. 산재보험의 급여를 위하여 급여의 요건을 충족하여야 하는데, 업무수행성과 업무기인성이 모두 충족된, 업무상의 재해이어야 한다. 보험급여는 지급 결정일로부터 14일 이내에 지급하고, 임금의 5% 이상이 변동할 때는 평균임금이 적용되는 임금변동순응(슬라이드) 제도와 최저보상 기준제도를 병행하고 있다.

급여의 종류

산재보험법에 의한 급여의 종류는 요양급여, 휴업급여, 장해급여, 유족급여, 장의비, 상병보상연금 등이다. 자세한 내용의 아래와 같다.

- 요양급여: 질병이 치료될 때까지 국민건강보험 진료비 수가 및 요양급여 산정 기준에 의거 요양비 전액 지급
- 휴업급여: 요양으로 취업하지 못한 기간에 대하여 평균임금의 70% 지급
- 장해급여: 치료 종결 후 잔존 장해상태에 따라 1~14등급으로 세분하여 연금 또는 일시금 지급
- 유족급여: 노동자 사망 시 유족에게 평균임금의 47~67%를 연금으로 지급
- 장 의 비: 노동자 사망 시 평균임금의 120일분 지급
- 상병보상연금: 요양급여 받는 자가 2년이 경과해도 치료되지 않을 때 지급
- 간병급여: 치료종결 후에도 장해로 인하여 간병이 필요한 1·2급 중장해자에게 수시·상시 간병 대상으로 나누어 고용노동부장관이 고시하는 금액을 지급

3) 국민건강보험

우리나라의 국민건강보험(national health insurance)은 질병, 부상이라는 불확실한 위험의 발생과 분만, 사망 등으로 인해 개별가계가 일시에 과다한 의료비를 지출함에 따라 겪게 되는 부담을 덜어주기 위해 국가가 법으로 정하여 실시하는 사회보장제도로서 보험가입자 전원에게 소득과 재산에 따라 보험료를 각출하여 보험급여를 줌으로써 국민의 경제적 부담을 덜어 주고 보건을 유지, 향상시켜주는 제도이다. 우리나라 건강보험은 1963년 제정된 의료보험법으로 시작하여 아래의 〈표 5-4〉와 같이 전개되었다.

▼ 표 5-4 국민건강보험

시행시기	내용
1963. 12. 16	의료보험법 제정
1976. 12. 22	의료보험법 2차 개정(500인 이상 사업장 당연적용: 공무원, 교직원, 군인 제외)
1977. 12. 31	공무원 및 사립학교교직원의료보험법 제정
1994. 01. 07	의료보험법 8차 개정(직장의료보험 보험료율 변경: 3~8% → 2~8%, 65세 이상 요양급여기간 연장: 연간 180일 → 210일, 분만급여대상 모든 피부양자까지 확대)
1994. 12. 31	의료보험법 9차 개정(국가유공자관련법령 명칭 변경)

시행시기	내용
1995. 08. 04	의료보험법 10차 개정('95년부터 요양급여기간 연장: 연간 180일 → 210일, 65세 이상, 등록장애인, 국가유공자 등 요양기간 제한폐지)
1997. 12. 31	의료보험법 12차 개정(국민의료보험법 개정에 따른 조문정리, 요양급여기간 연장(연간 270일 → 300일)
1998. 06. 03	의료보험법 13차 개정(임의계속피보험자 적용기간 확대)
1999. 02. 08	국민건강보험법 제정

국민건강보험은 내용적인 측면에서 병원을 방문할 때마다 지급되는 단기보험이며, 적용대상은 상시 1인 이상의 노동자를 고용한 사업장에서 고용된 노동자와 그 사용자, 공무원 및 교직원으로 임용 또는 채용된 사람들의 직장가입자 그리고 지역가입자들이다.

급여의 종류

건강보험의 재정은 직장가입자의 표준보수월액에 보험료율을 곱하여 얻은 금액과 지역가입자를 세대단위로 산정, 지역가입자가 속한 세대의 월별 보험료액은 부과표준소득에 따라 대통령령이 정하는 등급구분에 의해 재정운영위원회의 의결을 거쳐 공단의 정관이 정하는 금액으로 충당된다. 급여는 대부분 병원 진료와 같은 현물급여로서 여기에는 요양급여나 건강검진과 같은 서비스가 속한다.

4) 국민연금보험

역사적인 측면에서 국민연금의 출발은 노령연금으로부터 시작되었다. 국민연금제도의 사회적 필요성이 증대되면서 우리나라에서도 1980년대에 접어들면서 사회경제적 여건의 변화와 사회통합의 요구에서 이 제도가 출발하였다. 즉 노령인구의 증가와 부양의식의 약화, 사회적 위험의 증대, 노후생계보장을 위한 현행제도의 미비, 실시여건의 성숙, 연금재정의 안정성 확보와 사회적 통합이라는 차원에서 국민연금보험(national pension insurance) 도입의 필요성이 인정되어 국민연금법이 제정, 시행되었다. 그 수립과정은 아래의 〈표 5-5〉와 같다.

▼ **표 5-5 국민연금제도 연혁**

시행시기	내용	비고
1973. 12. 24	국민복지연금법 제정	1974. 01. 01. 실시 예정
1974. 01.	대통령 긴급조치 제3호	1년간 실시 보류
1974. 12.	국민복지연금법 1차 개정	재차 1년간 실시 보류
1975. 12.	국민복지연금법 2차 개정	실시무기연기
1986. 12. 31.	국민연금법 공포	법률 제3902호 국민복지연금법폐지
1988. 01. 01.	국민연금제도 실시	상시근로자 10인 이상 사업장
1992. 01. 01.	당연적용대상 사업장 확대	상시근로자 5인 이상 사업장
1995. 07. 01.	농어촌지역 적용 확대	군지역 주민 및 시지역 농어업인
1999. 04. 01.	도시지역 주민 확대	전국민연금시대 진입
2001. 07. 01.	5인 미만 사업장 확대	
2003. 07. 01.	1인 이상 당연적용사업장 확대	
2007. 07. 23.	'국민연금공단'으로 명칭 변경	

내용적인 측면에서 국민연금보험의 특징은 20년 이상 납입해야 하는 장기보험이며, 가입대상은 국내에 거주하는 18세 이상 60세 미만의 국민으로서 공무원연금법, 군인연금법, 및 사립학교 교직원연금법의 적용을 받지 않는 자이면 가입 가능하며, 가입자는 사업장가입자, 지역가입자, 임의가입자 및 임의계속가입자로 구분된다[5]. 재원조달로서 국민연금에 소요되는 비용은 크게 두 가지 수입으로 구성되어 있는데, 하나는 가입자가 지불하는 보험료 수입이고, 다른 하나는 국민연금기금의 운용수익이다. 가입자가 지불하는 보험료 수입은 가입자의 기여금과 사용자의 부담금으로 충당된다. 사업장가입자는 사용자와 피용자가 각각 4.5% 분담하여 총 9%에 도달하도록 설계되어 있다. 국민연금의 급여는 나이가 들거나 장애 또는 사망으로 인해 소득이 감소할 경우 일정한 금액을 지급하여 소득을 보장

5) 국민연금법 제3조 제6~9항에 의하면 국민연금 가입자의 구분에 있어서 사업장가입자는 직장을 가지고 있는 자들이며, 지역가입자는 18세 이상 60세 이하의 주 60시간 이하로 노동하는 직장가입자와 개인사업, 영업을 하는 자들이며, 임의가입자란 위에 해당되지 않는 자들도 본인의 의사로 가입할 수 있는 기회를 부여받은 자들이며, 임의계속가입자란 60세가 넘었음에도 불구하고 연금납입기간이 20년이 안 돼 계속 연금납입을 원한 자들이다.

하는 역할을 한다. 급여의 종류는 납입이 끝난 노령연금(분할연금), 연금을 납입하는 도중에 장애로 인한 장애연금, 사망 시 지급되는 유족연금 그리고 반환일시금, 사망일시금이 있다. 장애연금의 경우에는 장애등급 1~3급은 연금을 지급하며, 장애등급 4급은 연금이 아닌 일시보상금을 지급한다.

5) 고용보험

고용보험(employment insurance)은 대부분의 복지국가들에서 사회보험으로 가장 최근에 도입된 제도이다. 1960년대 자동화 시스템의 등장으로 많은 실직자들이 발생하게 된 이후, 산업발전의 결과에 대한 노동자와 사용자 간의 합의를 통하여 만들어진 이 제도는 노동자가 실직하였을 경우 실직노동자 및 그 가족의 생활안정과 재취업을 촉진하는 사회보험제도이다.

우리나라의 고용보험제도는 80년대 초 높은 실업률로 인하여 실업보험제도의 필요성이 제기되자, 제7차 사회발전계획(1992~1996) 후반기에 고용보험제도를 도입하기로 결정하면서 아래의 〈표 5-6〉처럼 실행되었다.

▼ 표 5-6 고용보험 연혁

시행시기	내용
1993. 07	신경제 5개년 계획의 대국민 발표를 통해 95년 시행 고지
1993. 12	고용보험법 제정
1995. 07	고용보험 시행(상시 근로자 30인 이상 사업장에 적용)
1998. 10	1인 이상 전 사업장으로 고용보험 적용 확대
2001. 11	고용보험을 통해 모성보호급여(육아 휴직 산전 후 휴가급여)지급
2002. 12	일용노동자 고용보험 적용 등 고용보험법 개정

내용적인 측면에서 적용대상은 원칙적으로 노동자를 고용하는 모든 사업 또는 사업장에 적용되지만, 사업규모를 고려하여 대통령령으로 정하는 사업 또는 사업장에 대해서는 그 예외가 인정되었다. 예를 들어 주간학생으로 학업을 주업으로

하면서 부수적으로 단기간 아르바이트를 하는 자는 산재보험에는 적용되지만, 고용보험에는 그 적용이 제외된다. 그러나 졸업 직전에 취업하여 졸업 후에도 노동자로서 계속 취업이 예정되어 있는 경우에는 두 보험 모두 적용된다. 야간학생, 방송통신대 재학생과 같이 취업을 주업으로 하면서 학업을 병행하는 경우와 학업을 중단하고 노동제공에만 전념하는 휴학생의 경우 고용보험, 산재보험 모두 적용된다. 목사, 전도사, 승려, 신부, 수녀 등 성직자로서 노동자로 인정되지 않는 경우에는 그 적용이 제외된다.

고용보험의 재원은 노동자와 사업주가 부담하는 보험료에 의해 이루어진다. 고용보험료의 고용안정사업과 직업능력개발사업의 보험료는 사업주가 전액 부담한다. 실업급여는 노동자와 사업주가 각각 절반씩 부담한다. 실업급여 보험료 중 노동자 부담분(0.45%)에 대해서는 사업주가 매월 임금 지급 시 원천공제 할 수 있다. 실업급여는 노동자가 실직한 경우에 일정 기간 동안 보험급여를 지급하는 것으로 구직급여와 취업촉진수당이 있다. 구직급여에는 기본적인 생활보장을 위한 급여로 상병급여, 훈련연장급여, 개별연장급여, 특별연장 급여가 있다. 취업촉진수당은 재취업을 위해 필요한 실제비용에 대한 지원금의 성격으로 조기재취직수당, 직업능력개발수당, 광역구직활동비, 이주비가 있다.

6) 노인장기요양보험

사회의 노령화에 따른 요양과 수발에 대한 서비스를 기존의 선택적 의미에서 권리로 인식되면서, 독일과 일본이 제5의 사회보험으로 수발보험과 개호보험을 신설함으로써 사회보험의 전통적 형태에 변화가 일고 있다. 그러므로 1990년대 이후 실시되고 있는 제5의 보험으로 수발보험, 개호보험, 노인장기요양보험에 대하여 논의해 본다.

(1) 노인인구

사회적 현상에 대한 분석을 위하여 인구구조는 매우 중요한 요소이다. 특히 사회의 노령화에 대한 정확한 이해를 위해서는 노인인구에 대한 고려뿐만 아니라 다른 연령층의 인구와 비교분석이 요구된다. 노인인구의 인구학적 접근은 우리 사회가 인구구조에 변화에 따른 사회구조에 대한 이해가 요구된다는 것이다.

▼ 표 5-7 연도별 연령별 인구추이 (단위: 만)

		2011	2012	2013	2014	2015	2016	2017	2018	2019
0~14세		777	758	739	721	703	686	672	656	643
15~64세		3,665	3,686	3,701	3,726	3,744	3,760	3,757	3,765	3,759
65세 이상		525	577	602	628	654	676	707	737	768
85세 이상	남					13	14	16	17	20
	여					39	42	45	48	53
	합					52	56	61	65	73
치매노인수							66	70	75	79
총인구		4,967	5,021	5,042	5,075	5,101	5,122	5,136	5,161	5,170

위의 〈표 5-7〉은 우리나라 연도별 연령별 인구구조에 변화를 보여주고 있다. 전체적으로 우리나라 인구는 1967년 3000만에서 14년 후인 1984년에 4000만에 도달하였으며, 27년이 지난 2011년에 5,000만으로 증가하였다. 전자의 측면에서 출산율에 대한 제한에도 불구하고 인구는 상대적으로 단기간에 1,000만이 증가하였고 이후 더욱 출산율에 대한 제한으로 1,000만이 증가하는 데 27년이 소요되었다. 그러나 우리나라 인구는 지속적으로 증가하였으며 인구증가에 대한 이러한 정책은 결과적으로 노인인구는 지속적으로 증가하는 만큼 아동인구는 지속적으로 감소하는 형태의 인구구조를 형성하게 되었다.

(2) 치매

우리나라에서 치매(癡呆, dementia)는 노망이라 하면서 대부분의 노인이 늙어감에 따라 당연히 겪게 되는 것으로 간주되었다. 그러므로 치매는 하나의 질환명칭이라기 보다는 오히려 노화과정 등으로 인한 퇴행성 뇌질환이라고 할 수 있다. 치매는 다양한 원인에 의해 기억력, 인지기능 장애 등 증상이 발생해 일상생활을 유지할 수 없는 상태의 증상군을 일컫는 용어다. 치매는 그 당사자의 개인적 비복지 상태를 유발한다는 점에서도 문제이지만, 당사자의 가족 등에게도 엄청난 정신적・경제적 부담을 안겨준다는 점에서 사회복지와 관련하여 주목되고 있는 노인성 질환이라 할 수 있다.

현재 우리나라에서 치매는 심장병, 암, 뇌졸중에 이어 4대 중요 사인 중 하나로 알려져 있다. 나이가 들어가면서 발생 빈도도 증가하고 있는 치매는 정상적인 뇌가 질병이나 외상으로 인하여 언어, 학습, 지능 등 전반적인 인지기능이 저하되면서 정상적인 삶을 어렵게 하는 등으로 현재 우리나라 사회문제의 그 중심에 있다. 치매는 다른 어떤 질환보다도 치매 당사자의 삶을 망가지게 할 뿐만 아니라 주변의 가족이나 친척 등의 삶의 질을 저하시키고 있다. 그러므로 사회의 고령화 속에서 치매는 가장 무서운 질병인 동시에 사회적 문제로 등장하고 있다.

과거에는 노망(senility)으로 간주되면서 질병으로 인정되지 않았던 치매는 다양한 원인에 의해 발생할 수 있다. 대표적으로 혈관성, 루이체, 파킨슨병 등으로 구분되어 있다. 그중에서 많은 비중을 차지하고 있는 치매유형이 알츠하이머병이다. 실질적으로 중앙치매센터에서 보고한 내용에 의하면 2018년 기준 65세 이상 전체 치매환자 수 750,488명 중 알츠하이머병 치매는 559,214명으로 약 74%를 차지했다. 치매환자 중 알츠하이머병 치매가 가장 많기 때문에 치매를 알츠하이머성 치매라고 부르기도 하고 동일시하기도 한다. 아래의 〈표 5-8〉에서 볼 수 있듯이 치매환자 중 75세 이상 노인의 비중이 86% 이상이 된다는 사실이다. 치매와 연관하여 우리 사회의 고령화의 인구구조 변화에서 초고령의 의미는 20% 이상이라는 노인인구의 절대적 비율뿐만 아니라 노인의 연령구조가 고연령으로의 이동에 심각성을 더하고 있다.

▼ 표 5-8 치매환자 연령별 분석

65세 이상 치매 환자 수	성별		연령별					
	남성	여성	60~64	65~69	70~74	75~79	80~84	85 이상
750,488	293,073	478,130	29,714	32,602	69,854	188,143	208,192	251,699

출처: 통계청(2019).

우리 사회에서는 2008년부터 시행된 노인장기요양보험법에 의해 노인장기요양보험은 이런 문제들에 대한 준비된 제도로서 기능하고 있다. 그러므로 치매 등 노인성 질환의 증가로 인하여 발생하고 있는 많은 문제들을 해결하기 위해서 사회의 인구구조와의 연관성이 깊다고 할 수 있다. 2020년 현재 우리나라 65세 이상 어르신 10명 중 1명이 치매와 싸우고 있다고 한다. 2018년 치매환자 1인을 관리하는 드는 비용은 연간 2,000만 원으로 국가치매관리비용은 14조6천억 원 국내총생산(GDP: Gross Domestic Product)의 0.8%에 해당된다고 한다. 이와 같이 통계에 의하면 치매와 같은 미래 노인과 연관된 문제들을 해결하기 위한 노인장요양보험 제도 등이 기능할 수 있는 토대들의 붕괴를 예측할 수 있다는 것이다.

고령사회에 진입된 우리 사회에서 전체적인 삶의 질은 앞으로 노인의 삶의 질적 수준과 함께하게 될 것이다. 그러므로 미래의 사회복지의 수준도 노인의 삶의 질이라 할 수 있을 것이다. 그런데 우리 사회의 노인복지에 빨간불이 켜지고 있다. 그것은 치매 노인이 빠른 속도로 증가하고 있다는 것이다. 우리나라는 치매에 대한 효율적 관리를 위해 2011년 치매관리법을 제정하였으며 이 법 제5조에 의해 매년 9월 21일을 치매극복의 날[6]로 기념하고 있다.

(3) 노인장기요양보험

노인장기요양보험은 이름 그대로 노인들에게 연관된 사회보험이다. 노인장기요양보험은 고령이나 노인성 질병 등으로 일상생활을 혼자 수행하기 어려운 수급자

6) 우리나라의 치매극복의 날로 지정된 9월 21일은 1995년 세계보건기구(WHO)와 국제 알츠하이머병협회(ADI)가 가족과 사회의 치매환자 돌봄에 대한 인식을 새롭게 하는 계기를 마련하고자 지정한 전 세계적인 기념일인 세계 알츠하이머의 날로부터 유래되었다.

에게 신체활동 또는 가사지원 등의 장기요양급여를 사회적 연대원리에 의해 제공하고 요양시설에 입소하도록 하여 전문서비스를 제공함으로써 노후생활의 안정과 가족의 부담을 덜어주기 위한 제도이다. 65세 이상 우리나라의 노인인구가 전 인구의 9.8%, 10.7%의 고령화 사회에서 10여 년이 지난 뒤 2020년에 813만 명이 넘는 15.7%의 고령사회에 도달함으로써 세계에서 가장 빠른 고령화 속도를 보이고 있다. 인구고령화에 따라 치매, 중풍 등 노인성 질환의 증가로 일상생활이 어려운 요양보호대상 노인인구도 지속적으로 증가추세에 있음을 보여주고 있다. 반면에 핵가족, 여성의 사회활동 증가, 간병기간의 장기화 등으로 가족에 의한 노인요양보호는 이미 한계에 도달해 있는 상태이다. 아래의 〈표 5-9〉는 장기요양보험(long-term care insurance)의 도입시기인 2008년도와 그다음 1년 뒤 2009년의 변화 상황 그리고 10여 년이 지난 2018년 현재의 상황을 보여주고 있다. 이에 따라서 장기요양 수급자도 인구 고령화에 따라 이 제도가 실행된 장기요양 수급자도 노인인구 중 3.9%에서 8.2%로 증가하여 10년 동안 3배 가까이 요양보호대상 노인인구도 지속적으로 늘어나고 있음을 보여주고 있다. 이런 현상은 2025년에 우리나라는 전체 인구의 20%에 이르는 초고령화 사회로 돌입할 것으로 예상되며 이에 따른 치매환자 증가도 국가와 개인이 함께 해결해야 할 과제로 자리잡았다.

▼ 표 5-9 연도별 노인인구 대비 장기요양노인수급자비율

	2008	2009	2018
노인인구(%)	4,998,593(10.2)	5,176,886(10.5)	7,413,265(14.3)
장기요양수급자 (노인인구)	214,000(3.9)	287,000(5.3)	603,814(8.2%)

이와 같은 급속한 고령화가 진전됨에 따라 우리나라에서도 고령화에 대한 대비, 공적노인요양보험체계를 확립하여 국민의 노후불안 해소 및 노인가정의 경제적 부담 등 요양보호 부담을 도모할 필요가 있어 노인장기요양보험이 도입되게 되었다. 2008년 7월 1일부터 시행된 노인장기요양제도에는 요양이 필요한 노인

에게 전문적 간병서비스를 제공하기 위해 요양보호사[7]라는 새로운 국가자격증제도를 도입하였으며, 이 자격증은 광역시, 도에 설치신고를 필한 요양보호사 교육원에서 2008, 2월부터 국민 누구나 소정의 교육을 받으면 취득할 수 있다. 그러므로 노인요양 및 재가시설에서는 2008년 7월 1일부터 신규 채용자에 대하여 요양보호사 자격증을 소유한 자를 의무적으로 채용하게 하였다.

노인장기요양보험의 효시인 수발보험은 노인인구의 증가로 인한 질병보험의 재정 악화를 해결하기 위하여 독일 정부의 오랜 고심의 결과물이다. 독일에서 수발보험제도의 실행 이전에도 수발은 전문적인 도움 없이도 광범위하게 이루어지고 있었다. 일본에서 개호제도의 도입 요구는 정치·경제적 측면에서 먼저 발생하였는데, 이는 노인인구 증가에 의한 세력화에 관계한다. 또한 개호제도는 기존의 소프트웨어라 할 수 있는 가족 중심적이고 여성의 부양부담을 강조하였던 노인케어에 대한 반성적 작업이라 할 수 있다. 아래의 〈표 5-10〉은 1994년에 제정되어(독일 당시의 고령화율은 15%), 1996년에 실행독일의 수발보험과 일본의 개호보험 그리고 우리나라의 노인장기요양보험에 대한 비교 분석한 것이다.

우리나라 장기요양보험의 피보험자가 의료보험 가입자 전체를 대상으로 한 것과 달리 일본 개호보험의 피보험자는 40세 이상 의료보험 가입자로 한정하고 있으며, 세 나라의 도입 원인도 가족기능의 약화, 부양에 대한 부담, 사회의 고령화 등 다양하다. 그러므로 노인인구뿐만 아니라 기대수명의 증가가 선진국뿐만 아니라 모든 국가를 포함한 세계적 추세인 상황에서 노인성질환에 대한 사회보험은 의미가 있는 것이다. 사회복지는 인간의 삶의 질을 증진시키기 위한 것을 목적으로 한다. 그러므로 치매에 연관된 이런 사회적 현상이나 문제들의 증가에 있어서 해결을 위한 사회복지제도로 노인장기요양보험과 같은 제도들의 역할과 기능을 수행할 수 있는 환경이 지속적으로 유지될 수 있는 사회구조가 요구된다.

---

7) 2008년 노인장기요양보험 제도가 도입되면서 요양보호사 제도가 시행된 이래 요양보호사 130만 시대가 도래하였다. 제도 도입 초기에는 일정 기간 소정의 교육과정만 이수하면 요양보호사 자격증을 취득할 수 있었으나 2009년 말 노인복지법이 개정되면서 자격시험에 합격해야 한다. 2019년 현재 요양보호사 27만 명이 요양시설 및 재가 장기요양기관에 소속되어 활동하고 있다. 요양보호사 자격등급의 경우, 처음에는 1급과 2급으로 구별되었으나 2010. 4. 26.부터 요양보호사로 단일 등급화되었다.

▼ 표 5-10 수발보험, 개호보험, 노인장기요양보험 비교분석

<table>
<tr><th></th><th colspan="2">독일</th><th colspan="3">일본</th><th colspan="3">한국</th></tr>
<tr><td>도입원인</td><td colspan="2">1. 가족기능의 약화
2. 노인이구 증가
3. 가족부담의 증가
3. 사회부조비의 증대</td><td colspan="3">1. 노인인구의 증가
2. 가족기능의 약화
3. 고령자개호에 대한 재원확보</td><td colspan="3">1. 고령화에 따른 유병장수 노인의 증가
2. 가족구조와 기능 변화에 따른 부양문제 해결(도입 원인의 불명확성)</td></tr>
<tr><td>실시연도</td><td colspan="2">1995년 4월</td><td colspan="3">2000년 4월</td><td colspan="3">2005년 7월 시범 실시 후 2008년 전면 실시(노인장기요양보험정책기획단)</td></tr>
<tr><td>GDP 대비 사회보장비 지출현황</td><td colspan="2">29.6%</td><td colspan="3">20.5%</td><td colspan="3">8.7%(2002년)</td></tr>
<tr><td>보험자</td><td colspan="2">질병금고</td><td colspan="3">시정촌</td><td colspan="3">국민건강보험공단</td></tr>
<tr><td>피보험자</td><td colspan="2">질병보험 전가입자(전국민)</td><td colspan="3">40세 이상</td><td colspan="3">국민건강보험 가입자</td></tr>
<tr><td>험수급자</td><td colspan="2"></td><td colspan="3">633만(2018)</td><td colspan="3">603,814(2018)</td></tr>
<tr><td>등급</td><td colspan="2">3등급</td><td colspan="3">6등급</td><td colspan="3">5등급</td></tr>
<tr><td>판정위원회</td><td colspan="2">MDK(Medizinischer Dient der Krankenkassen)</td><td colspan="3">개호인정심사회</td><td colspan="3">등급판정위원회</td></tr>
<tr><td rowspan="2">재정(2008)</td><td>노동자</td><td>사용자</td><td>공비</td><td>제1호 보험료</td><td>제2호 보험료</td><td>보험료</td><td>정부지원</td><td>본인부담</td></tr>
<tr><td>1.7%</td><td>1.7%</td><td>50</td><td>17</td><td>33</td><td>55</td><td>35</td><td>10</td></tr>
<tr><td>명칭</td><td colspan="2">수발보험</td><td colspan="3">개호보험</td><td colspan="3">노인장기요양보험</td></tr>
</table>

출처: 김귀환(2017: 270).

7) 정리

동서양을 막론하고 어느 누구도 역사에서 가장 영향력의 있는 사건으로 산업혁명을 이야기하는 주저하지 않을 것이다. 왜냐하면 산업혁명은 물질적인 풍요뿐만 아니라 많은 사회적 갈등을 야기시켰기 때문이다. 그런 이유로 그 해결에 대한 실마리를 찾기 위해 많은 시간이 요구되었다. 200여 년 이상 지속된 사회보험은 큰 틀에서 산업화로 인한 사회적 문제들을 해결한 분야라고 할 수 있으며, 그것은 사회보장의 영역에서 발생하였으며, 그 결과물이 사회보장국가 또는 사회복지국가의 등장이다.

사회보험은 19세기 말에 독일사회에서 이념적으로 확산되고 있었던 사회주의를 전략적인 측면에서 막기 위하여 정치가와 자본가어 의해 노동자에게 선물로서 제공되었다. 그러나 그 선물은 선물로서 인식되고 기능과 역할을 하기까지는 많은 세월이 요구되었다. 다른 식으로 이야기한다면 사회보험의 출발이 그 의도에 있어서 사회복지의 일반적인 목적으로부터 벗어나 있다는 많은 논란이 있었지만 그럼에도 불구하고 사회보험은 오늘날 현대사회에서 그 영향력은 사회구성원들의 삶의 질적 상승에 없어서는 안 되는 제도로서 발전하였다.

사회보험은 자본주의 국가에서 복지국가 복지사회로 가는 과정에서 완성되었으며 아래의 〈표 5-11〉과 같이 산재보험, 의료보험, 연금보험, 고용보험에서 제5의 사회보험으로 수발보험, 개호보험 장기요양보험으로 확대되었다. 오늘날에도 현대사회에서 발전의 의미는 산업화로 간주되고 있으며, 많은 나라들이 그것에 매진하고 있다. 그 결과 그것에 의하여 문제들과 사회문제의 발생과 해결은 각 나라들에게 선진국으로 진입을 의미하기에 매진하고 있는 것이다.

▼ 표 5-11 우리나라 5대 사회보험 분석

	산재보험	국민건강보험	국민연금보험	고용보험	노인장기요양 보험
가입 대상	노동자를 사용하는 모든 사업장	국내거주민	18세 이상 60세 미만 국내거주민	노동자, 자영업자	국민건강보험 가입자 모두
보험료	업종별로 차이 사업자 전액 부담	• 사업장가입자 : 5.89% • 지역가입자 : 9.0%	18세 이상 60세 미만 국내 거주민	• 실업급여: 1.3% • 고용안정: 사용주 전액부담	•사업장가입자 : 6.55% • 지역가입자 : 건강보험가입자부과금액 × 6.55%
급여 종류	요양, 휴업, 장애급여 등	요양, 건강검진, 장애인보장구급여 등	노령, 장해, 유족 등	실업, 고용안정 및 직업개발 급여	재가, 시설, 현금급여 등
담당 장관	고용노동부	보건복지부	보건복지부	고용노동부	보건복지부
담당 부서	근로복지공단	국민건강보험공단	국민연금공단	근로복지공단	국민건강보험공단

생각해 봅시다

1. 서구사회를 제외한 지역에서 사회보험을 실시하고 있는 국가들에 대하여 생각해 봅시다.

2. 출산율 저하 등 많은 문제들이 발생하는 가운데 사회보험의 재정 건전성에 대하여 생각해 봅시다.

3. 사회보험제도의 미래에 대하여 생각해 봅시다.

제 6 장 공공부조

자본주의 사회의 구조적 모순은 빈부격차의 심화됨에 따라 빈곤문제가 사회적 문제로 등장하게 되었다. 이런 문제해결의 최종적인 방법으로서 국가의 책임 하에 실행되는 정책이 공공부조(public assistance)라 할 수 있다. 그러므로 사회복지제도의 한 축인 사회보험과 함께 공공부조는 사회복지의 또 다른 축으로 간주된다. 전자가 수혜자 부담의 원칙으로 작동되는 반면에 후자는 사회적 취약계층의 생존권보장을 위해 필수적인 역할을 수행하고 있다. 그러므로 경제적으로 어려운 나라에서는 논의된 사회보험보다는 공공부조의 역할이 크고 강조되며 사회복지에서 많은 비중을 차지하고 있다. 공공부조제도는 공공비용으로 경제적 보호를 요구하는 자들에게 개인별 보호 필요에 따라 제공하는 최저한도의 사회보장(national minimum)을 의미한다. 좀 더 간단히 말하자면, 공공부조는 빈곤계층의 기본적 생활욕구 해결을 돕기 위해 소득보장, 의료보호, 교육, 주택 등 기타 서비스를 국가가 제공하는 것을 말한다.

1. 공공부조의 개념

공공부조의 개념은 사회보험과는 달리 국가의 책임 하에 일정한 법령에 따라 국민의 세금을 토대로 하여 경제적 보호를 요구하는 사람들에게(categorical) 공공비용으로 최저한도의 삶을 보장해주는 것이다. 그러므로 이것은 산업혁명 이후 자본주의의 모순에 따른 빈부 격차의 심화에 대한 역사적 인과관계의 인식으로부터 사회적 요보호자들에 대한 방빈으로 시작된 사회보장의 하나의 큰축이라고 할 수 있을 것이다.

1) 공공부조의 의미

우리에게 있어서 공공부조는 이미 오래전에 우리 선조들이 상부상조하였던 두레, 품앗이, 계 등의 방식으로 자생적으로 발생하였다. 이것을 제도화된 사회복지적 형태가 공공부조제도인 것이다. 그러므로 본질적으로 사회복지의 역사는 공공부조의 역사라고 해도 과언이 아닐 것이다. 왜냐하면 사회복지의 시작은 공공부조였으며 서구사회에서 사회복지의 맹아라고 하는 빈민법의 제정이 바로 공공부조제도[1]의 의미를 담고 있기 때문이다.

공공부조정책의 의의 및 개념에 있어서 공공부조라 함은 국가 및 지방자치단체의 책임 하에 생활유지능력이 없거나 생활이 어려운 국민의 최저생활을 보장하고 자립을 지원하는 제도를 의미하며(사회보장기본법 제3조 제3호) 국가가 보장한다는 점에서 사적 부조와는 구별된다. 자본주의 사회의 모순에서 탄생한 구조적 산물로서 빈곤의 발생에 대한 국가의 책임에 대한 인식이라고 할 수 있는 공공부조는 경제적 보호가 필요한 사람에게 일정한 법령에 따라 공공 비용으로 최소한의 사회보장을

1) 과거에는 공적 부조라는 용어를 사용했으나, 1995년 12월 30일 제정된 사회보장기본법에서 '공공부조'라는 용어로 변경하였다. 공공부조는 나라마다 달리 표현되고 있다. 우리나라와 일본, 미국에서는 법률상 공공부조 또는 공적 부조(public assistance)로, 영국에서는 국가부조(national assistance)로, 프랑스에서는 사회부조(social assistance)로 표현하고 있다.

해 주는 것을 일컫는다. 이처럼 공공부조는 빈곤한 자의 생활보호기능에서 그 의의를 찾을 수 있으며, 생활보호는 최소한의 생활수준보장원칙으로 국가적으로나 사회적으로 최소원칙이라고 할 수 있다.

결론적으로 정부의 사회적 서비스로서 공공 부조에 대하여 정리한다면 가정이나 정상적인 사회구조 및 시장을 통해 필요한 원조를 비통상적인 상황으로 인해 받을 능력이 없는 사람에게만 제공되어야 하는 복지정책인 것이다. 그러므로 공공부조는 사회의 2차적 안전망인 동시에 최후의 안전망이라 할 수 있다.

2) 공공부조의 원리와 원칙

공공부조의 정책적 실행을 위해서는 법적 토대를 위한 사회적 합의 요구될 것이다. 왜냐하면 공공부조의 재정적 토대가 국민의 세금이기 때문이다. 그러므로 공공부조의 실천을 위해서는 다음과 같은 기준 하에서 이루어진다. 최저생활보장의 원리, 생존권보장의 원리, 국가책임의 원리, 무차별평등의 원리, 보충성의 원리, 평등보장의 원리, 자립자활조장의 원리 등 여섯 가지 원리가 있다.

첫째, 생존권보장의 원리다. 이 원리는 우리나라 헌법 34조 제1항 규정에 의하면 인간다운 생활 또는 생존을 위하여 필요한 여러 조건의 확보를 요구할 수 있는 권리를 말한다. 사회구성원으로서 최저한도의 수요가 충족될 수 있는 삶을 유지한다는 의미로서 생존권은 절대주의 시대에 본래 국가의 간섭을 받음이 없이 자기의 생활을 유지할 수 있는 자연권인 자유권적 기본권으로 주장되었다. 그러나 산업화가 본격화되는 20세기에 빈부의 격차가 심화되면서 사회구성원들의 생활이 위협을 받게 되자 생존권은 소극적인 의미에서 개인이 국가에 대하여 생존의 유지를 위해 요구할 수 있는 적극적인 의미의 권리로 변화되었다.

둘째, 최저생활보장의 원리다. 이 원리는 인간으로서 최소한의 삶의 유지가 하나의 권리로서 필수적인 것이다. 우리나라의 헌법 제34조 제1항에서도 인간다운 생활을 할 권리를 보장하고 있으며 국민기초생활보장법 제1조의 이 법의 목적을 생활이 어려운 사람에게 필요한 급여를 실시하여 이들의 최저생활을 보장하고 자활을 돕는 것으로 규정한 것에 의한 원리이다.

셋째, 국가책임의 원리이다. 시혜나 자비의 의미로서 빈민구제를 교회가 아닌 국가의 책임을 규정한 빈민법이 제정된 이후 정립된 국가책임의 원리란 국민의 세금에 의해서 사회구성원들의 삶이 보존되고 충당되기에 궁극적인 책임이 국가에게 있음이 강조한다.

넷째, 무차별평등의 원리란 인간평등의 사상에서 발생한 것으로 법 아래의 평등으로 규정되어 있다. 즉 인권, 신조, 성별, 사회적 지위, 신분 등에 따라 차별되면 안 된다는 것이다. 공공부조의 측면에서 이 원리는 대상자들 간의 차이에도 불구하고 무차별된다는 것이다. 급여대상자의 개인적 능력이나 자원, 비행, 범죄, 능력부족 등 빈곤의 원인과 관계없이 빈곤한 상태라는 객관적 요건만 있으면 차별없이 평등하게 기초생활을 보장받을 수 있다는 것이다.

다섯째, 보충성의 원리[2]이다. 이 원리는 빈곤의 함정을 경계하기 위함이다. 이 원리에 의하면 한편으로 여타 사회보장제도에 의한 보호 등을 동원하여도 보호가 되지 않는 경우에 한하여 제공한다는 측면과 다른 한편으로는 사회복지적인 부분에서 지원이 대상자들의 삶의 전부로서 작용해서는 안 된다는 것을 의미한다. 예를 들자면 정부가 정한 생계급여 기준액보다 모자라는 금액만 보충해서 지원해준다는 것이다. 그러므로 이 원리에 따르면 기초연금을 받으면 생계급여를 받는 기준이 되는 소득 인정액이 올라가 기초연금을 받은 액수만큼 생계급여 지원액은 삭감되는 것이다.

여섯째, 자립생활조장의 원리이다. 이 원리에 의하면 공공부조는 단순히 기초생활을 도와주는 데 목적이 있는 것이 아니라 대상자의 자립을 궁극적 목적으로 한다는 것이다. 즉 사회생활을 영위할 수 있도록 지원하고 지도하는 것을 통하여 대상자의 잠재적 능력의 개발, 주체성과 자립성의 확립을 지향한다. 이 원리에 전제가 되는 것이 최저생활의 보장을 충족시킨 바탕 위에서 생활이 어려운 자의 자립 조장을 목적으로 개별적 구체적으로 적용되어야 하는 것이다.

2) 이 원리는 타법 우선의 원칙이 적용된다. 즉 그 의미는 이 법에 의한 보호가 그 대상자의 기본적인 능력 활용을 전제로 하며, 법의 집행은 보충적이라는 것이다.

이러한 원리에 해당하는 대상자라 할지라도 신청을 해야 혜택을 받을 수 있는 신청보호의 원칙 이외에 기준 및 정도의 원칙, 필요즉응의 원칙, 세대단위의 원칙, 현금부조의 원칙, 거택급여의 원칙 등이 있다.

① 신청보호의 원칙: 이 원칙에 의하면 신청하지 않으면 급여가 없다는 의미와 다른 한편으로 급여대상자의 의사에 반하여 강제적으로 사회복지서비스가 제공될 수 없음을 의미하는 것이다. 국민기초생활보장의 보호와 지원을 받기 위해서는 신청에 의해서만 이루어짐을 의미한다.

② 기준 및 정도의 원칙: 보건복지부장관이 정한 기준 하에서 급여대상자의 수요와 재력을 비교하여 자력으로 충족할 수 없는 경우 부족분을 보충시킨다는 것을 의미한다.

③ 필요즉응의 원칙: 급여대상자에 대한 조사를 하였을 시에는 지체 없이 급여 실시여부와 급여의 내용을 실시해야 된다는 국민기초생활보장법 제26조 규정에 의해 정해진 원칙이다.

④ 세대단위의 원칙: 급여청구권의 권리주체는 세대가 아닌 생활빈곤자 개인이지만 급여의 여부와 정도를 결정할 경우에는 세대를 단위로 하여 정한다는 것이다.

⑤ 현금부조의 원칙: 급여대상자에게 국가에 의해 지급되는 공공부조는 현금으로 지급되어야 한다는 것이다.

⑥ 거택보호의 원칙: 급여대상자에 대한 보호는 제1차적으로 시설 입소보다는 거택에서 행한다는 것이다. 이것에 대한 전제는 재가복지서비스의 내실이 요구된다는 것이다.

논의된 공공부조의 원칙과 원리는 공공부조에 적용될 뿐만 아니라 사회복지 실천을 위한 전반적인 기본 규정이라 할 수 있다. 왜냐하면 이 원칙과 원리는 사회복지정책으로 선별적 복지의 측면에서 클라이언트에 대한 신중한 접근이 요구되기 때문이다.

2. 공공부조의 목적

자본주의 사회의 구조적 모순이 심화됨에 따라 사회의 주변에서 빈곤의 재발견은 사회복지의 측면에서 새로운 사회적 문제에 대한 해결이 요구되었다. 공공부조는 이런 문제들에 대하여 국민의 세금을 사회복지예산으로 편성하여 연관된 법에 의해 대부분 직접적으로 집행한다. 그러므로 공공부조에는 다른 사회복지의 목적보다 인간의 기본적인 생존권 보장을 위한 최후의 보루라는 직접적인 의미를 지니고 있는 것이다. 공공부조는 빈곤문제에 대한 최종적인 방법으로서 국가의 책임 하에 실행되는 정책이라 할 수 있다.

공공부조는 복지국가보다는 주로 산업화가 진행 중이거나 경제적 자립이 어려운 그리고 자립 중인 국가에서, 사회복지분야의 체계화가 진척되지 않은 후발 산업국가들 사이에서 실행되고 있는 복지정책이라고 할 수 있다. 왜냐하면 이는 공공비용으로 경제적 보호를 요구하는 자들에게 개인별 보호 필요에 따라 제공하는 최저한도의 사회보장(national minimum)을 효율적으로 접근할 수 있기 때문이다. 좀 더 간단히 말하자면, 공공부조는 빈곤계층의 기본적 생활욕구 해결을 위한 소득보장, 의료보호, 교육, 주택 등 기타 서비스를 국가가 제공하는 것을 말한다. 그러므로 공공부조에 있어서 재원은 국가의 경제력에 전적으로 종속되어 있기에 경제가 성장되어야 세금과 후원금이 증가될 수 있을 것이다. 그 재정적 토대는 국민의 세금인 조세로 대부분 충당되며 부분적으로 국가적 재난 발생 시 각종 후원금으로 조성된다. 공공부조에서 전자의 역할도 중요하지만, 자본주의 사회에서 후자의 역할을 더욱 중대한 것으로 그 참여의 현상을 아래의 〈표 6-1〉처럼 분석할 수 있는데, 경제가 호황과 불황인 경우로 나누어 부자를 대표하는 자본가와 빈자를 대표하는 노동자 간의 사회적 기여의 정도를 분석한 것으로, 예를 들어 경제가 약간 불황시기에 부자의 사회적 기여는 약간 감소하지만 빈곤자들의 기여는 그대로 유지되는 그리고 매우 호황인 경우 부자의 역할은 약간 증가하는 데 비해 빈곤자의 기여는 급격히 증가한다는 사실이다[3].

▼ 표 6-1 자본가 · 노동자경제상황과 사회적 기여에 대한 분석

<table>
<tr><th></th><th colspan="2">경제</th><th colspan="2">사회복지</th></tr>
<tr><td>자본가(부자)</td><td rowspan="2">↗</td><td rowspan="2">↘</td><td>↗</td><td>↓</td></tr>
<tr><td>노동자(빈곤자)</td><td>↗</td><td>→</td></tr>
<tr><td>자본가(부자)</td><td colspan="2" rowspan="2">→</td><td colspan="2">↘</td></tr>
<tr><td>노동자(빈곤자)</td><td colspan="2">→</td></tr>
</table>

진정한 의미에서 사회복지가 사회통합의 목적을 실행하기 위해서 가진 자들의 역할이 중요하다. 왜냐하면 선진국으로 가는 과도기에는 사회복지를 사용자부담 원칙으로는 사회의 모든 구성원들의 삶의 질적 담보를 이룰 수 없기 때문이다. 그러므로 그 목적도 수급자들의 빈곤 극복 능력의 배양에 두고 있으며, 자활 후 당사자의 세금으로 또 다른 자활의 연속성은 사회복지의 최종 목적인 사회통합으로 진행될 수 있을 것이다. 결론적으로 공공부조는 사회복지의 일환으로 사회복지정책을 실천하기 위한 하나의 토대로서 과거의 시혜적 의미로부터 법적인 측면에서 청구권적인 의미로 전환되었다.

3. 공공부조제도

공공부조에 있어서 부조나 원조와 같은 상호부조는 우리나라의 전통적 관습들이라 할 수 있다. 이런 측면에서 공공부조는 우리나라의 미풍양속과 연결되어 있

3) 물론 기업들의 후원도 있으나 이는 특정 사건이 발생한 경우나 기업인들의 탈세에 대해 법정 실형을 피하기 위해 나타난 것이기에 진정한 의미에서 후원이라 할 수 없을 것이다. 또한 후원액에 있어서도 대기업의 역할은 우리나라 경제에서 차지하고 있는 비중에 비하여 매우 적다. 실질적으로 방송이나 기관에서 모금되고 후원금의 대부분은 우리 국민들의 자발적 의지에 의해 전화나 개인적으로 지로납부 또는 정기후원 등으로 이루어지고 있다. 그러므로 사회복지에 있어서 공식적인 기여와 사적 기여로 이루어지는 우리나라 국민들의 사회적 기여의 양은 총량적인 측면에서 선진국 수준이라 할 수 있을 것이다.

다고 볼 수 있을 것이다. 왜냐하면 청구권적 의미로서 공공부조는 부조나 원조를 제도화한 것으로 볼 수 있기 때문이다. 우리나라 공적부조제도에 속하는 국가정책으로는 소득보장을 위한 기초생활보장제도와 의료보장으로서 의료급여제도 등이 있다.

1) 기초생활보장제도

기초생활보장제도는 공공부조의 가장 중심이 되는 정책이다. 사전적 의미에서 기초생활보장제도는 가족이나 자신만의 힘으로 생계유지가 어려운 저소득층에 국가가 개입하여 생계와 교육, 의료, 주거 등 기본적인 생활을 보장해 주는 제도이다. 그러므로 이 제도에 의하면 그 대상자들은 연령이나 노동능력과는 상관없이 소득이 최저생계비 이하인 경우에 여기에 속할 수 있으며, 이외에도 장애인연금이나 노인들에게 지급되는 기초연금제도도 공공부조에 속한다고 볼 수 있을 것이다.

역사적인 측면에서 이 제도는 일제강점기에 일본이 우리나라에 대한 통치의 일환으로 1944년에 제정하였던 조선구호령이 그 시발점이라 할 수 있다. 물론 그 의미는 그 당시 우리국민들의 사회복진 증진이 아닌 우리국민들에 대한 통제의 일환이었다. 그럼에도 불구하고 역설적이지만 그것은 해방 이후 우리나라의 빈곤자들을 위한 형식적인 법으로 유지되었다. 그 후 20여 년이 지난 1961년에 내용적인 보완 없이 군사정권은 정치적 정당성을 얻기 위해 조선구호령을 생활보호법으로 제정하였다. 이 법 또한 실질적인 역할을 하지 못하였으며, 그로부터 40여 년이 지난 2000년 12월 국민의 정부에 의해 실질적인 사회복지의 의미에서 국민기초생활보장법이란 이름으로 대체되었다. 이 법의 특징은 노동가능자에 대한 지원프로그램을 포함하고 있다는 것이다. 아래의 〈표 6-2〉는 생활보호법과 국민기초생활 보장법 간의 차이에 대한 비교분석을 보여주고 있다.

▼ 표 6-2 생활보호법과 국민기초생활보장법의 차이

구분	생활보호법(1961년)	국민기초생활 보장법(2000년)
구성	총 9장 43조와 부칙으로 구성됨	총 9장 51조와 부칙으로 구성
성격	보호적 성격	권리적 성격
선정기준	복지부 장관이 정한 소득과 재산 기준 이하인 자	소득인정액이 최저생계비 이하인 자
급여	생계보호, 의료보호, 교육보호, 장제보호, 해산보호	생계급여, 주거급여, 긴급급여, 의료 · 교육 · 해산 · 장제급여

2018년 현재 우리나라에는 174만 명의 기초생활수급자가 있다. 이 가운데에는 1998년 경제환란 이후 IMF 관리체제 하에서 경제적 어려움으로 인하여 가정이 해체되고 붕괴되어 많은 노숙자들과 사회의 고령화로 인한 노인세대와 일반세대가 꾸준히 증가하고 있다. 아래의 〈표 6-3〉에서 볼 수 있는 것처럼 우리 사회에서 공공부조의 기능과 역할에 있어서 사회의 고령화뿐만 아니라 대상자들의 변화는 시대적 상황에 종속되어 있다. 실질적으로 이런 현상은 2014년 우리나라 이혼율이 감소하고 있었음에도 불구하고 2013년 한부모가족지원법 개정으로 대상자에 규정이 확대됨으로 인하여 모 · 부자 대상자의 증가로 이어졌다고 볼 수 있다. 일반세대도 2013년 이후 증가하는 상황 속에서 우리나라와 주변 세계 경제적 상황이 불황으로 이어지면서 소년소녀가장세대 계층만 제외하고 모든 계층에서 증가현상이 나타나고 있었다. 또한 2015년 장애인복지법의 장애인 정의와 등록에 대한 규정의 확대와 완화 등의 개정은 전체적으로 수급자의 증가로 이어졌을 것이다[4].

4) 2013년 한부모가족지원법의 개정은 한부모에 대한 책임을 단순히 국민의 책임으로부터 국가와 지방자치단체의 책임으로 확대 규정하였으며 2014년에는 아동을 단순하게 18세 미만(취학 중인 경우에는 22세 미만을 말한다)의 자로 규정한 것을 22세 미만을 말하되 병역법에 따른 병역의무를 이행하고 취학 중인 경우에는 병역의무를 이행한 기간을 가산한 연령으로 규정한다고 개정하였다. 또한 2015년 장애인복지법 제2조에 언어적 · 성적 규정 신설과 제32조 특별자치도지사를 특별자치시장 · 특별자치도지사로 확대 개정하였다.

▼ 표 6-3 가구유형별 기초생활수급가구 수

	2010	2011	2013	2015	2016	2018
노인세대	243,708	237,213	235,601	262,124	261,680	337,788
소년소녀가장세대	11,565	9,798	6,945	5,188	4,324	2,972
모자세대	85,970	83,525	76,270	123,497	132,277	135,862
부자세대	20,879	20,479	18,366	37,753	37,753	38,095
장애인세대	173,322	173,751	175,867	193,585	193,585	211,010
일반세대	291,774	277,081	251,333	328,282	328,282	340,597
기타	51,581	48,842	46,123	77,354	77,534	98,851
합계	878,799	850,689	810,184	1,014,177	1,035,435	1,165,175

국민기초생활보장법은 이러한 상황 하에서 기초생활보장제도의 본질적 의미를 발전시켜 생산적 복지라는 철학적 토대 위에서 제정되었다. 즉 서구 복지선진국에서 발생하였던 복지병의 전철을 밟지 않기 위하여 한편으로는 일할 수 있는 사람에 대해서는 일자리를 제공하여 자활을 추구하고, 다른 한편으로는 생활이 어려운 사람에게는 최저생활을 보장한다는 것이다.

2) 의료급여제도

1961년 생활보호법이 제정되면서 시행된 이 제도 속에 의료보호에 관한 규정이 등장하였다. 그러나 이러한 규정은 그 당시의 경제적 상황을 고려하지 않은 정치적인 측면에서 제정되었고 그리고 사회복지에 대한 인식 부족으로 바로 실시되지 못하였다. 경제발전에 따른 부의 집중과 저소득층에 대한 의료수혜의 차별적 상황이 사회적 쟁점으로 부각되자, 정부는 경제적 취약계층의 의료에 대한 탈빈곤을 위하여 이 제도를 1979년부터 시행하게 되었다. 사회보험서비스와 대비되는 의료급여제도는 국가가 일정수준 이하의 생활무능력자와 저소득계층을 대상으로 건강하고 인간다운 생활을 보장하기 위하여 국가가 제공하는 공공부조 방식으로 의료보험과 함께 국민의 의료보장정책의 중요한 수단이 되는 사회보장제도이다.

이 제도에 있어서 발전의 의미는 의료보호 대상자들의 진료일수의 확대과정이라 할 수 있다. 시행 초기에는 진료일수 및 진료지역뿐만 아니라 의료이용도 지정된 진료기관에 한정되어 의료혜택에 많은 제한이 가해졌다. 그러나 이 제도는 2000년 5월 시혜적 개념인 보호개념에서 권리적 의미의 수급권으로 인식이 전환되어 의료보호로부터 의료급여로 변화되었다. 진료일수도 1997년 197일 그리고 1998년 270일에서 2000년에는 기간이 폐지되면서 동년 국민기초생활보장법에 의하여 의료급여는 국민의 권리로 보장되었다.

3) 기초연금제도

우리나라에 1973년 국민복지연금법이 제정된 이래 1988년 국민연금이 실시되고 1998년 전 국민 연금제가 실행되었다. 그러나 그 당시 이 제도에 적용될 수 대상자, 가입자 수뿐만 아니라 연금수령자로서 임의가입자들에 대한 제도적 보완이 있었음에도 불구하고 기본적으로 우리 사회 노인들의 노후 생활보장의 어려움은 예상될 수 있었다. 기초연금제도는 이를 대비하여 만든 제도이며 기초노령연금제도로 실천되었다.

기초연금은 기초노령연금법[5]의 폐지 후 2014년에 제정된 기초연금법[6]을 토대로 만들어진 제도이다. 이 법은 노인들의 국가발전과 후손들에 대한 양육으로 노후대비의 여력이 없었던 노인들에게 도움을 주기 위해 2007년에 제정된 기초노령연금법의 변형된 형태로 기초연금법을 토대로 제도화되었다. 구체적인 내용은 법의 이름과 달리 65세 이상의 노인들에게만 생활안정과 복지증진을 위하여 매달 일정액을 지급하는 것을 제도화한 것이다. 기초연금제도는 연금지급 대상자는 자녀의 재산유무에 관계없이 대통령령이 정하는 노인가구의 소득과 재산을 고려

5) 기초노령연금법의 목적을 제1조에 노인이 후손의 양육과 국가 및 사회의 발전에 이바지하여 온 점을 고려하여 생활이 어려운 노인에게 기초노령연금을 지급함으로써 노인의 생활안정을 지원하고 복지를 증진함을 목적으로 한다고 규정하고 있다.

6) 기초연금법은 제1조에 노인에게 기초연금을 지급하여 안정적인 소득기반을 제공함으로써 노인의 생활안정을 지원하고 복지를 증진함을 목적으로 한다고 규정하고 있다.

하여 선정 지급한다는 것을 규정하고 있다.

현재 이 제도의 시행으로 우리나라 65세 노인의 70% 정도가 혜택을 받고 있다. 이것은 전국 각 지자체 사회복지예산의 평균 30% 정도를 차지하고 있다[7]. 그러나 국민연금에 의한 수혜가 본격화되기 시작한다면 노령이란 단어를 뺀 기초연금제도은 그 본래의 의미로서 기초노령연금의 취지인 노인의 감사에 대한 보상의 취지가 아니라면 노인의 안정된 삶을 위한 소득보장은 사라질 것이다.

4) 장애인연금제도

장애인연금제도는 종전의 장애수당제도[8]와는 달리 장애인들에게 국민연금 가입여부와는 관계없이 18세 이상의 등록된 중증장애인에게 연금과 같은 방식으로 생활보장을 위해 도입되었다.

2010년에 제정된 이 법의 제1조에는 장애로 인하여 생활이 어려운 중증장애인에게 장애인연금을 지급함으로써 중증장애인의 생활 안정 지원과 복지증진 및 사회통합을 도모하는 데 이바지함을 목적으로 한다고 규정하고 있다. 여기서 장애인연금 수급자의 범위인 중증장애인이란 장애인복지법 제32조에 따라 등록한 장애인 중 노동능력이 상실되거나 현저하게 감소되는 등 —기초생활수급자 또는 차상위계층으로 장애등급이 있는 경우— 장애 정도가 중증인 사람으로서 대통령령으로 정하는 사람으로 장애등급 1급과 2급, 3급 중복장애인을 말하며, 3급 중복장애란 3급 장애를 가지고 있으면서 다른 유형의 장애가 더 있는 경우를 말한다. 장애인 연금은 장애인연금법 제5조에 기초급여와 부가급여로 구분된다고 규정되어 있다. 전자인 기초급여는 노동능력의 상실 또는 현저한 감소로 인하여 줄어드는 소득에 있어서 부족한 것을 메워 보충해 주기 위하여 지급하는 급여이며, 후

7) 2020년 우리나라 총예산은 512조이다. 지자체 전체 예산 290조 중에서 사회복지예산은 110조 8천억 원으로 38.2%를 차지하고 있다. 그중에서 예산의 분포는 아동수당이 4~7%, 생계급여가 6~13%, 보육료지원이 평균 13%, 65세 이상 노인에게 지급되는 기초연금은 전 지역 고르게 30% 정도 차지하고 있다.

8) 장애인복지법 제49조와 제50조에 장애수당에 대하여 규정하고 있다. 중증장애인이 아닌 장애인들과 장애아동에게 국가와 지방자치단체는 장애수당을 지급할 수 있다고 규정하고 있다.

자인 부가급여는 장애로 인하여 추가로 드는 비용의 전부 또는 일부를 보전하여 주기 위하여 지급하는 급여이다.

결론적으로 장애수당제도에서 장애인연금제도로 전환에 있어서 급여수준에 대한 많은 논란이 있었다. 그럼에도 불구하고 수당제도보다는 안정된 삶의 유지를 위해 도입된 장애인연금제도는 급여수준도 중요하지단 정확한 급여를 통하여 장애인들의 지속적인 안정된 삶의 추구라고 할 수 있을 것이다.

5) 소결

우리 사회에서 공공부조가 국가의 제도로 등장하기 전까지 문화적으로 우리 사회 자체가 하나의 미풍양속으로 간주될 수 있을 것이다. 말 그대로 좋은 풍속이었던 것이다. 그러므로 위에서 논의된 4개의 공공부조제도들 이외에도 우리 사회에는 더 많은 관계된 제도들이 운용되고 있었던 것이다.

그러므로 이 같은 제도들은 모두 풍습이나 관습으로 이어져 내려온 미풍양속을 공공기관에 의해 주도되어 발전적으로 제도화되었다고 볼 수 있을 것이다. 왜냐하면 과거에는 이웃이나 마을에서 발생한 재해와 같은 각종 어려움이나 경사스러운 일에 마을 주민들 스스로가 주체적으로 참여 해결하였기 때문이다. 우리 사회에서 공공부조는 본질적으로 보편적 사회복지라고 할 수 있다. 그러나 급격한 산업화는 공공부조의 측면에서 정책적으로 사회복지 실천을 선별적 제도로 접근하게 하였다. 현실적으로 공공부조는 사회복지의 공공성 확대의 측면에서 보편적이어야 하지만 사회적 위험에 대한 마지막 대처 방식으로 자연스럽게 정책적으로 선별적인 측면에서 접근되었다.

우리 사회에서 공공부조에 대한 정책적인 접근도 중요하지만 전통적인 접근을 통하여 미풍양속으로서의 지위를 회복하는 것은 산업화로 사라졌던 인간을 통한 진정한 의미에서의 복지사회의 건설인 것이다.

생각해 봅시다

1. 공공부조의 역사에 대하여 생각해 봅시다.

2. 사회복지제도로서 국가별 공공부조에 대하여 생각해 봅시다.

3. 비판적인 측면에서 우리나라에서 실천되고 있는 공공부조에 대하여 생각해 봅시다.

제 7 장 사회복지서비스

국가에 의해 운영·집행·실행되고 수혜자 부담원칙이 적용되는 첫 번째가 사회보험이다. 두 번째는 사회적 약자와 같은 특정 계층에게는 국민의 세금을 통하여 기본적인 생활보장을 실천하는 공공부조이다. 사회복지의 또 하나의 큰 축으로 세 번째인 사회복지서비스는 사회의 다양한 계급 또는 계층들에게 사회복지에 연관된 시설이나 기관에 의해 제공되는 구체적이고 실질적인 실천이다. 그러므로 사회복지서비스란 사회보험과 공적부조를 토대로 하여 사회복지현장에서 실질적인 사회복지 대상자에게 행해지는 사회복지의 구체적인 실천 유형이며 방식인 것이다. 여기서는 각론의 측면에서 사회복지서비스의 유형과 실천의 주체에 대하여 논의될 것이다.

1. 사회복지서비스

사회복지서비스의 사전적 의미는 사회적으로 불우하고 삶에 어려움이 있는 사람들을 대상으로 전문적인 지식과 방법 등을 활용하여 그들의 제반문제를 해결하여 사회적으로 삶을 유지할 수 있는 사회구성원으로 복귀시키는 것이다. 그것을 실천하기 위하여 법적인 틀에서 규정하고 있는 사회복지사업법 제2조에는 사회복지사업에 의해 제공되는 사회복지의 제반 서비스의 유형에 대한 제도화의 결과물로서 사회복지에 연관된 법들을 열거하고 있다[1)].

1) 사회복지실천의 의미

사회복지가 인간을 대상으로 하는 행위라는 측면에서 사회복지서비스 제공에 대한 현실화의 표현으로 사회복지실천이 있는 것이다. 사회복지실천을 위한 사회복지의 기본적인 것에 대한 법적인 근거는 사회보장기본법과 사회복지서비스의 기본법인 사회복지사업법을 토대로 하고 있다.

사회복지실천은 인간의 존재론적 의미에서 사회의 다양한 계층들의 삶의 증진과 연관된 법을 통한 사회복지서비스라고 할 수 있다. 위에서 논의된 사회보험과 공공부조에 있어서 전자는 보편적 의미에서 그리고 후자는 잔여적 의미에서 구분을 할 수 있지만 사회복지서비스에는 일반화되고 보편적 서비스 그리고 잔여적 의미에서 사회적 약자들에 —장애인, 노인, 아동, 청소년, 노숙인 등— 대한 실질적으로 실체적인 그리고 전문적 서비스 제공을 포함하고 있는 것이다. 실질적으로 사회복지서비스는 사회복지시설이나 기관을 통하여 실천되고 있으며, 그 주체는 사회복지기관의 사회복지사와 사회복지 대상인 사회적 약자들이라 할 수 있다.

사회보장에 관한 기본적 사항을 규정하고 있는 사회보장기본법에 제3조 제4항과 사회복지사업법 제2조 제4항에 의하면 사회복지서비스에 대한 정의를 국가·지방자치단체 및 민간부분의 도움이 필요한 모든 국민에게 상담·재활·직업 소개 및 지도·사회복지시설이용 등을 제공하여 정상적인 사회생활이 가능하도록 지원하는 제도로 규정하고 있다. 정책적인 측면에서 사회보험과 공공부조도 사회복지서비스의 한 부분이라 할 수 있다. 전자가 수혜자 부담원칙을 강조한 것이라

---

1) 사회보장기본법 제3조 제5항에는 사회복지서비스란 국가·지방자치단체 및 민간부문의 도움이 필요한 모든 국민에게 복지, 보건의료, 교육, 고용, 주거, 문화, 환경 등의 분야에서 인간다운 생활을 보장하고 상담, 재활, 돌봄, 정보의 제공, 관련 시설의 이용, 역량 개발, 사회참여 지원 등을 통하여 국민의 삶의 질이 향상되도록 지원하는 제도를 말한다고 규정하고 있다.

면, 후자는 하나의 국민의 권리로서 국가가 생존권을 보장해주는 것이라 할 수 있다.

현대사회에서 국가에 의한 국민들의 생존권 보호·보장방식으로 사회복지서비스 제공방식은 당면한 과제에 대하여 직접적 또는 간접적으로 치료나 문제 해결을 위한 것으로부터 모든 사회적 문제에 있어서 예방의 측면으로 전환되고 있다. 이런 접근은 국가의 경제적 면에서 있어서 효율적인 정책으로서 예를 들자면 사회의 고령화로 인한 노인성 질환의 증가는 건강보험 등 국가적인 재정에 대한 문제가 발생하고 있으며 더 큰 사회적 문제의 원인을 제공할 수 있다. 이런 측면에서 사회복지서비스 제공방식에 대한 인식의 전환이 예방중심의 접근이라 할 수 있다.

결론적으로 사회복지서비스는 실천적인 측면에서 사회보험과 공공부조를 포함하여 사회적 계층적 심리적인 요소들까지도 포함하고 것이다. 여기서는 위의 요소들과 연계하여 사회복지서비스의 정책적 측면은 사회복지의 각론분야와 사회복지서비스의 전달체계로 구분하여 논의될 것이며, 앞의 두 분야가 적절하게 혼합되어 사회복지현장에서 실천되어야 하는 사회복지서비스의 개념을 사회복지실천 방식 부분에서 미시적으로 논의하려고 한다.

2) 사회복지실천 방식

사회복지의 실천은 사람에 의해 행해지고 진행된다. 사회복지가 행해지고 진행되는 과정을 사회복지실천 방식이라 할 수 있다. 사회복지서비스에 있어서 사회복지실천 방식으로 한편으로는 직접적인 문제해결이나 치료하는 것뿐만 아니라 다른 한편으로는 좀 더 거시적인 틀에서 중요한 사업은 사회문제에 대한 예방이다. 사회복지의 실천적 측면에서 이것이 이분법적인 접근을 의미하는 것은 아니다. 중요한 것은 이러한 사업들의 효율적인 실천을 위하여 논의되는 것으로 사회복지서비스 전달체계이다.

사회복지서비스의 실천방식은 사회복지서비스 전달방식이라고 해도 과언이 아니다. 사회복지서비스를 제공하는 공급자와 소비자(클라이언트)를 조직적으로 연결시켜 서비스의 효율을 더욱 높이는 것이다. 전달체계는 앞에서 공공복지와 민간복지의 구분으로 분석한 것처럼 정부나 지방 공공기관에 의해 운영과 관리되는 공적서비스 전달체계와 민간단체에 의해 실천되는 민간서비스 전달체계가 있다. 그러나 현실에서는 서비스전달에 있어서 공적 전달체계와 민간 전달체계가 연계되어 진행되고 있다. 왜냐하면 국가에 의한 정책적 서비스가 국민 개개인에 이르기까지 도달하기 위해서는 공공기관을 거쳐 사회현장에 있는 민간 복지기관에 의해 실천되기 때문이다. 예를 들자면 그 과정은 공공기관이나 기업에서 사회복지에 연관된 장애인을 위한 프로그램 공모에 대하여 민간복지기관들의 신청을 통하여 다양한 서비스들이 장애인들에게 제공되는 것이다.

결론적으로 사회복지실천은 민간기관이든 공공기관이든 사회복지기관들 간의 사회복지서비스의 효율적이고 효과적인 방식에 대한 논의가 중요하다. 우리 사회의 사회복지는 기관복지이며 기관복지 중에서도 민간기관복지 중심이다. 이것을 위하여 우리 사회에서 민간기관 중심의 사회복지서비스 실천에 대한 심도 깊은 접근을 하여야 한다.

2. 사회복지시설 유형

사회복지정책의 실천에 있어서 역사적으로 다양한 경험을 축적하고 있는 스웨덴이나 독일과 같은 선진복지국가와는 달리 우리나라에서 대부분의 사회복지서비스는 민간기관에 의해 실천되고 있다. 그런 이유로 우리나라의 사회복지는 시설복지 또는 기관복지라 할 수 있다. 그 유형의 시초는 종교적 목적으로 19세기말 우리나라에 들어온 선교사들에 의해 시작되었으며 아래와 같이 보편적으로 네 가지 유형으로 구분될 수 있을 것이며 오늘날에는 그 이외에도 많은 다양한 시설들로 확장되고 있다.

1) 종합사회복지관

우리나라에서 역사적으로 사회복지를 실천하는 기관으로 최초로 등장한 것이 종합사회복지관이다. 종합사회복지관은 다른 모든 유형의 복지관들의 컨트롤타워(Control Tower)의 역할을 수행한다. 전체적인 측면에서 종합사회복지관, 사회복지관의 설립 근거는 사회복지사업법 제2조 제5호에 사회복지관이란 지역사회를 기반으로 일정한 시설과 전문인력을 갖추고 지역주민의 참여와 협력을 통하여 지역사회의 복지문제를 예방하고 해결하기 위하여 종합적인 복지서비스를 제공하는 시설을 말한다는 규정이다.

우리나라에는 2018년 현재 전국에는 440여 개의 종합사회복지관이 있다. 역할과 기능의 측면에서 말 그대로 종합사회복지관은 사회복지의 모든 분야를 실행하고 있는 기관이다. 그러나 다른 측면에서 본다면 그 지역에서 필요로 하는 사업을 전개하고 전개할 수 있는 복지기관이라 할 수 있다. 그러나 현재 우리 사회의 종합사회복지관들은 노인인구의 급격한 증가에 따른 노인복지관의 역할을 실천하는 경향이 있다. 특히 지역사회에서 종합사회복지관과 노인복지관의 프로그램이 중복되는 경우가 매우 증가하고 있다. 사회복지기관에 대한 기록에 의하면 우리나라 최초의 사회복지관은 1921년 미국 감리교회 여성들의 후원으로 여성들의 교육이나 지도력 개발 등의 사업을 중심으로 운영된 태화여자관[2)]이다. 현재는 종합사회복지관으로서 서울시 종로구에 위치하여 태화기독교사회복지관라는 기관명으로 활동하고 있다.

사회복지분야의 중심으로 종합사회복지관의 수준은 말 그대로 사회복지의 수준일 것이다. 그러므로 사회복지의 전문기관으로서 종합사회복지관은 사회복지실천과 연관하여 기존의 활동보다는 차별적인 정책 개발이나 실행이 중요하다고 볼 수 있다.

2) 태화여자관은 본래 태화기독교사회복지관으로 서울 인사동 순화궁터에 건물을 마련하여 선교사로 파송된 미국인 마이어스(Mayers)가 초대 관장을 지냈으며, 1921년부터 1995년까지 활동하였다. 현재에는 강남구 수서동에 건물을 신축하여 활동하고 있다.

2) 장애인복지관

장애인들과 관계된 기관은 매우 다양하게 유형화되어 있지만 그 중심에는 컨트롤타워(Control Tower)로서 장애인복지관 있다. 장애인복지관은 모든 장애유형에 대해 복지에 연관된 프로그램을 진행한다. 장애인복지법 제59조에 의하면 국가와 지방자치단체는 장애인복지시설을 설치할 수 있다고 규정하고 있다. 현재 우리나라 전국에는 216개의 장애인복지관이 운영되고 있다. 물론 우리나라 최초의 장애인복지관인 정립회관이 이 법에 의하여 건립된 것은 아니지만 그 의미를 가지고 있으며, 36년이 지난 이후인 2011년에 재건축되었다. 장애인에 연관된 기관이나 시설은 아직도 열악하지만, 각종 장애에 해당되는 분야에 대해 각론적인 측면에서 기관이나 시설들의 설치를 규정하는 법들이 구체적으로 제정되고 있다.

3) 노인복지관

우리나라 노인인구 900만 시대가 눈앞에 다가오고 있다. 이것은 사회적으로 보호해야 할 노인의 수가 증가하고 있다는 것을 의미한다. 증가하는 노인들의 삶의 질에 관심을 정책적으로 실천하는 기관이 노인복지관이다. 노인복지관은 우리 사회에서 실질적으로 노인복지정책을 실천하는 노인복지의 컨트롤타워라고 할 수 있다. 왜냐하면 2018년 현재 우리나라 전국 시 · 군 · 구 344개의 노인복지관이 운영되고 있으며 그 외에도 수많은 노인복지 관련 시설들이 있기 때문이다. 노인에 연관된 시설에 있어서 1981년 제정된 노인복지법 제36조는 노인복지관에 대하여 규정하고 있다. 이 규정에 의하면 노인복지관은 노인여가복지시설로 분류되고 있으며, 같은 제1항의 1은 노인복지관의 역할에 대하여 무료 또는 저렴한 요금으로 노인의 교양 · 취미생활 및 사회참여활동 등에 대한 각종 정보와 서비스를 제공하고, 건강증진 및 질병예방과 소득보장 · 재가복지, 그 밖에 노인의 복지증진에 필요한 서비스를 제공함을 목적으로 설립되었다고 규정한다. 우리나라의 최초의 노인복지관은 노인복지회관이란 명칭으로 1989년에 서울시 용산구에 개관된 중부노인복지회관이다(김귀환, 2017: 143).

4) 장애아동 어린이집

통합교육의 원칙이라는 대명제 하에서 장애아동 어린이집은 질적으로 양적으로 전문적인 측면을 고려하여 진행된 것이다. 그 근거로는 장애인복지법 제58조 5호와 장애인 등에 대한 특수교육법 제18조 제1항 장애 영아의 교육지원에 있어서 만 3세 미만의 장애영아의 보호자는 조기교육이 필요한 경우 교육장에게 교육을 요구할 수 있다는 규정 그리고 장애아동 복지지원법 제32조, 아동복지법 영유아보육법 등에 규정되어 있다. 2018년 현재 장애아동을 보육하는 어린이집은 전국에 1000개 이상이 있다고 한다. 그러나 장애아동만을 전담하는 어린이집은 현재 전국에 167개가 있다. 그러나 현재에는 장애아동만이 아닌 일반아동도 함께하는 통합보육을 실시하는 있는데, 그 이유는 교육적인 측면도 있지만 현실적으로 어린이집 운영에 있어서 적정 규모의 장애아동의 수가 부족하기 때문이다.

우리나라 많은 지역에는 위에서 논의된 위의 네 가지의 유형을 통하여 사회복지 각 분야에서 요구되는 필수적인 기관이나 시설로 완전한 형식을 갖추었다 할 수 있을 것이다. 그러나 중요한 사실은 일률적인 기관 설립보다는 논의된 거버넌스에 의해 각 지역의 인구구조나 문화 특성에 의하여 효율적인 유형화의 구조를 형성하는 것은 필요하다.

위와 같은 사회복지기관의 유형화는 사회복지의 역사에서 산업혁명 이후 현재 선진국의 사회복지 방식과 다름을 시사하고 있는 것이다. 그러므로 우리나라의 사회복지와 그 실천 현장으로 사회복지관 체제는 복지관 복지로서 일본의 영향을 받은 것이라 할 수 있다. 각 계층에 연관된 모든 시설이나 기관의 수를 분석한 아래의 〈표 7-1〉에서 보는 것처럼 사회복지시설이나 기관들은 기관의 수보다는 현실적 상황을 고려하여 세심한 접근이 요구된다.

▼ 표 7-1 사회복지시설 · 기관 통계

구분	장애인	아동	노인	정신 질환자	노숙인 등	결핵[3] 한센	지역자 활센터	사회 복지관	어린이 집
시설 수	3,492	280	75,708	2,255	47	12 / 95	254	465	39,171

2005년도와 2016년, 2017년 2018년 기준으로 작성된 통계 지표에 의하면 다른 여타의 시설이나 기관들은 변화나 변동의 폭이 없으나 몇 가지 유형은 그것에 대한 논의가 필요하다. 예를 들면 장애인복지시설은 3,492개로 크게 증가하였으나, 반면에 아동복지시설은 출산율 저하에 따른 아동 수의 감소와 다른 여러 원인으로 인하여 시설의 감소 폭이 매우 큼을 알 수 있다[4]. 어린이집의 경우 그 설립이 1991년에 제정된 영유아보육법으로 신고제로 전환되면서 1992년 4,513개에서 2001년 20,097개로 급격하게 증가하였다. 그런 현상은 2014년 43,742개로 정점을 찍은 후 2015년 42,527개로 줄어들면서 2016년 41,084개, 2017년 40,238개에서 2018년에는 39,171로 감소 폭이 점점 증가하고 있음을 알 수 있다. 반면에 노인에 연관된 시설은 노인인구비율이 10%, 5,000,000명이 넘어선 2008년 63,919개에서 13.8%의 6,892,169명의 2017년에는 75,708개로 증가되었다는 사실은 노인인구의 급격한 증가를 반영하고 있는 것이다[5].

3) 〈표 7-1〉에 제시된 수는 대한결핵협회와 한국한센총연합회의 지부들을 의미한다.
4) 여기에는 아동양육시설, 직업훈련시설, 보호치료시설, 자립지원시설, 일시보호시설, 종합시설이 포함되어 있으며, 아동복지법 제52조8에 의거해 설립된 지역아동센터가 포함되어 있다.
5) 노인복지분야에는 노인주거복지시설, 노인의료복지시설, 노인여가복지시설, 재가노인복지시설, 노인 보호전문기관이 포함되며, 특별히 그 수가 매우 많은 이유는 노인여가시설에 경로당이 2017년 65,604개로 대부분을 차지하고 있기 때문이다.

3. 사회복지서비스의 유형

사회복지서비스정책에 있어서 정치적으로 논쟁의 대상이 되었던 무상보육, 무상복지라는 용어의 등장은 그것을 실행해야 한다거나 절대 해서는 안 된다는 입장에 앞서서 매우 위험한 생각이라고 할 수 있다. 왜냐하면 사회복지에서 그러한 개념이 존재할 수 없기 때문이다. 국가나 정치인들이 자신들의 돈을 쓰는 것처럼 국민을 무시하고 사회적으로 어려움이 있는 사람들의 수치심을 일방적으로 자극하는 무상보육이나 무상복지 운운하는 것은 전과를 올린 군인들이 자신들의 무공을 자랑하기 위하여 군사기밀인 그 과정에 대하여 상세하게 설명하여 노출하는 것과 같다. 즉 그것은 사회복지 진정성의 가장 중요한 사실들을 간과할 수 있는 것이다.

사회복지서비스는 일반적으로 영유아로부터 아동, 청소년, 여성, 노인에 이르기까지 계층이나 계급별로 정책적 실천을 지향하고 있다. 그러므로 이 서비스의 특징은 계층별로 독특하게 요구되고 필요한 정책적 구현이라 할 수 있는 것이다. 현재 우리 사회에서 실천되고 있는 계층별 서비스는 영유아복지, 아동복지, 청소년복지, 여성복지, 노인복지라는 이름으로 제공되고 있다. 일반적으로 보육이라는 측면에서 접근되고 있는 영유아복지는 보육정책으로 대변된다고 볼 수 있다. 특히 저출산의 원인으로 양육문제가 제기되고 있는 가운데 보육서비스가 우리나라에서 매우 중요한 정책임을 간과할 수 없을 것이다. 아동복지에 있어서 아동은 법적으로 규정이 9세부터 25세에 이르는 유소년과 청소년 그리고 청년기를 아우르고 있는 매우 포괄적 개념이다. 이런 측면에서 사회복지서비스는 영유아복지, 아동복지 그리고 사회적 차별로부터 해방과 장애인의 삶의 보호 장치로서 장애인복지, 산업발달과 의료기술 발전으로 평균수명과 노인인구 증가에 따른 노인복지 그리고 산업화의 부작용으로 야기된 노숙인 증가문제 해결을 위한 복지 등과 같은 사회적 약자들의 인권 유지를 위해 보호 및 생활보장을 위한 복지사업들이다. 또한 지역사회복지나 의료복지, 재가복지와 그것을 위한 자원봉사활동 그리고 사회복지시설의 운영을 지원하는 사업들을 포함하고 있다.

4. 소결

우리에게 있어서 앞서 논의된 사회복지의 개념과 의미 그리고 목적에 대하여 정리한다면 그것은 실천적 관점에서 구체화된 형태로 접근하여야 할 것이다. 또한 사회복지학적인 측면에서 비유한다면 그 실천적 토대인 사회복지정책에서 사회복지서비스정책은 사회복지실천론과 사회복지실천기술론 등 다양한 사회복지에 연관된 과목을 통하여 그 핵심적 요소들이 형성된다.

그러므로 사회복지서비스는 이론 과목을 토대로 사회복지에 대한 구체적인 실천을 기술적으로 실현하는 것이다. 이런 과정에서 우리나라의 사회복지는 사회복지관 복지, 즉 기관복지라고 할 수 있다. 이것은 우리나라에서 사회복지기관이 사회복지를 실천하는 데 있어서 매우 중대한 역할을 하고 있다는 것을 의미한다. 그것도 이야기한 것처럼 대부분 민간부분에서 이루어지는, 민간소유의 사회복지기관에 의해 클라이언트들에게 사회복지서비스가 제공되고 있다. 넓은 의미의 사회복지에서 본다면 우리나라에서 보육은 매우 중요한데, 실질적으로 보육을 담당하는 유치원이나 어린이집 등의 70% 이상이 민간에 의해 운영되고 있다는 사실이다. 이런 사실로부터 추측하여 본다면 우리나라에서 사회복지는 민간이 운영하는 시설이나 기관에 의해 종속되어 있으며, 그 유형은 보편적으로 2018년 현재 440개의 종합사회복지관, 216개의 장애인복지관, 344개의 노인복지관과 167개의 장애아동 어린이집 등 네 가지로 구분될 수 있을 것이며, 그 이외에도 많은 다양한 시설들이 있다. 이와 같은 사회복지시설들은 기본적으로 이용시설과 생활시설로 구분되고 있다. 전자는 말 그대로 이용객들이 주체적으로 기관을 선택해 서비스를 이용할 수 있는 시설로서 앞에서 설명된 기관들이 속하여 있다. 반면에 생활시설은 이용객들의 거주를 목적으로 설립되었다.

사회복지서비스는 국민들의 세금을 통한 선별적 직접구제 정책으로 공공부조나 수혜자부담 원칙인 결자해지로서 사회보험과는 달리 복지국가에서 사회구성원들의 세금으로 사회복지기관을 통하여 모든 사회구성원들에게 제공된다. 우리들이 살고 있는 세상에서 차별이나 차이 구별이나 구분이 아닌 통합을 지향하기 위해 사회복지 실천은 필수적이다. 그러므로 사회복지서비스는 사회구성원들이 속한 다양한 계층에서 어느 특정 계층에게 치우치지 않은 공평하고 평등하게 그리고 효율적인 서비스 제공이 매우 중요하다.

5. 정리

지금까지 논의된 내용들을 칼 만하임(Karl Mannheim, 1893~1947)의 생각으로 정리한다면 우리 사회구성원들 모두는 우리 사회구성원들에게는 모방이나 모사가 아닌 우리 사회구성원들의 삶과 실생활을 위해 무엇을 요구하고 필요로 하는가를 위한 진정한 사유를 하여야 한다. 이런 측면에서 사회보험의 발생과 등장의 이유가 다른 곳에 있었더라도 사회·경제적 발전과 사회구성원 인식의 변화로 삶 자체에 대한 배려와 안정에 커다란 영향을 주었다고 볼 수 있을 것이다.

보편적으로 사회복지의 전체적인 체계는 세 축으로 구성되어 있다는 것이다. 하나는 사회보험, 둘은 공공부조 그리고 셋은 사회복지서비스로서 모두 공공복지 영역에 속하여 있다. 그러나 이 영역의 실천 행위는 공공기관과 민간기관에 의해 진행되고 있다. 전자가 수혜자부담의 측면에서 국가가 관리하는 체계로 부담의 정도에 따라 서비스 제공이 정해지는 반면에 후자는 조세를 토대로 국가가 직접적으로 개입하기에 서비스 제공이 제한적이며 전달의 근거와 방식이 일정한 규정 속에서 실천된다. 그러므로 수혜자의 의지와는 별개로 이루어지는 경우에는 수치심을 자극할 수도 있다. 이것을 보완할 수 있는 공공영역과 민간영역이 공존하고 있는 제3의 정책적 분야가 사회복지서비스라고 할 수 있다. 이것이 사회복지에 대한 본질적 구성이라 할 것이다.

▼ **표 7-2 공공부조, 사회보험, 사회복지서비스제도 간의 차이 비교**

	공공부조	사회보험	사회복지서비스
목적	빈곤으로부터 해방	빈곤의 예방	욕구, 욕망
이념	선택주의	보편주의	선택주의
원리	생존권보장	최저생활보장	전문성
대상	선택된 빈민계층	전 국민	사회적 약자들
자격조건	법적 권리	법적 권리	법적 권리
재원	조세	기여금	조세와 후원
급여수준	국민 최저선	국민 적정선	현물급여
수급권의 성격	약하다	강하다	중간

이와 같은 사회복지의 구조 속에서 그 관계를 더욱 발전시켜 분석한다면 사회복지의 주체들의 권리에 대한 보장의 의미에서 법적 권리로서 선택주의와 보편주의로 구분하여 위의 〈표 7-2〉처럼 정리할 수 있을 것이다. 이 〈표 7-2〉에서 보는 것처럼 삶의 질적 수준은 사회적 약자들의 생존권 보장을 위한 공공부조, 모든 국민의 사회적 위험에 대한 예방적 측면의 사회보험 그리고 사회복지의 구체적 실현을 위한 정책으로서 사회복지서비스제도의 목적이나 이념, 재원, 수급권 등의 특징에 대해 비교 분석은 빈곤으로부터의 해방과 예방 그리고 새로운 출발을 의미하는 자활과 자립처럼 세 축의 결합된 실천만이 사회복지의 진정성을 대변할 수 있다는 것을 보여주고 있다.

사회보험과 공공부조, 사회복지서비스는 복지국가를 견인하고 있는 세 개의 거대한 축으로 어느 한쪽도 간과될 수 없다. 사람들은 사회가 선진화될수록 공공부조로부터 사회보험으로 진행되어야 한다고 한다. 예산의 측면에서 후진국일수록 공공부조에 예산을 집중하고 있으며, 선진국들은 사회보험으로 유지되고 있다. 왜냐하면 경제적인 측면에서 전자는 공공부조의 대상이 많은 반면에 후자는 수혜자 부담이 가능한 국민들이 다수를 차지하고 있기 때문이다. 그러나 어느 나라도 사회보험으로만 국민들의 삶을 보장할 수 없을 것이다. 왜냐하면 각종 사회안전망의 확충에도 빈곤층은 줄어들지 아니하고 실업 및 고용불안의 가중으로 각종 사회문제 해결의 실마리가 보이지 않을 수 있기 때문이다. 그러므로 구체적인 사회복지를 위하여 사회복지서비스 분야는 확대되는 경향이 있는 것이다.

여기서 우리나라의 사회복지에 있어서 정체성에 대하여 살펴본다면, 앞에서 언급한 것처럼 복지국가로 가는 도상에 있다. 혹자들은 사회복지예산이 증가하였다고 복지국가라고 주장하는 사람들도 있지만, 내용적인 측면에서 사회보험보다는 공공부조 예산이 많다는 사실 하나만으로도 아직은 복지국가라고 부를 수는 없을 것이며 사회보험의 지급 양도 매우 부분적이기 때문이기도 하다. 복지국가에 있어서 중요한 것은 앞에서도 논의된 것처럼 사회보험과 공공부조의 조화로운 균형을 통한 국민들의 생존권의 보장이다. 선진국이 복지국가인 이유는 성장과 분배의 우선적 논쟁이 아닌 그리고 사회보험이 공공부조보다 비중이 커서가 아니라 다양한 사회복지제도를 통하여 적재적소에 인간으로서 삶을 보장해 주고 있기 때문이다.

생각해 봅시다

1. 잔여적 복지와 사회복지서비스 간의 관계에 대하여 생각해 봅시다.

2. 보편적 복지와 사회복지서비스 간의 관계에 대하여 생각해 봅시다.

3. 기관복지의 의미와 사회민주주의 국가에 있어서 사회복지서비스 제공에 대하여 생각해 봅시다.

제3부

사회복지의 분야

사회복지의 이상(ideal)은 우리들이 살고 있는 현실 속에서 잘 실현되어야 한다. 그것을 위하여 이 장에서는 사회복지 이론과 더불어 그 구체적 접근인 사회복지실천분야에 대한 각론으로서 사회복지 방법론을 다루고 있다. 그것은 사회복지의 이상적 목표를 현실 사회에 구현하는 과정에서 요구되고 있는 각 분야에서의 이론과 기술을 말한다. 즉 사회복지 이상적 목표가 제대로 구현되기 위해서는 우선 사회구성원들이 구체적으로 어떤 복지욕구를 가지고 있는가를 조사할 수 있어야 하며, 이를 구체적인 정책목표로 전환해야 하고 정책목표를 전달하기 위한 행정조직을 갖추어야 하며 클라이언트의 문제를 파악하여 적절한 복지서비스를 제공하기 위한 기술 등이 필요한데 이러한 제 요소들을 총칭하여 사회복지 방법론이라 하는 것이다. 즉 사회복지의 이상과 현실 간의 조화를 위한 구체적인 작업인 것이다.

Introduction to Social Welfare

제 8 장 사회복지의 이론적 접근

사회복지분야에서 직접적으로 연관된 이론은 실질적으로 매우 빈약한 것이 사실이다. 사회복지개론에서 사회복지학개론이란 명칭 변경은 사회복지에 대한 이론적 정교함을 요구하고 있는 것이다. 그러므로 여기서는 사회복지에 대한 학문적 접근이며 그것을 통한 사회복지의 등장과 발전과정을 이론적 측면에서 접근하여 설명 분석될 것이다. 이것을 해결하기 위하여 사회복지를 이론적으로 설명하고 학문적으로 정립하기 위하여 사회학이나 정치학, 심리학 등에서 한편으로는 사회복지의 등장을 설명하는 다양한 이론적 접근에 대하여 논하고, 다른 한편으로는 사회복지의 역할에 대한 이론적 토대에 대해서도 분석될 것이다.

1. 사회복지 이론 I

사회복지분야들이 학문적으로 접근하기 위한 실천적 토대는 사회복지의 존재적 의미에 대한 이론적 설명과 분석이 필수적이라 하겠다. 사회복지의 현상을 분석하고 설명하기 위하여 인접 학문으로부터 이론적 토대를 도입하여, 이것의 현실화를 위한 재현의 방법과 방식을 이데올로기와 접목하여 설명을 시도할 수 있다[1]. 이 장에서는 사회적 현상들을 설명하고 있는 아래와 같은 이론들을 통하여 사회복지의 존재 이유의 설명적 토대를 구성할 것이다.

1) 기능주의

기능주의적 관점에서 사회복지는 사회구성원들의 삶 속에서 사회복지의 기능과 역할에 초점을 두고 설명과 분석이 시도된다. 기능주의(Functionalism)는 사회의 기능과 제도를 중요하게 여기는 시각으로 사회과학의 주류 이론으로 제일 먼저 정리된 이론이라 할 수 있다. 기능주의는 사회이론에서 변화나 개혁 또는 합의와 균형을 중시하는 경향이 있다. 전자의 실현을 위한 이데올로기는 국가개입을 꺼리는 자유주의로, 후자의 측면은 보수주의라고 불리고 있지만 사회주의보다도 더 국가에 의존하는 경향이 있다.

이 이론은 발전의 의미로서 사회의 안정과 조화로운 사회의 추구에 두고 있다. 사회복지도 이런 관점에서 접근한다. 이것은 사회가 발전하기 위해서는 부분적인 체계가 전체적인 체계에 대해서 기능적으로 공헌해야 생존할 수 있다는 것을 의미하고 있다. 기능주의 시각은 체계가 긍정적인 부분으로 경험하기 위해서는 적합하고 적절한 사회적 기능으로서 통제기능을 하는 장치가 있어야 한다는 것이다. 이러한 이론적 관점의 출발은 말리노브스키(1884~1942)[2] 등의 문화인류학적인 접근으로부터 시작되었으며 오귀스트 콩트(Auguste Comte, 1798~1857)와 허버트 스펜서(Herbert Spencer, 1820~1903)에 의해 기초가 정립되고 에밀 뒤르껭과 탈코트 파슨스(Talcott Pasons, 1902~1979)[3]에 의해 체계화되었다. 이와 같은 기능주의의 이론적 핵심

1) 사회를 설명하고 분석의 토대인 기능주의와 갈등주의를 이데올로기적인 측면에서 접근하여 본다면, 전자는 자유주의와 보수주의 그리고 후자는 공산주의나 사회주의로 이해할 수도 있을 것이다.

2) 브로니슬로브 말리노브스키(Branislaw Kasper Malinowski)는 폴란드 출신의 영국의 문화인류학자로서 미개사회에 대한 구체적이고 세밀한 관찰을 통해 인간의 문화의 의미를 학문적으로 규명하려고 노력하였다. 트로브리앤드 제도의 원주민들의 관찰을 통하여 인간의 욕망과 만족을 장치로서 문화의 기능을 규명하려고 하였다. 그래서 그의 학문적 접근방식과 이론적 입장은 기능주의였다.

3) 사회학의 창시자이며 명명자인 오귀스트 콩트는 프랑스의 사회학자이며, 사회유기체설을 주장하였던 허버트 스펜서는 영국의 사회학자이다. 프랑스 출신의 사회학자 에밀 뒤르껭은 독일에서 장기간 체류하였기 에밀 뒤르카임으로 불리기도 한다. 기능주의 사회학자 탈코트 파슨스는 미국 출신이다.

은 사회를 하나의 거대한 구조로 이해하면서 그 구조 속에 존재하고 있는 다양한 기능과 제도들 간의 조화로운 결합체로 간주하며, 사회의 요소들 간의 상호작용의 토대에서 대상을 기능적으로 파악하고, 이런 조화의 연속성을 발전으로 이해하고 있다는 것이다. 이와 연관하여 사회복지와 기능주의 논리적 구조 속에서 본다면 하층계급의 경제적 상승과 삶의 질적 증진이라는 것이 국가의 의무 또는 사회적 책임과는 거리가 있다. 왜냐하면 기능주의에 있어서 불평등한 보상은 사람들이 사회에서 기능적으로 가장 중요한 역할을 맡도록 동기화하는 유인요소로 간주하고 있기 때문이다. 그러므로 기능주의에서 보는 사회의 역할은 계급적으로 삶을 규정하기도 하는데, 잔여적인 측면에서 국가와 사회는 일단 정해진 삶의 토대에 대한 변화보다는 기본적 생활수준을 보장하지만 그 이상의 삶의 질적 상승을 위해서는 갈등주의보다 매우 강력한 경쟁의 원리가 작동한다.

결론적으로 사회복지는 기능주의적인 관점에 의하면 정치 · 경제 · 사회적으로 각각에게 주어진 역할과 기능을 완수하는 것이 사회구성원들의 삶의 안정을 추구하는 것이다. 사회복지의 측면에서도 안정의 의미는 사회구성원들의 삶에 대한 불만을 감소시키거나 행복을 증진하는 것으로서 그 역할과 기능의 수행이 매우 중요하며 역할의 수행에 문제가 발생하면 노인, 아동, 여성, 노동 등의 사회복지 분야에 해당 부분에 치료를 통하여 회복으로 인도하기에 사회적 변화보다는 안정을 중요한 덕목으로 간주하고 있는 것이다.

2) 갈등주의 이론

갈등이론(Conflict Theory)에 의하면 사회는 기본적으로 노동자와 자본가의 두 계급으로 구성되어 있다는 것이다. 갈등주의 이론에서 갈등은 다수의 노동자와 소수의 자본가 사이에서 발생하는 것이다. 그러므로 갈등주의 이론은 사회구성원들의 삶에 있어서 노동자와 자본가 사이의 불평등 구조에 대한 분석을 강조하고 있다. 기능주의가 사회의 통합과 균형, 질서, 안정을 강조하고 있는 반면에, 갈등주의 이론은 독일의 철학자 칼 마르크스가 주장하였던 사회주의 - 공산주의 이론과 변증법적 유물론을 토대로 사회를 주요 계급인 노동자와 자본가 사이에서의 갈등을 계급구조의 측면에서 파악하고 있다.

그러므로 장기적인 측면에서 이 이론은 복지국가를 노동자의 이익에 적대적이며 부정적이라고 주장한다. 그것은 자본가가 노동자에게 행하는 것들은 기본적으로 노동자의 의식을 약화시키기 위한 것으로 이해되고 있다. 왜냐하면 복지가 오히려 사회의 주체로서의 노동자의 삶을 어렵게 할 수 있기 때문이다. 이것에 대하여 독일의 사회철학자 헤르베르트 마르쿠제(Herbert Marcuse, 1898~1979)는 고도로 발전된 산업국가들이 물질적으로 상승할수록, 그리고 생활수준이 광범위한 계층에 이르기까지 증진되었음에도 불구하고, 생산성의 파괴가 얼마나 진행되었으며 기술과 도구에 대한 노예화로부터 해방될 수 있는가, 한편으로 경제발전으로 인한 인간의 삶의 질적 상승이 다른 한편으로 강제와 착취가 뒤따르고 있다는 사실로부터 사이비 사회복지에 대해 경고하고 있다(Marcuse, 1965: 10). 물론 갈등주의에도 바라보는 관점에 따라 다양한 분파가 존재하고 있는데, 보편적인 갈등의 원인은 논의된 양 계급 사이에서 사회적 자원의 —자본이나 권력— 희소성으로 인한 소유와 분배의 불균형으로부터 찾고 있으며, 그 결과를 착취라는 개념으로 접근하고 있다. 이론적 측면에서 사회의 발전은 양 계급의 투쟁 속에서 사회적 자원의 분배보다도 노동자 계급에 의한 지배구조의 형성을 의미한다. 그러므로 사회복지에 대한 갈등주의적인 접근은 부정적인 측면이 나타나기도 한다. 왜냐하면 이 이론에 의하면 한편으로 사회복지는 자본가에 의한 시혜로 간주되고 있으며, 다른 한편으로 노동자들의 삶에 대한 자본가의 보장을 위선으로 접근되고 있기 때문이다.

결론적으로 갈등이론은 노동자와 자본가의 갈등을 계급투쟁의 관점으로 접근한다. 그리고 그 투쟁을 통한 사회문제 해소하는 과정을 진보라고 파악하고 있으며, 그 과정 속에서 하나의 방법으로 사회복지라는 개념이 등장한 것이다. 그러므로 이 이론에 의하면 사회복지는 하나의 부분적인 방법이지 산업사회의 문제를 근본적으로 해결하기 위한 것은 아닌 것이다.

3) 사회복지와 기능주의 그리고 갈등주의

원론적인 측면에서 사회복지에 대한 기능주의나 갈등주의적인 접근은 인간의 삶의 질적 수준에 대한 사회구조적인 분석이다. 그러므로 이 분석은 기능주의와 갈등주의 시각에서 바라보는 사회복지에 대한 이해라고 할 수 있다. 이런 이해는 이데올로기적인 지향점에 있어서 차이는 있지만 두 이론 모두 본질적으로 사회복지가 더 진보적이라는 것으로 이해하여야 한다는 것이다.

사회복지의 지향점에 접근하는 방식의 차이는 성취 가능성을 기능주의보다는 갈등주의에 가깝다고 이해할 수도 있다. 왜냐하면 인간의 욕망은 끊임없이 변하고 그것을 추구하기 위하여 정책적 노력의 결과물이 사회복지이기 때문이다. 다른 측면에서 기능주의는 인간의 욕구 해결의 측면이 아닌 욕구의 절제 그리고 제한적인 대응을 강조하고 있기에 사회복지적인 측면에서 잔여적 복지로 분류될 수 있다. 본질적으로 기능주의와 갈등주의는 사회복지에 대하여 부정적이다. 왜냐하면 전자는 대중에 대한 국가개입이 나태나 게으름으로 진행될 것을 경계하며, 후자는 사회구성의 다수가 노동자의 주체적 권력을 강조하기에 자본가에 의한 어떠한 당근도 인정하지 않으면서 오히려 그것을 노동자의 주체적 삶에 대한 장애물로 바라보고 있기 때문이다.

결론적으로 많은 선진복지국가의 예에서 찾아볼 수 있듯이 기능주의와 갈등주의를 토대로 사회복지의 필요성과 부작용에 대한 분석의 우려에도 불구하고 이론적 적용과 응용을 통하여 사회구성원들의 삶을 증진시키고 있다. 그러므로 논의된 위의 두 이론은 한편으로는 사회복지에 대한 전향적인 새로운 시각을 제공하면서, 다른 한편으로는 이데올로기적으로 사회복지실천을 위한 기술(Technic)의 발전에 기여하였다.

2. 사회복지 이론 Ⅱ

여기서는 사회복지에 대한 공통적인 접근의 토대로서 왜 또는 어떻게 사회복지가 우리 사회에 다가왔는가에 대하여 다섯 가지의 측면에서 이론적 분석을 시도할 것이다. 하나는 사회복지의 탄생에 대해 가장 보편적으로 이해되고 있는 토대로서 산업사회에서 사회복지의 추구에 대한 정당성에 대한 논리적 논거이다. 이러한 이해를 통하여 현대 사회복지에 대한 논리적 이해와 거시적 안목이 형성될 수 있을 것이다. 산업이 고도화되면서 사회문제의 심각성에 대한 분석틀을 아래와 같은 산업화 이론, 독점자본주의 이론, 조합주의 이론, 사회민주주의 이론, 국가중심이론 등에 대해 살펴볼 것이다.

1) 산업화 이론

산업화 이론은 사회복지 발생에 대한 가장 기본적인 틀을 제공하고 있는 이론이다. 이 이론에 의하면 현대적 의미에서 사회복지는 서구유럽 산업화 과정 속에서 탄생하였다는 것이다. 산업화란 농업사회의 주체인 농민들이 산업사회에서는 노동자로 전환되면서 생산수단이나 생산방식 등에 대한 전체적인 사회적 변화과정을 의미한다. 또한 사회복지는 공산주의 이데올로기의 영향 속에서 노동자와 자본가 갈등 관계 해결방법의 하나로서 역할을 하였다.

산업사회 이전의 사회형태였던 농업사회에서는 가족 내에서 모든 삶에 필요한 모든 것이 충족될 수 있었으며 가족구성원의 역할을 통하여 삶이 해결될 수 있었다. 왜냐하면 산업사회의 핵가족 구조와는 다르게 농업사회는 많은 가족구성원들이 함께 거주하면서 생활에 필요한 것들을 자급자족하는 대가족 구조이기 때문이다. 이런 측면에서 가족구성원들 개개인은 농사뿐만 아니라 가족에 필요한 모든 것들을 스스로 자급자족해야 한다는 이유로 대가족 사회에서의 복지를 가족복지라고 부를 수 있을 것이다. 그러나 사회가 복잡해지고 산업혁명이 발생한 이후에 새로운 삶의 방식의 등장은 가족 구성원만으로는 새로운 사회에 대한 적응이 어려워졌다. 다른 측면에서 산업사회에서 사회구성원들의 욕구와 욕망들이 매우 다양화되고 급격히 증대되었다는 사실이다. 정리하면 산업화과정에서 인구구조의 변화, 각종 사회적 변화는 많은 문제들이 발생하였으며, 그에 따른 국가의 책임성이 강조되었다[4]. 그러한 측면에서 복지국가는 산업화의 산물이라고 볼 수 있을 것이다. 산업화 이론은 산업화의 진전에 따라 가족과 공동체의 전통적 복지기능이 —경제, 교육, 문화 등— 쇠퇴하기 때문에 국가와 사회가 사회복지의 역할을 대신하게 되었다고 주장한다. 즉, 전통사회에서는 가족이나 공동체들이 개인들의 사회적 삶을 보장하는 역할을 수행했지만, 산업화에 따라 마을공동체와 가족이 해체 내지는 기능이 축소되면서 그와 같은 역할을 더 이상 수행할 수 없게 되었다. 현대산업사회에서는 그러한 기능과 역할을 국가와 사회가 흡수하여 제도적으로 수행하게 되었다는 것이다. 다른 측면에서 산업화에 의한 경제발전이 사회복지 발전에 필요한 자원 확보를 가능하게 하였다는 사실이 산업화가 사회복지 발달과 밀접한 연관성을 주장할 수 있는 근거가 된다.

이런 이유에서 오늘날 많은 학자들은 산업화 또는 경제발전과 사회복지와의 관계에 있어서 일정한 상관성이 있음을 인정한다. 그러나 산업화 정도와 경제발전 정도가 비슷한 국가들 사이에서도 복지의 형태나 발전 정도에 있어서 차이가 보인다는 점과 그에 따른 복지에 대한 욕구에 있어서도 차이가 있음을 간과하고 있는 산업화 이론은 복지발전에 대한 미시적인 접근과 설명에 어느 정도는 한계를 갖고 있다고 볼 수 있다.

2) 독점자본주의 이론

독점자본주의 이론에 의하면 사회복지제도의 발전은 자본주의의 이익확보 차원에서 접근하고 있다는 것이다. 즉, 대공황이나 사회의 저변으로부터의 정치적

4) 산업화의 진행으로 발생하였던 사회적 위험(social risk), 직접적인 사회문제들로는 산업재해, 실업, 빈곤 등이 있으며, 간접적인 사회문제로는 지역 간의 이동 증가(도시화), 핵가족화, 저출산율 등이 있다.

압력에 —예컨대 폭동 등— 대항하여 자본주의 체제를 보호하려는 목적, 또는 자본주의의 장기적 안정을 위해 자본가 간의 단기적 이해관계를 조절하여 자본축적을 안정화하고 자본주의 체계의 정당성을 확보하기 위한 목적에서 사회복지제도가 발전한다고 주장하는 이론이 독점자본주의 이론인 것이다. 따라서 이 이론에서는 사회복지제도를 자본의 이익을 위한 것으로 간주한다. 그러므로 그 이론에 의하면 사회복지가 피상적으로는 노동자나 빈민들에게 이익을 주는 것처럼 보이나, 본질적으로는 이들을 자본주의체제에 길들이기 위한 전술로서 사회복지에 대해서 부정적 입장을 견지한다.

독점자본주의 이론은 결과적으로 마르크스적인 관점과 유사하게 접근한다는 측면에서 신마르크스주의(Neo-Marxism)로 간주할 수 있을 것이다. 왜냐하면 사회복지의 등장에 대해 부정적인 관점을 취하고 있는 이론이기 때문이다. 그러나 본질적으로 두 이론은 추구하는 목적이 다르다. 왜냐하면 전자는 자본가의 이해관계를 위해서 후자는 노동자의 이해관계의 측면에서 접근하고 있기 때문이다. 또한 사회복지는 한편으로 노동자들의 계급의식과 투쟁정신을 희석시킬 수 있으며 다른 한편으로 사회의 변화는 위로부터가 아닌 아래로부터 이루어져야 하기 때문이다. 이런 측면에서 사회복지는 위에서 내려온 것으로 간주된다. 에스핑 안데르센에 의하면 그런 접근 방법에는 세 가지 차원에서 전개된다고 한다. 하나는 사회복지를 하나의 도구로 간주하는 도구주의적 관점이다. 이것은 국가를 자본가의 이익을 결정하고 수호하는 도구로 생각한다는 것이다. 둘째는 구조주의적 관점으로 이 시각에 의하면 사회복지는 국가와 자본가 사이의 객관적 관계 속에서 중요하게 강조되고 있다. 셋째로는 사회복지를 자본가와 노동자 간의 관계에 있어서 정치적 계급투쟁의 관점에서 바라보는 것이다.

그러나 독점자본주의 이론이 지니고 있는 한계는 과도하게 경제 결정론에 대한 의존과 다양성을 무시하는 경향이 있다는 것이다. 그것은 이 이론이 사회복지가 실제로 자본가의 이익에 기여하는 것인지, 또 기여한다면 어느 정도가 기여라는 것인지를 과학적으로 검증하기란 매우 어렵다는 것이다. 그러므로 과학적 검증이 어렵다는 점이 이 이론의 가장 큰 단점이다. 또 이 이론에 따르면 비슷한 자본주의 발전 정도를 보이는 국가들에서는 사회복지도 비슷한 발전양상을 보여야 하지만, 자본주의 발전 정도가 비슷한 국가들 간에도 복지형태 및 발전 정도가 상이하다는 측면에서 독점자본주의의 이론 모순과 한계를 지닌다고 할 수 있다.

독점자본주의 이론 역시 비교적 초기의 사회복지 이론으로써 오늘날 이 이론을 그대로 따르는 학자는 드물다. 그러나 이 이론은 사회복지가 일반적으로 이해되는 것처럼 자본가의 이익에 반하고 경제발전을 저해하고 있는 것이 아니라 자본가의 이익에도 도움이 되면서 장기적인 측면에서 자본주의의 안정적인 발전에도 기여한다는 점을 밝힘으로써, 사회복지 발전과정에서 자본의 양보를 얻어내고 사회적 합의를 도출해 내는 데 중요한 이론적 정당성을 부여하였다.

3) 조합주의 이론

조합주의 이론은 이익집단과 정부 간의 정책결정 과정에서 역할분담에 대한 이론이다. 이 이론은 국가조합주의와 신조합주의 이론으로 구분하여 설명할 수 있다. 전자는 국가의 통치력 강화를 위해 강제적으로 이익집단을 구성하여 정부의 의지를 실천하기 위해 하향적으로 동원하고 통제한다는 것이다. 후자는 자유주의적 조합주의 또는 사회적 조합주의라고 부르기도 하며 국가가 중요한 정책결정이나 문제 해결에 있어서 함께 나누는 것으로 국가통제가 아닌 이익집단을 유인하여 자율적으로 국가에 협조한다는 것이다.

4) 사회민주주의 이론

사회민주주의(이하 사민주의)[5] 이론은 사회복지분야에서 산업화이론과 독점자본주

5) 사회민주주의는 19세기 서유럽 노동운동과정에서 만들어진 ㄷ념이다. 그것은 러시아 혁명 이전에 영국에서 발생한 개량주의적 노동조합주의로부터 독일의 마르크스주의, 극단적인 아나키즘(Anarchism) 이르기까지 자본주의체제에 비판적인 노동운동의 전체적인 이념을 통합적으로 적용할 수 있는 다양한 스펙트럼을 가지고 있기에 초기에는 사회주의와는 구별되지 않았다. 정치적인 발전의 측면에서 사회주의와 의회주의의 결합으로 탄생한 사긴주의는 노동운동에 기반을 둔 중도적인 노선을 지향한다고 볼 수 있다.

의 이론과 대척점에 위치하면서도 사회복지의 발전적인 측면에서 접근을 시도한다. 이 이론은 민주주의의 보통선거나 의회를 통한 정치적 평등에 이어 사회주의의 경제적 평등을 지향하는 것으로 민주주의가 사회주의와 결합하여 만들어진 체제원리라고 할 수 있다. 그러므로 이 이론은 본질적으로 평등을 중요한 국가와 사회의 원리로 강조하고 있는 사회주의 국가들의 국가운영 현실적 모순적 행태로부터 출발하였다고 볼 수 있다. 그런 측면에서 사회민주주의 국가는 기존의 사회주의 국가들과 구별되는 북유럽 중심의 이데올로기라 할 수 있다.

북유럽국가들, 특히 사민주의 입장에서 스웨덴은 대표적인 복지국가의 상징으로 알려져 있다. 사민주의는 한편으로 복지국가를 형성하는 데 기여했으며 다른 한편으로는 대부분의 복지국가에서 지배적인 이론적 토대로 작용하고 있다. 그래서 사회복지는 사민주의의 전유물로 간주되기도 하였다. 사민주의 이론에서는 다른 이론들이 잔여적 복지에도 연관성을 가지고 있는 것과 사회복지가 자본가의 일방적 이익을 위한 것이 아니라 노동계급의 이익에도 크게 기여하는 보편적 복지를 추구한다는 것이다.

그러므로 이 이론은 산업화 이론이나 독점자본주의 이론보다 정치적 요소를 중요시하는 경향이 있다. 그러한 측면에서 자본가 계급들은 노동계급과 빈민들의 불만을 완화시키려고 안정적인 자본축적을 위하여 복지제도 발전을 추구하기도 하지만, 노동계급 역시 복지발전을 위해 적극 노력하고 있다는 것이다. 그러므로 사회복지는 이러한 자본가에 대한 노동계급의 정치적 투쟁과 노력의 결과물이라 할 수 있는 것이다. 결국은 복지국가의 발전에 있어서 우선순위는 자본과 노동의 계급투쟁에서 노동운동의 성과로 접근하는 것이 사민주의 이론이다.

사민주의 이론은 산업화이론과 자본주의 기능적인 측면에서 긍정과 부정을, 그리고 독점자본주의와는 같은 사회복지 관점에서 같은 시각인 좌파적 입장을 견지하고 있지만 기능적인 측면에서 원인과 결과는 다른 모습으로 나타나고 있다. 그럼에도 불구하고 우리 사회에서 그 이유를 강조하는 것은 사민주의 이론이 기능적인 견해보다는 정치적인 요소를 더욱 중요하게 간주하고 있기 때문이다. 진정한 의미에서 평등을 추구하기 위한 실천적 국가들의 이론으로서 사회민주주의 이론은 사회복지와 복지국가 건설을 위한 이론적 모범으로 간주할 수 있을 것이다.

그럼에도 불구하고 사민주의 이론에는 사회복지분야에 우위를 점한다는 인식에 대한 현실적인 모순이 존재하고 있다. 왜냐하면 많은 나라에서 보수당이나 자유당에서도 복지에 연관된 프로그램을 도입한 사례들이 있으며 유교주의(Confucianism) 복지국가들, 그것을 사회민주주의 이론으로만 간주하기는 어렵기 때문이다.

5) 국가중심이론

위에서 논의된 이론들은 모두 사회복지에 대한 수요를 사회복지의 등장 배경과 발전의 중요한 요소로 간주하고 있다. 그러나 국가중심이론은 복지국가의 발전을 공급의 측면에서 동인을 찾고 있다. 즉 사회복지의 공급자의 주체로서 국가와 전문화된 관료기구에 대한 국민의 신뢰를 사회복지의 주체적 요소로 간주하고 있다는 사실이 국가중심이론의 핵심이다.

다른 방식으로 말한다면 국가중심이론은 복지국가의 발전을 관리자로서 국가구조 발전의 산물로 규정하고 있다는 것이다. 그러므로 이 이론은 국가를 계급이나 정치적 이익집단 등 어느 집단이 단체로부터 자유로운 자율적인 주체로 인식하면서, 이 자율적인 주체로서 국가가 자신의 존재적 정당성을 확보하려는 차원에서 국민에 대한 복지제도를 확충하고 있다고 주장하고 있다. 즉 국가는 계급이나 이익집단으로부터 영향을 받기도 하지만 스스로 자신의 전문성과 정당성을 추구하는 주체로서 객관성을 담보하기에 이 과정에서 국가 스스로 사회적 요구와는 무관하게 복지제도를 확충한다는 것이다.

전통적인 이론들에서는 국가가 사회의 요구를 반영하여 그것을 복지제도로 입안, 시행하는 것으로 인식하고 있었다. 그러나 논의된 것처럼 국가중심이론에서는 그와는 반대로 국가가 사회적 요구와는 무관하게 독자적으로 복지제도를 입안하여 시행하면서 오히려 이를 사회에 강제함으로써 복지발전을 주체적으로 주도한다는 것이다. 국가는 이와 같은 일을 통해 자신이 매우 중요한 일을 하고 있다는 점을 사회구성원에게 주지시킴으로써 정당성을 얻게 된다.

실질적으로 현대사회의 많은 복지프로그램들이 정치가나 사회복지에 전문적인 관료에 의해 주도적으로 도입되며, 정부 내에 있는 사회복지에 연관된 관료기구들은 자체의 이익을 극대화하기 위하여 사회구성원들의 복지욕구에 대한 변화를 고려하지 않고 각 기구들이 차지할 수 있는 예산을 팽창시키거나 기구의 역할을 증대시키고자 한다. 이와 같은 현상들을 극복하는 것으로서 국민에 대한 국가의 신뢰구축 과정이 현대 사회복지발전으로 국가중심이론의 타당성을 증명하는 것이라 할 수 있다.

3. 정리

실질적으로 현존하는 사회복지와 관련된 어떠한 서적들에서도 사회복지이론이라 주장하면서 독자적으로 설명하지는 않고 있다. 위에서 논의된 이론들은 사회복지의 태동과 연관된 이론이라 할 수 있다. 이 이론들은 사회복지를 설명하는데 매우 중요하다. 왜냐하면 어떤 이론적 토대를 선택하느냐에 따라 사회복지의 수요자와 공급자에 대한 규정과 모든 각론적인 논의의 범위에 변화가 있을 수 있기 때문이다.

역사적으로 자본주의 전개과정에서 노동자들의 삶에 대한 욕구의 증진에 대한 실현 가능성과 자본가의 이윤 증대 사이에서의 모순적 토대에 관한 분석틀이 사회복지에 연관된 이론적 전개라 할 수 있을 것이다. 그러나 앞에서 언급된 것처럼 사회복지분야에서 사회복지를 설명하기 위한 이론적 근거를 독자적으로 설명하려는 노력은 거의 없었다. 단지 그것을 위하여 다른 분야에서 —사회학, 행정학 정치학 등— 연관된 논리들을 부분적으로 도입하여 사용하였다. 그런 이유로 사회복지와 연관된 사회복지의 발전과정을 설명하려는 이론들은 모든 이론들이 그렇듯이 상황과 현상에 따라 설명력의 차이는 있지만 각 이론들마다 나름의 타당성을 지니고 있다고 볼 수 있는 것이다.

2019년 우리나라는 국민소득 3만 달러가 넘어서면서 선진국 대열에 진입하였으며, 복지국가 반열에도 도달하였다. 이러한 일련의 과정에 대하여 이론적으로 우리나라의 사회복지에 대한 학문적인 설명을 시도한다면 위에서 논의된 이론들로 설명할 수 있지만, 그중에서도 설득력을 줄 수 있다면 기능주의와 국가중심이론으로 접근이 가능할 것이다. 왜냐하면 짧은 산업화 과정에서 발생한 사회문제와 노동문제를 아래로부터의 해결뿐만 아니라 기능적인 측면에서 국가의 역할 강화가 자연스럽게 진행되었다고 볼 수 있기 때문이다.

현실적으로 사회복지를 추구하거나 복지국가에 대하여 설명하고 발전시키며, 정책을 집행하는 데 있어서 각각 이론들이 독자적으로 적용되고 실천되는 경우는 거의 없다. 그런 측면에서 인간을 위한 복지는 시장원리의 자유로운 활동에 남겨질 수 없고, 사회의 복지욕구는 사회정치이론가들, 정당, 새로운 사회운동의 주목을 받을 가치가 있다는 것은 분명한 사실이다(Gary Taylor, 2010: 304). 그러므로 거의 모든 나라들은 사회복지 실천을 위하여 한편으로는 각 이론들의 과정적 오류를 극복하면서 다른 한편으로는 정책적으로 각 이론들의 장점들만을 복합적으로 수용하면서 실천하고 있다.

생각해 봅시다

1. 사회복지에 대한 이론적 의미를 현실에 대한 실천적인 측면에서 생각해 봅시다.

2. 기능주의와 갈등주의의 이론적 토대로 사회복지에 대한 접근을 생각해 봅시다.

3. 사회복지가 발생하는 현상을 이론의 측면에서 생각해 봅시다.

제 9 장

사회복지방법론적 접근 Ⅰ

이 장에서는 사회복지를 익히기 위한 사회복지분야들을 보편적이고 일반적인 측면에서 구분하여 그 각각의 분야에 대하여 이론적 설명하고 규정하여 분석할 것이다. 정확히 이야기한다면 논해지는 과목들은 한편으로 사회복지를 학문적으로 전공하기 위한 과정인 동시에 필수 요소인 것이며, 다른 한편으로 사회복지사 2급 자격증을 위해 반드시 학습해야 할 필수적인 분야들로서 그에 대한 설명이 진행될 것이다. 그러나 여기서 논하려는 사회복지의 각 분야별에 대한 접근에 있어서 각 계층에 속한 사람들만을 위한 복지를 의미하는 것은 아니다. 그것은 오히려 각 계층의 복지를 통하여 사회 전 구성원들의 삶을 증진시키는 것을 의미한다. 사회복지사업법 제3조는 사회복지를 전공하고자 하는 사람들이 반드시 해야 할 것들에 대하여 아래의 10개 과목에 대한 이수를 규정하고 있다.

1. 사회복지학개론

사회복지학개론은 얼마 전까지 사회복지개론으로 불렸다. 사회복지학개론은 2020년부터 사회복지개론에서 사회복지학개론은 영문으로는 변경된 것 없이 An Introduction to Social Welfare이며 한글 명칭만 변경된 과목이다. 모든 학문에는 그 학문의 기본이나 토대를 총괄적이면서 포괄적으로 설명하는 가장 기본적이면서 필수적인 과목이 있다. 사회복지분야에서는 사회복지학개론이 그 위치와 역할을 수행하고 있다. 즉 이 과목은 사회복지에 대한 관심 또는 입문하거나 전공하려는 사람들이 반드시 접해야 하는 필수과목인 것이다. 그러므로 사회복지학개론은 학문적인 측면에서 사회복지와 관련된 모든 것들을 총괄하는 역할을 수행해야 할 뿐만 아니라 사회복지에 관심이 있는 모든 사람들이 이해할 수 있어야 하는 매우 중요한 지침서라 할 수 있을 것이다.

2. 사회복지실천론

사회복지 분야에서 사회복지실천(Social Work Practice)이란 사회복지학이 응용과학임을 보여주는 대표적인 실천 분야라고 할 수 있다. 왜냐하면 사회복지실천론은 사회복지의 제도적 측면과는 달리 개인, 가족 및 집단의 사회적 기능 향상을 위한 복지전문가의 전문적 개입활동과 같은 실천적인 것들에 대하여 논하기 때문이다. 즉 사회복지사나 그에 연관된 전문가들이 심리적, 경제적, 사회적 부적응 상태의 사람들을 위하여 사회복지에 관련된 제반 제도 및 지식, 기술 등을 동원하여 그들의 문제를 해결하거나 부적응 상태를 해소하는 행위를 사회복지실천이라 할 수 있다. 이런 측면에서 사회복지실천은 현장에서 실행되는 사회복지로서 임상사회사업이라고 할 수 있을 것이다.

사회복지를 구체적으로 실천하는 사람을 사회복지사로 부르고 있다. 그러므로 사회복지사는 구체적으로 클라이언트를 위한 사회복지 실천을 위해서는 그 자체의 가치, 원칙, 기술을 전문적으로 적용시킬 수 있어야 할 뿐 아니라 인간발달 및 행동에 관한 지식, 사회적 · 경제적 · 문화적 제도에 관한 지식 등을 활용할 수 있어야 한다. 또한 사회복지사는 클라이언트의 문제와 욕구를 적절히 파악하고 클라이언트와 성공적인 관계를 맺으며 클라이언트에게 적절한 보호조치를 취할 수 있기 위하여 심리학·사회학·의학 등의 제반 지식과 기술을 숙지하고 있어야만 성공적인 사회복지 실천이 가능할 수 있다. 광의적 개념에 의하면 사회복지실천은 단순히 사회복지에 연관된 사회복지정책과 사회복지행정의 영역뿐만 아니라 그 영역에서 사회복지사의 역할도 포함된다고 볼 수 있을 것이다.

3. 사회복지실천기술론

사회복지실천론이 클라이언트의 삶에 대한 문제해결을 위해 사회복지사를 비롯한 사회복지전문가들의 개입활동에 대한 논의라고 한다면, 사회복지실천기술론(Skills and Techniques for Social Work Practice)이란 사회복지가 추구하는 가치와 목표에 입각하여 실천하기 위한 사회복지사의 개입활동에 있어서 전문적인 지식과 방법 그리고 기술에 대한 실질적이고 구체적인 접근이라고 할 수 있다. 그러므로 사회복지실천기술이란 사회복지사를 포함한 사회복지 전문가들의 능력 등을 증진시켜 사회복지에 연관된 다양한 정책이나 서비스 등을 클라이언트에게 전달하기 위하여 각종 개입활동 과정에 사용되는 구체적이고 직접적인 그리고 세밀한 활동인 것이다.

사회복지 실천을 위하여 사용되는 기술은 매우 포괄적이면서 구체적이어야 한다. 또한 그 기술은 대상자에 따라서 매우 다양하며 상황에 따라 유동적이라고 할 수 있다. 왜냐하면 사회복지의 대상자들은 성향이나 성격, 나이, 성별 등 매우 다양하기 때문이다. 이것을 실천하기 위한 구체적인 사회복지 실천기술로서 가장 일반적으로 사용되는 기술로는 면접(interview)기술이 있다. 면접이란 면접자와 클라이언트 간의 단순한 대화 이상의 의미를 갖는 것으로써 그 목적에 따라 크게 정보수집을 위한 면접과 치료를 위한 면접으로 구분된다. 또한 그것을 위하여 면접에는 관찰, 경청, 질문, 초점·안내·해석, 분위기 조성 등의 요소로 구성된다. 사회복지실천기술은 사회복지분야에서 사회복지 대상자들에게 성공적인 사회복지 서비스 전달을 위해 매우 중요한 분야인 것이다.

결론적으로 사회복지실천기술론에서는 사회복지를 실천을 위한 인간과 인간을 둘러싼 사회적, 문화적 환경에 관련된 살아있는 서비스를 제공하기 위하여 노력한다. 이것은 단순한 기계적 조작기술이 아닌 상황적이며 유기적으로 인간의 삶의 질적 상승을 인도하는 기술이라 할 수 있을 것이다.

4. 사회복지정책론

본질적으로는 사회복지정책은 산업화 이후 발생하였던 사회문제를 해결하기 위해 사회정책이 등장하였으며 체계적인 추구를 위해 사회정책학(Social Policy Science)과 사회정책협회가 구성되었다. 사회복지정책론(Social Welfare Policy)은 사회복지 연관된 정책들에 대한 체계적인 실천을 위한 토대 구축으로서 그에 관한 논의인 것이다.

그러므로 사회복지정책론의 출발은 사회정책일 것이며, 사회복지의 토대는 사회복지정책일 것이다. 사회복지정책은 일반적으로 협의의 측면에서 제한된 대상들을 —장애인, 노인, 아동, 여성— 생각하게 된다. 그에 연관된 문제들의 해결을 위한 사회복지정책이 수립되기 위해서는 사회적으로 공론화된 이슈가 요구되며, 그러는 과정에서 문제해결을 위한 아젠다(Agenda)가 형성되며, 그것은 사회복지정책 대안으로 제시되는 것이다. 그러므로 사회복지정책은 일반 사회정책과는 달리 정책 대상이 구체적이다. 예를 들어 사회복지정책은 개인이나 집단이 인간다운 생활을 영위하는 데 필요한 사회적 관계의 지향성과 사회복지서비스의 확충 및 자원의 형평적 배분에 영향을 주고자 마련된 원리 또는 행동노선의 실천을 위한 구체적인 토대인 것이다.

결론적으로 사회복지 실천의 측면에서 구체화의 의미는 한편으로 정책실천을 위하여 보편적이냐 선별적이냐와 같은 거시적인 측면에서 사회복지정책의 체계화인 것이며, 다른 한편으로 정책실천에 있어서 사회복지대상자를 위한 사회복지서비스의 미시적인 접근인 것이다.

5. 사회복지법제와 실천

법의 목적이 정의실현과 질서유지라고 사람들은 이야기한다. 그러나 사람들에게는 사회복지에 연관된 법들의 이와 같은 정의와 질서유지라는 개념에 대한 논의가 필요할 것이다. 이런 측면에서 사회복지법의 정의와 질서유지의 의미는 사회복지의 실천과 실현의 측면에서 접근되어야 할 것이다. 이런 측면에서 사회복지법제론(Social Welfare and Law)은 사회복지법제와 실천(Social Welfare Law and Practice)으로 과목명이 변경되었다.

사회복지법제와 실천은 사회복지를 실천하기 위한 법적 토대에 대한 논의라고 할 수 있다. 한편으로 사회복지법제는 사회복지와 연관된 법들의 총체를 의미하며, 다른 한편으로 그것을 토대로 사회복지법의 현실적용이 실천인 것이다. 그러므로 사회복지법제와 실천은 산업화 과정에서 사회복지를 총괄적으로 규정하여 정책적으로 제도화한 결과물인 사회복지에 관련된 법들의 집합체를 통한 사회복지의 실천을 의미한다. 이것은 또 다른 측면에서 사회복지에 관련된 법들의 집합체의 의미로서 사회복지실천을 규정하는 법적 규범의 총체를 의미하기도 한다. 사회복지법제와 실천의 내용적인 측면에서 사회복지를 규정하고 있는 법들은 사회복지를 구체적으로 실천하기 위한 제도 · 기구 · 기관 · 시설 · 권리 · 의무 등을 규정하고 있으며, 법의 존재형식에 따라 형식적 의미의 사회복지에 대한 규정, 실질적 의미의 사회복지에 대한 규정으로 구분하고 있다. 전자의 형식적 의미에서 사회복지에 연관된 법들은 단순히 외적형식을 갖춘 제반 법규들로 제한된다. 즉, 규범내용, 규범목적, 기능 등을 고려하지 않고 사회복지라는 명칭을 가진 법규를 사회복지법제 속에 포함시키고 있다. 실질적으르 우리나라의 사회복지에 연관된 사회복지법들은 「사회복지사업법」의 제3조에 의하면 국민기초생활보장법 외에 27개의 제정된 법들이 규정되어 있다.

결론적으로 우리사회의 사회복지 발전을 위해서 사회복지에 연관된 법의 체계적인 구체화가 필수적이다. 그러므로 사회복지법제와 실천에서는 사회복지정책의 집행을 위한 근거에 대한 규정뿐만 아니라 사회복지의 체제를 유기적으로 관계를 만드는 핵심적인 역할에 대하여 논의되어야 한다.

6. 사회복지행정론

사회복지행정론(Social Welfare Administration)에서는 사회복지정책을 사회복지 서비스로 구현하는 것에 대하여 논한다. 그것을 위한 구체적인 내용으로는 실천적 조직행위, 즉 사회복지의 목적과 목표에 대한 이해 및 이를 효율적으로 달성하기 위한 인적·물적 자원의 동원과 관리방법, 국가적 복지행정망과 기관·시설을 포함하는 조직, 사회복지행정가나 사회복지전문요원과 같은 전문복지행정인력, 사회복지실천 프로그램을 개발·관리·시행하는 전문가의 활동 등을 다루고 있다. 그러므로 바람직한 사회복지행정은 효율성(efficiency), 효과성(effectiveness), 공평성(equity), 접근성(accessibility)의 요건들을 강조하게 되는 것이다.

사회복지행정은 그 시행 주체에 따라 크게 공공사회복지행정과 민간사회복지행정으로 구분된다. 공공사회복지행정은 중앙정부, 지방자치단체, 기타 공공조직에 의해 수행되는 것으로 그 운영재원은 원칙적으로 국민조세로부터 충당된다. 공공사회복지행정은 사회안전망 구축의 기초로서 현대 복지국가 형성의 근간을 이루고 있다. 민간사회복지행정은 사회복지사업법에 의해 설립된 법인이나 사회복지시설에 의해 운영되는 형태이며, 그 재정은 자체조달, 국가보조, 기부금 등 다양한 형태로 조달되고 있다. 사회복지행정조직에 소속된 사회복지행정인력은 복지서비스를 효과적·효율적으로 전달하는 전문인을 말한다. 복지행정인력에는 다양한 전문가, 준전문가, 보조전문가, 행정 및 사무요원, 자원봉사자 등이 포함된다.

결국 행정학(Science of Administration)이 행정법과 연관되어 있듯이 사회복지행정론은 사회복지법에 규정된 사회복지정책을 집행하고 그것을 위한 지원에 대하여 논의하는 것이다. 그러므로 이 과목에서는 사회복지에 관련된 업무들에 대한 중앙정부조직으로 보건복지부를 비롯하여 지방정부의 사회복지 부서들을 통하여 실현되는 것이며 그 역할에 대한 효율성과 적정성을 부여할 수 있도록 행정적인 역할의 실현이라 할 수 있다.

7. 사회복지조사론

사회복지조사론(Research Methods for Social Welfare)에서는 효율적인 사회복지서비스의 제공을 위한 자료의 제공이나 그에 대한 분석에 대하여 논의한다. 사회복지자료분석론, 사회복지조사분석론 등 여러 이름으로 불렸으나 현재에는 사회복지조사론으로 정리되었다. 이 과목은 인간행동과 사회환경과 함께 사회복지와는 내용적으로 거리가 있지만 사회복지를 학습하고 실천하기 위한 반드시 필요한 지식을 제공하고 있다.

급격히 변화하고 있는 현대사회에서 대중들의 사회적 욕구와 욕망은 법, 제도보다 훨씬 빠르게 변화하고 있기에, 그것에 대하여 이 과목은 과학적인 인식을 통한 분석을 제공한다. 특별히 복지분야에서 이루어지는 것이 사회복지조사인 것이다. 사회복지조사란 과학적 방법을 사용하여 사회복지를 통해 대처하고자 하는 여러 사회문제들의 현황과 원인, 해결방안을 찾기 위해 체계적으로 행해지는 것이다. 그것을 위하여 다양한 방법들이 시도될 수 있는데, 그중에서도 질문지법(questionnaire survey), 관찰법(observation method), 면접법(interview method) 등이 사회복지조사뿐만 아니라 사회조사에서도 가장 대표적으로 사용되는 조사방법들이라 할 수 있다.

결론적으로 사회복지조사는 사회문제의 현실을 파악하기 위한 조사, 그 문제에 대한 원인 및 해결책을 파악하기 위한 조사 그리고 복지대책의 적용과 검증을 위한 조사 등을 의미한다. 그런 과정을 통하여 사회복지가 실천되고 있는데, 그것을 그림으로 정리하면 다음 그림과 같다.

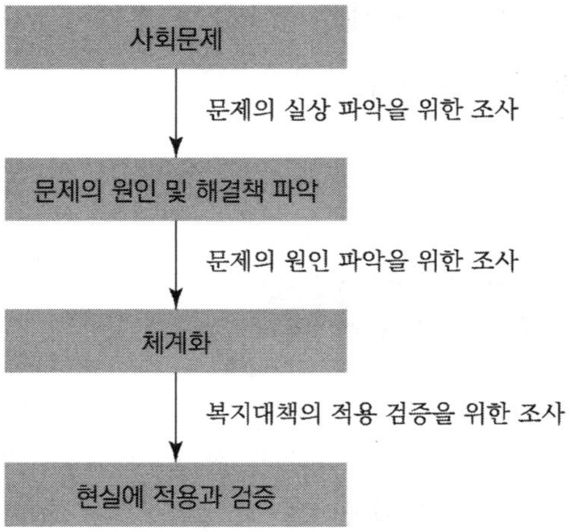

▲ 그림 9-1 **사회문제와 사회복지의 관계**

보편적으로 사회에 대한 조사와 분석을 위한 학문으로는 통계학(Statistics)이 이론적 틀을 제공하고 있다. 복지사회와 복지국가는 사회복지사와 그와 연관된 전문가들에게 사회복지에 연관된 사항이나 사안의 정책화나 제도화 그리고 효율적인 실천의 토대를 구축하기 위한 자료를 제공하거나 분석하는 능력을 요구하고 있다. 그것을 위하여 사회복지조사론에서는 사회복지에 연관된 자료분석이나 통계조사 방법에 대하여 논의하게 된다.

8. 인간행동과 사회환경

인간행동과 사회환경(Human Behavior and Social Environment)은 학문적으로나 내용적으로 사회복지적이라고 할 수 없을 것이다. 그러나 본질적으로 인간행동과 사회환경은 사회복지사가 현장을 이해할 수 있는 인간에 대한 가장 본질적인 접근을 시도하고 있는 사회복지분야에서 가장 중요한 이론분야라고 할 수 있다. 왜냐하면 사회복지는 인간의 삶의 질적 양적 증진을 목적으로 하기 때문이다. 그러므로 이 과목에서는 인간의 욕구나 욕망 등 삶에 대한 것뿐만 아니라 인간과 환경과의 상호 관계에 대하여 논의한다.

프랑스의 사회학자 에밀 뒤르껭은 사회를 두 명 이상의 개인이 모인 집단이라 규정하고 있다. 사람들은 그런 집단들의 모임을 사회라고 부르기도 한다. 인간 개개인은 경우에 따라서 개인적 혹은 집단적으로 다양한 욕구와 욕망 속에서 사회환경과 자연환경과의 관계를 맺으면서 생활하고 있다. 그런 과정 속에서 인간의 삶을 성장으로 규정하고 있는 것이다. 그러므로 인간의 성장은 자연환경과 사회환경 속에서 상호작용을 통하여 형성되는 인간행동을 의미한다. 결국 인간행동들이 관계를 가지면서 이루어지고 모여 있는 곳이 사회인 것이다. 그 관계를 통하여 이루어진 결과물을 사람들은 학문적으로 사회체계라 불리고 있다. 사회환경도 자연환경의 맥락에서 인간이 살고 있는 환경으로 그 중요성이 인식되었으며, 그런 이유로 산업화와 급격한 경제발전에 따른 자연환경의 오염은 사회구성원들의 친환경적 접근이 요구하게 되었다. 그래서 여기에서는 사회환경에 대한 소극적 접근으로부터 적극적 의미에서 사회체계에 대한 사회복지의 실천적 접근이 포괄적으로 요구되고 있는 것이다. 인간은 행동을 통하여 상호 간의 영향을 주고받으면서 인간행동과 사회체계는 발전하는 것이라 할 수 있다.

정리한다면 인간행동과 사회환경은 인간의 행복한 삶을 위해 노력해야 하는 사회복지사에게 인간의 행복에 대한 근원적인 문제를 논의하게 한다. 그것은 전자의 측면에서는 인간의 정신이나 인식, 행동에 초점을 두고 인간행동을 바라보는 시각을 토대로 접근하며, 후자의 측면에서는 사회를 구성하고 있는 문화, 체계, 지역사회 등 인간의 환경을 이론적으로 접근한 분야가 사회환경이다.

9. 지역사회복지론

복지국가와 복지사회에서 지역사회복지의 의미는 사회복지의 민주주의 실현과 사회복지를 통한 민주주의 실천이라고 할 수 있다. 이러한 과정으로 지역사회복지를 위하여 2003년에 개정된 사회복지사업법에서는 제33조 규정에 의해 2005년부터 각 지역마다 지역사회복지협의회[1)]가 구성되었다. 이는 현재 지역사회보장협의체로 운영되고 있다. 이것은 정보화, 지방화, 세계화의 시대적 변화를 담보하기 위한 지역사회를 중심으로 한 지역사회복지(Local Social Welfare)가 중요한 분야도 등장하고 있는 것이다.

지역사회복지는 정치 · 경제 · 사회 · 문화 등 서울과 수도권에 집중되어 있는 우리나라의 구조를 총체적으로 변화시킬 수 있는 지역적인 특성과 분권적인 의미에서 접근된 복지를 의미한다. 그러므로 본질적인 측면에서 한편으로 지역복지는 사회운동의 차원에서 시작되었다고 할 수 있으며, 다른 한편으로 정치적으로 결정된 지역사회의 의미는 사회복지의 측면에서 민주주의, 특히 풀뿌리 민주주의(Grass Democracy), 지방자치제를 토대로 한다. 그러므로 지역복지는 산업화과정에서 사회변동에 의해 생겨난 지역주민의 생활상의 고난 해결에 대해 행정서비스에만 의존하지 않고 주민이 주체적으로 욕구를 해결한다는 개념으로 등장한 용어라고도 할 수 있을 것이다. 사회복지학사전에 의하면 지역복지는 지역을 거점으로 한 다양한 활동과 지역주민의 자주 활동을 배경으로 각각의 기관 등의 역할분담을 명확히 하고 복지 네트워크를 조직화하여 지역의 복지를 높이는 공사협동의 실천체계라고 규정하고 있다. 이론적이고 실천적인 측면에서의 지역사회복지는 사회복지의 지역화인 것이며, 지역사회주민의 욕구를 기반으로 하여 사회복지를 증진시켜 나가는 기초적 작업에 해당하는 만큼, 지역복지의 증진을 통한 지역과 국가발전의 핵심이라고 할 수 있다.

1) 2003년 사회복지사업법의 개정을 통하여 지방정부의 역할의 구체화와 권한과 책임이 강화되었다. 이 법에 기초하여 권장사항으로 지역사회 서비스와 연계를 위하여 지역사회복지협의체가 구성되었으며, 그것은 그 지역의 각종 기관이 참여하는 광범위한 민관협력체계라 할 수 있다.

정리한다면 지역사회복지는 사회문화적으로 독립적 의미인 지역사회에 대한 사회복지적인 측면에서 지역사회의 구성원들의 삶을 증진시키는 것이다. 이것은 결자해지의 측면에서 지역사회의 문제들의 해결을 위한 지역사회의 복지는 지역사회의 독립성이 보장될수록 지역사회복지의 발전이 보장된다는 것이다. 21세기 들어 분권을 강조하고 있는 우리 사회에서는 지역발전이 지역사회복지의 핵심으로 등장하고 있다. 지역사회복지는 지역주민과 관이 함께하여 사회복지발전을 증진시키는 거버넌스라 할 수 있을 것이다. 이것을 학문적으로 체계화하는 작업이 지역사회복지론이다.

10. 사회복지현장실습

사회복지현장실습은 예비사회복지사가 강의실에서 진행되는 이론적인 면에 치우치지 않도록 사회복지에 연관된 시설이나 기관과 같은 강의실 밖의 사회복지현장에서의 실무적인 경험을 할 수 있도록 개설된 유일한 과목이다. 그러므로 그동안 실습만을 위한 현장실습에 대한 반성을 토대로 실습내용의 강화를 위해 체계화뿐만 아니라 실습시간의 증가, 실습세미나를 통하여 실습과 이론 간의 조화로운 발전이 더욱 체계화될 것으로 예상된다. 최근 사회복지사업법 제3조의 개정에 따라 2020년에 시행될 사회복지현장실습의 핵심 내용으로는 사회복지사업법 시행규칙에 160시간의 기관실습과 30시간의 실습세미나로 구성되어 있으며 구체적인 사항은 아래와 같이 규정되어 있다.

1) 기관실습

- 기관실습 시간은 160시간 이상으로 할 것
- 기관실습 실시기관은 다음의 요건을 모두 갖추었을 것

가) 사회복지사업을 수행하는 기관, 법인, 시설 또는 단체일 것

나) 보건복지부장관으로부터 선정되었을 것

다) 다음의 요건을 모두 갖춘 기관실습 지도자가 2명 이상 상근할 것

(1) 1급 사회복지사 자격증을 취득한 이후 3년 이상의 사회복지사업 실무경험이 있거나 2급 사회복지사 자격증을 취득한 이후 5년 이상의 사회복지사업 실무경험이 있을 것

(2) 기관실습이 실시되는 연도의 전년도에 8시간 이상의 보수교육을 받았을 것

- 기관실습 지도자 1명이 동시에 지도할 수 있는 학생 수는 5명 이내일 것

2) 실습세미나

- 1회당 2시간 이상의 실습세미나를 총 15회 이상 실시할 것. 이 경우 정보통망을 이용한 온라인(on-line) 교육을 실시하는 교육기관의 실습세미나에는 대면방식의 세미나가 총 3회 이상 포함되어야 한다.
- 학사, 석사 또는 박사 학위 중 2개 이상의 학위를 사회복지학 전공으로 취득한 사람으로서 3년 이상의 사회복지학 교육경험 또는 3년 이상의 사회복지사업 실무경험이 있는 교수가 지도할 것
- 한 세미나에 참여하는 학생 수는 30명 이내일 것

3) 기관실습 지도자가 부여한 평가점수와 실습세미나 교수가 부여한 평가점수를 합산한 최종 평가점수를 실습세미나 교수가 부여한다.

4) 위의 가, 나, 다에서 규정한 사항 외에 기관실습 실시기관의 선정·선정취소, 사회복지현장실습의 내용 및 방법 등에 관한 구체적인 사항은 보건복지부장관이 정하여 고시한다.

11. 소결

위에서 논하여진 사회복지 전공 관련 10개의 필수 교과목은 최대가 아닌 최소한으로 이해되어야 한다. 그리고 개정된 사회복지사업법 제3조에 따른 사회복지 전공과목에 대한 규정도 변화되었다. 사회복지사 2급 자격증취득에 있어서 전공 필수과목은 10과목으로 종전과 같지만 강화된 내용으로는 추가적으로 사회복지 전공 관련 선택과목의 폭이 다양화되면서 종전 20과목 중 4과목 선택에서 27과목으로 증가되면서 3과목이 늘어난 7과목 선택으로 변경되었다. 또한 몇 가지 과목 명칭에 있어서 사업이 복지로 보건이 건강으로 변경되었다는 것이다. 구체적인 사항은 아래의 〈표 9-1〉과 같다.

▼ 표 9-1 사회복지학 전공과목과 사회복지 관련 교과목

<table>
<tr><th rowspan="2">구분</th><th rowspan="2" colspan="2">교과목</th><th colspan="2">이수과목</th></tr>
<tr><th>대학전문대학</th><th>대학원</th></tr>
<tr><td>필수과목</td><td>• 사회복지개론
• 사회복지실천기술론
• 사회복지법제와 실천
• 인간행동과 사회환경
• 지역사회복지론</td><td>• 사회복지실천론
• 사회복지정책론
• 사회복지행정론
• 사회복지조사론
• 사회복지현장실습</td><td>• 3학점
• 10과목
• 30학점</td><td>• 3학점
• 6과목
• 18학점</td></tr>
<tr><td>선택과목</td><td>• 가족복지론
• 교정복지론
• 노인복지론
• 빈곤론
• 사회문제론
• 사회복지역사
• 사회복지와 인권
• 사회복지자료분석론
• 산업복지론
• 여성복지론
• 자원봉사론
• 정신건강론
• 청소년복지론
• 학교사회복지론</td><td>• 가족상담 및 가족치료
• 국제사회복지론
• 복지국가론
• 사례관리
• 사회보장론
• 사회복지와 문화다양성
• 사회복지의 윤리와 철학
• 사회복지지도감독론
• 아동복지론
• 의료사회사업론
• 장애인복지론
• 정신건강사회복지론
• 프로그램개발과 평가</td><td>• 3학점
• 7과목
• 21학점</td><td>• 3학점
• 2과목
• 6학점</td></tr>
</table>

위에서 개정된 규정에 의해 사회복지사 2급 자격증 취득을 위한 과목이나 과정이 복잡해지면서 전반적으로 강화되었다고 볼 수 있다. 위의 〈표 9-1〉과 같이 그것은 반드시 이수해야 할 전공필수는 10과목으로 예전과 동일하지만 과목을 다양화하면서 선택의 폭을 넓히면서 이수해야 될 과목을 4과목에서 7과목으로 3과목을 증가시켰다는 것이다. 특별히 이것은 사회복지사들의 폭넓고 다양한 학습뿐만 아니라 실무적인 경험을 위한 사회복지현장실습의 강화로 이어졌다. 사회복지현장실습은 기관실습과 실습세미나로 구분되었으며, 실습시간은 기존의 120시간에서 160시간으로 증가되었다. 또한 실습에 대한 이론적 그리고 반성적 노력을 위한 실습세미나가 추가되었다. 이것은 기관실습뿐만 아니라 실습세미나를 사회복지현장실습과 함께 1회 2시간 15회 30시간 이수해야 하는 것이다. 이것을 통하여 사회복지사에게 사회복지현장실습의 중요성을 강조하고 있는 것이다.

생각해 봅시다

1. 직업적으로 사회복지 분야에 대한 종사를 위해 요구되는 학습에 대하여 생각해 봅시다.

2. 사회복지실천을 위한 기본적이고 기초적인 학습에 대하여 생각해 봅시다.

3. 우리나라 사회복지 발전을 위한 새롭게 간구해야 할 사회복지분야에 대하여 생각해 봅시다.

제 10 장 사회복지방법론적 접근 Ⅱ

여기서는 앞에서 논하였던 사회복지분야에 대하여 좀 더 계층적이고 구체적으로 구분하여 사회복지현장에서 실천되고 있는 분야에 대하여 논의한다. 특히 이 장에서는 고전적인 측면에서 사회복지 서비스에 대하여 분석한다. 그것을 위하여 사회복지의 각 분야에 대한 복지적 현상과 사실에 대한 소개를 다루게 될 것이다. 사회복지 대상이란 사회복지의 주체들에 의해 제공되는 다양한 복지서비스를 수혜받는 당사자를 의미하는데, 흔히 대상자(클라이언트, client)라고도 한다. 사회복지의 태동기라 할 수 있는 18~19세기에는 사회복지의 대상이 개인적인 차원에서 사회적으로 소외된 하층집단으로 그 대상이 제한적으로 규정되었다. 그러므로 이 시기에는 빈민, 부랑인, 장애인 등과 같은 사회적 약자와 요보호대상자만이 복지의 대상으로 간주되었고 제공되는 서비스도 제한적이었으며 복지서비스 수혜가 사회적 불명예 또는 낙인으로 인식되었다.

그러나 그런 집단들에 대한 문제인식을 사회적 차원에서 접근하기 시작한 20세기 이후 사회복지에서는 그 대상의 폭이 제한적이 아닌 보편적 복지의 의미로 일반 국민 전체로 확대되기 시작하였다. 그러나 오늘날의 사회복지가 국민 전체를 대상으로 한다고 해서 특수 계층만을 대상으로 하는 전문화된 복지서비스가 간과되거나 쇠퇴되고 있는 것은 아니며, 오히려 장애인, 노인, 여성, 아동, 각종 환자, 재소자, 학생 등과 같은 특수계층에 대해 전문화된 복지서비스와 프로그램이 지속적으로 발전하고 있다. 그런 측면에서 복지서비스의 확대와 복지서비스 수혜자가 모든 국민으로 확대되고 있는 것이다. 그러므로 이것은 복지국가에서 사회복지는 시민으로서 당연히 누려야 하는 청구권적인 권리로 인식되고 있음을 의미한다.

사회의 발전에 따라 사회복지의 분야도 매우 복잡해지는 경향이 있다. 예전에는 중요하게 여겨지지 않았던 분야들이 매우 중요한 분야로서 나타나고 있고, 새로운 사회문제의 발생은 그 해결을 위해 새로운 복지적 접근이 요구되고 있기도 하다. 그러므로 여기서는 현대사회에서 중요한 현상에 대한 구체적 실천분야로서 장애인복지론, 아동복지론, 청소년복지론, 여성복지론, 노인복지론, 가족복지론, 노동복지론, 지역사회복지론, 교정복지, 의료복지, 환경복지에 관한 내용들이 다루어지게 될 것이다.

1. 가족복지론

가족복지(Family Welfare)는 사회복지의 토대라고 할 수 있을 것이다. 그 중심에는 가족이 있으며 가족의 개념은 시대에 따라 변하고 있다. 그러므로 가족복지의 의미는 가족의 개념에 따라서 변화된다. 또한 한 나라의 사회복지의 수준은 그 나라의 가족복지 수준이라고 할 수도 있을 것이다.

가족복지란 가족 구성원들의 삶의 증진을 의미하며, 보편적으로 그것은 가장의 책임으로 간주되었다. 전통적으로 우리 사회는 사회복지라는 개념보다 가족복지가 선행한 사회라 할 수 있다. 왜냐하면 사회나 국가가 하지 못한 가족구성원이나 사회구성원들의 행복한 삶의 중심에 가족의 역할이 있었기 때문이다. 그러므로 사회복지에서 가족은 복지실천의 가장 기본이 되는 장인 것이며, 가족복지는 장애인복지, 아동·청소년복지와 함께 사회의 미래를 담보할 수 있는 매우 중요한 분야인 것이다.

그러므로 가족복지론에서는 우리 사회 가족복지의 증진을 통하여 건강한 가족을 만드는 것과 그것을 통하여 사회의 건전성을 담보할 수 있는 것에 대하여 논의한다. 가족의 중요성이 더해가고 있다는 사실은 현대 산업사회에서 급속하게 가족이 해체되고 붕괴되고 있다는 것을 통하여 증명되고 있다. 우리 사회에서 그 원인을 분석하여 해결하려는 노력의 결과물이 가족복지이다. 그러므로 가족복지란 가족생활을 보호하고 강화하며, 가족구성원이 사회성원으로서 역할수행을 할 수 있도록 정책적 실천적 행위를 말한다. 가족에 대한 직접적 개입, 가족에 대한 수발, 가정생활교육, 가족보존과 옹호 등[1] 아래의 〈표 10-1〉에서 보여주는 것처럼 현대사회에서 사회복지에 관심이 있거나 수준이 높은 사회에서는 가족의 형태나 유지가 견고한 반면에, 역설적이지만 복지국가를 지향하고 있는 우리 사회에서 가족의 해체와 붕괴가 매우 빠른 속도로 진행되고 있다는 것이다.

▼ 표 10-1 한국, 복지국가와 복지체제의 대한 질적 비교

	한국	복지국가	복지체제
경제력	→	↗	↗
탈가족화	↗	→	→
탈상품화	↘	↗	→
탈시설화	↘	↗	↗

출처: 김귀환(2011: 295)

오늘날 우리나라의 가족복지정책에는 한편으로 배우자 공제, 맞벌이 부부 특별공제, 부녀자 세대주 공제, 여성경로우대공제 등의 세제정책과 다른 한편으로 저

1) 오늘날 우리 사회에는 다양한 형태의 가족들이 존재한다. 미혼모 가족, 사실혼 가족, 동성애 부부가족 독신자 가족 등 다양한 형태의 대안가족들이 존재하고 있다. 가족복지의 측면에서 그러한 형태의 가족들은 나라마다 상황은 다르겠지만 법적으로 인정받지 못하는 경우가 많이 있으며, 그러한 이유로 수많은 가족들은 가족복지 대상에서 제외된다. 만일 가족복지제도가 잘 완비되어 있더라도, 가족형태에 의하여 그 복지혜택에 제한적이라면 가족복지의 사회적 의미는 제한적일 것이다. 그러므로 우리 사회에서 진정한 가족복지 증진을 위해서는 가족복지의 지속적 확충뿐만 아니라 가족형태의 구별 짓기와 격리, 차별이 아닌 가족구조의 다양성과 다양한 형태의 가족들도 가족으로 인정하는 톨레랑스(Tolerance)가 요구된다.

소득가정, 편부모가정, 소년소녀 가장, 영·유아보육 등에 관한 정책 등이 있다. 이와 같은 가족과 관련된 정책과 프로그램, 서비스가 산재해 있는 실정이다. 그러므로 우리 사회의 급격한 가족구조의 붕괴와 그에 대한 원인분석을 철저하게 하여 가족문제를 해결하기 위한 체계적이고 종합적인 가족정책을 전개하여야 할 것이다. 이것을 위하여 여성복지와 노인복지는 현재 사회의 노령화 속에서 아주 긴밀한 관계를 가져야 할 것이다.

2. 장애인복지론

보편적으로 장애인의 수는 그 나라 국민의 10% 정도로 산정되고 있다. 이것에 의하면 우리나라는 500만이 넘는 장애인들이 살고 있는 것이다. 그러나 실질적으로 우리나라의 장애인 수는 2018년 현재 남성장애인 149만 6,298명과 여성장애인 108만 9,578명 총 258만 5,876명이 등록되어 있으며 장애인 수는 조금씩 증가하고 있는데 그 원인은 사고 등으로 인한 장애뿐만 아니라 장애 유형에 대한 포괄적 적용으로 인한 것이다.

1981년에 제정된 심신장애자복지법으로부터 1987년에 개정된 장애인복지법에 의하면 장애인복지(Social Welfare for People with Disabilities)[2)]란 국가나 사회가 사회구성원이 심신의 결함으로 인하여 가정생활, 사회생활에 곤란을 느끼는 것을 제거하고, 제도개선과 각종 재활을 통하여 사회적 생활이 보장되고 심리적으로 안정된 삶을 영위하도록 원조하는 제도적·정책적 서비스의 조직적 활동으로 규정하고 있다. 이러한 개념정의에서 알 수 있듯이 장애인복지란 단순히 장애인에 대한 치료, 재활만을 의미하지 않는다. 이와는 별도로 장애인에게 불편·불리하게 되어

2) 인간의 자유에 대하여 논할 때 가장 중요하고 근원적인 자유는 이동의 자유라고 한다. 독일의 사회철학자 한나 아렌트(Hannah Arendt, 1906~1975)의 저서 어두운 시대의 사람들에서 온갖 종류의 자유 가운데서 역사적으로 가장 먼저 존재하였던 자유가 이동의 자유로서 이동의 자유에 대한 제한은 유사 이래 노예화의 전제조건으로 적고 있다.

있는 사회제도 및 구조를 개선하는 것도 장애인복지의 중요한 측면이다. 이것을 위하여 지속적인 노력의 결과 장애인 등급제가 폐지되었으며 장애인차별을 금지하는 법의 제정과 장애연금 등이 실시되었다. 특별히 장애인 등급제의 폐지는 장애인 스스로가 결자해지의 측면에서 독립적인 삶을 위해 맞춤형 복지를 지향하는 효율적인 실천을 전제하고 있는 정책의 토대가 될 수 있을 것이다. 단순화하여 말하자면, 치료, 재활에 초점을 둔 장애인복지가 장애인을 변화시키려는 것이라면 제도 및 구조변화에 —평등과 참여의 측면에서 사회통합, 격리의 측면에서 주류화(mainstreaming), 차별의 측면에서 정상화(normalization)라는 개념, 수용이 아닌 인간적인 삶을 지향하는 탈시설화(deinstituionalization)라는 개념— 초점을 두는 장애인복지는 사회 자체를 장애인에 적합하도록 개조하는 것이라 할 수 있다[3]. 그것을 위한 장애인 등급제 폐지를 통한 맞춤형 복지서비스는 의미가 있는 것이다. 사회적 변화는 지체장애인과 같은 다수의 후천적 장애인 그리고 상대적으로 소수인 선천적이거나 정신장애인에 대한 고려는 장애인복지정책에 있어서 중요한 요소로 간주되어야 할 것이다. 그러므로 장애인복지론에서는 논의된 장애인의 삶의 질적 상승을 위한 정책이나 실천에 대하여 구체적이고 실질적인 접근이 요구되는 것이다.

오늘날 우리 사회에서 장애인복지는 물질적인 풍요를 위한 사회복지의 고전적 토대로서뿐만 아니라 적극적인 측면에서 사회복지에 접근하려는 노력을 추구하여야 할 것이다. 퀴어(queer)라는 개념적 확장과 변화를 토대로 비하적이며 사회와 불화하는 그 이상함이 사회가 추구하는 정상성이라는 폭력에 대해 깨우치며 새로운 길을 모색하는 장애인복지가가 되어야 할 것이다. 사회복지의 주체인 사회구성원들이 현대사회에서 장애로부터 자유로운 사람이 없다는 사실로부터 장애인복지의 증진이 사회복지에 대한 인식의 전환인 것이다[4].

3) 유니버설 디자인(universal design)의 본래적 의미는 모든 사람을 위한 디자인(design for all)이다. 이 개념은 1990년대 장애로 인해 휠체어를 타고 다닌 미국의 로널드 메이스(Ronald Mace, 1942~1998)가 제창하였으며 성별, 연령, 국적, 문화적 배경, 장애의 유무에도 상관없이 누구나 손쉽게 쓸 수 있는 제품 및 사용 환경을 만드는 디자인이란 의미로 발전되었다. 이것을 위하여 1995년 영국에서는 사회적 약자를 위한 디자인 관련 법안이 제정되었고 우리나라에서도 지방자치단체를 중심으로 공공시설물에 유니버설 디자인을 도입하는 사례가 증가하고 있다.

4) 오스트레일리아에서 코미디언으로 활약하고 있는 장애여성 스텔라 영(Stella Young)은 나는 당신에게 영감을 주는 도구가 아닙니다(I am not your inspiration)라고 말했다. 이 말은 장애인을

3. 영유아복지론

노인인구의 증가에 따라 노인복지에 대한 관심이 집중되고 있는 반면에 영유아복지는 영유아의 심각한 감소에 따른 그 관심이 정책적으로 매우 심중하게 다가오고 있다. 출생 후 3세 미만을 영아, 3세부터 취학 전까지를 유아라고 하며 이 두 계층을 영유아로 표현하고 있다. 영유아복지론(Early Child Welfare)은 영유아 문제들을 해결하려는 논의에 대한 의지의 산물이다. 우리 사회에서 가장 중대한 영유아 문제는 출산율의 급격한 저하이다.

최근 매년 발표되고 있는 아이들이 탄생하는 수는 평균 40여만 명을 밑돌고 있다는 것이다. 3000만 명의 인구에서 100만 명 이상 탄생하였던 1970년대에서 40여 년이 지난 2018년에는 5000만 명의 인구에서 30만 명 정도로 떨어지면서 통계표가 없이도 대략 우리나라의 영유아의 수는 250여만 명으로 추정할 수 있을 것이다. 이런 흐름은 앞으로도 지속될 것으로 예상되고 있기에 우리나라 인구는 특정 시점에서 전체적인 감소가 나타날 것이 예상되고 있다. 이런 측면에서 영유아복지는 우리나라 인구구조에 변화를 유도할 수 있는 중대한 정책분야가 될 것이다. 그러므로 우리 사회에서 영유아복지의 의미는 보육이라 할 수 있으며 보육은 우리나라 출산율 증가에 기여할 수 있다는 정책적인 접근을 시도하고 있는 것이다.

역사적인 측면에서 보육제도는 산업혁명 초기에 노동력의 부족에 대한 보존을 위하여 여성의 사회참여를 끌어내기 위하여 등장하였다. 그것을 위해서 아이들의 양육에 대한 책임에 있어서 우리 사회에서 보육은 사회문제로서 접근한 것이 아닌 경제적인 측면에서 해결, 즉 일과 노동의 양립 가능성 증진으로만 접근되었다. 그러나 과거의 영유아복지는 개인적 차원에서 접근되었다. 산업화에 따른 3세대 이상의 대가족으로부터 부모 자녀의 핵가족으로 가족구조의 변화와 가족

장애를 극복한 사나이, 세상에서 가장 위대한 엄마 등으로 소개되는 장애극복 이야기로서 장애인의 몸과 고난, 노력이 비장애인에게 삶의 동기부여로만 활용되고 있는 것이다. 이것은 장애인의 이미지를 착취하는 것이라 주장하면서 이것을 감동 포르노로 명명하였다.

간의 영향력 감소와 이혼의 증가는 사회구성원들의 가치관을 변화시켰다. 그 변화와 함께 1970년대 이후 출산율과 연계된 예측의 오류로 실시되었던 출산억제정책으로부터 역설적이지만 출산율 증진을 위한 정책전환으로 보육이 영유아복지의 중심이 되었다. 그러므로 우리나라에서 보육정책은 영유아복지정책이라 할 수 있는 것이다. 이러한 변화를 통하여 그동안 여성과 가족의 문제로만 간주되었던 양육과 보육이 사회적 문제로 전환되었으며, 정책적인 측면에서 영유아복지는 보육만이 아닌 포괄적인 측면에서 접근하게 되었다. 중요한 사실은 새로운 정권마다 보육을 위해 수조 원을 투입하였으나 그 결과는 오히려 출산율이 감소되고 있다는 사실이다.

불과 30년 전까지만 해도 지구는 만원이라는 등의 표어로 인구폭발이 전 지구적인 상징으로 다가왔다. 그러나 30여 년이 지난 현재 그런 표어는 인구적인 측면에서 우리 사회에서 의미는 없을 것이다. 우리 사회에서 중요한 사실은 정책적으로 출산율 증진만을 목적으로 보육에만 치중된 영유아복지도 결과적으로 출산율의 증가에 기여하지 못하였기에 변화가 요구된다. 그러나 이것은 우리 사회에서 정책적인 중단을 의미하는 것이 아닌 정책 집행을 위한 더욱 정확한 진단으로 보육을 위한 어린이집뿐만 아니라 사회 전체적인 통합을 통한 생산력 증진과 자원들의 활성화가 필요한 것이다.

4. 아동복지론

우리나라 인구에 있어서 나타나고 있는 문제는 구조적인 측면에서 접근해야 하며 그것은 아동복지(Child Welfare)도 마찬가지로 영유아복지와 깊은 상관관계를 갖고 있다는 것을 의미한다. 왜냐하면 우리나라는 출산율 저하로 인하여 아동의 수가 급격히 감소하고 있는 상황이기 때문이다. 이런 상황에서 아동·청소년복지에 대하여 아무리 강조해도 지나치지 않을 것이다.

아동복지의 토대인 아동복지법은 1961년에 아동복리법이라는 이름으로 제정되었다. 1981년에 아동복지법으로 개정된 법에 의하면 아동은 18세 미만인 자로 규정하고 있다. 청소년기본법에서는 9세 이상 24세 미만인 자로 규정되어 있다. 그러므로 사회 통념상 아동은 초등학교에 다니는 아이들로서 아동복지는 초등학생들의 복지로 규정될 수 있을 것이다. 그런 측면에서 여기서는 관련된 법들의 연령적 규정보다는 우리 사회에서 현실적으로 적용되고 인식되고 있는 아동과 청소년을 구분 구별해서 접근할 것이다. 아동복지란 아동들이 보다 평안히 잘 지낼 수 있도록 다양한 서비스를 제공하는 사회복지서비스를 의미하는 것으로써, 아동의 심리적인 면과 아동이 속해 있는 사회조건과의 관계 속에서 아동문제를 분석하고 해결 가능한 방법을 찾아 이들에게 도움을 주는 것이다.

이러한 개념에서 알 수 있는 것은 아동복지는 기존의 좁은 의미에서의 —대리적, 보완적 기능— 장애아동과 같은 특수아동에게 국한되는 것은 아니라는 점이다. 즉, 현대 복지국가에서의 아동복지란 적극적이고 긍정적인 측면에서 —부모와 아동이 상호 간에 책임을 가질 수 있도록 하는 지지적 기능— 사회적으로 어려운 아동들을 포함하는 모든 아동들이 가족 및 사회의 일원으로서 건전하게 성장 발달할 수 있도록 —아동의 기본적 생활보장, 인적자원 육성, 사회문제의 예방— 지역사회나 사회복지분야의 각 기관들이 협력하여 사업을 계획하고 실행에 옮기는 조직적이고 체계적인 활동인 것이다.

그러므로 아동복지론에는 아동들에 대한 단순한 삶의 편리함만을 제공하려는 것뿐만 아니라 사회복지분야에서 미래를 담보하고 현세대를 부양할 수 있는 자원들에 대한 투자의 측면에 대하여 논의한다. 왜냐하면 아동복지는 아동의 삶에 대하여 총체적인 보장을 통한 사회적 기여의 의미로 전환되어야 하기 때문이다.

5. 청소년복지론

출산율 감소와 사회의 고령화만큼 우리 사회에서 청소년에 대한 미래는 현실적으로 가장 중요한 문제일 것이다. 우리나라에서 청소년복지(Adolescent Welfare) 그 자체보다도 그 실천은 매우 중요하다. 왜냐하면 역설적이지만 청소년들에 대한 우리 사회의 관심이 오히려 우리 사회의 구성원인 청소년들을 어렵고 힘든 삶으로 인도할 수 있기 때문이다. 사전적 의미에서 청소년(youth, adolescent, teenager)은 어른과 어린이의 중간 시기이다. 대부분의 아동, 청소년과 연관된 법에서 그들에 관한 연령에 의한 규정은 많은 부분이 중첩적으로 규정하고 있다. 아동과 청소년에 대한 연령에 의한 규정에서 그 애매함은 아마도 정확한 차이나 구별의 기준 그리고 그 의미가 없다는 전제에서 나온다 하겠다.

연령적으로 규정한다면 우리 사회에서는 좀 복잡하다. 왜냐하면 청소년에 대한 연령적 규정이 법마다 다르기 때문이다. 청소년기본법에는 9세에서 24세 사이의 사람으로 규정되어 있다. 일반적으로 청소년이라 하면 만 13세에서 만 18세 사이의 사람들이 속하여 있으며 이러한 경우에는 간단하게 학생이라는 말로 대신하기도 한다. 1985년 UN에 의한 청소년은 15~24세 사이의 집단으로 규정하고 있다. 일반적으로 우리나라에서 중고생에 해당하는 15~19세의 인구수는 2018년 현재 277만 명이다. 이 계층의 삶의 질적 상승을 실현하는 것이 진정한 의미에서 청소년복지이며 또한 다른 한편으로는 청소년문제를 해결하는 것이 청소년복지라고 할 수도 있을 것이다. 청소년 복지에 있어서 중심이 되는 법으로 청소년기본법, 청소년보호법이 있다. 이 중에서 청소년기본법의 규정에 의해 2004년에 제정된 청소년복지지원법에 의하면 청소년복지란 청소년들의 인권보장과 청소년들이 가족 및 사회의 일원으로서 행복한 삶을 영위하면서 신체적, 정서적, 지적으로 건전하게 성장할 수 있도록 지역사회나 사회복지서비스분야에 있는 공사기관들이 협력하여 청소년에 관한 사업을 ―일반청소년복지사업, 장애청소년복지사업, 근로청소년복지사업― 계획하고 실행에 옮기는 조직적 활동을 청소년복지라 할 수 있다. 그러나 청소년 규정에 의하면 연령적으로 많은 부분이 성인에 해당되고 있음에도 불구하고 내용적인 측면에서 청소년에 연관된 법적 규정의 모순과 불일치함이 오히려 청소년복지 실천에 있어서 사회적 혼란의 원인일 것이다. 그럼에도 불구하고 연령적인 측면에서 청소년에 대해 포괄적으로 적용하는 이유는 성인으로 넘어가는 과도기로 인정하고 있다는 것이다. 예를 들어 그 시기에 자동차운전면허증을 소유할 수 있다는 사실은 성인들로부터 청소년들에 대한 사회적 인식에 변화가 요구된다는 것을 보여주는 것이다.

세계 모든 나라들에서도 마찬가지겠지만 우리나라에서도 청소년을 국가와 가족의 미래로 이야기하고 간주하고 있다. 이것은 좁은 의미에서 청소년들이 그들의 부모세대들에 대한 부양의 측면이며 넓은 의미에서는 사회의 구성원으로서 국가발전에 기여하여야 함을 의미한다. 그러나 아이러니하게도 현실적으로 우리나라에서 정치 · 경제 · 사회 · 문화적으로 가장 소외받는 계층은 청소년이라는 사실을 부인하는 사회구성원도 없을 것이다. 이것은 우리 사회에서 청소년에 대한 의미를 정책적인 측면에서 반영하는 것에 매우 소극적이고 부정적이라는 것이다. 이런 이유로 1990년에 제정되었고 1998년에 선포된 청소년 헌장에는 청소년의 보호권, 평등권, 학습권, 여가권, 신체자유권을 명시해 주고, 청소년 자신이 삶의 주체이며 시민이라고 인정해야 한다고 규정하고 있음에도 불구하고 그것을 인정하거나 명확하게 실천하는 곳은 우리 사회 어디에서도 찾아볼 수 없는 것이다.

그러므로 실질적으로 청소년복지의 증진을 위하여 청소년이 그 중심에 있어야 한다. 그것에 있어서 우리나라 부모들이 청소년들에게 가장 중요하게 간주하는 교육분야에 대해 청소년들을 위한 복지적인 접근이 필요하다. 그럼에도 불구하고 청소년들이 가장 많은 수혜자이어야 함에도 불구하고 현실적으로는 청소년들은 교육복지에서 가장 소외받는 계층이라 할 수 있다. 그러므로 청소년복지론에서는 청소년의 모든 권리를 존중해 주며 육체적 성장과 인격형성 및 올바른 가치관을 정립하는 데 필요한 올바른 교육의 실현과 환경을 조성하기 위한 것이 논의되어야 한다.

6. 노인복지론

아프리카에는 노인이 죽는다는 것은 도서관 하나가 사라지는 것과 같다는 속담이 있다. 어느 누구도 이 속담에 담긴 의미를 부인하지는 못할 것이다. 이 글 속에는 노인에 대한 삶의 지혜와 경륜, 경험에 대한 존경의 의미를 담고 있다. 그런데 오늘날에는 시대적 흐름의 상징인 변화나 진보보다는 더 강력한 탈바꿈이란 새로운 형태의 화두가 등장하고 있다.

미래의 사회 형태로서 고령사회의 특징을 예상한다면 인구감소를 동반한 초고령사회로의 진입일 것이다. 우리나라는 2000년 노인인구 7%의 고령화 사회에서 17년 지난 2017년에는 노인인구 707만 명의 14.1% 고령사회로 진입하였으며, 불과 8년 뒤인 2025년에는 노인인구 1000만이 넘는 20%에 도달하면서 초고령사회에 진입한다고 예측되고 있다. 사회적으로 다수의 은퇴자들로 구성된 고령사회에서 아래부터 위까지 변화를 의미하는 탈바꿈이라는 개념의 연착륙은 매우 중요하다.

그러므로 우리나라도 예외는 아니어서 사회복지에 있어서 화두인 노인복지는 매우 중요하다. 그 원인으로 우리나라 노인인구가 2020년 현재 800만 넘어 전체 인구의 15.5%를 차지하고 있으며 이 속도가 매우 급속히 진전되고 있기 때문이다. 의학기술과 각종 기술의 발전으로 인간수명의 연장은 현대사회의 가장 큰 특징 중의 하나일 것이다. 그것은 전체 인구에서 노인인구의 증가를 의미하는 것이며, 사회의 부담으로 작용하고 있다. 그러나 그것을 부담이 아닌 사회의 책임으로 인식하려는 노력이 노인복지인 것이다.

노인복지란 국가나 지자체들이 노인의 인간다운 삶의 영위를 위하여 자기가 속한 가족과 사회에 적응하고 통합될 수 있도록 필요한 자원과 서비스를 제공하는 데 관련된 조직적 활동이라 할 수 있다. 여기에는 노인복지정책과 그것의 실천적 행위로서 서비스의 제공이 있다. 노인들의 삶을 영위하는 데 어려움으로는 일반적으로 소득에 대한 불안과 건강문제가 있다. 그러므로 전자에는 소득보장정책이 — 노령연금, 노령수당제도, 노부모부양수당제도, 장수수당— 그리고 후자에는 보건

의료정책이 —국민건강보험, 의료보호, 노인건강진단사업 등— 있다. 나열된 사항들이 우리나라에서 실천되고 있는 노인에 대한 복지서비스라고 할 수 있다. 이와 같은 서비스는 노인복지기관이나 시설에 대한 운영을 통하여 제공되고 있다. 이것에는 노인복지관을 비롯하여 노인주거복지시설, 노인의료복지시설, 노인여가복지시설, 재가노인복지시설 등이 속하여 있다. 이들 각종 시설들 간의 차이는 유료 또는 무료 그리고 이용하는 노인들의 건강, 생활수준 그리고 경제수준에 의해 규정된다고 볼 수 있으며, 그런 차이를 줄여가는 노력이 노인문제들을 줄여가는 노인복지정책의 핵심이 되어야 할 것이다. 이와 연관하여 하나는 독거노인의 완만한 증가[5]와 다른 하나는 사회의 고령화는 중앙치매센터의 조사 결과 2018년 기준으로 국내 65세 이상 인구 10명 중 한 명이 치매 환자라는 사실과 깊은 관계가 있다. 전자에 있어서 고령화에 따른 사회구조의 변화는 노인에게 있어서 질병과 고독사, 특히 과거에 없었던 노인자살과 같은 문제를 발생시키고 있다. 이것은 우리 사회에 치매의 증가에 따른 노인부양문제뿐만 아니라 사회경제적 문제와 같은 새로운 노인문제의 등장을 의미한다. 왜냐하면, 우리 사회를 유지시켜 왔던 가장 근본적인 것으로 노인에 대한 공경과 효가 빠른 속도로 붕괴되고 있었기 때문이다.

노인인구의 지속적인 증가에 따라서 노인복지의 실천 방식도 변화해야 하며, 노인의 노인복지에 대한 인식에도 변화가 있어야 한다. 일방적으로 정부에서 제공되는 서비스에 대한 수혜도 중요하지만 노인들의 사회적 기여에 대한 고려도 함께 되어야 한다는 것이다. 왜냐하면 기대수명의 지속적인 증가에 따른 의료기술의 발전은 건강수명도 증가되었기 때문이다. 그러므로 노인복지론에서는 인구구조의 변화와 사회구조의 변화에 따른 우리 사회의 유지를 위해서는 사회구성원들의 노인에 대한 부양뿐만 아니라 노인들 자신의 부양자들을 위한 사회적 기여에 대한 고려 등에 대한 심도 있는 논의를 다루고 있는 것이다.

---

5) 우리 사회에서 독거노인은 노인인구증가비율보다 낮은 수준으로 완만한 증가를 보이고 있다. 예를 들어 2000년대 초반의 현상과 정반대로 2025년 노인인구비율이 20.3%로 예측하고 있는데 독거노인비율 18.3%로 예상되고 있다. 이는 의료기술과 영양상태 그리고 건강에 대한 관심의 증가로 기대수명과 건강수명 그리고 유배우자비율이 동시에 높아지면서 결과된 것을 분석할 수 있을 것이다.

7. 정신건강론

현대사회에서 정신건강의 중요성은 더욱 강조되고 있다. 사회복지분야에서도 정신건강론은 생소하게 보이기도 하지만 새롭게 부각되는 분야라고 할 수 있다. 왜냐하면 고도화된 산업사회에서 사회구성원들의 삶의 질적 상승을 추구하는 사회복지가 미치지 못하는 곳에서 그들에게 발생할 수 있는 상황에 대처할 수 있는 가장 근접 논의로서 접근할 수 있는 분야가 정신건강론이라고 할 수 있기 때문이다.

오늘날 건강의 측면에서 제기되고 있는 문제들의 많은 부분이 정신과 관계가 있다는 사실에는 이의가 없을 것이다. 고도화된 현대산업사회에서 다른 건강문제보다 정신건강은 사회구성원들의 삶의 질과 깊은 관계를 가지고 있다. 특히 이 문제는 개인적으로 신체적인 면에서뿐만 아니라 사회 전체적으로 더욱 많은 어려움들이 야기시키고 있다. 이것은 어느 특정 계층의 문제가 아닌 사회구조의 변화에 따른 사회구성원들 사이에서의 관계에 관한 문제제기인 것이다. 그러므로 정신건강론(Theory of Mental Health)은 단순히 사회복지사 2급 자격증을 위한 하나의 과목 이상의 의미를 가지고 있는 것이다. 정신건강론에서는 일반적으로 정신건강에 대한 포괄적 이해와 정신질환에 대한 분석 그리고 마약중독 등 각종 중독문제와 정신장애의 원인 대하여 고전적 논의가 이루어진다. 또한 인간의 성장과정에서 발생할 수 있는 구체적인 정신의 발전과정에 대하여 사회복지적인 체계적인 학습이 요구된다는 측면에서 사회복지의 한 분야인 것이다.

사회복지에 연관된 다양한 과목들은 각각 계층적인 측면에서 사회복지정책을 실천 구현한다. 그러나 정신건강론에서는 모든 사회구성원들의 건강한 정신을 위한 논의를 하는 것이다. 산업의 발전에 대하여 배려와 관심 등의 긍정적 과정으로 인도하기 위한 국가 사회적인 정책으로 사회구성원들의 정신이 건강한 사회의 건설을 위한 전제라고 할 수 있을 것이다.

8. 소결

이 장에서는 사회복지의 각론분야로서 전통적인 측면에서 구체적인 접근을 시도하였다. 한편으로는 사회구성원들에 요구되는 사회복지서비스를 분야별로 접근할 뿐만 아니라 다른 한편으로 그 분야들은 학문적으로 사회복지사의 자격을 취득을 원하는 사람들이 반드시 학습해야 하는 것들이다. 그러므로 논의된 분야들은 사회복지사업법에 규정하고 있는 사회복지사 자격증 취득을 위해 나열된 선택과목 중에서 가족복지론 등 6개 과목들이다.

위에서 논의된 7개의 분야 이외에도 사회복지분야는 다양하게 접근할 수 있으며 내용적으로나 구조적으로 우리 사회는 다양하고 독특한 사회복지의 실천이 요구될 것이다. 그러므로 사회복지의 발전을 위하여 각 분야에 대한 실질적이고 구체적인 내용을 담는 것은 매우 중요하다. 사회의 변화에 따른 사회구성원들의 욕구를 충족시키는 것은 사회복지의 중요한 요소이며 그 욕구의 실천을 위한 현실화가 사회복지의 목적인 것이다. 그것을 위하여 기존의 사업들의 비연속성과 무책임성을 극복하면서 사회복지계획을 수립하고, 사회구성원들의 복지욕구조사 및 복지자원 조사 개발과 그 외의 복지사업 전반에 관한 사항들을 정책적으로 접근되어야 할 것이다.

사회복지사 2급 자격을 취득하기 위해서는 논의된 과목뿐만 아니라 그 이외의 과목들이 포함된 〈표 9-1〉에서 7과목을 선택하여야 할 것이다. 결론적으로 사회의 변화와 발전은 사회복지 분야의 복잡화와 다양화를 야기한다. 이것은 사회복지에 있어서 사회구성원들의 욕구들이 반영되고 있음을 의미하는 것이다. 그러므로 사회복지의 발전은 미시적인 것이며 구체적이어야 하는 것이다. 이것을 위하여 다음 장에서는 사회복지에 대한 논의의 수준을 학문적이면서도 현실적이 것들에 대해 접근한다.

생각해 봅시다

1. 고전적 의미에서 추구되었던 사회복지분야에 대하여 구체적인 실천적 측면을 생각해 봅시다.

2. 변화하는 현대사회에서 논의해야 할 사회복지분야에 대하여 생각해 봅시다.

3. 사회복지에 대한 학습과 사회복지 마인드에 대하여 생각해 봅시다.

Introduction to Social Welfare

제 11 장

사회복지방법론적 접근 Ⅲ

이 장에서는 고전적 의미로서 산업사회에서 등장하였던 희생과 봉사라는 사회복지적인 사고로부터 산업사회의 고도화에 따른 인권으로서 생존권과 같은 시민의 권리로서 전환과정에서 사회구성원 개개인들에 대한 존중을 통한 다양한 사회적 문제들에 대하여 논할 것이다. 다른 식으로 이야기한다면 사회의 구조적 시대적 변화를 대변하는 정보화 사회, 디지털 사회, 복지사회 등 명칭에 부합된 그리고 X세대부터 N세대, 욜로(Yolo)족, 딩크(Dink)족, 파이어(Fire)족 등 복잡하고 다양하게 구성되고 있는 소수자들을 위한 사회복지서비스의 분야에 대하여 논의하는 것은 매우 중요한 사회복지분야이다. 그러므로 산업사회의 고도화로 인하여 발생하고 있는 제반 문제들에 대한 해결도 중요하지만 기존의 사회문제에 대한 접근이 아닌 좀 더 세밀한 미시적 접근을 통하여 사회적 민주화를 통한 노동자, 학생, 여성 등 사회적 소외계층에 대한 문제적 해결은 더욱 중요하다.

1. 노동복지

노동복지(Labor Welfare, Workfare)는 두 가지 측면에서 접근이 가능하다. 역사적인 측면에서 노동복지의 의미를 살펴본다면, 그것은 1970년대 말 이후 국제통화기금(IMF)의 구제 금융을 받았던 영국이 경제적 위기를 타개해 나가기 위해 도입한 개념으로 노동(work)과 복지(welfare)의 합성어이다. 협의의 의미에서 노동복지는 한편으로 자본가들이 노동자를 복지의 대상자로 간주하는 사회복지와는 달리 다른 한편으로 노동복지는 노동자가 주체적으로 노동자를 위하여 실천하는 복지이다. 여기서는 전자와 후자 양 측면에서 노동복지의 의미를 개진할 것이다.

개념적으로 접근한다면 노동복지의 그 의미는 일하는 사람을 위한 복지이다. 일을 하는 노동자만이 복지혜택을 받을 수 있다는 것이다. 즉 노동이 전제된 경우에만 공적인 부조라는 수혜가 가능하다는 것이다. 그러므로 지위의 근원은 이제 물건을 만드는 능력이 아닌 단순히 상품을 구입하는 능력에 있게 되었다는 미국의 사회주의 노동운동가이며 노동문제 연구가인 해리 브레이버만(Harry Braverman, 1920~1976)의 이야기처럼 노동복지의 개념도 변화되어야 한다. 노동자라는 지위가 단지 물건을 만든다는 산업사회에서의 개념만이 아닌 구매력의 소유한 소비자의 측면에서 노동복지를 접근해야 할 것이다.

산업사회로 빠른 성장을 하고 있는 우리나라에는 현재 1,000만이 넘는 노동자들이 있으며, 이를 4인 가족으로 기준 할 경우에 우리 사회의 인구구조는 노동자 중심의 사회라고 할 수 있을 것이다. 이런 측면에서 산업사회가 고도화되면서 정규직 노동자뿐만 아니라 비정규직 노동자, 장애인, 실업 노동자, 이주 노동자 등이 노동현장에서 주변화되면서 취약한 노동자들의 문제도 우리 사회에서도 전면적으로 제기되고 있는 것이다. 그에 따른 노동자들의 생활에 대한 안전과 안정은 매우 중요한 항목으로 그것은 바로 모든 노동자가 구매력의 중심에 위치하게 하는 노력이 노동복지로 인식되어야 할 것이다. 그러므로 노동복지는 국가, 지방자치단체, 기업, 노동조합 등이 주체가 되어 노동자와 그 가족의 생활안정, 생활수준 향상 등을 목적으로 실시하는 모든 조직적 활동의 체계로 인식되어야 한다. 이것을 위하여 노동복지는 한편으로는 임금 이외의 노동자의 생활수준 향상을 위해 제공되는 편익증진에 대한 추구를 의미하며, 다른 한편으로는 정치, 경제, 사회, 문화 등 모든 분야에서의 노동자의 주·객체적으로 직·간접적인 이해증진 추구를 의미한다. 정리한다면 노동복지는 그 필요성이 노동자에게만 한정하는 것이 아닌 기업, 국가 등으로 확장되어야 한다. 그러므로 그 종류도 다양한데 첫째, 공여, 보조, 규제를 통해 노동자의 복지에 개입하는 국가복지, 둘째, 기업의 임의에 따라 고용된 노동자와 그 가족에게만 제공되는 기업복지, 셋째, 노동자들의 조직인 노동조합에 의해 자주적으로 행해지는 노동자의 자주복지로 구분할 수 있을 것이다.

사회가 발전된다는 의미는 사회복지가 증진되고 있다는 방증이어야 한다. 그럼에도 불구하고 현대 산업사회에서는 초기 산업사회보다 사회구성원의 대부분을 차지하고 있는 노동자들의 자주복지의 중요성은 점점 퇴색되어가고 있다. 반면에 노동복지의 증진을 위해 국가의 역할이 강조되면서 기업에게 노동자들을 위한 투자의 증대를 요구하며 때로는 압력을 가하는 것이다. 그것은 많은 경우 노동조합과 노동현장 그리고 가정에서의 삶에 대한 노동복지적인 실질적인 실천들을 하고 있다. 그러므로 노동복지는 논의된 것처럼 사회복지라고 할 수 있으며, 실질적으로 사회복지는 노동복지라고 할 수 있을 것이다. 노동복지의 활성화는 국가 경제적인 차원에서 포괄적으로 접근되어야 하는 과정이 노동자들에 의한 사회복지의 증진이라고 할 수 있을 것이다.

2. 여성복지

여성복지가 여성만을 위한 복지라는 것은 사회복지에 대한 근본적인 오해이다. 왜냐하면 여성은 세상의 반이며 여성인구는 세계인구의 절반이기 때문이다. 문제는 세상의 절반인 여성이 세상에서 절반의 역할을 하고 있는가이다. 이런 측면에서 여성복지(Female Welfare)도 사회복지 분야에서 절반의 의미로 존재하여야 하며,

우리 사회에서도 여성을 위한 복지로서 사회복지가 당당하게 존재하여야 하며 실천되어야 한다.

여성복지란 여성의 일상생활상의 장애가 제거되어 경제적, 문화적, 정치적으로 가정생활 및 사회생활이 보장되도록 하는 것을 궁극적 목표로 한다. 이것을 위한 정책적 실천 부서로 김대중 정부에서 2001년에 여성부가 최초로 출범하였으며, 2005년 노무현 정부에서는 여성가족부로 확대 개편되어 현재에 이르고 있다. 일반적으로 여성복지는 사회의 변화에 —인구구조, 가족의 형태와 기능, 경제활동 여성의 증가, 성차별 등의 변화— 따라 그 필요성이 등장하였다. 그러므로 여성복지는 그것의 실천을 위해 사회보장과 사회복지서비스 면에서 여성들이 필요로 하는 제도를 만들고 서비스 제공을 통하여 여성들의 사회적 역할과 기능을 증진시키려는 사회복지의 한 분야를 말한다. 이것을 실현하기 위한 관련된 법들이 여성복지법들의 제정이라 할 수 있다(예: 여성발전기본법, 사회보장기본법, 한부모가족지원법, 영유아보육법, 아동복지법, 모자보건법, 가정폭력범죄의 처벌에 관한 특례법, 성폭력범죄의 처벌 및 피해자보호 등에 관한 법률, 청소년 보호법, 청소년의 성보호에 관한 법률). 이 법들을 근거로 여성복지[1]를 위한 사업들이 —요보호여성을 위한 복지사업, 상담사업, 보육사업, 여성에 대한 폭력 근절을 위한 사업, 이혼여성을 위한 사업, 노인여성을 위한 사업 등— 전개되고 있다.

결론적으로 여성은 우리 사회에서 다수로 규정할 수 있지만 역할이나 권한, 권력으로는 항상 소수자로 존재해 왔다. 사회복지의 측면에서도 마찬가지로 여성을 위한 많은 법들이나 제도들이 남성에 의해 제정되거나 만들어져 삶이 증진된 것은 사실이지만[2], 내용적인 측면에서 모순되고 부족한 것들에 대하여 극복하는 것이 여성복지의 과제인 것이다.

---

1) 여성복지를 간단히 규정하여 여성의 사회적 차별철폐와 권리신장을 추구하는 것이라 할 때, 여성의 가족 내 차별 및 사회적 차별을 체계적으로 재생산하는 핵심 기제 중 하나인 호주제가 여성복지에 지대한 걸림돌이 됨을 이해할 수 있다. 우리 사회에서 호주제는 남성중심의 그리고 장남중심으로 가족이 구성될 것을 천명하는 제도이다. 따라서 이 제도에 따르면 여성은 필연적으로 가족 내에서뿐만 아니라 사회에서도 부차적, 이차적 지위에 머무르는 차별을 받게 된다. 그러므로 호주제 철폐가 여성복지 증진에 매우 중요하다고 할 수 있다고 볼 수 있다. 호주제는 우리 사회에서 2008년 1월 1일부로 폐지되었다.

2) 17세기 남녀평등에 대하여 이야기했던 프랑스 지식인 풀랭 드 라 바레(Poulain de la Barre)는 법률을 제정하여 편찬한 자가 남자였기에 남자가 여자에 대하여 쓴 모든 것을 믿을 수 없다. 남자는 심판자이면서 동시에 당사자이기 때문이라고 하였다.

3. 남성복지

여성복지의 존재로서 남성복지는 여성복지의 반대개념이 아니다. 남성복지(Male Welfare)는 이론이나 개념적 정의에 대한 논의가 이루어지지는 않았지만, 이것은 현대사회에서 여성들의 삶의 증진과 함께 남성들의 삶을 행복하게 하기 위한 토대일 것이다. 특히 우리 사회에서는 중년 남성들의 삶에 대한 정신적 육체적 그리고 사회적 논의가 요구된다. 왜냐하면 현대 산업사회에서 경제의 중심적 역할을 하고 있는 우리 사회의 중년 남성들의 삶은 우리의 경제적 수준에 비하여 매우 열악한 삶을 살고 있기 때문이다. 그러므로 남성복지에 대하여 정확히 규정한다면 우리 사회에서 장년기에 속하는 중년들을 위한 복지라고 할 수 있다.

우리 사회에서 남성은 가족의 가장으로서 일상적으로 새벽에 출근하여 공식적으로 저녁 늦게까지 일을 하고, 인간관계 형성을 위한 비공식적 모임 등에 참여해야 한다. 가정생활의 부재 속에서 그들은 휴일에는 가정에 봉사해야 함이 당연한 것으로 인식되고 있다. 현실적으로 우리 사회의 중년 남성들에게는 삶의 여유가 없다. 더욱 중요한 사실은 우리나라의 중년 남성들 스스로 그것을 행복으로 잘 인식 못하고 있거나 오해하고 있다는 것이다. 그런 이유로 남성복지는 남성들의 사회적 역할과 기여에도 불구하고 삶의 고단함에 대한 제고의 필요성에 관한 것이다.

여성복지에 대한 반대가 남성복지, 아마 여기에 동의하는 사람은 없을 것이다. 왜냐하면 대부분의 성인들은 이것을 단순히 이분법적인 논리로 접근할 수 없다는 사실로 인식하고 있기 때문이다. 많은 학자들이나 사람들은 오래전부터 우리 사회를 남성 가부장적 사회라고 규정하였다. 이것의 의미는 모든 사회체계가 남성위주로, 즉 남성이 도장을 찍어야 결론이 날 수 있다는 것이다. 이런 현상이 감소하였다고 하지만 아직도 잔존하고 있는 곳이 많이 있다. 오늘날에는 상대적으로 이것이 남성들의 삶을 오히려 옥죄고 어렵게 하고 있다. 왜냐하면 오늘날 우리 사회에서 이런 행위에 대한 어떠한 의미도 부여하고 있지 않기 때문이다.

산업화는 여성들에게 육아와 사회참여라는 이중적 부담이 가해졌다고 한다. 사회복지정책적인 측면에서 이것은 그동안 가족경제에 대해 여성들이 참여함으로써 가사노동의 분담을 의미한다. 독일의 경우 육아에 대한 여성의 역할을 강조하여 과거에는 이혼 시 남성들은 아이에 대한 전적인 부담뿐만 아니라 여성에게도 생활비를 주어야 했다. 이와 같은 독일 남성들의 부담은 사회의 정체와 남성의 결혼 회피현상으로 이어졌다. 이것을 극복하기 위해 독일 정부는 아이에 대한 양육비 지급은 유효하지만 여성에게 생활비는 삭제시켰다. 그 결과 여성은 생활을 위해 직장을 구하게 되었으며, 그것은 세수의 증가와 남성의 결혼 가능성을 높여주었다. 결국 이러한 정책이 남성복지의 토대인 것이다. 서구사회에서 남성들의 삶의 고통이 결혼과 이혼에 대한 제도적 모순에 있지만, 우리 사회의 남성들은 과다한 노동시간으로 인한 가정생활의 어려움을 가족의 행복을 위한 것으로 그리고 그것을 자신의 행복과 동일시하는 오해로부터 비롯되고 있는 것이다. 이와 같은 중년 남성의 행복에 대한 인식이 자신들의 건강하고 편안한 중년의 과정을 어렵게 하게 된 것이다. 우리나라에서 아직 이러한 논의의 수준은 아니지만 단 한 번도 이와 같은 남성들의 삶에 대한 사회적 국가적 논의나 고려는 없었다. 남성들의 노동과 가장으로서의 역할에 대한 기대나 충족은 당연한 것으로 받아들여졌다. 그것을 수행하지 못할 경우에는 우리 사회에서 남성으로서의 자격을 논하곤 하였다.

역설적이지만 이런 이유로 남성들은 대부분의 사회의 많은 분야에서 권력적 지위에 도달하였다고 하는 주장이 있다. 여기서 문제는 많은 분야에서 능력적인 측면이 아닌 남성이라는 이유에서 발생한 것들이라는 것이다. 그럼에도 불구하고 논하여진 것처럼 우리 사회에서 남성복지는 아직 준비가 안 된 이유로 미시적이고 구체적인 것이 아니라 거시적이고 추상적으로 접근해야 한다. 그것을 위하여 우선 우리 사회는 남성복지를 위하여 무엇을 할 것인가를 생각해야 한다. 왜냐하면 전자에 의하면 여성과 남성에 있어서 사회경제적 활동의 차이가 미미한 것으로 보일 수 있기 때문이다[3]. 이것은 이런 상황에 대하여 정책적으로 국가적 · 사

3) 2020년 현재 우리나라 취업자 수 2,700만 정도로 여성은 1,100만 남성은 1,500만으로 외형상으로는 차이와 차별이 뚜렷하게 보이지 않지만, 조사대상 1주간 중 수입을 목적으로 1시간 이상 일을 한 사람들이 취업자로 인정한 것으로 내용적으로 본다면 남성과 여성과 취업에 있어서 명확한 질적 차이가 존재하고 있다.

회적 재구조화를 통한 남성들의 삶을 인간으로서의 삶으로 전환을 의미한다. 이것을 위하여 우리 사회에서 변화되어야 할 몇 가지가 있다. 하나는 노동자로서 사회에 기여하고 있는 남성에 대한 사회적·국가적 신뢰와 다른 하나는 그것을 통한 노동구조의 개혁이다. 여기에는 공식적 노동시간뿐만 아니라 비공식적 노동시간도 포함되어야 할 것이다.

4. 청소년복지

사회복지의 측면에서 청소년복지는 청소년의 미래를 담보해야 함에도 불구하고 내용적으로 현실적인 측면에서 대부분 교육복지라고 할 수 있다. 왜냐하면 하루의 대부분을 학교와 학원에서 보내고 있는 우리 청소년들의 삶에 대한 고려가 필요하기 때문이다. 우리 사회에서 청소년복지는 산업발전으로 정책이나 제도뿐만 아니라 실질적으로 집행 실천되고 있지만, 그것은 언제부터인가 우리나라 청소년들을 대학 입학을 위한 것 외에는 어떠한 것도 해서는 안 되는 존재로 인도하고 있었다. 청소년복지론은 하나의 과목으로서 고전적인 측면에서 청소년을 위한 각종 시설이나 프로그램들도 요구되지만 주체적으로 우리 사회의 청소년들이 우리 사회의 청소년들에게 진정으로 요구되는 삶에 대한 논의가 청소년복지일 것이다.

1970년대 통금이라는 제도 하에서 우리 정부는 일정 시간이 되면 청소년들에게 시간이 늦었으니 일찍 귀가하라는 방송을 한 적이 있다. 그것은 10시 이전에 청소년들의 안전한 삶을 담보하기 위해 반강제적 공적인 귀가 종영을 의미하기도 했지만, 실질적으로 그 당시 우리 청소년들은 갈 곳이 그리 많지 않았으며, 환경적으로는 그리 훌륭하지 않은 집과 그들을 위한 프로그램 부재로 귀가할 수밖에 없었을 것이다. 1980년대 이후 우리 청소년들의 늦은 귀가가 가능하게 되었다. 사회의 급변으로 어른들에 의해 청소년들을 유혹할 수 있는 많은 것들이 만들어졌다. 1990년대에는 청소년들은 자신들의 의지와는 관계없이 방과 후 귀가를 할 수 없게 되었다. 이런 상황에서 우리 사회는 나라의 미래라고 주장하면서 많은 사회문제들을 우리 자식인 청소년에게로 돌렸다.

문제는 오늘날 우리 청소년들에게 귀가는 의미가 없다는 것이다. 또한 일찍 귀가하라는 말을 할 근거가 가정, 학교, 정부 정치인 어느 누구에게도 없다는 것이다. 그러므로 오늘날 우리 청소년들에게는 귀가할 집은 있지만 진정한 의미에서 가족이 부재하다고 볼 수 있다. 국가는 한편으로 대화 없는 가족에 대하여 이야기하면서 다른 한편으로 가족은 함께하여야 한다고 가족을 강조하고 있다. 그러면서 가족 간에 많은 대화가 필요하다고 한다. 그러나 우리의 현실은 완전히 다르다. 우리 가족구성원들은 할머니 할아버지와 떨어져 살고 아버지는 일하느라 집에 없고 어머니는 일하는 경우도 있으며 그렇지 않을 경우에는 자녀를 학원으로 내몰기에, 집은 있지만 가족이 없는 집이기에 함께함이 없으며, 함께함이 없으니 대화의 상대가 없으며 따라서 대화가 없다. 그래서 우리의 집들은 조용한 것이 아니라 적막하다. 좋은 집과 좋은 환경에서 공부를 시키려는 부모들의 내 집 마련의 목적은 교육정책으로 빈집으로 되었으며 빈집 증후군이라는 용어가 등장하였다.

우리 청소년들이 대부분의 시간을 보내는 학교는 청소년복지의 중심이 되어야 함에도 자신들의 역할이 무엇인지 망각한 것 같다. 한때 유행하였던 전인교육은 사라진 지 오래며 그곳은 학생들이 잠자는 곳으로 변하고 있음에도 어느 누구도 그것에 대한 문제제기를 하지 않고 있다. 정부와 학교 관계자들이나 학부모들은 학원을 생각한다. 우리의 정부는 우리의 청소년들이 어떻게 삶을 살아야 하는지에 관심을 가져야 한다. 그들은 전교조나 학부모 눈치를 보며 학원에 대한 것보다는 청소년들의 삶에 대하여 생각하여야 한다. 정치인들도 그런 것들이 더 관심을 가져야 한다. 그들은 대화를 위해 그들 자신의 이야기만 하는 것이 아니라 국민이나 시민들의 이야기를 통하여 청소년들과 소통을 하여야 한다.

교육에 연관된 교과부와 교육 관계자들은 학부모들에게 초등학교 시기에는 많은 것들을 보여주어야 한다. 물론 공부도 해야 한다고 주장한다. 중학교 시기에는 공부해야 한다. 고등학교 시기에는 공부만을 해야 한다. 이것이 잘 지켜지는 경우 그들은 잘 한다는 이야기를 듣는다. 반면에 언론은 공부도 해야 하고 놀기도 해야 하고 가족과 함께해야 한다고 한다. 그것을 위해 학부모들은 돈도 벌어야 하고 몸짱도 돼야 한다고 한다. 교과부와 교육 관계자들이 만들고 집행하는 모든 교육정책에 연관된 것들은 학교가 아닌 모든 것을 학부모에게 책임을 돌리고 있다. 그런데 문제는 우리 학부모들이 슈퍼맨이 아니라는 사실이다.

우리 사회에서 청소년복지의 중심에는 소통이 핵심이다. 청소년들과 학부모로 구성된 가족에서만 소통이 필요한 것이 아닌 우리 사회 모두가 청소년들과의 소통이 필요하다. 그들과의 소통을 위해 이야기를 하는 것이 아닌 그들의 이야기를 잘 들어야 한다. 그동안 많은 대화가 있었지만 정작 그들에 대한 이해나 소통이 안 된다는 이야기는 전달이나 지시만이 있었다는 것이다. 대화란 듣는 것에서 출발한다는 것이며, 청소년과의 소통의 토대는 청소년에 대한 신뢰이다. 이것이 우리 사회에서 요구되는 청소년복지인 것이다.

5. 환경복지

우리 인간에게 있어서 환경이 중요한 이유는 우리 인간이 살고 있는 지구가 하나뿐이기 때문이다. 그런 이유로 지구환경에서 발생하고 있는 문제들을 해결하고 인간을 위한 건강한 환경을 추구하는 것에 대한 심도 있는 논의가 이루어져야 하는 분야가 환경복지(Environmental Welfare)이다. 산업혁명 이후 200여 년 동안 지속되고 있는 산업발전에 대한 집착은 환경에 대한 경시를 가져왔으며 환경오염과 환경파괴와 같은 환경문제들을 발생시켰다. 현대사회에서 환경의 중요성은 사회복지를 아우르는 중요한 조건의 하나로 간주되고 있다(김귀환 2011: 239). 이런 생각을 중심으로 정리된 사고가 환경복지이다.

환경복지는 인간의 환경에 대한 새로운 인식으로 전환되었으며, 그것은 인간의 하나의 권리로서 인식되었음을 의미한다. 인간이 인간의 삶을 위하여 추구하였던 발달이란 개념이 오히려 인간의 삶을 억압하고 피폐하게 만들고 있다는 사실이며, 그런 이유로 환경은 21세기의 가장 중요한 화두로 등장하였다. 이것은 배타적 권리로서 환경권이라 불리며, 생존권적 기본권인데, 왜냐하면 모든 인간은 건강하고 쾌적한 환경에서 생활할 권리를 가지기 때문이다. 그러므로 환경문제는 한 나라만의 문제가 아닌 전 지구적인 문제가 되는 것이다. 모든 나라들이 이 문제에 대하여 깊은 관심과 우려를 표명하고 있다. 물론 전체적인 것은 아니지만 많은 선진국들은 과거 자신들의 잘못에 대한 반성적 차원에서 환경을 보호하는데 노력하고 있다(김귀환 2009: 316).

이러한 과정 속에서 환경복지는 환경문제의 해결을 강조하면서, 현대산업사회에서 사회복지의 한 부분으로 등장하게 된 것이다. 환경복지는 사회복지 분야에서 현대사회에서 인간의 의식주에 대한 것뿐만 아니라 자연환경도 중요한 부분으로 간주되면서 환경문제에까지 확장된 것이다. 그러므로 환경복지는 인간의 생존권문제를 단순히 경제적 측면만이 아닌 그리고 국가적 차원만이 아닌 전 지구적 차원에서 접근해야 한다.

6. 교정복지

사회복지는 관심과 배려를 통하여 모든 사회구성원들의 삶의 증진을 목적으로 하고 있다. 교정복지(correctional welfare)는 사회복지 이념을 바탕으로 범죄인의 교정, 교화를 위한 활동으로 사회복지의 전문분야 중의 하나라고 할 수 있다. 이런 측면에서 교정복지는 사회구성원들의 삶을 규제 통제하는 것으로 사회복지와는 모순된다고 볼 수 있을 것이다. 그러나 다른 한편으로 교정의 역할에 복지적인 요소로서 교정복지는 아직은 미약하지만 그것을 통하여 우리 사회에서 재소자들에 대한 재범 방지나 재소자들의 인권을 위해 사회복지에서 매우 중요한 분야이다. 왜냐하면 교정에 연관된 기관들은 우리 사회에서 인권의 사각지대로 간주되었기 때문이다.

교정복지는 범죄자나 비행청소년의 재활과 정상인으로서 사회복귀를 돕고 범죄사건으로 인한 제반 영향을 해결하기 위해 전문적으로 논의하는 사회복지분야이다. 우리 사회에서 교정에 대한 업무는 법무부 소속으로 되어 있으며, 현재 교정업무를 진행하는 교정기관은 교도소를 포함하여 전국에 57개 있다. 사실 우리 사회에서 교정복지가 사회복지에서 차지하는 위치는 매우 미약하다고 볼 수 있다. 그 이유는 아직도 교정하면 철학적인 접근보다는 육체적 신체적으로 감옥과 처벌, 폭력을 연상하고 있기 때문이다.

18세기 이후 서구사회에서는 교화의 측면을 강조하면서, 그것을 국가의 의무, 사회복지적인 권리로 간주하였다. 이것이 바로 교정복지의 출발이라 할 수 있을 것이다. 교정의 의의는 고도의 산업사회 속에서 범죄자나 범죄피해자와 같은 사회 부적응자의 증가에 대한 처벌 중심적 사고를 지양하고 교화를 통한 사회 적응력의 향상과 치료 그리고 그 가족들을 돌보는 것을 통한 지역사회에서의 문제해결과 예방적 관점에서의 재범방지와 사회복귀 등으로 사회적 정상상태로의 회복에 있다고 볼 수 있다. 다시 말하면 처벌 지향적인 교정으로부터 치료와 예방을 목적으로 하는 교정으로 변화가 진행되고 있는 것이다. 이것을 위하여 정책적인 접근이 사회복지인 것이며, 사람들은 그것을 교정복지라 부르고 있는 것이다. 우리 사회에서 교정복지는 1987년에 사회사업학과와 사회복지학과 졸업한 사람을 채용하여 교정시설 근무가 정부에 의해 시도된 적이 있다. 그러나 전문성에 대한 문제로 5년 뒤 특별채용제도는 폐지되었다. 이후 기존의 희생이라든지 봉사라는 의미의 사회복지에 대한 생각으로부터 탈피하여 재소자들에 대한 좀 더 깊은 이해를 통한 개방적인 사고와 접근 등이 시도되고 있다.

오늘날 우리 사회에서 교정분야의 현주소는 사회의 민주화와 인권의식의 증진을 통하여 실질적으로 재소자들 교정정책에 많은 변화가 있었다. 그러나 여기서 더욱 중요한 사실은 사회복지사들이 교정분야에서 사회복지를 어떻게 기여할 수 있는가에 대해 분석하고 노력하는 것이다. 그것을 위하여 사회복지 발전과 사회복지사들의 전문성 제고를 위한 제도적 확립이 요구된다.

7. 의료복지

코로나 19 감염병이 발생하였던 2019년 말부터 2020년 현재에 이르기까지 전 세계적으로 누그러질 기미가 보이지 않고 있다. 이런 상황에서 우리나라의 코로나 19에 대한 소위 K-방역과 준비된 의료수준이 세계의 부러움을 사고 있다. 이것은 국민 누구나 이런 감염병에 대한 검사를 받을 권리와 의무가 실질적으로 작용하는 것이 의료복지의 수준과 맥을 같이 한다고 볼 수 있는 것이다.

현대사회에서 의료복지(Medical Welfare)의 전제는 건강과 질병문제를 개인적 차원이 아닌 사회적 차원으로 접근하여야 한다는 것이다. 왜냐하면 산업의 고도화로 인한 사회환경과 자연환경을 오염시키는 수많은 요인들의 발생은 개인적 차원이 아닌 국가적 사회적 차원의 문제이기 때문이다. 산업 발전의 고도화가 한편으로 사회를 발전으로 인도하기도 하지만 다른 한편으로 각종 질병과 부작용의 발생을 야기시키는 모순을 범하였다는 것이다. 그것은 건강문제를 새로운 사회문제로 등장시켰으며, 실질적으로 그것으로부터 자유로운 사회구성원이 없다는 것을 의미한다. 그러므로 의료복지의 목적은 모든 사람들에게 건강한 삶을 보장할 뿐만 아니라 의료행위로부터의 소외되는 사람들과 의료의 사각지대를 사라지게 하는 것이다.

의료복지에 대한 요구는 인간의 건강문제가 단순히 개인적 차원의 문제에 대한 부정으로부터 출발한다. 그에 대한 반증으로 서구 중세시대에 발생하였던 흑사병은 당시의 유럽인구의 반을 죽음으로 몰아갔지만 그것에 대한 사회나 국가의 역할은 존재하지 않았다는 사실이다. 이런 측면에서 의료복지는 사회구성원들의 건강을 위해 그들과 보건전달체계와 관계, 건강을 담당하고 있는 사람들의 행위와 보건의료의 대상이 되는 사람들에 관심을 두고 있다. 그것은 모든 사회구성원들에게 동등한 치료와 진료의 보장뿐만 아니라 예방까지도 추구하는 것이 의료복지의 목적이라고 할 수 있을 것이다. 결론적으로 우리 사회에서 의료복지의 실현을 위한 제도로서 결과물이 국민건강보험인 것이다.

의료복지는 누구든지 건강상 필요하다고 느끼면 언제 어디서나 진료에 대한 보장을 목적으로 한다. 그럼에도 불구하고 현대사회에서 사회구성원들의 건강한 삶은 자신들의 경제적 능력에 종속되고 있다. 그것은 오늘날 더욱 심화되고 있는 것이 사실이다. 그러므로 사회구성원들의 건강은 이제 개인문제가 아닌 사회문제라는 관점에서 바라보아야 한다. 그들의 건강한 삶을 담보하는 것은 개인적 노력이 아닌 국가적인 책임이 수반되어야 하며, 그런 문제를 정책적이고 조직적으로 해결하는 분야가 의료복지라 할 수 있다.

8. 교육복지

교육복지(Education Welfare)는 사회복지분야에서 노인복지 다음으로 대상자가 많은 분야이며 노인복지에 실천할 주요한 부양자와 연관되어 있다. 교육복지는 모든 사회구성원들에게 학업의 기회를 동등하게 제공하는 것을 목적으로 한다. 2018년 현재 우리나라에는 전체 인구의 10% 정도의 560여만 명의 학생들이 초·중·고에 재학 중에 있다. 여기에서 의무교육 대상에 포함되지 않아 부득이하게 교육복지 분야에서 제외된 대학생을 포함하면 더 많은 학생들이 학업 중에 있을 것이다. 교육복지의 목적은 한편으로 교육으로부터 국민을 소외시키거나 차별을 없애는 것뿐만 아니라 다른 한편으로는 모든 사회구성원들에 균등하고 질 좋은 교육서비스를 제공하는 것이다.

과거 농업사회에서 교육의 기능은 가족이 담당하였다. 그것은 소위 밥상머리 교육으로 바로 그 시대의 가부장에 의해 시행되는 교육을 의미한다. 그러나 그러한 가족의 기능은 산업사회로 변화하면서 가족으로부터 국가로 이전되었고 교육은 국가의 의무가 되었다. 다른 식으로 말한다면 교육은 국민의 권리가 된 것이다. 그 과정에서 한편으로는 대학입시와 사교육의 과열은 매우 심화되었으며, 다른 한편으로는 무상교육과 무상급식이 교육복지의 중요한 핵심이라고 할 수 있을 것이다. 전자는 그동안 우리 사회에서 많은 정책적 고려가 되었음에도 불구하고 고질병처럼 해결할 수 없는 문제로 보이고 있다. 후자는 이미 우리 사회에서 중학교까지 무상교육이 실현되고 있으며 고등학교에서는 부분적으로 진행되고 있다. 문제는 무상급식에 관한 것으로 아직도 다양한 의견뿐만 아니라 반대하는 여론도 나타나고 있다. 교육에 있어서 문제는 무엇보다도 대학입시이다. 이런 측면에서 우리 사회에서의 교육복지를 정리한다면 빈곤지역뿐만 아니라 모든 교육기관을 통한 상호교류 소통하는 지역공동체를 실현하여 교육의 질적 제고를 통한 부의 분배 및 빈곤의 대물림을 해소하여 삶의 질을 증진시키는 것이다.

그러므로 모든 국민들에게 진정한 의미에서 교육복지란 교육이 수단이 아닌 목적으로 작용할 수 있는 토대를 건설하는 것이다. 이것은 학생들을 교육의 대상만이 아닌 주체로서 인정하는 것이 전제되어야 한다. 그러므로 교육복지의 실현은 교육의 민주화인 것이다.

9. 주거복지

한때 우리 사회에서는 좁은 땅에 많은 인구로 주거문제 해결이 제일의 과제로 부각된 적이 있다. 그 당시에 문제해결책으로 제시된 정책이 좁은 땅에 많은 사람들이 거주할 수 있는 아파트의 건설이었다. 오늘날에는 사회구성원들이 주거해야 하는 곳은 선택의 여지가 없는 대부분 아파트로서 집은 아파트와 동의어처럼 사용되고 있으며 가장 선호하는 주거복지와 동의어로서 대표적인 주거문화가 되었다.

우리 사회에서 토지는 과거처럼 농사를 짓거나 거주의 수단으로서 삶에 필요한 것이 아니라 그 자체가 목적이 되는 가장 중요한 재산으로서 그리고 주택은 거주의 개념이 아닌 소유의 개념, 즉 재산으로 국민들 머릿속에 각인되었다. 그러나 주거권이란 모든 국민이 인간다운 주거생활을 누릴 수 있는 권리로서, 그 권리의 핵심은 안전한 주택에서 거주하는 것이며, 그것의 보장이 주거복지이다. 주거복지의 측면에서 우리나라의 주택정책은 주택을 거주하는 곳이 아닌 단지 재산으로의 가치에 집중되어 있기에 주택에 대한 주거의 의미로서 아래와 같은 세 가지 측면에서 인식의 전환이 요구된다.

우리 사회에서 주거복지를 위해 고려되어야 할 중요한 점은 집에 대한 인식의 전환이다. 그것에 대한 첫 번째 논의는 주택의 건강 기능 측면에서 인식의 전환이다. 과거에는 주택이 단순하게 잠만 자는 공간으로서 비나 눈, 추위와 같은 자연적 현상을 막아주는 곳으로만 한정되었다. 그러나 오늘날에는 주택, 집이란 일터에서 돌아와 휴식을 취하는 곳이며, 내일을 위해 힘을 재충전하는 곳으로 인식이 전환되었다. 즉 주거의 의미로서 주택은 가족 구성원들이 잠을 자는 곳만이 아닌 모여서 식사하고 이야기하는 쉼을 위한 공간인 것이다.

두 번째로 주택은 하나의 훌륭한 교육 장소로서 기능한다는 것이다. 그것은 좋은 환경에서 학습이 이루어져야 한다는 것을 의미한다. 그러므로 우리 사회에서 주거복지의 의미는 1960년대에서 1980년대에 이르기까지 우리 사회에서 집 소유의 의미는 자식들을 위한, 공부를 위한 공간의 마련이었다. 또 하나의 의미로서 교육의 질적 수준이 주택의 위치에 의해 결정되고 있다는 것이다. 단순한 주거가 목적이 아닌 좋은 학군, 입시교육을 위하여, 즉 거주하고 있는 동네에 교육의 수준이 종속되고 있다는 것이다. 그런 측면에서 우리 사회에서 주택과 교육간의 관계성을 논한다는 것은 의미가 있는 것이다.

주택과 건강문제에 관계에 있어서 논의된 문제 이외에도 세 번째로 우리 사회의 주택 수요자인 동시에 주거자들인 노동자들은 노동에 대한 기업의 인식과 노동구조로 인하여 잘 갖추어진 주택에서 편한 삶을 누릴 여유도 없이 다시 고된 노동현장으로 돌아가야 하기에 어렵게 장만한 좋은 집은 빈집으로 머물게 되는 빈집증후군이 우리 주택문제의 또 다른 핵심이다.

우리나라 주택의 비율 중 아파트[4)]가 차지하고 비율이 70%에 육박한다고 한다.

4) 서울시의 위의 1000가구 조사가구 중 54.6%가 아파트에, 21.7%는 연립이나 다가구 주택에 그리고 20.7%만이 단독주택에 거주하는 것으로 조사되었다. 서울시의 주택 소유자 30% 이상이 빚에 어려움을 겪고 있는 상황이 이를 보여주고 있으며 그들 대부분은 아파트에 거주하고 있다고 한다. 미국에서 등장하였던 100만 달러(10억 이상) 이상의 고가의 집을 소유하였지만 빚에 허덕이는 사람들을 지칭하고 있는 밀리언네어 푸어(Millionaire Poor)라는 신조어의 영향으로 우리나라에서는 2008년 미국 서브프라임모기지(subprime mortgage) 사태 이후 그 영향으로 인하여 집값

프랑스 지리학자로서『아파트 공화국』의 저자 발레리 줄레조(Valerie Gelezeau)는 우리 중산층의 희망과 개발독재의 획일성의 결과물인 아파트 공화국이라는 테제를 사라져야 할 우리의 왜곡된 문화라고 적고 있다. 그러므로 우리 사회 구성원들의 진정한 행복을 위하여 주거복지는 주택복지를 극복하여야 한다. 왜냐하면 우리 사회에서 주택구입은 위에서 논한 주거복지보다는 주택복지에 의한 과도한 빚으로 사회구성원들의 삶에 있어서 전반적인 삶의 왜곡으로 인도하고 있기 때문이다.

10. 다문화복지

다문화복지는 화이부동(和而不同, Aleinsein im Gemeinsein)하면서도 부동이화(不同而和, MIteinander des Verschiedenen)[5)]의 추구이다. 우리 사회에서 다문화는 두 가지 측면에서 접근할 수 있다. 하나는 한국전쟁 이후 1960년 국제결혼과 2000년대 이후 국제결혼을 통해 우리나라로 결혼이주 그리고 그로 인한 자녀들의 수가 급격히 늘어나면서 자연적으로 발생하였던 문화적 변화에 대한 사회적 움직임으로부터 사용되기 시작하였다. 다른 하나는 외국인 노동자의 국내 유입이다. 그들은 우리나라에 노동력 제공뿐만 아니라 다문화에 대한 이해의 폭을 넓혔으며 또 다른 축에서 노동이주와 함께 가족을 형성하였다. 우리 사회에서 앞으로 10년 후에는 인구 20명당 1명이 외국인, 그리고 2050년에는 10명당 1명은 외국인이 될 것으로 예측되고 있다. 이와 같은 이유로 우리 사회에서 다문화에 대한 관심은 문화적인 측면뿐만 아니라 문화 구성원들의 삶을 위한 다문화복지에 대한 적극적인 배려와 관심이 요구되고 있는 것이다.

하락이 이어져 은행대출 이자를 갚느라고 생계가 어려운 하우스 푸어(House Poor)라는 신조어가 발생하였다.

5) 사자성어의 하나로 사람들에 따라 해석이 다양하지만, 직역하면 조화로운 것은 똑같은 것이 아니며, 똑같지 않은 것도 조화로운 것이다. 소통에 있어서 정말 같으면서도 다르고 다르면서도 같을 수 있기에 상호 인정하는 것의 중요성을 강조를 의미한다.

1) 다문화가족

우리 사회에서는 결혼이민자나 이주 노동자 및 그 자녀 등으로 구성된 가족을 다문화가족이라 규정하고 있다. 실질적으로 다문화의 의미를 우리 사회에 가져다 준 것은 다문화가족의 증가이다. 그러나 우리 사회에서 다문화가족 내에 다문화가 존재하는지에 대한 문제를 제기할 수 있을 것이다.

이러한 현상들은 필요에 의한 국제결혼을 토대로 형성된 것으로서 다문화의 진정성과는 거리가 있다고 볼 수 있다. 그럼에도 불구하고 단순 현상으로서 접근한다면 우리나라에서 다문화가족은 국제결혼의 수용과 인정의 측면에서 두 가지로 구분하여 접근하여야 할 것이다. 한 측면은 오늘날 우리나라에서 회자되고 있는 다문화가 1950년대 이후 발생하였던 현상을 토대로 역사적인 측면에서 분석하여야 의미가 있다는 것이다. 그것은 한국전쟁 이후 나타났던 수용되지도 인정되지도 않았지만 불가불(不可不)로 여겨진 국제결혼을 의미한다. 아이러니하지만 당시의 국제결혼에 대한 인식은 부정적이었다. 여하튼 2019년 현재 우리 사회에는 100만여 명의 다문화가족 구성원들이 살고 있으며 이중에서 국내에서 출생한 가구원은 60만 명에 이르고 있다. 그러므로 우리 사회에서 다문화란 다문화가족의 문화를 의미한다고 해도 과언은 아닐 것이다.

이와 같이 다문화가족은 우리 사회에서 점점 증가하고 있는데, 그들은 현재 언어 및 문화적 차이로 인하여 사회부적응과 가족구성원 간 갈등 및 자녀교육에 어려움을 겪고 있다. 이런 문제들을 해결하기 위하여 우리 사회에서 다문화를 위한 사회복지는 포괄적이고 포용적이어야 한다. 그것을 위하여 한편으로 다문화가족의 구성원들뿐만 아니라 우리들도 다문화 구성원으로 자연스럽게 통합하면서 다른 한편으로 그들의 안정적인 가족생활을 영위할 수 있도록 하기 위해 다문화가족지원법이 2008년 3월 제정 공포되었다. 이 법은 단지 다문화가족만 아닌 배려와 관용을 토대로 하는 우리 사회를 건설하는 데 이바지하여야 할 것이다[6].

6) 현재 우리나라에서 행해진 다문화가족정책은 많은 논란이 되고 있다. 그 원인은 갑작스러운 부의 증대가 국가 간의 계급으로 이어지면서 문화부문까지도 같은 방식으로의 이해가 통합이라는 측면에서 접근시켰다. 그것은 한글교육, 김치 담그기 등 우리 문화의 강제로 이어졌다. 통합이 아닌

2) 외국인 노동자

국내에서 외국인 노동자는 1993년 산업기술연수생제도 시행을 통하여 등장하였다. 이 제도는 13개국과 협정을 체결하여 동남아시아 등 저개발국가의 노동자들의 국내 3D업종 제조업에 대한 연수를 가능하게 하였다[7]. 그들은 우리나라에서 노동력 제공뿐만 아니라 다문화에 대한 이해의 폭을 넓혔으며 또 다른 축에서 노동이주와 함께 가족을 형성하여 그동안 일방적인 미국이나 서구 위주의 문화로부터 문화의 다양화의 길을 열었다.

이러한 현상은 우리나라 고학력 노동자들이 경제적인 목적으로 1960년대부터 70년대에 이르기까지 서독으로 진출한 것과 마찬가지로 필리핀, 방글라데시, 파키스탄 등과 같은 아시아의 저개발 국가의 노동자들이 우리나라로 일자리를 찾아 들어오는 것으로부터 나타나기 시작하였다. 그와 같은 사실은 국내적으로 세계화라는 전 지구적인 노동구조의 분업화 경향에 대한 외형적인 형태인 노동자들의 국적의 다양성을 다문화로 간주하면서, 내적으로는 그것에 대한 경제적 억압 또는 문화적 억압으로 표출되고 있었다. 그것은 다문화주의가 오히려 다문화를 억압하는 다문화에 대한 국가적인 이해의 부족을 보여주었다. 이것에 대하여 이주노동자 단체들에 의해 제기된 외국인 노동자에 대한 인권문제와 연결되기도 하였다. 외국인 노동자는 단순히 노동자의 역할보다는 문화적으로 폐쇄적이었던 우리 사회에 다양한 경험을 제공하였다고 볼 수 있다.

그러므로 다문화복지는 경제적인 목적에서 외국인 노동자를 노동자로만 생각하는 정책이 아닌 외국인 노동자를 우리 사회에 기여하고 있는 사회구성원으로서 인정하면서 사회복지적이고 다문화적인 측면에서 접근하여야 한다. 그들이 우리

공존으로 이해되어야 한다. 전자는 문화적 갈등을 용납하지 않는 과거의 제국주의적 발상이다. 후자의 공존을 통하여 상호 존중하는 사고는 경제적으로 돈을 자랑할 필요도 없으며 비용도 들지 않는다.

7) 산업연수생제도를 통하여 외국인 노동자는 초기에 2만 명 정도에서 2002년 14만 5천여 명으로 증가하였다. 외국인 남성 노동자는 한국인보다 65.9% 정도의 임금을 받았고, 최대 2년간 연수를 할 수 있었다. 2003년 불법체류 노동자가 30만 명이 넘게 되자 정부는 불법체류자의 합법화 조치를 했고, 2004년 8월부터 고용허가제를 시행하면서 산업연수제와 병행 운영하다가 2007년 고용허가제로 단일화하였다.

나라에서 자연스럽게 생활하는 것을 통하여 우리나라도 전 지구적인 다양한 문화들을 자연스럽게 경험할 수 있는 것이다.

3) 소결

우리 사회에서 다문화에 대한 문제의식은 다문화가족에 대한 문제제기로부터 출발하고 있다. 이것은 다인종 가족과 다문화가족에 대한 언어 표현의 오해라고 할 수 있을 것이다. 그러므로 우리 사회에서 국제결혼이나 외국인에 대한 많은 이야기들은 모두 일방적인 외국인들에 대한 평가인 것이다.

외국인의 방문과 거주가 증가하면서 2005년경부터 우리 사회에서 다문화(Multi-Culture)라는 용어가 인구에 회자되는 경향이 있었으며, 정부 차원에서 다문화 현상들에 대한 논의가 진행되고 있다. 다문화주의라는 용어는 스위스를 설명할 때 처음 사용되었고 캐나다에서 대중화되었으며, 그 이후로 영어권 사회에서도 급속히 퍼져 나갔다. 다문화주의란 전통문화만을 고집하지 않고 다양한 문화들을 받아들이는 사상을 의미한다. 그러므로 정책적인 측면에서 이것은 다민족 사회에서 문화적인 다양성을 관리하는 정책으로서 문화에 대한 상호존중과 문화적 차이에 대한 톨레랑스(Tolerance)를 강조한다. 즉, 상이한 문화들이 들어와서 국민들 내적으로 상호 간의 관계를 중시해야 한다는 것이다. 그러므로 문화적 측면에서 문화 우위를 통한 문화우월주의의 각인이나 문명적 의미인 타문화에 대한 공격적인 의미를 띠고 있는 제국주의의 현대적 모습인 세계화와는 거리가 있는 것이다.

이러한 현상은 그동안 단일민족이라는 정체성을 자랑스럽게 여겼던 우리 사회는 다민족 다인종 사회로 진입은 하였지만 문화적인 측면에서 다문화의 형성과 존재에 대하여 논하기 위해서는 외국인에 대한 경제적인 측면에서 접근보다는 한 단계 수준이 높은 사회복지적인 측면에서 삶과 배려, 존중, 포용이 우선되어야 할 것이다.

11. 군사회복지

군사회복지는 군(military)과 사회복지(social welfare)의 합성어로 국가에 따라서 군을 바라보는 시각, 이데올로기, 병역제도에 의해 다양하게 정의되고 있다. 우리 사회에서 군은 가장 폐쇄적인 계급집단으로 사회복지를 이야기한다는 것이 모순적이라고 간주하는 경향도 있지만 인권의 측면에서는 매우 중요한 분야이다. 민주화에 따른 사회의 개방화와 다양화 그리고 군사회에서의 민주화는 군사회복지의 필요성을 제기하고 있는 것이다.

사실 우리 사회에서 군사회복지의 중요한 요소는 인권이다. 그것은 명령과 복종과 같은 상명하복 사회에서 인권의 보장을 위하여 정책적으로 군사회복지에 대한 주장이 등장하고 있는 것이다. 그동안 군인들에게 국가에 대한 희생만을 강조하던 과거와는 달리 오히려 애국은 군인들의 인권에 대한 보장과 군인에게도 인간으로서의 삶에 대한 관심으로부터 야기된다는 인식의 전환인 것이다[8]. 이런 측면에서 우리 사회에서 군사회복지(Military Social Welfare)는 아직도 생소한 개념으로 다가올 것이다. 왜냐하면 한편으로 군대에서 인간적인 무엇인가에 대한 기대는 우리 사회에서 어색한 것으로 간주되며, 다른 한편으로는 군사회복지가 군장병에게 보다는 군간부에게만 해당되어 본질과 다른 형태로 왜곡되어 있었기 때문이다. 우리 사회에는 2019년 현재 전체 인구의 1% 정도인 60만 명의 군인들이 복무하고 있다. 그중에서 대부분은 사병으로 구성되어 있기에 우리나라의 군전력의 핵심은 사병들이라 할 수 있을 것이다. 실질적으로 군에 관한 모든 일은 장병에 의해 실행되고 있음에도 불구하고 우리 군은 지나칠 정도로 장교들 중심으로 이루어져 왔던 것이 사실이다. 군사회복지적인 측면에서 이것이 첫 번

8) 2018년 군 인권에 대한 일화로서 공관병들의 일상에 대한 이야기가 회자되고 있다. 박찬주 육군대장이 공관병사에게 감나무에서 감을 따게 했고 골프공을 줍게 했다는 것이며 그것이 그 군인의 임무라고 하여 전사회적으로 지탄을 받았다. 군에서 해야 할 많은 일들이 있겠으나 국민들이 군에 입대하는 것은 국가의 안보를 지키고 국방력의 강화를 위한 것이다. 감 따는 것이나 골프공 줏는 것이 국가의 안보와 국방과의 관계가 있는가는 누구도 부정할 것이다. 그것은 공관병의 인권과의 관계인 것이다. 인권은 부여된 임무와 관계된 것을 실행할 때만이 의미가 있기 때문이다.

째 군에 대한 문제제기이다. 두 번째 중요한 사실은 우리나라 장병들이 장교들과는 달리 정해진 기간 동안 특정 지역에서 집단생활을 하고 있다는 것이며, 군생활의 많은 부분에 있어서 단순히 장교와 장병에 대한 처우에 있어서 그 차이와 차별은 매우 심각한 수준인 것이다. 전자는 군의 주인공이 사병임에도 불구하고 현실적으로 사병은 군에서 소외되어 있다는 것이다. 군사회복지의 의미는 여기에서 출발한다. 그동안 우리나라 군대에서 실행된 군사회복지는 장교들만을 위한 복지였던 것이다. 이런 측면에서 군사회복지는 군의 민주화와 동일한 개념이라고도 할 수 있다. 후자는 군장병들의 현실은 부사관을 포함하는 군장교들과는 달리 병영문화의 중심에 있는 사병들의 집단적인 군생활을 통한 희생과 봉사에 대한 강제로 인하여 무시되어 왔다. 그러므로 군사회복지는 집단 병영문화에서 병사들에게 발생하고 있는 문제들을 해결할 수 있는 정책을 제시하여야 한다. 본질적인 측면에서 우리 사회에서 군사회복지는 당연히 장병을 위한 사회복지로 접근해야 할 것이다[9].

군생활에 있어서 법적인 규정으로 참여정부 시절 2007년에 제정되어 2008년부터 시행되고 있는 군인복지기본법이 11번의 개정으로 현재에 이르고 있다. 군인복지기본법에 의하면 국방부와 유관부처 그리고 민간기관의 참여를 통한 통합적인 복지정책의 추진과 기초복지, 문화복지, 가족복지 등 다차원적인 서비스의 제공 등 포괄적 접근은 결국 군인복지가 군사회복지를 의미하는 것이다. 결론적으로 우리 사회에서 군사회복지는 그동안 군의 특정 계층에게만 해당되고 누렸던 것을 군의 구성원 모두가 누리는 것으로 전환시키는 것에 의미가 있는 것이다.

9) 군사회복지와 연관하여 참여정부는 처음으로 장병들의 인권에 대하여 관심을 가진 정권이다. 장병의 인권에 연관된 법이나 훈령 등에 대한 개정으로 장병의 인권과 군인들의 휴가제도에 있어서 변화가 있었다. 중요한 사실은 어느 누구도 이것에 대한 관심이 없었다는 사실이다. 군대에서 명받아야 갈 수 있었던 휴가가 장병들의 권리로서 법에 명시되었다. 이것에 대하여 법을 만드는 국회나 국회의원들뿐만 아니라 국민들도 알지 못하였다. 시혜와 자비로서 간주되었던 군휴가는 당연한 군인 특히 장병의 권리인 것이다.

12. 정신보건복지

사회복지사 자격취득을 위한 과목으로 이미 위에서 논의된 정신건강론이 있다. 정신에 연관된 사회복지적인 접근은 하나의 과목으로뿐만 아니라 오늘날 우리 사회에서 정신건강의 중요성은 더욱 적극적인 개념으로 의학적인 측면뿐만 아니라 사회복지 분야에서도 더욱 강조되고 있다. 왜냐하면 2016년 통계에 의하면 우리 사회에서 18세 이상 국민의 25.4%가 정신질환을 한 번 이상 경험한 것으로 조사되었고 OECD국가 중에서 오랫동안 자살률 1위를 지키고 있기 때문이다. 산업화와 도시화 등 급격한 사회구조의 변화와 사회변동 그리고 경제성장만을 강조하는 정책 등 다양하고 복잡한 문제들로 인한 낮은 행복지수가 우리 사회 구성원들의 정신보건과 정신건강을 위협하는 원인이 되고 있다.

욜로(YOLO: You Only Live Once)족 딩크(DINK: Double Income No Kids)족 니트(NEET: not in education, employment or training)족 캥거루(Kangaroo)족, 통크(TONK: Two only No Kids)족 등과 같은 용어의 등장은 사회의 기본단위로서 개인이나 가족에 대한 전통적 의미와 사회구조의 빠른 변화를 야기시키면서 많은 문제들이 발생하였다. 이런 상황에서 역할을 수행할 수 있는 분야가 정신보건복지이며 사회복지분야에서 그 실천의 주체는 정신보건사회복지사이다. 산업의 고도화에 따른 물질만능주의로 인간 정신의 피폐와 사회구성원들 간 소통의 부재는 인간 행동의 다양한 측면에서 비정상적인 행동을 보이는 정신장애(mental disorder)나 정신지체나 질병을 강조하는 정신질환(mental illness)과 같은 정신적인 많은 문제들을 야기시키고 있다. 최근에는 사이코패스(Psychopath)[10] 등 사회적 범죄들의 발생 빈도가 증가함에 따라 정신질환과의 연관성에 대한 심도 있는 논의가 진행되고 있다. 이런 문제들의 해결을 위해 제

10) 충동성, 자기중심성 등을 특징으로 하는 반사회성 성격장애라고 불리고 있는 사이코패스는 생활 전반에 걸쳐 다른 사람의 권리를 무시하거나 침해하는 성격적 장애로서 자기 감정에 미숙하고 감정을 억제하지 못하면서 자신의 감정과 고통에는 매우 예민하지만, 타인에 대한 공감을 할 수 없기에 정서적 유대감을 맺지 못하는 것이 특징이다. 개념적으로 사이코패스와 혼동되고 있는 소시오패스(sociopath)는 반사회성 인격장애로 자신이나 사회를 바라보는 시각이 보통 사람의 수준을 벗어나 편향된 상태로서 사회적 규범에 공감하지 못하여 자신의 이득에 따라 쉽게 타인의 권리를 무시하고 잘못된 행동에 대해 죄책감이 없기에 그것이 잘못인지 공감하지 못한다.

도와 정책을 수립하기 위한 토대로서 장애인복지법, 형법 등과 함께 1995년에 제정된 정신보건법은 2020년 현재까지 32번 개정되었으며 정신건강증진 및 정신질환자 복지서비스 지원(일명 정신건강복지법)에 관한 법률로 개명되었다. 이 법의 제15조 규정에 의하여 1995년에 설립된 정신건강복지센터(community mental health center)는 정신보건 정책을 담당하는 핵심 기관이다. 이 센터는 초기 지역사회의 정신질환자들의 삶의 지원을 위해 설립되었고 이후 오늘날에는 정신질환자에 대한 서비스뿐만 아니라 가족, 학교 직장 등 다양한 영역에서 정신건강을 위협하고 있는 요인들을 감소시키기 위한 포괄적인 업무를 수행하고 있다. 이런 정신건강과 정신보건에 대한 국가적 접근은 정신질환이 단순히 개인적 차원이 아닌 사회구조적 문제로 인식하고 있는 것이다.

세계보건기구(WHO)에 의하면 현대산업사회에서 건강은 단순히 질병 없는 상태만을 의미하는 것이 아닌 신체적, 정신적, 사회적으로 안정된 상태를 의미한다. 특히 정신적으로 많은 문제들이 발생하고 있는 현실에 대하여 사회복지의 역할과 기능이 중요하게 부각되고 있다. 정신보건복지는 정신장애나 정신질환자들의 인권을 보장하고 건강한 삶의 영위하게 하는 것이다.

13. 소결

이 장에서 논의된 사회복지의 분야들은 일상적인 삶과 연관되어 있기도 하지만 다른 측면에서는 진보적이면서 생소한 접근도 있을 것이다. 왜냐하면 여기서 논의된 사회복지분야들은 사회복지의 분야에서 정책적으로 접근하기 어려운 측면이 있기 때문이다. 이런 이유로 어떤 분야는 정규 과목으로 된 분야도 있지만 단지 현실에서 논의되고 그 중요성을 인식하는 분야도 있다. 그럼에도 불구하고 사회구성원들 각 개개인을 위한 사회복지에 있어서 새로운 시각과 변화 그리고 비젼의 추구가 현대 복지국가의 목적일 것이다.

이것은 사회복지 클라이언트의 구체화뿐만 아니라 소수자의 인권에 대한 관심을 포함하고 있음을 의미한다. 그러므로 여기서 선택된 사회복지분야들이 내용적인 측면에서 우리에게 사회적으로 인식되는데 아직까지는 어색할 수 있는 분야일 것이다. 그러나 사회복지의 관심분야는 고정된 것이 아닌 더욱 포괄적인 의미를 내포하여야 하며, 그것이 인간의 삶의 모든 부분을 포용할 수 있는 민주화된 사회인 것이다.

현재 우리나라에서 많은 부분 민주화가 되었음에도 불구하고 군과 어떤 특정 분야에서는 인권을 중요하게 여기지 않아도 된다는 인식이 존재하고 있다. 우리 사회에서 군사회복지에 대한 관심은 그동안의 장교 중심의 군사문화에서 사병중심의 군대문화로의 전환을 의미한다. 군사회복지는 국가의 안보에 있어서 장병들의 군사기가 다른 무엇보다도 중요함에도 불구하고 장병들을 위한 정책적 배려가 거의 전무하였던 우리 사회에 경종을 울리는 사회복지의 분야라고 할 수 있다. 또한 의료복지의 경우에도 경제적 또는 그 이외의 문제로 인한 의료분야로부터의 소외되는 사회구성원들이 없어야 한다는 것이다. 교육복지는 사회복지적인 측면에서 우리 사회에 무상시대의 문을 열었으나 진정한 의미에서 무상복지는 없다는 인식의 중요성이 강조되어야 하며, 다른 한편으로는 고등교육의 문제에서 입시문제의 해결이 본질적으로 교육복지의 목적으로 되어야 할 것이다. 그러므로 그동안 성장 위주의 정책기조와 거시적인 접근으로 물질적의 풍요와 같은 경제적인 측면에서 사회복지도 중요하지만 인간으로서 개개인의 삶의 존재는 인간 각 개개인의 인권의 중요성도 매우 강조되어야 한다.

산업이 고도화되면 될수록 사회복지적인 측면에서 인간의 삶은 증진될 수 있을 것이다. 그러나 다른 한편으로 사회적 심리적 관리기술의 광범위한 적용의 결과로서 사회복지의 발달이 대중에 대한 학교교육의 표준화, 강요된 의료시혜나 제도화된 다양한 사회복지서비스를 의미하기도 할 것이다. 그것은 한편으로 사회의 민주화가 사회복지의 실천에 있어서 민주화를 의미한다고 볼 수 있을 것이다. 그러므로 진정한 사회복지 실천을 위해서는 사회의 노령화에 대한 대비뿐만 아니라 그것을 담보할 수 있는 다양한 분야에서 세대 간의 소통과 배려 그리고 관심이 토대가 되는 사회의 민주화가 선행되어야 한다.

생각해 봅시다

1. 사회의 발전과 변화에 따른 사회구성원들의 욕구나 욕망의 다양성에 대하여 생각해 봅시다.

2. 사회구성원들의 욕구나 욕망의 변화에 따른 사회복지의 정책적 실천적 변화와 그 방향에 대하여 생각해 봅시다.

3. 노동복지를 비롯하여 학습된 사회복지분야에 대하여 토론하여 봅시다.

제 12 장 세계의 사회복지

인간의 복지에 대한 열망과 그것의 제도화를 통한 사회복지의 실천은 전 지구적인 발전이라고 볼 수 있다. 이런 측면에서 우리나라의 사회복지에 대한 폭넓은 이해를 위하여 다른 나라들의 사회복지 현황들에 이해가 요구될 것이다. 보편적으로 사회복지는 세계사적인 측면에서 두 가지 방향으로 진행되고 있는데, 하나는 서구 자본주의 진행 과정에서, 그리고 다른 하나는 세계대전 이후 산업화와 민주화 과정과 깊은 연관이 있다. 그러나 역사적으로 한때 제국주의 시대로 대표되는 포르투갈, 스페인 네덜란드, 영국, 프랑스 등의 지배로부터 해방과 독립을 경험하였던 국가들에서 사회복지의 상황은 다양하게 나타났다. 그러므로 이 장에서는 서구 복지국가들을 비롯한 제국주의 시대로부터 식민통치를 경험하고 이후 이미 1800년 말에 사회복지제도를 도입하였던 남아메리카 대륙의 국가들과 세계 2차 대전 이후 해방되어 본격적인 산업국가로 진입하려는 아시아 국가들에 대하여 논하게 될 것이다.

1. 현대적 의미에서 복지국가

역사적 산물로서 복지국가에 대해 보편적 의미를 규정한다는 것은 매우 어렵다. 왜냐하면 인간의 삶의 질에 대한 평가나 수준을 비추어서 본다면, 그것은 자의적인 측면이 매우 강하기 때문이다. 그럼에도 불구하고 선진 복지국가에 대하여 논하는 것은 의미가 있는 것이다.

1970년대 오일쇼크는 선진국들의 경제활동에도 커다란 영향을 주었다. 그러한 경제 불황은 제2차 세계대전 이후 지속적으로 증가추세에 있던 복지국가의 평가에 대한 새로운 논리적 접근의 기회를 부여하였다. 또한 그것은 산업국가로 진출하려는 국가들에게는 치명적인 위기로 작용하였다. 그것은 선진국이나 산업화를 추구하는 국가들에 있어서도 성장 일변도의 경제정책으로부터 변화를 가져오게 하였다. 분배에 대한 재해석과 같은 복지에 대한 새로운 인식과 이론에 대한 불을 지피게 되는 모멘텀을 제공하였다. 그중 하나가 복지국가 위기론 또는 복지국가 쇠퇴론[1)]이라는 화두였다. 대부분의 선진국들은 이미 산업사회, 고령화 사회, 고령사회 그리고 복지사회 등 다양한 이름으로 불리고 있다. 그런 사회는 인간의 삶의 보장과 질적 상승이라는 과제를 해결하기 위해 노력하는 사회로서 그것을 위하여 국가의 개입에 의한 분배를 추구하는 정책인 사회보험제도로서 극복하였다. 논하여진 것처럼 복지국가들의 유형에 대한 분류는 그 방법에 따라 다양하게 존재하지만, 여기서는 원론적인 측면에서 복지국가들은 사회복지를 현실적으로 잔여적 또는 보편적이라는 이념적 도그마(dogma)와 같은 이분법적인 구분이 아닌 복지정책에 있어서 상황에 적절하고 현명한 선택을 통하여 실현하여야 할 것이다. 그것을 위하여 여기서는 뉴질랜드를 포함한 북유럽 3개국이 논하여질 것이다.

1) 노르웨이

노르웨이(Kingdom of Norway)는 인구 500만 명의 입헌군주국으로 국가원수는 1991년에 즉위한 하랄드(Harald) 5세 국왕이다. 정치적으로는 14세기 이후 덴마크의 영

1) 국가를 통한 개인에 대한 복지의 증진은 경제적 상황에 매우 의존적이다. 즉 많은 선진국에서 경제적 악화로 복지의 축소 또는 위기와 연결되고 있다. 그러나 독일과 일본은 오히려 국가적 개입으로 고령사회에 대비하는 제5의 보험을 운영하고 있다. 이것은 경제적 상황과 국가의 복지 개입이 경제적 상황과는 반드시 연결된다는 사실과는 배치되며, 에스핑 안데르센이 이야기했듯이 복지국가의 위기에 대한 논의가 '국가'에만 치중하고 있다는 지적은 복지 다원주의 개념에서 또 다른 분야에서의 위기가 함께 논해져야 함을 의미한다.

향 하에 있다가 19세기 초부터 스웨덴의 지배를 받았다. 노르웨이의 영토는 북쪽으로 넓은 바다를 바라보고 있기에 농업보다는 어업 중심 그리고 화물운송 등을 주요 산업으로 하는 국가이며 오늘날 세계적인 복지국가로 발돋움하였다.

20세기 초까지 노르웨이는 약소국으로서 제1, 2차 세계대전으로 독일에 의해 커다란 피해를 입었다. 그러나 정치적 중립을 선언하고 러시아 혁명에 영향을 받은 노르웨이 노동당은 한편으로는 수력발전을 동력으로 급속한 산업화를, 다른 한편으로는 노동운동과 함께 충실한 사회복지를 진행시켰다.

스웨덴으로부터 독립 후 노르웨이는 덴마크, 북유럽 국가들과 더불어 세계 최고 수준의 복지국가에 도달하였으며, 장기간의 정비과정을 통해 1971년에 완성된 국민사회보장계획에 따라 모든 국민에 대하여 무상교육제도 · 질병 · 신체장애 · 업무상 상해 · 실업수당 · 아동교부금 · 아동복지 · 노후연금 등의 완벽한 사회보장정책들이 실행되고 있다.

노르웨이는 포괄적인 사회복지체제를 운영하고 있다. 그것의 토대는 재원인데, 북해에서 끌어올리는 원유가 중요한 역할을 하고 있다고 한다. 2003년 기준 사회복지지출(Social Expenditure)은 GDP의 25%에 도달하였으며, 개인의 성공 여부와 관계없는 생활안정을 슬로건으로 하고, 지출액의 50% 가까이는 연금이다. 연금을 받을 수 있는 나이는 67세부터이며, 평균수입을 갖고 있는 사람이 규정기간 동안 연금보험 계약을 마치고 나면 수입이 가장 높았던 기간에 벌었던 액수의 2/3 정도를 연금으로 받는다. 최근 연금 개혁은 노령기의 보편적인 소득보장과 노동친화적인 요소를 도입하였다. 임산부는 출산휴가로 1년을 보장받으며, 남성도 자녀 출산 후 4주간 출산휴가를 받을 수 있다. 노르웨이는 세계에서 최초로 아이들에 연관된 문제들을 특별한 과제로 인정한 국가로서 아동뿐만 아니라 노인, 병자에 대한 공적인 사회서비스 강조는 노동 친화적이며 가족 친화적이다.

2) 핀란드

호수의 나라인 핀란드(Finland)는 정치적으로 북유럽 국가들 중에서 유일하게 대통령과 총리가 통치하는 공화국이다. 언어적으로 우랄어족에 속하고 있다. 그런 이유로 핀란드인은 아시아에서 파생해 온 아시아계통의 종족 후손으로 추정되고 있으며, 스웨덴어, 핀란드어 등을 사용하는 복잡한 언어구성을 가지고 있다. 과거 스웨덴의 일부로 병합되었으며 한때는 러시아 자치령을 겪은 후 러시아 혁명 후 1918년에 독립된 국가를 형성하였다.

핀란드의 사회복지는 스웨덴의 영향 하에서 발전하였다. 제2차 세계대전 이후 스웨덴의 북유럽 사회복지 형태의 도입과 1960년대의 중도좌파정권의 등장으로 핀란드의 사회보장제도는 북유럽형의 정체성을 갖게 되었다. 핀란드의 사회보장제도는 대부분의 다른 복지국가들과 유사하지만, 그 특성은 공공성의 강조이며 사회보장을 위한 재원은 조세로서 조세비율이 2004년 현재 국내총생산 GDP 대비 44.3%로 세계 3위의 조세부담을 통해 사회복지를 보편적 복지와 더불어 잔여적 복지도 실천하는 높은 수준의 사회복지정책을 실행하고 있다. 특히 핀란드는 교육적인 측면에서 모든 국민에게 균등한 기회를 제공하기 위하여 보육에서 대학교까지 무상 공교육을 시행하고 있다.

사회보장제도는 복지를 자랑하는 다른 북유럽 국가들과 마찬가지로 오래전부터 발달해왔다. 특히 제2차 세계대전 이후 발생한 사회문제인 생긴 고아와 미망인의 구제를 계기로 아동수당(16세 이하의 모든 아동에게 일률지급)[2], 출산수당, 빈민수당 등이 지급되고 있다. 그 밖에 양로연금(연령 65세 이상), 폐질연금, 건강 · 재해 · 실업보험의 여러 제도가 현저하게 향상하였다. 1972년에 제정된 국민건강법에 의하여 정부는 지역마다 건강센터를 두어 국민의 건강관리에 노력하고 있으며 1979년부터는 치료비를 폐지하였다. 1일 8시간 노동제는 이미 1917년에 채택되었으며,

2) 핀란드에서 아이가 병원치료를 받거나 입원을 하게 될 경우 그 비용의 일부분을 국가가 부담하고 있다. 아이가 아플 때 필요한 것이 부모의 보살핌이라는 사회복지적인 인식이 무엇보다 중요하다. 이를 위해 아이가 단기간 아플 경우 양쪽 부모 다 각각 4일씩 휴가를 사용할 수 있으며 경우에 따라 연장이 가능하다. 휴직이나 휴가로 인한 경제적 문제에 있어서 그 기간만큼의 수입을 특별지원금으로 받을 수 있다. 수입 걱정 없이 아이를 충분히 보살 필 수 있는 시간을 마련해 주는 것이다.

1970년부터는 주 40시간제가 실시되고, 1970년대에는 28일의 유급휴가제도가 채택되었다.

이와 같은 핀란드의 사회복지 사회보장을 위한 재원은 고용주의 기여금(40%), 피고용자의 기여금(10%), 국가예산(25%), 지방정부(20%), 기타 관련 수익금(5%)으로 형성된다.

3) 덴마크

덴마크(Denmark)는 인구 570만(2018년 현재)이며, 영토는 한반도의 1/5 정도로 매우 작은 국가로 정치적으로 입헌군주국이다. 그럼에도 불구하고 1인당 국민소득이 53,000달러로 세계에서 가장 높은 생활수준과 대표적인 복지선진국, 농업 선진국으로 손꼽히고 있으며 높은 정치적 투명도로서 강대국이 아닌 선진국으로 부를 수 있을 것이다. 실업자, 병자, 노인, 장애인에 대한 사회보장을 법으로 규정한 최초의 국가로서 덴마크는 역사가 깊고 광범위한 사회복지제도를 실천하고 있는 나라이다[3].

오늘날 덴마크에서 정책적으로 실천되고 있는 사회복지는 아래와 같이 정리할 수 있을 것이다.

① 폭넓은 사회복지제도를 운영하고 있으며, 대부분의 사회보장비용은 정부에서 부담함.

3) 덴마크의 소득 배분은 매우 평등하지만, 자산 보유를 기준으로 하면 세계에서 가장 빈부격차가 큰 국가 중 하나다. 가구의 평균 세율은 각각 33%, 35%, 42%로, 다른 북유럽 국가들인 핀란드(15%, 22%, 29%), 스웨덴(15%, 18%, 30%)보다도 압도적이다. 고소득자 세율의 경우에는 더욱 높아서 56.5%로 세계 최고 수준이라 할 수 있다. 그러나 다양한 복지정책으로 서민들의 기본적인 삶을 보장해주기 때문에 큰 문제 없이 돌아가고 있다. 또 다른 문제는 가계부채도 세계에서 가장 많은 국가 중 하나라는 사실이다. 세후 가처분소득의 330%가 넘는다. GDP 대비 부채율 역시 122.9%로 매우 높은 편에 속한다. 그럼에도 불구하고 덴마크는 고용률이 70%대고 연금 사정이 좋아 노후의 안정적인 소득으로 이자를 갚아나갈 여력이 있는 국민들이 집을 사기 위해 빚을 낸 것이라 파산 위험은 낮은 편에 속한다. 덴마크의 저축률은 OECD에서 최하위를 기록하고 있다. 일부 덴마크인들은 높은 세율로 인한 빈부격차, 그 세율로 인해 극단적으로 억제당하는 소비, 엄청난 가계부채, 지나친 분배 위주 정책으로 인한 근로 의욕 저하, 고급 인력의 해외 유출로 인해 덴마크를 사회주의 지옥 구덩이라고 부르고 있다.

② 2017년 기준 사회보장(보건, 사회보호, 교육) 정부지출은 약 8,099억 크로네(약 1,350억 달러)에 달함.

③ 정부 예산 중 보건, 사회보호, 교육 등 분야에 지출되는 사회보장비용은 72% 이상을 차지함.

④ 사회보호 및 보건 지출은 총 정부지출의 43.7%에 달함.

⑤ 의료부문은 2018년 기준 종합병원이 77개로 비교적 높은 의료수준을 보유하고 있으며, 현재 의료시스템에 대한 접근성을 높이고 의료수준의 질적 향상을 위해 소형 병원을 대형 병원으로 통폐합하는 대대적인 개편 작업이 진행 중에 있음.

⑥ 퇴직 후 6,237크로네(약 1,000달러) 상당의 국민연금을 기본으로 수령하며, 이에 더해 결혼한 배우자와 함께 생활하고 있을 시 3,333크로네를, 독거할 경우 6,728크로네를 수령함(단, 기본 수령금을 제외한 추가 수령금은 개인이 퇴직연금 및 개인연금으로 수령하는 금액이 일정 수준 이하일 경우에만 수령이 가능함).

⑦ 2018년 기준 국민연금 수혜자는 약 114만 명.

⑧ 이 밖에도 미성년 자녀 교육, 실업 등 생계비 지원 대상 가정에 대해서는 사회보조금이 지급됨.

4) 뉴질랜드

뉴질랜드(New Zealand)는 한반도보다 넓은 국토에 500만 명의 인구를 가지고 있다. 이런 자연자원을 효과적으로 이용함으로써 고도의 경제발전을 이룩하였고, 그 결과 국민들의 생활은 매우 풍요롭다고 할 수 있다. 넓은 국토에 인구가 적기 때문에 산업의 기계화가 진전되고 생산성이 향상되어 완전 고용이 실현되었다고 볼 수 있을 것이다. 이와 더불어 뉴질랜드는 1898년 세계 최초로 양로연금제가 실시된 이후 완벽한 사회보장제도 덕분에 세계적인 복지국가가 되었다.

1970년대까지는 세계에서 가장 완비된 사회보장제를 시행하고 있었으나 1984년 외환위기 이후 개혁정책의 일환으로 경제개혁을 통해 사회복지, 보건, 교육

등의 분야들을 포함하여 정부지출을 지속적으로 감축하는 정책이 시행되고 있다. 실업수당, 의료수당, 부부 및 자녀수당을 감액하였으며 의사처방료를 인상하고 연금수령자의 연령을 60세에서 65세로 단계적으로 상향 조정하였다. 그리고 대학교육의 학생 부담률을 계속 인상하였다. 2010년에는 사고보상공사(ACC, Accident Compensation Corporation) 부담을 인상하고 보상범위를 축소하였다. 뉴질랜드에서 실시되고 있는 사회보장 제도 중에는 경제능력이 없는 국민을 고령자 · 미망인 · 유아 · 폐질자 · 광부 · 퇴직자 · 환자 등으로 나누어 일정한 금액을 주(週) 단위로 지급하는 제도가 있다. 뉴질랜드의 연금제도는 사회보험방식이 아닌 조세방식의 독특한 연금제도(Kiwi Saver)를 시행한다. 소득세와 같은 통상조세에 퇴직세(retirement tax) 명목으로 세율 4%나 8%를 부과 징수하여 연금 재원으로 사용한다. 1984년 이후 뉴질랜드가 사회복지, 보건, 교육을 포함하여 정부 지출을 지속적으로 감축함으로써 실시한 제반 개혁조치는 다음과 같다.

① 실업수당(Unemployment Benefit)은 스스로 자립할 수 없고 현재 구직 활동을 하고 있는 18세 이상의 남녀에게 지급.
② 구직 보조금(Job Search Allowance)은 16~17세의 실업자로 이전에 직업을 가졌거나 최소 6개월 이상 직업훈련학교에 다닌 자에 한해 13주 동안 지급.
③ 청소년 수당(Youth Benefit)은 부모를 떠나서 누구에게도 도움을 받을 수 없는 16~17세의 청소년들에게 지급.
④ 가족 보조금(Family Support)은 부모의 연간 수익에 따라 차등 지급되는 자녀 양육 보조금.
⑤ 홀부모 및 과부 수당(Sole Parents and Widow's Benefit)은 홀로 있는 부모나 과부에게 지급.
⑥ 병가 수당(Sickness Benefit)은 질병으로 일시적으로 일할 수 없는 사람에게 한정적으로 지급된다. 단, 미혼, 기혼, 자녀 유무에 따라 차등 지급.
⑦ 환자 수당(Invalid's Benefit)은 장기 치료가 요구되는 환자에게 지급.

5) 복지선진국의 과제: 노인문제와 노인케어

크레이턴 캠벨과 나오키 이케가미는 공적부문에서 케어의 초점은 병원으로부터 LTC(Long Term Care)로, 가정으로부터 제도화로 전이된다고 이야기하고 있다(Creighton Campbell/Naoki Ikegami, 2002: 731). 그래서 각 선진국들의 복지예산증액의 둔화에도 불구하고 고령사회에서 노인케어는 이미 노인복지의 주요 정책분야로 간주되고 있다. 건강한 노인들도 증가하고 있지만, 다른 한편으로 산업화로 인한 환경오염은 질병의 증가와 사회적 스트레스로 이어지며, 노화를 가속시키는 주요 원인으로 작용하면서 사회적 질병으로부터 자유롭지 못한 노인들의 수도 증가하고 있다.

이미 다양하게 논의가 되고 있지만 오늘날 장기요양보호에 대한 체계화와 재정적 토대의 건설을 통한 다양한 제도의 형성은 두 가지 메커니즘에 의해 이루어지고 있다(하나는 세금을 토대로, 다른 하나는 사회보험방식으로). 대부분의 선진국들에 있어서 1960년대의 경제적 호황, 1970년대의 경제위기에 따른 복지위기설 그리고 출산율 저하와 고령화라는 인구구조변화의 결과로서 LTC에 관한 논의의 진행은 필연적이었다. 그러나 각 나라마다 그 대응 방식은 다양하게 나타났다. 특히 급격한 노인인구 증가에 따른 사회적 위기의식은 복지국가로의 위상을 유지하기 위한 연구에 몰두하게 하였으며, 그것의 결과물이 이미 진행되고 있는 독일과 일본에서의 수발제도와 개호제도인 것이다.

노인문제가 사회문제로의 전이의 과정에서 그 출발은 케어를 받고 있는 노인들이 경제가 어려울 시기에는 가족 내에서 제일 먼저 곤경에 처하게 된다는 사실이다. 그런 측면에서 우리 사회에서도 가족, 친척 등을 통한 케어의 장기화로 인하여 노인학대는 이미 사회문제로 등장하였다. 예를 든다면 노령, 질병, 치매 등은 가족을 지치게 하는 요인이며, 또한 의료비용의 과중한 부담도 스트레스의 원인이 되어 오히려 노인학대를 가져오게 되는 원인으로 작용하였다. 그러므로 이 문제들을 해결하기 위하여 국가는 정책적으로 철저한 조사와 분류를 통하여 장기적인 차원에서 노인문제에 접근해야 하며, 케어에 대한 제도화의 요구와 그에 따른 재정확보를 위하여 준비하는 자세를 가져야 한다.

그러나 탈가족화 현상과 탈상품화에 따른 사회구조의 변화에 대하여 재정적 경제적인 기능도 매우 중요하지만, 장기적인 측면에서 복지국가의 과제는 가족의 부활과 가족기능의 회복에 있다. 케어의 제도적 결과물로서 수발과 개호에 있어서 제도화는 가족과 가정을 전제로 해야 할 것이다. 일반적으로 노인케어를 위한 보험의 목적은 사회보장의 측면에서 가족에 대한 비공식적인 원조에 놓여 있는 것이 아니라, 사회 국가적인 안전망을 통하여 일반적인 삶의 위기극복 프로그램과 연결되어야 한다. 그러므로 이와 같은 보험의 실행은 현금급여와 현물급여, 재가복지의 측면에서 적절한 거주지를 위한 보충적인 실행 그리고 노인케어 대상자의 가족들에 대한 실행과 노인케어 관계자의 보장을 위한 교육정도와 실행 간의 외래의 범위에서 선택가능성으로 전문적으로 분화되어 있어야 하며, 부분요양 입원, 단기요양, 입원과 같이 구분되어 실행되고 있어야 하는 것이다. 또한 노인케어의 필요성에 있어서도 그 실행의 범위를 제한적으로 규정해야 하며, 그러므로 실질적으로 케어의 실행에서 있어서 장애인과 병자, 즉 치매환자와 같은 규정된 그룹과의 차별화가 요구된다고 할 수 있다. 그것은 일률적인 사회보험제도의 도입이 아닌 인간과 사회 그리고 가족에 대한 재인식을 의미한다. 미래의 시점에 대한 것들은 가족 구성원과 국민 개개인의 몫이며 단지 국가는 보조적 역할로 제한되어야 한다. 인간의 삶의 주체는 사회보다 우선되어야 하며, 그것을 위하여 어려운 부분에 있어서는 국가적 개입이 요구되는 것이다.

세계의 모든 국가들은 그 나라의 경제적인 수준에 따라서 자국민들에 복지에 대한 관심과 그에 따른 정책들을 실행하고 있다. 사회복지분야에서 주로 논의되는 국가들은 경제적 수준에 높은 선진 국가들이며, 일반적으로 선진국은 복지국가라는 등식이 성립되고 있다. 그런 선진국의 선례들은 정책적 토대를 형성하기 위한 범례로서 중요한 의미를 지니고 있다. 그러나 사회복지에 있어서 모든 역량들이 서구사회의 모델들에 종속됨은 아시아적인 상호부조와 아시아적 의미의 복지국가 그리고 남미 국가들의 복지에 대한 무관심을 발생시켰다. 앞으로 논의는 기존의 유럽을 중심으로 한 선진국들의 복지가 아닌 주변부와 반주변부[4] 국가들의 사회복지에 관한 관심도를 중심으로 소개가 될 것이다. 이것을 위해 앞에서 논한 것 같이 아시아와 남미국가들의 복지의 발전과정은 빠른 경제성장과 그 나라들의 민주화 정도와 연관하여 시기적으로 분석될 수 있을 것이다.

6) 소결

서구선진국들 중에서도 논의된 뉴질랜드와 북유럽 국가인 노르웨이, 핀란드, 덴마크 등은 아래의 〈표 12-1〉에서 보여주는 것처럼 정치·경제적으로 매우 안정적인 국가로 알려져 있다.

▼ 표 12-1 북유럽 국가들의 현황 분석 비교

	면적(km^2)	인구(2018/명)	1인당 국민소득(2018년/$)
노르웨이	386,919	5,337,960	100,000
핀란드	338,424	5,542,117	48,887
덴마크	43,094	5,800,600	60,000
뉴질랜드	269,036	5,007,470(2020)	40,634(2019)

이 국가들은 자본주의적이고 사회주의적인 요소들을 균형적으로 도입하여 복지정책을 추진하고 있다. 정치적으로 이 국가들은 이데올로기적으로 사회민주주의를 실천하고 있다. 이데올로기의 실천에 있어서 정책적으로나 현상적으로 두드러지게 보이는 부분이 사회복지분야라고 할 수 있을 것이다. 반면에 뉴질랜드는 복지국가의 유형에서 잔여적 복지국가로 분류됨에도 불구하고 매우 안정적인 사회복지정책을 구현하고 있다. 뉴질랜드를 포함하여 이 국가들의 주요한 공통점은 많은 나라들이 사회복지분야에서 실천하고 있는 사회보험제도가 아닌 조세제도를 통한 균등하고 형평적인 분배를 통하여 사회보장을 실현하고 있다는 사실이다.

4) 미국의 사회학자 임마누엘 월러슈타인(Immanuel Wallerstein, 1930~2019)의 세계체제론에서 설명하는 분석틀로써 세계 경제를 상품을 생산하여 수출하고 원료를 수입하는 중심부국가와 완제품을 수입하고 원료를 수출하고 있는 주변부 국가들 간의 불평등한 국제 분업체계를 말한다.

2. 아시아 국가들의 사회복지

전 세계에서 가장 넓은 대륙과 많은 국가들 그리고 가장 많은 인구가 모여 살고 있는 아시아에서 선진국이면서 유일하게 복지국가에 속하는 나라는 일본일 것이다. 그럼에도 불구하고 여기서 논의될 아시아 국가들은 대만, 싱가포르, 태국, 필리핀, 인도네시아, 베트남 등 여섯 나라이다. 싱가포르와 대만을 제외한 위의 네 나라들은 현재 경제적으로는 경쟁적으로 비슷한 수준으로 발전하고 있다. 이 국가들은 몇 가지의 공통점을 가지고 있는데, 하나는 태국을 제외하고 다섯 나라 모두 다른 나라의 지배를 받은 경험이 있으며, 싱가프르와 대만은 1960~70년대에는 신흥경제국 아시아의 네 마리 용으로 불리며 경제적으로 비약적인 발전하였다. 그러나 그에 따른 사회적 부작용들이 발생하면서 그것을 극복하기 위한 방안으로 사회복지에 대한 관심과 정책들이 실행되고 있다.

1) 대만

중국 본토 남동해안으로부터 160Km 떨어져 있으며, 남한의 1/3 정도의 국토에 2천300만 명의 인구를 가진 대만은 타이완(Taiwan)으로도 알려져 있다. 인구밀도가 매우 높은 대만은 국민소득이 2만 3000달러 정도로 정치·경제적으로 우리나라와 비슷한 경험과 수준으로 공용어로는 베이징어가 표준어로서 통용되고 있다. 대만의 사회복지는 복잡한 정치적 상황과 매우 밀접한 관련이 있다.

대만은 1945년 일본의 무조건 항복 이후 독립하여 장제스(장개석) 하의 총통체제가 40여 년 유지되었다. 40여 년 동안은 계엄통치 기간으로 대만인에 대한 정치적 억압과 자유가 제한되었던 시기였다. 그러나 1988년 대만 총선은 새로운 선택을 하게 되었는데, 리덩후이(이등휘) 총통의 취임이다. 그것은 대만의 민주화의 시작을 알리고 있었다. 2000년에는 직선제에 의해 55년간의 국민당 통치체제로부터 야당이었던 민주당으로 정권이 이양되면서 민선 총통인 천수이엔(천수편)이 취임하였다.

정치적으로 대만은 중국 본토와의 외교적 관계 속에서 다른 국가들과의 관계를 논하지 않을 수 없다. 또한 대만의 사회복지를 논하면서 한국의 정치 발달과정을 이야기하지 않을 수 없다. 왜냐하면 제도화의 측면에서 약간 한국이 앞선 것은 외에는 시기, 과정과 형식이 매우 유사하게 진행되었기 때문이다. 그런 측면에서 대만의 사회복지는 1990년대 민주화 이후 크게 변화하고 있다.

대만 사회복지의 중심에는 사회보험이 있다. 왜냐하면 그것은 한 제도 내에서 다양한 급여를 제공하는 포괄적인 보험의 형태이기 때문이다. 사회복지사업은 주로 기업체의 기부금으로 운영된다. 노인, 신체장애자, 병자, 임산부, 산재노동자들에게 연금과 의료보장이 제공된다. 보건 위생시설이 신장되고 식사도 개선됨에 따라 건강상태가 크게 좋아졌다. 평균수명이 남자는 71.8세, 여자는 77.7세로, 이는 선진국에 필적하는 수준이다. 주택난은 정부의 주택정책에 따라 점차 완화되고 있다. 문맹률은 약 10%밖에 되지 않는다. 6~15세의 어린이를 위한 초등학교와 중학교에서는 무상의무교육이 실시되고 있다.

그러므로 대만은 정치적으로 민주화와 정당성을 토대로 하여 사회복지를 정책적으로 실행하고 있다. 또한 국민적 신뢰 속에서 사회복지 그 중심에는 수당제도와 국민건강보험제도가 자리 잡고 있다. 전자는 노령농민복지수당과 경로노령수당으로 실행되고 있으며 후자는 1992년부터 시작되었다. 사회복지와 정치와 함수관계 속에서 대만의 사회복지의 변화와 발전도 복지국가의 첫 번째 요소인 민주주의와 함께함을 보여주고 있다.

2) 싱가포르

싱가포르(Singapore)는 영국의 식민지였으며 말레이시아에 속하였다가 1963년에 주권국가가 되었다. 싱가포르는 현재 인구 330만 정도, 국민소득 6만 1천 달러, 중국어, 영어, 말레이어를 주로 사용하고 있는 아시아에서는 일본 다음으로 잘 살고 있는 도시국가이다.

싱가포르의 사회복지를 이해하기 위해서는 제국주의 시대에 대한 역사적인 접근이 그것을 가능하게 할 것이다. 왜냐하면 싱가포르는 6세기에 포르투갈, 17세기에는 네덜란드, 그리고 18세기 이후에는 영국의 지배를 받아오면서 사회복지적인 접근과 다른 오랜 식민지 경험으로부터 경제적 생존의 중요성과 그것으로 인하여 사회보다는 개인, 자신을 중시하는 풍토가 조성되었기 때문이다.

사회복지정책적인 측면에서 싱가포르는 영국의 식민지였던 홍콩처럼 사회보험방식의 제도는 존재하지 않지만, 다른 나라에서는 찾아보기 어려운 독특한 적립기금방식에 의한 제도를 채택하고 있다. 싱가포르의 경우는 중앙적립기금을 통해 모든 국민들에게 강제저축을 의무화한 나머지 경제활동에 있어서 시장에 의한 소득분배를 퇴직 후에도 그대로 재현토록 하는 결과를 초래하였을 뿐만 아니라 적용대상이 납부능력에 따라 결정되어 임시직근로자나 시간제 근로자는 배제되고 있다. 예를 들어 의료복지의 측면에서는 싱가포르가 채택한 메디쉴드(Medishield)나 메디쉴드 플러스(Medishield Plus)[5]는 기본적으로 능력에 따른 가입을 원칙으로 하고 있어서 증가하는 복지욕구에 대응하기에 미흡한 것으로 보인다.

3) 태국

역사적으로 태국(Thailand)은 지리적 특성을 잘 이용하여 아시아 국가들 중에서 제국주의시대에 유럽 열강들의 식민 통치를 경험하지 않은 유일한 국가이다. 그러나 태국은 아시아 국가들 중에서 상대적으로 잘 알려진 나라이지만 사회복지적인 측면에서 후진성을 답보하고 있다.

태국은 입헌군주국으로서 국왕과 불교는 중요한 의미를 갖는다. 즉 국왕은 통치하지는 않지만 국민들로부터 존경을 받고 있다는 사실은 사회복지적인 측면에

5) 싱가포르 의료보장제도의 기본철학은 사회적 연대가 아닌 개인 책임의 원칙에 바탕을 두고 있다. 중앙적립기금(CPF: Central Provident Fund)이라는 종합적인 사회보장 저축제도 틀 속에서 적립기금방식의 의료저축계정을 기초제도로 민간보험의 원리가 적용되고 있다. 메디쉴드(MediShield)/메디쉴드 플러스(MediShield Plus)는 의료계정이 충족하지 못하는 중증질환치료비나 장기입원비를 지급해 주는 보험상품이며, 엘더쉴드(ElderShield)는 장기요양을 요하는 장애인를 위한 중증장애보험제도로서 중증장애가 발생한 경우에 기본적인 재정적 지원과 본인 부담을 지원해 주고 있다.

서 한편으로 국민들의 삶에 있어서 매우 중요한 의미를 갖는다. 이러한 사회체제는 국민들의 지지를 통하여 사회통합의 구심점으로 작용하고 있다. 또한 지리적 위치로 인하여 독립적인 지위를 가지면서 자부심을 통한 국가와 자국민에 대한 애착이 강하다. 그러나 다른 한편으로는 정부가 국민들의 삶에 대한 무관심으로 일관하였다고도 볼 수 있을 것이다.

태국의 사회복지에 대한 관심은 1941년부터 아동, 노인, 여성, 저소득계층, 자연재해 피해 대상자들을 중심으로 시작되었다. 경제가 성장하면서 각종 사회보장제도가 시행되었는데, 한편으로는 종교적 구도의 정신이 삶에 대한 인식으로 사회복지에 영향을 주고 있다. 다른 한편으로는 공공부조와 같은 현금지원 사회지원프로그램이 두 가지의 주요 방식으로 실행되고 있는데, 하나는 노인, 장애인 그리고 HIV 감염자에게 지급하는 연금, 다른 하나는 60세 이후 사망자의 유족에게 접근하는 장례비용이다. 이 외에도 요양시설, 노인간호센터, 보육시설 등을 정부가 운영하고 있다. 사회복지체계의 사회보험은 공무원연금, 사회보장기금, 적립기금으로 운영되고 있다. 태국의 사회복지에 대한 체계화 과정은 사회보장법이 제정된 1990년대부터 본격적으로 시작되었고, 그것에 의해 사회보장기금(SSF: Social Security Fund)이 설립되었다. 그것을 통하여 상해, 질병, 출산, 장애, 사망, 실업, 노령, 아동수당 등 7가지 급여가 제공되고 있다. 병원과 의료진의 증가는 평균수명의 연장과 사산율의 감소를 가져왔다. 또한 태국의 가장 중대한 문제인 에이즈에 대한 퇴치정책의 시행은 에이즈 확산을 감소시키는 데 기여하였다.

태국에서 불교는 사회복지의 핵심가치인 사회구성원들의 행복을 위해 매우 중요한 역할을 하고 있다. 자비심과 관용은 물질적인 애착으로부터 정신적인 행복을 강조하는 것이 사회적 관심이라 할 수 있다.

4) 필리핀

역사적으로 필리핀(Philippine)은 식민지로 —스페인, 미국, 일본의 지배— 점철되었으며, 그것은 사회복지의 제도적인 측면에서 다른 아시아 국가들보다 필리핀을 일찍이 눈을 뜨게 하였다. 그러나 근본적인 구조적 둔제를 실천적으로 해결하지 않아 방치되고 있는 것이 필리핀의 현실적인 문제인 것이다.

필리핀의 사회복지에 대한 제도적 출발점은 이미 오래전인 1915년 공공복지위원회의 설치에서 비롯되었다. 그것은 오늘날 사회복지 및 개발부로 명칭이 변경되었다. 미국의 통치기간 동안에 필리핀에서는 미국에서 교육을 받은 사회사업가들에 의해 사회복지에 관련된 민간기관들이 만들어져 활발한 활동이 이어졌다. 그러나 자치정부의 출범 후 사회복지에 대한 국가적 관심은 증대하였지만 정경유착과 같은 정치적 불안으로 오히려 민중의 삶은 더욱 빈곤해지면서 사회적 불안과 불만이 증대하였다. 이 시기는 한국사회에서 해방 후 미군정이 우리 사회에 적절하지 않은 사회복지법의 제정과 군사정권시기의 경제개발과 더불어 지배계급과 연관된 사회복지 관련법의 제정 및 실행된 것처럼 필리핀에서도 유사한 과정이 진행되었다.

필리핀에서는 1980년대 말 독재정권의 축출 후 현재에 이르기까지 사회개혁과 더불어 사회복지에 관련된 프로그램들을 만들었지만 군사정권에서의 경제적 어려움을 극복하지 못하여 —1986년도 국민의 59%가 빈곤선 이하의 생활고— 재정적인 측면에서 문제가 제기되었다. 1980년대 중반부터 국민의 지지 속에서 계속되는 정권 교체 과정에서 사회문제를 해결하려는 의지는 보였지만, 아직까지도 장기간의 식민지 경험과 군사정권, 독재정권 등 사회경제적 모순을 극복하는 데 그 한계가 나타나고 있다.

필리핀 헌법은 사회복지정책적인 측면에서 목표가 빈곤문제의 해결이다. 정책적으로 빈곤에 대한 관심과 해결을 위하여 사회보험 사회안전망 구축은 참여 거버넌스(Participatory Governance)의 형태이다. 그 접근 방식은 보편적이기보다는 선별적 복지정책으로 전 국민 대상이 아닌 가난한 지역이나 요보호 지역을 중심으로 운영되고 있다. 이것을 위하여 필리핀 중앙정부와 지방정부 그리고 사회복지 역사적 전통이 강한 민간과의 공동작업을 통하여 다양한 프로그램을 운영하고 있다.

5) 인도네시아

1990년대 세계적인 경제불황으로 인하여 인도네시아에서 빈곤의 증가가 가속화되었다. 크고 작은 섬들로 구성된 동남아시아 최대 도서국가로서 인도네시아 공화국(Republic of Indonesia)의 사회복지의 목표는 빈곤으로부터 해방이다. 이것의 극복을 위해 인도네시아 정부는 보건, 교육, 고용 등 다양한 사회문제 해결을 위한 포괄적인 사회안전망 프로그램을 수립하였다.

그것을 위한 인도네시아의 사회복지체계는 그 관장부서인 사회복지부를 정점으로 한 빈곤정책에 대한 제도화라고 규정할 수 있다. 이것을 위하여 정부는 세 개의 클러스터로 나누어 접근하고 있는데 첫째, 사회안전망 프로그램이다. 이 프로그램은 인간 생활에 가장 기본인 것들을 제공하여 개인적 문제와 사회적 문제들을 해결해주는 것을 목적으로 한다. 둘째, 공동체 권한 부여 프로그램이다. 즉, 다민족, 넓은 지역과 도서지역으로 이루어진 공동체들에 대한 효율적 지원을 위하여 그리고 각 공동체들에 대한 자립을 지원하는 것으로 각 지역의 기본적인 사회 경제적 서비스 제공을 위해 사회적 기금을 공동체에 제공한다는 것이다. 셋째, 영세기업 역량강화 프로그램이다. 이 프로그램은 영세기업들을 육성하여 고용과 자립을 도모하려는 것으로 담보 없이 영세기업에 대출을 가능하게 한 프로그램이다. 이러한 정책은 단계적 프로그램으로 개인적 차원에서 사회적 차원으로 확대하여 자립과 빈곤탈출을 유도하는 적극적 프로그램이라 할 수 있다.

이 프로그램을 통해 인도네시아는 2008년에 발생하였던 세계금융위기의 충격으로부터 연착륙을 가능하게 할 수 있었다. 그러므로 인도네시아에서 사회복지에 대한 논의는 실질적으로 정치적·경제적 안정이 이루어진 최근의 일이다. 중요한 사실은 지역적으로 넓고 산개된 도서지역으로 이루어져 있기에 지역에 따라 고려된 다양한 프로그램의 구성, 그에 따른 적절한 예산규모의 배정 그리고 프로그램 시행의 철저한 피드백 등이 프로그램을 통하여 더 많은 효과를 증진시킬 수 있을 것이다.

6) 베트남

1945년 프랑스로부터 독립하였으며 이후 북베트남과 남베트남 간의 30여 년의 내전의 종식 후 1975년에 공산주의 정권인 베트남 사회주의공화국(Socialist Republic of Vietnam)은 수립되었다. 그 당시의 베트남은 반농반어로서 가족단위의 자급자족 국가이다. 그러나 베트남 정부는 21세기 새 시대의 목표로서 극빈과 기아 제거, 보편적 기본교육, 성평등과 여성 권한 강화 달성에 전력하기로 하였다.

빈곤 퇴치에 대한 노력으로 1993년 58.1%에 달했던 최저빈곤선 이하 국민 비율이 2005년에는 전체 인구의 22%로, 2008년에는 14.5%로 2012년에는 9.45%로 감소하였으며, 점차적으로 빈곤율이 감소하는 성과를 거두기도 하였다. 그것을 위하여 베트남 정부는 의료, 교육, 청정수, 위생, 식량, 주거 등 기본적인 사회 서비스 지원정책을 통해 국민들의 복지 향상에 노력하였다. 특히 농촌지역의 용수 공급과 위생을 위한 청정수 프로그램은 빈곤 가정에 물탱크 설치를 위한 비용과 물품 지원이 국책목표사업이다. 베트남은 우리나라와 같이 1961년 이전에 이미 사회보장에 대한 법률적 토대가 마련되었다. 사회보험정책으로 10인 이상의 기업에는 사회보험을 강제 적용하고 있다. 노동자에게는 질병, 산재, 임신, 퇴직 사망 시 사회보험 혜택 및 수당을 지급하고 있다. 실질적으로 그것이 실행된 시기가 각 정책마다 다르지만 사회보험에 있어서 2000년 이후부터 부분적으로 실행되고 있다. 특히 건강보험분야에 있어서 베트남은 대한민국의 건강보험제도를 도입하기 위해 2011년 이래 국민건강보험공단과 협력관계를 유지하고 있다. 교육은 1990년대 초까지 모든 초등학생들의 수업료가 면제되는 무상교육체제로서 빈곤한 가정의 자녀들에게는 학교교육에 수업료 감면 혜택을 주고 있다. 또한 장애인이나 소수민족 빈곤학생들에게는 교통, 음식, 숙소, 책 등을 우선적으로 지원하고 있다.

사회주의 국가인 베트남은 경제적 어려움의 극복을 위하여 과감하게 자본주의적인 요소를 도입하였다. 이러한 노력들은 베트남 국민들의 빈곤 감소와 사회정의를 위해 베트남 정부와 그 국민들의 사회복지에 대한 열망의 표시인 것이다.

7) 소결

위에서 논의된 동아시아, 동남아시아 국가들의 외적 상황은 아래의 〈표 12-2〉에 보는 것처럼 정리할 수 있으며, 선진국 싱가포르와 산업국가 대만을 제외하고는 경제적으로 매우 후진적이어서 사회복지를 이야기한다는 것에 의미를 부여하기는 어려울 수도 있을 것이다.

▼ 표 12-2 아시아 국가들의 현황 분석 비교

국가	면적(km²)	인구(2018년/명)	1인당 국민소득(2018년/$)
대만	36,193	23,837,000	25,534
싱가포르	760	5,868,000	61,230
태국	513,120	69,183,000	7,084
필리핀	342,353	106,512,000	3,099
인도네시아	1,904,569	266,795,000	3,789
베트남	331,212	96,491,000	2,553

위의 〈표 12-2〉와 연결하여 본다면 위의 여섯 나라는 공통적으로 사회복지를 추구하고 있지만, 그것을 토대로 세 가지 분류해볼 수 있다. 하나는 경제적으로 발전된 대만과 싱가포르, 둘은 빈곤국가처럼 보이지만 거시적인 측면에서 경제적인 규모가 있는 태국, 셋은 베트남, 필리핀과 인도네시아처럼 아직도 빈곤국가에 속하는 국가들로서 특히 베트남은 사회주의 국가로서 다른 두 나라와는 정치적으로 안정되어 경제발전이 빠른 국가이다. 이런 측면에서 위의 여섯 국가들은 아래와 같이 세 가지 점에서 정리할 수 있을 것이다.

첫째, 위의 나라들의 사회복지는 제국주의로부터 독립 후 빈곤으로부터 해방이라는 목적을 갖고 있다. 이것은 독립 후 낙후된 정치·경제적 상황에 사회복지의 발전이 종속되어 있다. 대만, 싱가포르, 베트남, 필리핀, 인도네시아, 태국 등은 제2차 세계대전 종전 후 1980년대까지 내전이나 심각한 정치적 혼란을 경험하였다. 독재임에도 불구하고 정치적으로 안정된 싱가포르와 민주화를 이룬 대만을 제외한 나라들은 아직도 정치적으로 어려움을 겪고 있다.

둘째, 싱가포르와 대만 두 나라를 제외한 나머지 네 나라는 모두 경제적으로나 정치적으로 후진성을 벗어나지 못하고 있다는 사실이다. 이런 사실이 사회복지의 제도화를 어렵게 하는 요인인 것이다.

셋째, 정치적인 측면에서 경제적 발전과 관계 설정 속에서 복지국가로의 지향은 자본주의 과정에서 직면했던 각기 상이한 문제들의 발생으로 이어졌다는 점을 볼 수 있다. 왜냐하면 오랫동안 독재에 대한 경험으로 정치적, 사회적 민주화는 국민들 상호 간의 관심과 배려가 발생할 수 있는 전제조건이라 할 수 있기 때문이다. 위에서 논의된 나라들은 산업화의 관정에서 정치적 문제들을 내포하고 있었던 국가들로 성장 일변도에서 사회 전반의 민주화 과정을 통한 분배에 대한 정치적 관심이 사회복지로 나타나고 있다.

정리한다면 싱가포르를 제외한 동남아시아 국가들에게 있어서 사회복지는 정책적으로 빈곤으로부터 탈피가 목적이다. 이런 이유로 아직 복지국가에 도달하기 위해 경제적으로나 정치적으로 그리고 그것을 위해서는 많은 시간이 요구될 것이다.

3. 남미국가들의 사회복지

앞에서 이미 논하여진 것처럼 남미의 국가들은 사회복지의 제도화 측면에서는 선진국의 사회복지 역사와 같이한다고 볼 수 있다. 왜냐하면 그 나라들이 제국주의 국가들에 의해 지배를 받으면서 여러 제도들이 사회복지제도를 포함하여 통치국가의 제도가 자연스럽게 이식되었기 때문이다. 그러나 그 국가들의 사회복지 상황은 그 운영에 있어서 국가의 정치적 경제적 상황으로 많은 문제들을 내포하고 있었다.

아시아 국가들과 남미국가들의 공통점은 모두 식민지 경험을 하였다는 사실이다. 대부분의 아시아 국가들은 20세기 전후에서 제2차 세계대전 이후 독립을 하였다. 19세기에 대부분 독립을 경험하였던 국가들 중에서 지리상의 발견 이후 포르투갈에 의해 지배를 받았던 브라질을 제외한 국가들에 거주하였던 인디오, 원주민들은 스페인의 통치를 거의 300여 년간 받았다. 그들은 공통적으로 서구문화와 스페인 문화에 의해 지배받으면서 종교적, 언어적으로 동화되었다. 아시아 국가들과는 다르게 그들은 지리상 발견 이후 식민지를 일찍이 경험하였기에 제국주의 시대에는 오히려 독립되어 원주민의 부족 형태에서 서구적인 국가 형성과 국가권력 강화에 이르게 되었다. 그것은 한편으로는 아시아 국가들보다 먼저 산업화와 도시화라는 문명의 영향이 발전의 원동력이 될 수 있었지만, 다른 한편으로는 장기간 정치, 경제 사회, 문화적으로 혼돈과 격정의 시기를 보내게 된 원인으로 작용하기도 하였다.

현재 남미 국가들은 1990년대 이래로 현재에 이르기까지 사회복지의 제도적인 측면에서 개혁이 진행 중이다. 이것은 신자유주의적인 모델과 사회주의적인 모델 사이에서 정치적 성향에 따라 서서히 변화되고 있음을 의미한다.

1) 브라질

남미대륙에서 가장 넓은 영토와 많은 인구를 가진 —1억7천만 명— 브라질은 포르투갈 사람에 의해 발견된 이후 16세기 초 종교적인 측면에서 선교와 교화를 목적으로 예수회 선교단이 진출하였으며, 정치적인 측면에서도 통치를 가속화하였다. 브라질은 1789년부터 독립투쟁이 시작되었으며 19세기 초 1822년 9월 7일에 포르투갈로부터 독립하였다.

독립 후 브라질의 역사는 지배계급과 농민·노동계급 간의 투쟁으로 점철되어 사회복지적인 측면에서 발전과 변화는 보수적인 지배 엘리트들의 반응에도 불구하고 좌파정권의 등장 —2002년 중도좌파인 브라질 사회민주당의 페르나두 엔리케 카르도소(Fernando Henrique Cardoso), 2002년 노동자당의 루이스 이냐시오 룰라 다 실바(Luiz Inacio Lula da Silva)가 대통령으로 선출됨— 이라 할 수 있다. 실바 대통령은 집권 8년 동안 복지가 성장의 저해요인이 아니라 동력이 될 수 있다는 것을 입증한 것으로 평가된다. 왜냐하면 2003년 취임 첫해부터 보우사파밀리아(Bolsa Familia, 가족수당, 빈곤가정에 현금을 주는 복지제도)와 최저임금 인상 정책을 실시해 나라의 빈곤율을 크게 떨어뜨리면서도 세계 7위의 경제대국으로 성장시켰기 때문이다. 그러므로 이데올로기적인 측면에서 브라질의 사회복지제도는 선구적인 보편주의적인 성격을 갖고 있으며, 4대 사회보험제도는 이미 1960년대에 완성되었다. 그러나 브라질의 이와 같은 사회복지적인 정신은 1988년 민주화 끝에 개정된 시민헌법에 바탕을 두고 있다. 이러한 브라질의 민주화는 단지 정치적인 민주화에 그치는 게 아니라 실질적으로 시민권과 사회권을 확대하는 전환점이 이때 만들어지면서 시민들은 투표권뿐 아니라 자신의 삶의 질도 바꿀 정치적 토대를 갖게 됐다. 그러므로 이 헌법을 통하여 브라질은 사회보장을 명시적으로 하였으며 국가복지 철학의 토대를 건설하는 계기가 되었다.

2011년에 취임한 지우마 호세프(Dilma Rousseff) 대통령은 다양한 룰라 정부의 공과에 대한 논쟁에도 불구하고 사회복지적인 측면에서 포스트 룰라였다. 경제협력개발기구(OECD)에 따르면 브라질 사회지출은 정부 재정의 30% 정도 차지하고 있다. 중남미 국가들 중에서 가장 높은 수준이다. 그것은 현금 지원, 무상교육 등 복지정책을 펼친 결과이다.

결론적으로 브라질은 정책적 제도적으로는 사회복지와 사회보장이 정리되어 있었지만 그리고 좌파정권의 강력한 의지와 투쟁에도 불구하고 그 실천의 토대가 되는 재원마련의 어려움과 오래전부터 존재한 특권층과 보수주의 엘리트들에 대한 벽을 넘지 못한 통제능력의 부재가 지속되고 있다. 브라질은 정치적으로 좌파든 우파든 복지정책을 안고 갈 수밖에 없는 상황인 것이다.

2) 칠레

인디언 원주민들이 살고 있던 태평양 연안의 칠레(Chile)는 스페인에 의해 16세기에 정복되었고 19세기 초 1818년 2월 18일 독립되었다. 정치·경제적 혼돈 속에서도 칠레는 일찍이 1920년대에 최초로 사회복지의 측면에서 사회보장제도가 추진되면서 다양한 측면에서 광범위한 사회적 보호를 실행하였지만, 정치적으로 사회구성원들에 대한 억압으로 계층 간의 분화가 가장 심하게 나타나고 있었다.

칠레의 사회복지의 특징에 있어서[6] 살바도르 아옌데(Salvador Allende, 1908~1973) 정권은 보편주의 복지국가를 추구하기 위한 프로그램을 시도하였으나 제대로 실행되지 못하였다. 1973년부터 1989년까지 군부 쿠데타로 집권한 아우구스토 피노체트(Augusto Pinochet, 1915~2006) 정권은 사회복지의 개혁을 실행하게 되는데 그것의 핵심은 신자유주의(Neo-Liberalism)의 흐름 속에서 연금과 의료보험과 같은 사회보험의 민영화였다. 이런 측면에서 칠레는 중남미에서 1세대 사회보장 개혁 국가들의 중심에 위치한다.

칠레의 연금제도는 1924년에 도입된 공공연금체계를 1980년에 국가는 민간이 운영하는 기금운영의 관리감독만 하는 보조적 역할에 그치고 민간회사들에 의한 상호 경쟁적 운영체계인 민간 사회보장연금체계로 변화시켰다. 이와 같이 1981년에 민영화된 연금제도는 칠레의 경제개혁과 공적 연금의 민영화정책 성공의 심볼로서 많은 나라들이 칠레 모델에 따라 민영화를 실시하고 있다. 칠레의 연금제도는 현재 6개 민간연금기금 관리업체들에 의해 운영되고 있는 중이다. 이러한 연금기금 관리운용회사(AFP: Administradoras de Fondos Previsionales)가 노동자의 연금을 전체적으로 관리하며, 칠레의 노동자들은 매월 자신의 임금에서 약 10~12% 정도를 연금기금으로 의무적으로 납부하고 있으며. 이러한 연금체계는 많은 남미국가들의 모델이 되고 있다. 의료보험에 있어서도 1979년까지 칠레의 의료보험은 국가에 의해서만 —국민건강서비스(National Health Service)와 고용자를 위한 국민의료서비스— 실행되고 있었다. 이 제도는 1980년 이후 공공의료보험과 민간의료보험회사 중 가입자가 선택할 수 있는 분권화되고 민영화된 체계로 변화되었으며 칠레의 노동자들은 보험료로 월급의 약 7%를 납부하고 있다.

---

6) 피노체트는 민주적 사회주의 정권인 살바도르 아옌데 정권을 쿠데타로 붕괴시킨 후 1973년 9월 11일부터 1990년 3월 11일의 대통령선거까지 칠레를 지배한 군부 독재자였다. 그는 집권기간 동안 권위주의적, 강압적 신자유주의에 근거한 광범위한 경제 개혁을 시행하였으나, 경제위기와 국민들의 민주화 요구에 저항하다 대통령 집권연장 찬반투표에서 패했다.

결국은 이러한 사회복지에 관련된 칠레의 정책들은 오랫동안 정치적 내홍과 독재 그리고 이데올로기의 대립을 극복하면서 중남미 지역에서 모범적인 경제발전을 통하여 사회복지분야에서 많은 나라들이 칠레식의 사회보험제도를 도입하거나 관심을 표명하고 있다.

3) 아르헨티나

남미대륙에서 두 번째로 넓은 영토를 소유한 아르헨티나(Argentina)는 16세기 초에 칠레, 페루, 우루과이 등으로부터 스페인 사람들이 유입되면서 그 지역 원주민들과 동화되어 정착하게 되었고 1776년까지 스페인 부왕령인 식민지로 통치되었다가 1816년 독립하였다. 1920년대까지 아르헨티나는 세계 5대 경제대국이었지만 그 토대는 토착자본이 아닌 유럽자본과 그 이민자들의 것이었다. 그와 같은 부실한 자본구조와 세계경제공황의 발생은 한편으로 자본의 유입을 중단시키면서 아르헨티나의 건전한 산업기반 건설을 어렵게 하였다.

아르헨티나는 남미대륙에서 칠레에 이은 사회보장개혁 2세대 국가이다. 아르헨티나도 칠레만큼 정치적으로 매우 혼돈과 암흑기를 경험하였다. 아르헨티나의 사회복지에 있어서 후안 도밍고 페론(Juan Domingo Perón, 1895~1974) 대통령의 역할은 매우 의미가 있다고 볼 수 있다. 페론의 노동자에 대한 지나친 애정은 19세기 선진국의 복지발전에 있어서 노동자들만의 복지를 주장하였던 것을 20세기 중반에 실행한 정책이라 할 수 있다. 그러나 이러한 페론주의(Peronism)[7]는 물론 사회복지법을 동반하고 있었지만, 시혜적 성격의 분배형태로서 하나의 인민주의(Popularism)라 할 수 있다. 제1차 세계대전 이후 페론의 국가사회주의적인 사회정책의 실시는 사회복지와 사회보장의 측면에서는 선진적이었으나, 경제적 토대의 부실과 빈번하게 발생한 쿠데타로 인한 장기간의 암흑시대인 군사독재를 야기시켰다. 그것은 화려했던 아르헨티나 경제를 낙후시키는 원인이 되기도 하였다.

7) 일명 정의주의(Justicialism)로도 불리고 있다. 아르헨티나의 대통령이었던 후안 페론과 정신적 지도자였던 에바 페론의 사상을 토대로 한 국가 사회주의적인 정치운동을 말한다. 특히 노동자의 삶에 관심이 많았던 이유로 포퓰리즘으로도 불리고 있다.

현재 아르헨티나 사회복지의 지향은 앞에서 논의된 칠레의 신자유주의적인 개혁모델에 브라질의 점진적인 보편주의를 채택하고 있다. 그런 측면에서 아르헨티나는 사회주의 국가는 아니지만 부과식 연금제도의 실시 등 사회주의 성향이 강한 국가정책을 펼치고 있다. 그것은 페론주의의 잔재라고 볼 수 있다. 의료서비스와 공교육의 무료 제공이 바로 그것이다. 사회복지제도는 퇴직, 신체장애, 유족연금, 가족수당, 건강보험 형태로 시행되고 있으며, 전 국민에 대한 의사비율은 매우 양호하다[8].

4) 베네수엘라

많은 석유를 보유하고 있는 베네수엘라(Venezuela)는 한때 남아메리카 국가들 중에서 가장 잘 사는 나라이고 사회복지의 모범적 실천으로 각광받았다. 그러나 지도자의 무능과 부패 그리고 정치적 혼란은 하루아침에 그 명성에 반대되는 국가로 전락하게 만들었다.

작은 베네치아라는 뜻을 가진 베네수엘라는 16세 초부터 스페인으로부터 온 성직자와 관료들에 의해 300년 동안 통치받았으며, 1830년에 돼서야 독립되었다. 독립된 이후에도 베네수엘라는 장기간의 군사독재를 경험하였다. 이 기간에는 군사정권이 풍부한 지하자원에 대한 광구 사용료, 1940~1950년대에는 막대한 석유 광구 사용료를 받아서 남미지역에서 경제적으로 가장 부강한 나라가 되었으며, 일부는 국민들의 복지에 사용되기도 하였다. 공공복지제도가 어느 정도 발달되어 있으며, 1944년부터 실시된 사회보장제를 통해 출산, 질병, 신체장애자 등이 혜택을 받고 있었다. 의료체계에 있어서 의사와 병상은 수적으로는 부족하지만 보건시설은 선진국과 비교될 수 있는 정도로 양호하였다. 1958년 군사독재정권이 종식된 베네수엘라에는 주로 좌파정권이 지배하고 있었다.

21세기형 사회주의 혁명을 내세우며 1998년 집권한 우고 차베스(Hugo Chavez,

8) 쿠바혁명을 성공시킨 혁명가 체 게바라(Che Guevara, 1928~1967)도 아르헨티나 출신의 의사이다. 남미지역에 활동하고 있는 많은 의사들이 쿠바 출신인 것은 아마도 체 게바라가 혁명 성공 후 그의 영향을 받았을 것이다.

1954~2013) 대통령은 쿠바의 영향과 지원으로 사회복지정책을 추진하였다. 그는 빈곤 추방의 일환으로 2003년부터 무상의료체계(Mision Bario Adentro, 미션 바리오 아덴트로)와 무상교육 등의 사회복지프로그램을 실행하였다. 무상교육은 문맹퇴치와 초등교육(Mision Robinson 미션 로빈슨) 중등교육(Mision Rabas 미션 라바스) 고등교육-대학교육(Mision Sucre 미션 수크레)으로 나뉘어 실시되었다. 베네수엘라는 이를 위해 2007년 예산의 44%가 사회보장비로 책정되었으며, 이러한 과정들은 1998년에 총인구의 60~70%가 의료혜택을 받지 못하였으나, 2005년에는 70% 이상이 거주 지역에 의료혜택을 받는 것으로 나타났다. 미국의 미래학자 프란시스 후쿠야마(Francis Fukuyama)는 교육과 의료를 포함한 이러한 사회복지 서비스를 빈민들에게 제공하는 빈민사회복지를 통하여 차베스 대통령이 베네수엘라 국민들에게 많은 인기를 얻는 이유라고 분석하였다. 그러나 지속적인 포퓰리즘적인 정책수행과 과도한 사회복지지출은 석유자원을 통한 부의 창출보다 더 많은 수입과 지출로 인하여 경제적 혼란을 야기시켰으며, 차기 후임자였던 니콜라스 마두로(Nicolas Maduro, 2013년 3월~현재) 현 대통령의 과도한 포퓰리즘 정책과 부정부패로 인한 정치적 혼란으로 베네수엘라는 남아메리카 대륙에서 최악의 국가[9]로 전락하였다.

5) 소결

남미의 국가들은 아시아 국가들보다 식민지 기간도 길고 산업화도 더 일찍 시작하였지만, 그에 따른 사회문제도 많이 발생하였다. 그것이 사회복지에 대한 관심을 증폭시켰으며, 시대적 배경으로 인해 이데올로기적으로 좌파적인 정책적 제도들이 구체화되었다. 그러나 남미국가들의 경제적 토대가 서구 자본에 의한 것이며, 세계 경제의 어려움으로 자본의 유출은 사회복지의 실천에 있어서 재정적 토대를 붕괴시켰으며, 군사독재 등장과 엘리트 지배계급의 경제적 독점현상, 그

9) 베네수엘라의 심각한 식량문제를 해결을 위해 제시된 정책으로 토끼계획(Plan Rabbit)을 마두로 대통령이 승인하였다. 이 계획은 베네수엘라 대다수 국민들이 기르고 있는 애완동물인 토끼를 식용의 대상으로 하려는 것으로 식량해결에 도움이 될지 그리고 국민들의 강한 반발과 같은 문화적 문제가 제기되었다.

것으로 인한 민주화 투쟁 등으로 현재는 사회복지의 측면에서 다양한 모습을 보이고 있다. 논의된 남미 국가들의 현황은 아래의 〈표 12-3〉과 같다.

▼ 표 12-3 남아메리카 국가들의 현황 분석 비교

국가	면적(km²)	인구(2018년/명)	1인당 국민소득(2018년/ $)
브라질	8,515,767	210,868,000	9,127
칠레	756,102	18,197,000	16,143
아르헨티나	2,780,400	44,689,000	16,670
베네수엘라	916,445	32,381,000	3,300

사회복지적인 측면에서 전반적으로 남미의 상황은 칠레가 1980년에 민영화를 의미하는 사회보장개혁을 실행한 10년 이후 아르헨티나를 비롯한 남미의 여러 나라에서 정치적으로 정권교체가 진행되는 과정에서 사회보장개혁이 실시되었다. 그러나 결론적으로 위의 국가들의 정책적 실천에서 국가적 재난 상황에 빠져 있는 베네수엘라를 제외한 국가 구성원들의 사회복지에 대한 인식은 오늘날 자유주의 시장경제 속에서의 무한경쟁 시대에는 한계에 도달한 것으로 판단하고 있는 듯하다. 우선적으로 그들은 해외시장의 여건에 대응하여 경제성장을 이룩하면서 이데올로기적으로 편향되지 않는 탈이데올로기적인 정책을 수립하고 있다.

4. 정리

논의된 아시아 유럽 남미 등의 14개 국가들에서 볼 수 있듯이 사회복지는 세계 모든 국가들이 추구하는 보편적 가치라고 할 수 있다. 그러므로 사회복지의 실천에 있어서 국가들 간에 차이는 존재하지만 각 국가들의 사회복지에 실천에 있어서 정보를 나누는 것은 매우 중요하다. 그것을 위하여 선진 복지국가, 아시아 그리고 남미대륙의 국가들에 대한 논의는 의미가 있다.

일반적으로 국가들의 복지의 수준은 외적으로 국토의 면적, 인구 그리고 국민소득(GDP) 등에 일차적인 영향을 받고 있음을 알 수 있다. 그러나 다른 한편으로는 정치적 사회적 안정도 사회복지 발전에 중요한 요소인 것을 부인할 수는 없을 것이다. 역사적인 측면에서 유럽을 제외한 세 개 대륙의 민족이나 국가들은 15세기 이후 스페인과 포르투갈에 의해 그리고 제국주의시대인 18세기에 영국과 프랑스, 18세기에서 19세기에는 영국, 프랑스, 네덜란드 등에 의해 분할 지배되었으며 19세기 독립한 남미와는 달리 나머지 대륙에서는 20세기가 되어야 독립이 되었다. 각기 제국주의 국가들의 통치는 스페인이나 포르투갈처럼 토착민과 지역문화와 융합하는 방식의 통치와 지배만을 위한 분리주의 방식으로 구분할 수 있다.

지배국가와는 달리 피지배 국가들에게 공통적으로 독립 후 사회복지의 제도화를 위해서는 많은 시간이 필요하였다는 사실이다. 우선적으로 식민통치기간 동안에 행해졌던 착취구조에 대한 청산작업과 산업화가 요구되었으며, 그것을 통하여 사회복지에 대한 관심이 가능해질 수 있었지만 아직도 몇몇 국가들을 제외하고는 경제적으로는 어려운 실정이다. 실질적으로 거의 모든 지역이 프랑스와 영국 등의 제국주의 식민지로 전락하였던 아프리카 지역이나 동남아시아 지역 국가들은 독립 후 60여 년 이상 지난 현재에도 정치 · 경제 · 사회 · 문화적으로도 혼란스럽고 저개발되었다고 할 수 있으며, 사회복지에 대한 관심과 제도화가 진행된 지는 오래되지 않았다.

제국주의 시대에 피지배 국가들에게 이식된 사회복지에 연관된 제도나 법들이 식민지 민중의 삶의 질을 높이기 위한 것으로 보기는 어려울 것이다. 그것은 그 지역에 대한 장기간의 통치를 위하여 통치자들의 삶의 증진과 격려의 방식으로 통치에 대한 독려인 것이라 할 수 있다. 해방과 독립 후에도 통치자와 지배자들 그리고 그 후손들은 식민지에 남아서 지속적인 지배계급을 형성하였으며, 이런 이유로 남미의 대부분 국가들은 사회복지에 연관된 사회보험이 19세기 후반에 도입되었다. 예를 들어 칠레는 정치적인 측면에서 통치를 위해 1820년대에 공적연금으로서 퇴직군인연금제도가 도입되었다. 1890년대에는 국가공무원연금을 도입하였으며, 1924년에는 최초의 연금법을 제정하였다. 장기간의 사회보험시스템을 운영하고 있는 칠레는 1981년에는 만성적자의 연금제도를 극복하기 위해 사상 최초로 공적연금의 민영화를 시도하여 성공한 사례를 남기었다. 전체적으로 스페인의 지배를 받은 남미대륙의 사회복지는 경제적 발전과 함께 사회주의와 자본주의 이데올로기를 토대로 하여 갈등과 발전을 통하여 재건되고 있는 중이다. 한때 사회복지에서 두각을 보였던 베네수엘라를 비롯한 몇몇 국가들은 정치적인 이유로 사회복지의 정책적 측면에서 실패를 하면서 정치·경제적으로 혼란을 겪고 있다.

일반적으로 국민들의 삶의 수준은 정치적 상황과 깊은 관계가 있다. 논의된 베네수엘라 또는 필리핀의 예에서 보는 것처럼 정치적으로 안정되지 않은 국가들은 보편적으로 사회복지적인 측면에서 제도적인 사항뿐만 아니라 전반적으로 매우 미흡하다고 볼 수 있을 것이다. 또한 기존의 선진 복지국가들이 아닌 복지국가를 지향하고 있는 후발 산업국가들은 사회복지의 측면에서 사회·문화적인 연관성보다는 오히려 정치·경제에 더 많이 종속되어 있다고 볼 수 있을 것이다. 그러므로 아시아 국가들과 중남미 국가들은 정치적 측면에서 근본적인 원인에는 차이가 있지만 모두 독재, 권위주의 시대를 겪었다는 점에서 공통적이라 할 수 있다. 반면에 일찍이 산업국가에 도달하였던 선진국들은 정치적 안정과 경제적 번영을 통하여 자본주의와 사회주의 이데올로기를 토대로 사회복지를 발전시켰다.

결론적으로 모든 국가의 최종 지향점은 복지국가이며 자국민들의 삶의 수준을 증진시키는 것이다. 그럼에도 불구하고 사회복지라는 개념이 등장한 산업혁명 이후 산업화를 추구하는 국가들은 복지국가와 복지를 추구하는 국가로 구별할 수 있을 것이다. 현상적으로 전자는 국민들을 위한 사회복지제도에 있어서 이데올로기에 따라 보편적 또는 잔여적으로, 후자는 우선적으로 복지국가로의 진입을 위한 경제적 도약을 추구하고 있는 것이다.

생각해 봅시다

1. 사회복지제도화의 측면에서 논하여진 아시아 국가들의 장단점을 생각해 봅시다.

2. 사회복지제도화의 측면에서 논하여진 남미 국가들의 장단점을 생각해 봅시다.

3. 전 지구적인 측면에서 사회복지 수준의 의미에 대하여 생각해 봅시다.

제5부

사회복지와 법

제4부에서는 사회복지법제에 대한 기본적인 사항들이 논의될 것이다. 사람들은 법은 상식이라고 이야기하고 있다. 그러므로 법은 사회의 기본적인 토대이며 중요한 구성요소이다. 이런 측면에서 사회복지에 연관된 법들은 사회복지정책이나 그것의 실천을 위한 기본적인 토대이다. 그것을 위하여 사회복지법의 의미와 역사 그리고 유형에 대하여 분석될 것이다. 내용적인 측면에서는 서구사회의 사회복지법에 대한 기술과 함께 우리나라 사회복지사업법에 규정되어 있는 법들을 중심으로 핵심적인 내용을 짚어보게 될 것이다.

제 13 장 사회복지와 법

현대산업사회에서 사회복지와 법의 관계는 보편적으로 그리고 사적인 영역에서도 인간에게 요구되는 필수적 삶에 대한 집합적인 요건으로 이해되고 있다. 그러므로 이러한 이해는 그것들에 대한 사회나 국가의 노력 정도가 복지의 수준을 가늠한다는 것을 의미한다는 것이다. 이것은 이데올로기적인 측면에서 새로운 신념체계의 등장을 예언하는 것이다. 다른 식으로 접근한다면 자유주의적인 측면에서 사회복지는 개인적 차원의 복지 증진을 통해 발생하였던 무한경쟁적 구도의 부작용과 같은 사회문제의 —빈부의 격차, 노동력 착취 등— 해결사로 등장하였으며 그 토대가 사회복지법인 것이다. 그러나 실질적으로 사회복지법이란 이름을 가진 법은 없다. 아동복지법, 노인복지법 등과 같은 사회복지에 연관된 많은 법들이 있는 것이다. 그러므로 사회복지법은 사회복지 증진을 위한 법들의 모임(모두 또는 여럿이라는 의미의 제: 諸)을 의미하는 사회복지법제인 것이다. 그러므로 이하 사회복지법제라는 용어는 사회복지법으로 대신하게 될 것이다.

1. 법과 사회복지

법(法, Law, Loi, Gesetz)은 법철학적인 측면에서 서구사회에서 본질적으로 예방이나 보호보다는 인간의 삶에 대한 통제와 규제를 의미하고 있다. 이와는 달리 동양적 시각에서 법은 어원적으로 법이라는 한자에서 볼 수 있듯이 法(물 수: 水 + 수레 거: 車)으로 형성되었다. 그러므로 법의 의미는 물이 흐르듯이 인간의 삶에 있어서도 처벌이 아닌 인간의 삶 그 자체인 것으로 이해하고 있다. 본질적으로 인간은 자신의 능력에 따른 삶을 누려야 한다. 추상적이지만 인간은 더 좋은 삶을 항상 추구하고 있다. 모든 법은 인간에게 그것을 보장할 수 있는 최소한의 수단인 것이며, 그러므로 모든 법은 인간의 삶에 대한 양적 질적 증진의 보장을 위해 제정되어야 한다. 국가의 중심이 되는 헌법(Constitution)에는 역사와 경험을 바탕으로 하는 공공의 복지를 중시하는 규범들이 녹아 있어야 할 것이다. 왜냐하면 칸트의 이야기한 것처럼 인간의 삶 자체가 목적이지 법 자체가 목적이 아니기 때문이다.

예를 들어 하루에 열여섯 시간씩 일하고 40세에 은퇴해서 60세에 죽기를 바라는 과민한 사람이 있는가 하면, 하루에 네 시간씩 일하면서 60세에 은퇴하고 90세에 죽기를 바라는 느긋한 사람도 있다(조지 버나드 쇼, 2019). 이런 이유로 어떠한 방식이 삶의 질적 양적인 증진에 대한 접근인가는 논란의 여지가 매우 클 것이다. 소득불평등의 심화와 사회적 불안정에는 무관심하고 경제적 성장만을 추구하는 정부들 속에서 중요한 사실은 인간의 삶의 질적이고 양적인 상승을 제도화인 것이다. 그 과정으로 1760년대 영국에서 처음으로 산업혁명이 발생한 이후 유럽 대륙으로 전파되어 모든 국가들은 산업사회를 추구하였다. 이런 급격한 사회구조와 생산구조의 변화로 인하여 노동자와 자본가라는 새로운 계급이 중심이 된 산업사회가 등장하였다. 산업사회의 구성원들인 노동자와 자본가는 농업사회의 농민들이 경험하였던 것과는 전혀 다른 이전에 경험할 수 없는 많은 위험에 노출되기 시작하였다. 그중 하나가 실업이다. 그것을 사람들은 사회적 위험(Social Risk) —노령, 질병, 빈곤 등— 이라고 부르고 있다[1]. 산업이 고도화될수록 자동화에 따른 실업이나 환경오염과 같은 새롭게 등장하는 사회적 위험은 집단적으로 인간의 삶

1) 사회적 위험이란 개인의 인간다운 생존을 위협하는 현상이 대부분의 사회구성원들에게 보편적으로 발생할 가능성이 있는 경우를 말한다. 사회의 변화에 따라 사회적 위험의 유형도 변화되었는데 오늘날 그것을 사람들은 신사회적 위험이라 부르고 있다. 전 세계적으로 여기에는 청년 실업, 자살, 결혼, 저출산, 주택문제, 원전문제, 환경문제 등이 속한다.

을 피폐하게 하였으며 위협하고 있다. 그것을 극복하기 위하여 개인적 차원이 아닌 국가적 사회적으로 등장한 것이 사회보장과 사회복지에 연관된 법제정과 제도화인 것이다.

인간은 좋은 삶을 추구한다. 그것을 위해 제도적으로 보장하려는 방법적 토대가 사회복지법이다. 이 법들은 과거에 개인적 차원에서 삶의 질적 증진의 추구가 현대 산업사회에서는 사회적 국가적 차원에서 제도적으로 그리고 인권으로서 사회복지라는 이름으로 발전되었다. 이 법들의 제정은 인간의 삶에 대한 공평하고 정의로움을 실현하기 위함이고 체계화된 사회를 건설하기 위함이다. 현대적 의미에서 그런 사회를 복지사회 또는 복지국가라고 규정할 수 있을 것이다. 그런 측면에서 다른 법들의 제정도 중요하지만 사회복지법의 제정은 사회정의와 질서뿐만 아니라 사회 구성원들의 삶의 질서와 질적 수준을 담보한다고 할 수 있다. 그러므로 보편적으로 법의 제정은 복지국가의 추구를 의미한다고 볼 수 있을 것이다. 다양한 법들을 통하여 사회복지분야는 확장되고 자연스럽게 규정되고 있다는 것이다. 사회복지는 법의 정의실현을 위한 최종적 도구이기도 하며 마지막 단계라고도 할 수 있을 것이다.

법과 사회복지의 의미는 목적과 수단이라는 상호 관계 속에서 이해될 수 있을 것이다. 한편으로 그 관계성을 사회질서 확립의 의미에서 본다면, 결국은 모든 법의 제정은 사회복지의 실현과정으로 접근해야 한다는 것이다. 또한 삶의 질적 상승은 법적인 측면에서 사회질서라 할 수 있다. 왜냐하면 사회질서가 법의 목적으로서 사회의 정의실현이라면, 사회복지의 목적은 법을 통한 사회복지 분야에서의 정의실현이라 할 수 있기 때문이다. 다른 한편으로 사회복지적인 측면에서 법은 사회복지라는 목적을 실현시킬 수 있는 수단인 것이다. 사회복지 분야에서 정의란 법을 통하여 그리고 법에 의하여 모든 사회구성원들의 생활수준을 향상과 같은 인간다운 삶과 생존권이 보장되는 것이라 할 수 있다. 현대사회에서 이것이 한편으로는 사회복지를 추구하는 국가들에게 연대의 새로운 표현으로서 상호호혜(Reciprocity)라는 정치적 슬로건으로, 다른 한편으로는 사회구성원들의 삶을 위해 실용적이고 효율적인 법원칙으로 되었다. 그러므로 사회복지법뿐만 아니라 모든 법들은 이 목적의 실현을 위해 노력하여야 하는 것이다.

여기서는 법을 통하여 사회복지의 실현에 대하여 논하였다. 이것은 법의 정의가 사회복지의 정의인 분배를 어떻게 실현시킬 수 있으며 정책화 제도화시킬 수 있는가이다. 결론적으로 본다면 법의 최종 목적은 정의실현이지만, 그것의 구체적 실현 방법이나 형태는 형법이나 민법 등의 다른 법들과는 다르게 사회구성원들의 삶을 풍요롭게 하는 사회복지법이라 할 수 있을 것이다. 왜냐하면 법은 인간의 모든 사회적 삶에 관계하고 있기 때문이다. 이런 측면에서 법의 목적은 한편으로 정의이기도 하지만, 루돌프 예링(Rudolf von Jhering, 1818~1892)[2]의 이야기한 것처럼 법의 목표는 평화이기도 하다. 이것의 실현을 위해 수단으로 그는 투쟁을 강조하고 있기도 하다. 실질적으로 사회복지에 연관된 법들의 제정이나 그 실천을 위해서 역사적으로 수많은 쉼 없는 투쟁의 이어졌음은 역사적인 사실이며 그 결과물인 것이다. 그러므로 이 장에서는 사회복지와 법에 대하여 논하게 될 것이다. 이 관계는 사회복지의 실천을 위한 법의 역할과 기능을 의미한다.

2. 사회복지법의 개념

프랑스의 사회운동가 시몬 베유(Simone Weil, 1909~1943)[3]는 깨끗해진다는 것은 선과 욕심이 분리되는 것이라고 노동일지(2012: 77)에서 적고 있다. 이것이 사회복지법의 존재이유라고 생각할 수 있다. 왜냐하면 사회복지는 사회복지의 법적인 측면에서 삶에 대한 사적 욕망이 아닌 사회구성원의 삶을 위한 인간의 권리를 의미

2) 루돌프 예링은 독일의 법학자이며, 1872년에 출간한 권리를 위한 투쟁(Der Kampf ums Recht)의 저자이다. 그는 사회학적인 면에서 접근하여 법학의 기초를 쌓은 역사학파의 학자로도 잘 알려져 있다.

3) 시몬 베유는 노동 운동에 깊은 관심을 갖고 있던 프랑스의 사상가이다. 그녀는 1934년에 공장으로 들어가서 노동자의 생활을 직접 체험하였고, 제2차 세계대전 중에 미국으로 망명하였으나 레지스탕스 운동에 참가하려고 귀국을 시도하던 중 런던에서 객사하였다. 그녀의 삶은 억압당한 사람들에 대한 사랑과 이의 실천으로 일관되었으며 이를 위해 평생을 바쳤다.

하고 있기 때문이다.

사회복지법은 인간다운 생활의 보장에 대한 개념의 구체화를 위하여 발전과 변화를 계속하였다. 그것은 각종 사회복지와 연관된 법에서 규정하고 있는 사회복지법의 주체, 사회복지의 대상 그리고 그것에 대한 사회적 성찰을 통한 경제적 불안상태를 의미하는 사회적 위험과 보장과 보호의 개념뿐만 아니라 사회적 위험에 포함되지 않은 기타 건강생활이나 최저수준의 경제생활을 유지하지 못하여 국가나 타인의 조력에 의해 욕구충족이 가능한 상태로서의 요보호상태 등도 의미하고 있다. 그러므로 사회복지법은 사회적, 제도적 정치 · 경제적으로 접근하여야 하며, 사회복지의 발전이란 사회 · 경제적 수준에 상응하는 복지의 질적 변화를 통한 사회환경의 건설을 의미한다. 사회복지법은 그것의 제도화된 결과물이라 할 수 있다.

사회복지법들은 정치 · 경제 · 사회 · 문화의 변화에 의해 발생하고 있는 사회문제들을 해결하기 위하여 신속하고 정확하게 시대적 상황을 반영하여야 한다. 그것을 위하여 사회구성원들의 삶을 증진하기 위하여 사회복지법들은 아래와 같은 원칙과 원리를 토대로 제정되었다.

1) 사회복지법의 원리

법은 사람이나 상황을 차별하거나 구별하지 않는다. 차별하거나 구별하는 법이라면 그것은 법이라 할 수 없을 것이다. 그러나 사람이나 상황이 매우 다양하기 때문에 융통성 없이 적용되는 법은 냉혹하고 부당한 것으로 여겨질 수도 있을 것이다. 이것을 극복하기 위하여 사회복지에 연관된 법들은 법과 사회구성원들 사이에 자비와 연민 그리고 인간 존중의 가치를 제도적으로 보호하고 보장하기 위하여 정치적으로 접근하여 탄생된 유연한 결과물이라 할 수 있다. 이것을 토대로 하여 사회복지법의 기본 원칙과 원리들이 정리된 것이다.

사회복지법은 형법이나 민법과 같은 일반적인 법의 제정과는 다른 측면에서 시민의 인간다운 생활보장을 위한 구체적 정책의 실현을 위해 탄생되었다. 이것은 사회복지에 연관된 법들의 제정에 있어서 형법이나 민법 등의 제정 원리와 다름을 의미하고 있는 것이다. 그 실현을 위한 토대로서 사회복지법의 원리란 정치·경제·사회·문화의 변화 속에서 사회복지법들의 제정과 개정에 있어서 반드시 고려해야 할 것을 의미한다. 이 원리는 모든 사회복지와 연관된 법들의 내용적인 측면에서 다섯 가지의 원리를 토대로 제정되고 있다.

하나는 보험의 원리이다. 이 원리에 의하면 사회복지는 단순한 비용이 아닌 미래를 담보하는 투자라고 할 수 있다. 왜냐하면 인구구조의 변화와 평균수명의 증가 그리고 사회의 고령화에 따른 미래의 삶에 대하여 준비하는 것이라고 할 수 있기 때문이다. 그러므로 이것은 사회복지의 가치가 사회구성원들의 현재의 삶을 강조하기도 하지만 미래지향적이라는 사실을 의미하는 것이다. 단순히 현실적인 이익추구를 목적으로 하는 선택적인 사보험과는 질적으로 다른 것이다. 사회복지는 사회구성원들의 삶의 질적 극대화를 통하여 인권을 보호하고 보장하기 위하여 정책적으로 보편적 개념의 사회보험을 제도화하였다.

둘은 보상의 원리이다. 보험의 원리와 달리 보상의 원리는 사회복지가 제도화되면서 보상이란 항상 기여가 반드시 전제되어야 하는 것은 아니다. 왜냐하면 법적으로 보상의 다양한 유형이 실천되고 있기 때문이다. 그러므로 사회복지법에 있어서 보상이란 한편으로는 보훈의 측면에서 접근할 수 있을 것이다. 이것은 국가에 기여하거나 희생한 사회 구성원들이 생계의 어려움을 당할 때에 공익에 헌신한 사람에게 국가의 재정으로 지급하는 것을 말한다. 다른 한편으로는 사회의 모든 구성원들은 어떤 형태로든지 사회에 기여를 하고 있다. 그런 기여는 분배의 전제로서 일정 기간 지속적이고 정기적인 사회적 기여를 의미하며, 그런 모든 사회적 의무 등의 기여를 통하여 사회적 합의로서 예를 들어 헌법적 권리와 같은 공공부조나 사회복지서비스와 같은 것들을 보상이라고 할 수 있을 것이다.

셋은 부조의 원리이다. 삶에 있어서 자립의 토대로서 우리 사회를 떠받쳤던 하나의 덕목으로 오늘날에도 우리 사회의 미풍양속으로 실천되고 있다. 부조의 원리에서 부조는 우리 사회에서 결혼이나 장례에서 행해지는 상호부조와 공공부조에서의 부조와 의미가 같다. 소득이 없거나 소득이 머우 적은 자들에게 더 잘할 수 있도록 사회보험이 아닌 부조와 같은 공공부조의 혜택이 주어진다. 그 부조는 삶의 자립을 위하여 그리고 경제적으로 어려움을 겪는 사회 구성원들에게 국가가 최저생활의 보장과 자활의 측면에서 국가 재정을 통하여 도움을 주는 것이다.

넷은 원조[4]의 원리이다. 원조는 부조와 같이 상호 간이 아닌 국가 재정으로 일방적인 도움을 주는 공공부조 형태이다. 그러나 부조와는 달리 이것은 사회적으로 자립뿐만이 아니라 삶에 곤란함이 있는 사회 구성원에게 그 생활상의 장애를 제거 경감시켜 생활능력을 증진시키기 위해 일방적으로 제공되는 사회복지서비스를 의미한다. 전자의 부조의 원리가 삶의 자립이 목적이라면 후자는 생존의 측면에서 삶의 유지가 목적이라고 할 수 있다.

마지막으로 사회통합의 원리이다. 사회복지에 연관된 법들은 무한한 욕망과 욕구를 지닌 어느 특정 부류나 계층, 계급을 위해 제정되어서는 안 되며, 그 대상은 모든 계층 그리고 전 국민이어야 한다는 것이다. 그러므로 사회복지, 사회복지법은 사회 구성원들을 잘 살게 하는 것도 중요하지만 최종 목적은 그 방법을 통한 사회통합인 것이다. 이런 측면에서 사회통합을 위한 사회복지법들은 사회구성원들의 욕구들을 시대와 상황에 따라 변화에 적절하게 적응하고 대응하여야 하며, 그 방법적 토대는 법 개정에 대한 인식의 변화이다. 즉 사회복지법들은 인간의 욕구와 욕망의 무한함과 그 변화에 대하여 만족의 보호와 보장을 위하여 시대의 흐름과 변화에 따라 변화하여야 한다는 것이다.

4) 원조(援助)와 부조(扶助)는 영어로 하나는 aid, 다른 하나는 assistance로 번역할 수 있을 것이다. 사전적 의미에서 예를 들자면 원조는 사회적 관계 속에서 자연적이고 자발적인 발생과 같은 관습이나 가족관계에서 단순히 물품이나 돈 따위로 도와주는 것을 의미하고, 부조는 사회적 관계 속에서 더 잘 할 수 있도록 예를 들어 잔칫집이나 상가 따위에 돈이나 물건을 보내어 도와주는 것을 의미한다고도 볼 수 있을 것이다.

결론적으로 대부분의 사회복지에 연관된 법들은 형식적으로나 내용적으로 위에서 논의된 원리를 토대로 구성되고 제정되어야 한다. 그러므로 사회복지법들의 목적은 두 가지 측면에서 정리할 수 있을 것이다. 하나는 본질적인 측면에서 인간을 사회적 위험으로부터 보호하고 인간다운 생활을 보장하는 것이다. 그것은 인간의 생존권 보장을 의미하는 것이며, 그런 이유로 인간의 생존권은 고정적인 것이 아닌 시대에 따라 변화하는 것이다. 그것은 인간 욕구의 무한함을 충족시키기 위해서 사회복지법들은 다른 법들보다 신속하게 사회의 변화와 인간 욕구의 변화에 반응하여야 한다는 것이다. 이것은 또한 원리적으로 사회복지법의 내용이 사회복지에 의존하는 것 자체에 의존하도록 만든 지원 제도가 되어서는 안 된다는 것을 의미하기도 한다. 다른 하나는 전자의 목적을 실천하기 위한 기본적 토대로서 소득의 재분배이다. 물론 소득재분배를 위하여 조세에 연관된 법들이 시행되기도 하지만, 오늘날 선진국들에서는 사회복지에 연관된 법을 통하여 인간의 생존권 및 삶의 균형을 더 효과적으로 유지시키고 있다.

2) 사회복지법과 정의

사회복지법을 정의(Definition, 定義)한다면 일반 다른 법들처럼 정의(Justice, 正義)라고 할 수 있을 것이다. 물론 그 정의는 법의 목적과 연계되며, 사회복지법에 대한 목적을 사람들은 사회구성원들의 삶의 질적 상승의 실천이라고 이야기하고 있다. 그러므로 사회복지법의 정의는 사회구성원들의 생존권 보장으로 시작해야 할 것이다. 왜냐하면 생존권은 역사적으로 인권의 출발이었기 때문이다. 이것은 현실적으로 사람들은 가난하다는 사실에 고통일 수는 있지만 풍요에 있어서도 만족하는 법이 없다는 것을 강조하는 것이다. 그러므로 이것을 실현하는 것이 사회복지법의 실천적 정의라고 할 수 있는 것이다. 사회복지 측면에서뿐만이 아니라 국가적인 측면에서도 사회구성원의 삶의 증진이 사회의 정의실현이 될 것이다. 구체적으로 논의한다면 아마도 그것은 분배적 정의실현인 것이며 사회복지법의 집행을 통하여 실현될 수 있을 것이다.

사회복지의 의미와 목적에 견주어 본다면 사회복지법의 역할은 사회구성원들의 고른 삶을 누릴 수 있는 규정을 집행하는 것이다. 고대 그리스의 철학자 아리스토텔레스(Aristoteles, BC 384~BC 322)는 정의를 목적론의 측면에서 접근하고 있는데, 그것은 정의에 대한 판단을 위해 목적, 목표, 본질(Telɔs)에 대한 이해가 선행되어야 한다는 것이다. 그에 의하면 정의를 광의의 정의와 협의의 정의로 구분하면서, 전자를 덕의 총체인 완전한 덕으로 인식하였다. 그에 의하면 정의는 보편적으로 배분적 정의 및 평등으로 이해되고 있는 것이다. 인간 개개인의 생활이 공동체나 단체의 일반원칙에 복종하는 것과 같은 것이다. 반면에 후자는 정의를 산술적 비례에 의한 평등을 의미하는 평균적 정의와 상대적 평등을 실천하는 배분적 정의로 설명하였다. 이것은 능력에 따른 분배로, 예를 들어 빈부 정도에 따라 차등과세 또는 책임부여나 급여 지급과 같은 것이 있다.

일반적으로 모든 나라들에서 법의 종류와 내용이 강화되는 경향이 있다. 그 원인으로는 사회의 발전에 따른 다양한 변화와 사회구성원들의 행태에 대한 복합적이고 복잡성의 증가에 따른 사회적 국가적 대응이나 반응으로 이해될 수 있을 것이다. 그러나 그와 다른 경우가 사회복지에 연관된 분야에서 제정되는 법들이다. 이 법들은 오히려 사회적 경제적인 분배정의의 실천을 통한 평등한 사회를 구현하기 위해 노력하고 있다.

3) 사회복지법의 기능과 역할

일반적으로 법의 기능과 역할을 이야기한다면 대부분의 사람들은 사회의 정의구현과 질서유지의 실현이라고 말할 것이다. 그러나 그것에 대한 구체적인 내용에 대해서는 논란의 여지가 있을 것이다. 그럼에도 불구하고 사회복지법의 기능과 역할에 대하여 묻는다면 그에 대한 답은 일관될 것이다. 왜냐하면 그것은 사회구성원들의 생존권 보장과 삶의 증진일 것이기 때문이다.

이와 연관하여 사회복지법들의 기능과 역할에 대하여 구체적으로 논하는 것과 그 법들의 정의가 무엇인가에 대한 논의는 의미가 있다. 그러므로 그것을 구체화할 수 있는 사회복지법들의 내용이 어떻게 규정되어 있는가는 매우 중요하다. 왜냐하면 사회의 발전에 따라 인간의 삶도 매우 복잡하고 다양하게 변화하고 있기 때문이다. 사회복지법의 정의는 인간다운 사람 그리고 삶의 질적 상승이다. 이런 이유로 사회복지에 연관된 법들은 다양한 사회구성원들의 이해와 욕구를 반영하기 위해 계층별이나 계급별로 구체화된 법적 명칭으로 제정되고 있다. 그러므로 사회복지법은 단순히 인간의 삶을 포괄적인 의미로서 잘 산다는 것뿐만 아니라 다양한 영역과 분야, 계층에서 접근하여 구성되고 있는 것이다. 현대사회에서 사회복지법은 더욱 세분화되고 세밀하며 구체화되는 경향이 있다.

국가적으로 사회복지에 관한 법들의 제정 목적 등에 약간의 차이는 있지만 보편적으로 사람들은 산업화 과정에서 발생하였던 문제들을 해결하기 위해 총괄적으로 그리고 정책적으로 제도화한 결과물들을 사회복지법으로 이해하고 있다. 사회복지법은 모든 사회구성원들의 삶을 질적으로나 양적으로 향상시키기 위한 근거로서 가장 인간적인 법이라고 할 수 있는 것이다.

3. 서구 사회복지법의 발전

역사적인 측면에서 사회복지법은 19세기 유럽 절대주의시대 특정 계층의 시민법(市民法, jus civile)[5] 한계에 대한 비판적 입장에서 형성되었다. 산업혁명 이후 변화된 정치 · 경제적 여건이 자본주의 발전과 함께 모순적 현상을 발생시키면서 자본가만을 옹호하는 시민법의 한계에 대한 문제가 제기되었다. 그것은 자본가에게 질병 · 노령 · 장애 · 실업 · 출산 · 사망과 사회적 약자의 생활문제 등 노동자들의 근본적인 문제들에 대한 해결의지가 없다는 것을 의미하는 것이다. 그러므로 그러한 사회적 문제들을 소득 · 의료 · 교육 · 주택 · 심리적 측면에서 제도적 장치로

5) 여기서 의미하는 시민법은 대륙법으로서 각 개인을 자유롭고 평등한 권리 능력자로 보는 관점에서 근대 시민 사회를 규율하였던 법이다. 전통적인 봉건주의 질서가 서서히 해체되면서 자본을 바탕으로 한 부르주아 혁명에 의해 탄생한 시민사회를 전제로 하여 출현한 법이다.

해결하려는 사회복지법은 자본주의 사회의 발전과 더불어 형성되었다고 볼 수 있는 것이다.

1) 사회복지법의 역사

법의 등장과 발전 속에서 전통이 세워지고 그 전통이 깊어짐으로 법에 대한 권위가 형성되는 것이다. 이런 측면에서 사회복지법의 역사는 일반적으로 영국의 빈민법에서 그 맹아를 찾고 있다. 그러므로 사회복지법의 생성기원은 귀족과 하층민의 구분을 제도화하였던 영국의 빈민정책에서 찾고 있다. 그 이후 17·18·19세기 시민혁명의 —영국의 청교도혁명과 명예혁명, 프랑스 대혁명— 산물로서 자유권적 기본권은 전근대적인 제약이었던 신분제도와 종교제도로부터 시민을 해방시켰다. 그 자유권을 토대로 하여 자본주의 발전을 통한 사회의 번영은 귀족계급과 구별되는 시민계급을 출현시켰다. 시민계급은 자신들의 이익을 관철하기 위하여 귀족들과 결탁하였으며, 그 결과물이 시민법이다. 역사적으로 사회복지에 관계된 법들은 과거나 현재에도 이데올로기에 종속되거나 지배를 받으면서 변화 발전하였다.

(1) 시민법과 자유권

시민법은 17, 18세기 왕권의 제한과 왕권에 대한 저항 등으로 전통적인 봉건주의 질서가 서서히 해체되면서 영국과 미국 프랑스 등에서 시민들의 자본을 바탕으로 한 부르주아 혁명에 의해 탄생한 근대시민사회를 전제로 하여 출현한 법이다. 그러므로 이 법은 절대왕정 그리고 계몽주의(Enlightment) 시대에 특정 계층인 시민만을 위한 법이라 할 수도 있을 것이다. 왜냐하면 제국주의와 상업자본주의 생산양식 하에서 국가들의 사회경제적 주체로서 시민의 자유보장은 국가의 부와 직결되었다고 볼 수 있었기 때문이다. 그러므로 이것은 부르주아(Bourgeois)[6]의 시

6) 이 단어의 본래적 의미는 재산을 소유한 유산자로서 중세부터 도시에 거주하던 프랑스 시민이다. 그들은 근대민주주의 혁명의 주체로서 사제와 귀족에 저항하고 대립하였던 제3계급으로 시민적

민법과 자유권을 중심으로 형성된 서구사회의 기본적인 질서 틀이라 할 수 있다. 그러한 자유권은 아래와 같은 특징을 가지고 있다.

- 개인주의 사상으로 자유를 중시 → 부르주아(시민)만을 위한 자유(아래에서 논해지는 세 가지 원칙)
- 부르주아들의 재산권 주장과 보호를 위한 자유
- 구체제(ancient regime)의 신분적, 종교적 속박을 타파하고 부르주아 계급의 자유에 대한 불침범성을 강조
- 상품 교환과 자유경쟁원리가 시장을 지배
- 부의 불평등 심화로 개인을 추상적 인격이나 개인으로만 간주하는 시민법 원리 비판

근대사회에서 개인을 위한 자유권을 토대로 만들어진 시민법은 세 가지 원칙 하에서 시민계급을 지원하였으며, 이것은 근대민법의 3대 원칙으로서 아래와 같은 시민들의 권리 증진을 위해 형성되었다.

하나는 계약자유의 원칙(liberty of contract)이다. 이것은 국가의 간섭이나 개입 없이 개인의 자유로운 의사가 매우 중요한 요소로 작용하며 자기책임 하에서 규율하는 것을 의미한다. 이 원칙은 한편으로는 그 당시의 절대주의 시대의 왕권강화에 봉사하면서, 다른 한편으로는 부르주아 계급의 부의 축적에 기여하였다. 이런 과정 속에서 개인의 자유의사에 부여된 계약자유의 원칙은 자본주의 모순의 심화와 그로 인한 부의 집중과 빈곤의 심화를 야기키면서 자본가와 노동자들 사이에 불편한 관계들을 표출시켰다. 그런 이유로 계약자유의 원칙은 오히려 부당한 계약에

기본권인 주권재민을 주장하였으며, 오늘날에는 자본가 계급으로 형성되었고 이 계급이 부르주아이다. 다른 식으로 이야기한다면 시민이란 유럽 중세부터 도시에 거주하던 프랑스 시민으로 그 당시의 사제 및 귀족과 대치된 의미에서 새로운 계급으로 제3신분의 등장을 의미한다. 그들은 귀족사회에서 상업과 무역을 통해 자본을 축적하면서 신진세력으로서 하나의 계급을 형성하였다. 그들에 의해 봉건사회가 붕괴되면서 시민사회가 등장하였으며, 그들에 의해서 상업과 산업이 발전하면서 자본제 생산양식에 입각한 근대사회가 형성되었고 산업자본주의의 주류계급으로 자본가 계급이 형성되었다.

의한 부의 불평등의 심화 등으로 현대사회 들어와서 국가의 개입을 통하여 사회복지적인 측면에서 계약제한의 원칙으로 수정되었다.

둘은 과실 책임의 원칙(principle of liability with fault)이다. 산업의 발달은 노동자들에 있어서 산업재해의 증가를 의미한다. 이 원칙은 산업화 초기에 노동과정 속에서 노동자의 과실로만 간주된 과실 책임주의를 의미하였다. 다른 식으로 말한다면 노동자의 산재에 있어서 사용자의 과실이 인정되어야단 산재에 대한 책임이 따른다는 것이다. 그러나 실질적으로 노동자의 산재에 대하여 사용자의 과실을 찾는다는 것은 산업혁명이 발생된 이래로 매우 어려운 일이었다. 그런 이유로 오랫동안 노동자의 산재는 인정되지 않았으며, 결과적으로 이 원칙은 부르주아에게 유리하게 작용하였다. 산업화의 가속으로 산재의 증가와 노동자의 생존권 보장을 위한 투쟁으로 노동자의 과실과는 관계없이 사용자의 무과실 책임주의(principle of faultless liability)로 변화되었다. 무과실 책임주의는 이러한 불공평한 관계로부터의 노동자들의 산재로부터 해방을 의미하였다. 이것은 자본가의 과실이 증명될 수 없더라도 사용자에게 배상의 책임을 부여한다는 것이다.

셋은 소유권절대의 원칙(principle of right-of-ownership clause)이다. 이 원칙은 세 가지 원칙에서 가장 강력한 원칙이라고 볼 수 있다. 왜냐하면 사유재산권은 프랑스 혁명 당시에는 신성불가침과 같은 것으로 간주되었기 때문이다. 이런 측면에서 국가에 의한 소유권의 제한은 가진 자의 횡포에 대한 제재를 의미한다고 볼 수 있다. 그러므로 이 원칙은 앞의 두 원칙보다도 자본주의의 이념을 더욱 강력하게 유지하는 데 기여한 원칙으로 간주할 수 있다. 이것은 사유재산권 존중의 원칙이라고도 하며 개인에게 사유재산에 대한 절대적 권리를 인정한다는 것이다. 그러므로 국가나 개인이 한 개인의 소유권에 대한 간섭이나 제한을 하지 못한다는 것이다. 그러나 산업의 발달은 절대적 자유권으로서 소유권에 대하여 비판을 나타나게 하였다. 사유재산의 대한 절대적 권리로부터 재산에 대한 공공성을 사용자와 노동자들 간의 생산물과 이익에 대한 공유가 아닌 사용자의 일방적 소유를 강제하였던 것에 대하여 비판적으로 고려하기 시작한 것이다. 그것은 한편으로는 가진 자의 재산형성에 대해 부분적으로 노동자도 기여했다는 것을 인정한다는 측면에서 접근할 수도 있지만, 다른 한편으로는 비판적인 측면에서 이와 같은 변화는 자본주의 발달로 인한 모순, 그것을 통하여 경제적 약자와 사회적 약자에 대한 억압이 심화될 것이라는 사실을 인정하기 시작한 것이다. 사유재산의 절대적 권한에 대한 이런 비판을 통하여 노동자의 생존권적인 접근은 경제적으로 부유한 자에게만 유리하게 적용되었던 시민사회의 법 원리인 자유권 사상을 아래와 같이 수정하게 되었다. 이 원칙은 소유권 제한을 의미하는 소유권 공공복리의 원칙으로 수정되었다.

정리한다면 봉건적 속박으로부터 해방과 자유롭고 독립적인 개인의 자유는 사적자치의 기본적 토대로 작용하였으며 세 가지 원칙의 산물인 시민법은 근대 민법의 출발이 되었다. 그런데 그 자유는 제한적 의미로 시민에게 한정되었으며, 그것은 사회복지적인 측면에서도 특정 계급을 위한 복지로 규정될 수 있다. 산업혁명 이후 상업자본주의에서 산업자본주의로의 전환은 사회복지의 또 다른 의미에서 노동법의 등장을 예고하였던 것이다.

(2) 사회보장법과 생존권

산업혁명 이전에 사회구성원들의 사고(accident)는 개인적 차원에서 개인의 문제이며 따라서 개인의 책임으로 간주되었다. 그러나 산업혁명 이후 자본주의의 발달은 부의 평준화로 인도하는 것이 아닌 오히려 부의 집중화와 빈곤의 심화로 이어지면서 빈곤이 사회적 사고의 핵심으로 등장하였다. 이런 측면에서 빈곤을 초래하는 것은 게으름이나 능력부족과 같은 개인적인 측면이 아닌 사회구조적인 문제로 인식되었다. 그것은 자본주의 사회에서 구성원들의 빈곤화는 개인의 능력과는 별개의 문제로서 빈곤의 사회성을 의미하게 되었다. 이것을 해결하기 위한 문제의식으로부터 사회복지적인 사고와 사회보장에 대한 인식이 시작되었다고 볼 수 있다.

① 사회보장법과 생존권의 의미

보편적으로 현대사회에서 사회복지의 중요한 분야는 빈곤의 극복을 위한 소득보장과 의료보장 같은 사회보장이다. 그것은 사회보장이 사회복지와 용어적으로 유사하면서 사회구성원들의 소득에 연관된 특정 부분임을 의미한다고 볼 수 있다. 이러한 측면에서 사회복지서비스는 생존권 보장의 의미를 강화하여 사회복지를 클라이언트에게 전달하는 데 일조하여 국가가 빈곤뿐만 아니라 삶의 전체적인 측면에서 사회적 연대감을 통한 시스템을 형성하는 것이라 할 수 있다.

그러므로 사회보장과 사회복지에서 생존권은 현상적으로 소득의 보장, 의료의 보장뿐만이 아닌 사회복지서비스를 통한 재활과 사회복귀까지 보장하는 것을 의미한다. 그것을 위하여 역사적인 측면에서 사회보장과 사회복지에 연관된 법제정은 이데올로기의 산물이라 할 수 있다. 왜냐하면 사회복지실천을 위한 토대가 어떻게 무엇을 규정하고 있는가가 중요하기 때문이다. 그것은 한편으로 사회복지가 역사적으로 매우 정치적이었음을 의미하며, 그래서 실천적 의미에서 뚜렷하게 법제정의 방향성이 나누어지게 되었다. 하나는 자본주의 사회에서의 법제정이며, 다른 하나는 사회주의 사회에서의 법제정인 것이다.

자본주의는 경쟁을 토대로 그 이념을 실현하려고 한다. 이데올로기적인 측면에서 자본주의의 발전은 사회보장과 사회복지의 맹아로서 빈민법을 탄생시켰지만, 진정으로 빈민법의 내용들이 사회복지적이었는가에는 회의적이다[7]. 왜냐하면 그런 체제의 발전은 오히려 인간의 자유와 평등과 물질적 풍요의 보장이라는 낙관적 견해로부터 사회의 분열과 계급모순의 발생으로 진행되었기 때문이다. 이런 자본주의 체제의 모순은 생존권 문제를 야기시켰다. 그런 생존권은 소극적 의미에서 사회적 약자에 대한 국가의 은혜로 생존을 유지할 수 있는 잔여적 복지 또는 선택적 권리인 것이다. 그러나 자본주의 사회에서도 그것은 삶을 향유하는 사회구성원들의 당연한 권리로서 20세기 들어 국가에 의한 형식적인 자유보장이 아닌 국가개입에 의한 적극적 의미에서 자유이며, 국민이 최저생활의 유지를 위

7) 1601년에 제정된 빈민법이나 1834년에 제정된 신빈민법은 가장 가난한 사람들의 생존권만을 보장하고 있다.

해 요구되는 것을 확보하기 위하여 국가에 요구할 수 있는 권리로서 사회복지법들을 변화시키고 있다.

또 하나의 측면에서 사회주의에서 바라보는 사회복지법의 제정이다. 사회주의는 그 이념적 토대인 평등을 토대로 생존권을 위한 사회보장과 사회복지에 대한 실천적 내용을 사회복지법에 담았다고 볼 수 있다. 이것은 사회주의에서 복지국가가 추구할 수 있는 내용들을 제시하고 있다는 것을 의미하며, 20세기 유럽문명의 가장 위대한 업적으로 평가받는 그 내용을 사람들은 보편적 복지라고 이야기한다. 그러나 실질적으로 이념적 실현 형태는 자본주의에 영향을 받은 사회주의에서 파생된 —자본주의 안의 사회주의— 사회민주주의로서 주로 스웨덴이나 노르웨이 같은 북유럽국가에서 실천되고 있다.

결론적으로 사회복지 제도화의 결과물이 사회복지법이다. 그 제도화의 과정은 다분히 이데올로기적이다. 그러므로 그것은 이데올로기에 대한 선택을 의미하는 것이다. 우리나라의 사회복지법들은 이데올로기적인 스펙트럼에서 본다면 사회주의의 영향을 받은 자본주의의 토대에서 제정되었다. 그것은 정책적 그리고 실천적 입장에서 중도 우파적이라고 할 수 있을 것이다. 왜냐하면 그 법적인 내용과 용어 사용에 있어서도 사회복지적인 토대가 사회 전반적인 공감보다는 사회적 약자에 대한 은혜, 자비, 시혜의 측면에서 접근하고 있기 때문이다[8]. 오늘날 우리나라 사회복지법제에서 보이는 근본적인 특징은 사회복지에 대한 미약한 국가 책임과 민간복지에 대한 의존으로부터 국가가 주도하면서 국민의 삶을 증진하려는 방식으로 전환하는 과정이라 할 수 있다.

8) 사회복지에 있어서 세상 어느 곳에도 법적으로나 제도적으로 보장된 무상복지는 없다. 그것은 사회적 합의의 사회복지가 아닌 독재국가에서나 가능한 것이다. 사회주의 사회에서도 그것은 무상이라 할 수 없다. 아마도 지구상에 노동 없는 복지, 대가를 지불하지 않는 복지는 없을 것이다. 그런 정책이나 행위는 선동적 구호이다. 사회복지는 과거 우리 사회의 품앗이와 같은 의미이다. 그런 측면에서 무상은 적절한 용어가 아니며 무상이라면 그것은 노동자들의 쉼 없는 노동의 결과물인 것이다. 우리 사회에서 무상이란 접두어로 무상복지보다 먼저 제기되고 실천되고 있는 용어가 무상보육이다. 무상보육은 범정부적인 차원에서 순수하지 않은 목적으로 장기간 진행되고 있다. 왜냐하면 무상보육은 우리 사회에서 여성의 신체적 정신적 건강 그리고 양성평등을 위한 것이라기보다는 여성의 사회참여에의 권유와 여성노동력의 확대 가능성과 그에 대한 세수확대를 전제로 한 것이기에, 사회복지적인 의미에서 무상보육이란 용어는 적절하지 않다. 보육의 목적으로 접근한다면 그것은 의무보육이라 불러야 적절할 것이다.

② 사회보장과 사회복지법

실질적으로 사회복지법의 의미적 기원은 미국에서 1935년 제정된 사회보장법이다. 이 법은 당시 절대적 다수로 의회를 장악하고 있는 민주당과 프랭클린 델러노 루스벨트(Franklin Delano Roosevelt, 1882~1945) 대통령에 의해 주도되었다. 생존권 이념의 실현을 위하여 사회보장법은 노동자를 생활인의 주체로 간주한다. 이것은 사회보장의 의미에서 대상자의 확대를 의미한다.

노동법을 통한 노동자들의 노동조건 개선이 이루어졌지만, 노동법 영역에서 벗어난 생활인으로서 국민들에 발생하는 그 밖의 ―노동자와 노동자들의 가족에 대한 보장― 보장이 요구되었다. 이것은 노동자들의 생활문제를 ―실업, 질병, 출산, 다자녀, 산재, 장애, 사망, 노령 등― 사회적 사고로 이해한다는 것이다. 그러므로 이와 연관되어 사회보장법의 전개과정은 질병보험법 → 산업재해보상보험법 → 노령연금법 → 고용보험법 등의 제도화로 귀결되었다. 이러한 사회보장제도는 1 · 2차 세계대전을 통해 빠르게 발전하면서 노동자만을 생활인으로 간주하는 것이 아닌 전 국민을 의미하며, 이것은 국제적인 인권보장과 전 국민의 생존권보장 등의 국제적인 측면으로 강화되었다.

우리나라에는 사회복지 대상으로 계층이나 구체화된 사회적 약자들을 위한 27개 정도의 사회복지서비스에 연관된 법들이 사회복지사업법 제2조에 규정되어 있으며, 그 법들에서 기본적으로 규정하고 있는 생존권을 정리하면 아래와 같다.

i) 자립상실자 또는 비자립자의 시민적 자립을 목적으로 하는 권리
ii) 실질적인 시민적 자립을 위하여 법적으로 요구하는 권리
iii) 사회복지서비스법의 대상인 사회적 약자들은 사회적 보호로부터 이탈되거나 소외된 자들에게 부여된 권리
vi) 한편으로는 전문적인 접근이나 사업처럼 특별한 배려가 요구되는 권리
v) 다른 한편으로는 일상적으로 누구에게나 요구되는 보편적 권리

사회복지법은 노동자들뿐만 아니라 사회적 약자 등 모든 인간들의 인간적인 삶

을 보장하기 위해 제도화된 것이다. 그런 측면에서 사회복지법은 사회복지서비스법과 일치한다고 볼 수 있다. 사회복지서비스법은 생존권의 측면에서 사회복지대상자에 대해 더욱 포괄적이며 사회복지실천에 있어서도 아주 구체적인 내용을 실현하는 법이다. 왜냐하면 이 법은 기존의 사회복지법과 다르게 아동, 노인, 장애인, 한부모 가족과 같은 사회복지의 대상들뿐만 아니라 그들의 생존권을 담보할 수 있는 실천내용들을 구체적으로 적시하고 있었기 때문이다.

2) 국가별 사회복지법의 특징

사회복지의 법적 체계에 대한 분류에 의해 국가가 사회복지에 대한 보장을 명확하게 하고 있는지를 살펴볼 수 있다. 그 방식에 대한 법적 토대로 하나는 사회복지에 대한 의지는 있지만 생존권으로서 사회복지급여수급권에 대한 사회정책적 목표와 강령을 헌법상에 규정하고 선언으로만 이해하는 프로그램 규정설이며, 다른 하나는 사회적 기본권은 법적 권리라는 측면의 법적 권리설이다. 여기에는 두 가지 측면에서 접근하고 있는데, 하나는 사회적 기본권의 헌법규정에 따라 국민은 국가에 대하여 추상적 권리를 가지고 있다는 추상적 권리설이며, 둘은 사회적 기본권의 헌법규정은 그것을 구체화하는 입법이 없는 경우에도 직접효력을 가지고 있다는 구체적 권리설이다. 여기서 논의되고 있는 영국을 비롯하여 많은 국가들은 모두 사회복지의 기본적 권리들이 법적 권리로서 구체적 권리로 인정하면서 실천하고 있는 사회복지국가로서 이미 경제적으로 선진국에 속하여 있는 국가들의 사회복지법제에 대해 살펴볼 것이다.

(1) 영국

영국은 사회보장과 사회복지의 모국이라 할 수 있다. 왜냐하면 사회복지 발전의 역사적 매 순간마다 영국은 그 돌파구로서 대안을 제시하였기 때문이다. 그 내용으로 하나는 사회복지의 맹아로 간주되고 있는 빈민법을 제정하였다는 역사적 사실이며, 다른 하나는 제2차 세계대전 이후 전후 질서 대안의 하나로서 베버리지 보고서이다. 이러한 개념들의 실천은 역사적으로 1601년 17세기 영국에서 빈민법의 제정을 통한 사회복지법의 제1세대로 출발하였다고 볼 수 있다. 그 이후 산업혁명 이전까지 빈민에게 구제 및 일자리 제공을 규정하는 동시에 그들의 이동의 자유를 제한하는 등에 관한 다양한 법들이 제정되었다. 그 하나로 1662년에 정주법이 제정되었으며, 작업장법은 당시 교회의 교구들에 의한 빈민에게 작업장 제공과 관리를 규정한 법률로서 빈민법을 보완하기 위해 1722년에 제정된 법이다. 또한 1789년에 제정된 길버트법(Gilbert Act)은 기존의 법들과는 달리 내용적으로 사회복지에 근접하였다. 즉 노동의 강제가 아닌 빈민들의 원외구제를 허용하여 보다 인간다운 생활을 가능하게 하였다. 1795년에 제정된 스핀햄랜드법(Speenhamland Act)은 최저생계비에 대해 관심을 가지고 국가가 조세를 통하여 최저임금을 ―부족분을 국가가 보존해 주는― 보장해 주도록 한 법이다. 1834년에는 빅토리아 여왕시기에는 좀 더 복지적인 의미를 지닌 ―자격 있는 빈민과 자격 없는 빈민의 구분― 신빈민법이 제정되었다. 물론 이러한 법들을 사회복지와 직접적으로 연관된 법이라 보기는 어려움이 있지만, 그 당시의 상황에서 사회적 약자들의 삶에 관심을 가졌다는 것에 의미를 부여할 수 있을 것이다.

현대적 의미에서의 사회복지에 관련된 입법으로 베버리지 보고서는 1942년에 사회보험 및 관련 서비스 각 행정부의 연락위원회가 제출한 아동수당보건서비스 고용유지를 전제로 하여 사회보험을 주요 수단으로 국가부조를 보조수단으로 하는 사회보장을 계획하였다. 이 보고서를 통하여 영국은 제2차 세계대전 종전 후 1948년까지 제도화를 통하여 요람에서 무덤까지(from cradle to grave)라는 국민의 기본적인 생활수준을 유지하는 것을 목표로 현대 영국 사회보장제도의 근간이 되었으며 자본주의 국가들의 새로운 사회복지의 제도 확립에 토대가 되었다. 1944년에는 장애인고용법이 제정되었으며 2010년에는 장애인에 대해 사회 전체적인 측면에서 차별을 금지시키기 위한 장애인차별금지법(Disability Discrimination Act) 및 2010 평등법(Equality Act 2010)이 제정되었다. 복지국가에 대한 전 지구적인 시대적 소명으로 많은 국가들이 복지에 힘을 기울이는 동안 한편에서는 복지국가들의 재정압박에 대해 복지에 대한 회의적 시각이 대두하게 되는데, 이 시기에 영국에서는 복지에 대한 개혁이 논의된다. 주요 내용으로 1974년 사회보장수정법에서 1996년의 복지개혁법은 의무를 행하지 않는 아버지에게 자녀에 대한 양육비를 부담하도록 강제하는 것으로 이는 정부에 대한 복지 엄마의 의존성을 아이의 아버지에게 전가시키는 아버지에 대한 의존으로 변화시킨 것이라 할 수 있다. 사회보장에 연관된 입법에 있어서 영국은 항상 복지국가를 지향하는 모든 국가들에게 역사적인 전환 시점에서 선도적으로 모멘텀을 제공하였으며, 오늘날 사회복지실천에 있어서 발생하고 있는 문제제기에 대해서도 선도적으로 대응하고 있다고 볼 수 있다.

(2) 독일

독일은 역사적으로 일찍이 복지국가의 토대를 문화적으로 건설한 국가로서 현대적 의미에서 복지를 선도하고 있는 국가이기도 하다. 그것이 그 당시에는 정치적인 측면이 강하게 표출되고 있었지만[9], 현재적인 측면에서는 독일 국민이 복지혜택을 누리는 토대로 작용하였다는 사실을 부인할 수 없을 것이다. 고령화에 대한 대비로서 수발보험은 독일의 국가주의적인 측면에서 형성된 4대 사회보험과는 다르게 1974년에 노인케어에 관한 의견이 개진된 이래로 20여 년 동안 논의된 후 1995년 4월부터 시행되었다.

19세기 후발 산업국가로서 독일은 현대적 의미에서 사회복지를 시작하였던 국가라고 할 수 있다. 그것은 사회복지정책이며 제도인 사회보험의 출발을 의미한다. 영국의 산업화보다 100년 뒤늦게 시작된 독일의 산업화는 그 격차를 극복하기 위해 치열한 노력을 추진하였다. 그 결과 산업발전을 이루었지만 반면에 사회적으로 많은 문제가 발생하였는데, 많은 부분이 노동자와 연관된 문제들이었다. 왜냐하면 산업시대의 핵심계층은 노동자였기 때문이다. 그 당시 독일사회에서 다수이

9) 독일은 상향식이 아닌 하향식의 시혜적 성격으로 세계 최초로 사회보험 정책을 실천한 국가이며, 용어선택에 있어서 사회복지라는 것보다 사회정책(Sozial Politik)을 사용하고 있는데, 왜냐하면 독일의 사회정책의 시발점은 노동자계급의 노동운동과 노동문제와 연관된 정치적인 성격이 강하였기 때문이다. 그러므로 독일 사회정책의 특징은 국가의 사회개량정책 이상으로 노동계급에 대한 정략적 행위로서 정치적인 의미를 갖고 있다.

면서 사회적 약자였던 노동자 문제의 해결을 위해 등장하였던 것이 사회보험에 연관된 법들의 제정이다. 그러므로 17세기 영국에서 제정된 빈민법 이후 독일은 사회보험법의 제정을 통하여 제2세대 사회복지법 국가로서 간주될 수 있을 것이다.

이와 같은 독일에서 출발된 사회보험의 제도화가 현대적 의미의 사회보장의 토대를 구축하였다. 1871년 산재보험법이 제정된 이래로 사회보험법들이 연이어 제정되었으며, 1911년 완전한 단일화를 이루지는 못하였지만 공통되는 부분을 추출하여 질병보험법, 재해보험법, 노령 및 폐질보험법을 통합하여 제국보험법을 제정하였다. 그것을 토대로 하여 1970년에는 제국보험법 등에 산재되어 있는 각종 사회보장법률들을 정리하였다. 그러므로 그 결과물은 역사 속에서 사회복지에 연관된 법들에 대한 체계화로서 사회법전(Sozial Gesetzbuch)의 등장이라고 할 수 있다. 사회보장법이나 사회보험법 등과 같이 사회복지에 연관된 법들의 제정 그리고 개정된 법들의 등장은 독일이 사회보장을 토대로 작동하는 사회법전으로부터 발전된 것이라 할 수 있으며[10], 이와 연관된 추가적인 법들도 다양하게 정비되어 있다. 독일의 사회법전은 사회복지와 사회보장에 연관된 구체적이고 미시적인 법들의 법원(Rechtsquelle)의 역할을 하고 있는 것이다.

이를 연대기적으로 재정리한다면 다섯 단계로 나누어 살펴본다면 독일의 사회정책 변화과정에서 첫 번째는 본격적인 산업화 시기에 노동자 계급의 불만과 공산주의의 출현으로 —노동자계급의 정치운동과 1875년 사회주의 노동당 출현— 사회적 혼란이 가중되면서 "채찍(사회주의자 진압법)과 당근"(사회보험으로 산재보험, 질병보험, 노령폐질보험)이라는 사회정책을 구사한 비스마르크 시대이다. 두 번째 1918년부터 1933년 나치가 정권 등장까지의 바이마르(Weimar) 공화국 시기이다. 이 시기에는 여성 투표권부여, 남녀평등보장, 사회보장제도와 의무교육제도 도입 등 각종 사회적 요구가 봇물처럼 터지면서 사회적 불안이 지속되었다. 세 번째 시기는 독일

10) 사회법전 Ⅱ, Ⅲ은 독일사회에서 2000년대 초 사민당 정권기간 동안 가장 논란이 되고 있는 실업문제에 대해 해결을 위한 사회복지의 핵심 정책적 토대로서 하르츠 Ⅰ, Ⅱ, Ⅲ, Ⅳ와 관계가 있다. 내용적인 측면에서 하르츠(Harz) Ⅰ은 고용확대와 일자리 창출을 위한 개혁이며, 하르츠 Ⅱ는 저임금 노동자에 대한 세제 혜택과 개인자영업자 지원 등을, 하르츠 Ⅲ는 연방고용청의 직업소개업무에 충실할 수 있는 기본 틀의 변화에 대한 법적 토대를 제공하는 것이다.

제3제국시대로서 제1차 세계대전 패전 후 경제불황으로 나치 출현이 정당화된 시기이다. 네 번째는 제2차 세계대전 패망 후 연합국에 의해 통치되던 군정기부터 1980년대 초까지의 사회국가[11)]가 성립되던 시기라 할 수 있다. 굳이 다섯 번째 단계를 정한다면 수발보험시대이다. 독일은 이미 1990년대 노인인구비율 15%로 고령사회에 도달하였다. 그러므로 독일에서 노인에 대한 케어의 필요성과 그에 대한 국민적 욕구 그리고 사회적 분위기가 조성되어 있었다고 볼 수 있다. 그런 상황 속에서 수발의 사회보험화에 대한 접근과정은 1970년 초 독일에서 최초로 노인수발에 대한 재정문제로부터 시작되었다. 수발의 필요성은 정부의 질병보험에 대한 재정적 문제제기와 일반적인 생활위기에 대한 포괄적인 보장개념으로 논의되었던 것이다.

그것을 위하여 노인을 위한 케어제도의 토대로서 수발보험법은 장기간의 논의와 입법과정을 마치고 1994년 4월에 독일 의회를 통과함으로써 독일에서 사회보장을 위한 열한 번째 사회법전(Sozialgesetzbuch: SGB)으로 자리매김하게 되었다. SGB XI 제1조에는 수발보험을 제5의 사회보험으로서 독립된 사회보험의 한 부분임을 명시하고 있다. 노년학(Gerontology)을 연구하고 있는 토마스 클리(Thomas Klie)[12)]에 의하면 수발보험의 등장은 완벽한 도움주기로 복지사회에서 새롭게 표현되는 패러다임의 전환과 같은 사회국가의 재건설로 기록될 것이라고 주장하면서 자국의 자부심을 내비치기도 하였다.

(3) 스웨덴

스웨덴은 오늘날 사회복지의 측면에서 세계 최고의 복지국가로서 알려져 있다. 사회민주당은 1932년에서 1976년까지 무려 44년 동안이나 장기집권하면서 오늘

11) 독일에서 Sozial Staat로 표현되고 있는 사회국가는 국민 각자에 대하여 인간다운 존중에 대한 보장을 주요 목표로 하는 국가를 말한다. 다른 식으로 표현한다면 사회국가란 사회정의의 실현(경제적 · 문화적인 약자에 대한 압박의 부정)을 목적으로 하는 국가라고도 정의될 수도 있을 것이다.

12) 토마스 클리는 독일 출신의 법학자이다. 함부르크 대학에서 신학, 사회학, 법학을 공부한 후 클라겐 대학에서 노년학으로 교수인정과정을 마쳤다. 이후 1988년 이래로 Evangelischen Hochschule Freiburg에서 교수로 재직하고 있으며, 현재 사회전문가로서 중요한 역할을 수행하고 있다.

날 스웨덴 복지국가 모델을 완성했다. 특히 '요람에서 무덤까지' 영국식 표어로부터 '태아에서 무덤까지'는 스웨덴식 복지의 특징이라 할 수 있다. 사회복지서비스는 공공정책으로 실행하면서, 조세를 통한 사회보장보험이 발달하여, 대부분의 노동자가 실업보험에 가입되어 보호를 받고 있다. 역사적으로 스웨덴은 사회복지를 20세기 초에 관심을 가지고 출발하였던 제3세대 사회복지국가라고 할 수 있다.

스웨덴의 보편적 복지국가의 출발점은 1934년 군나르 뮈르달(Gunnar Myrdal, 1898~1987)[13]과 알바 뮈르달(Alva Reimer Myrdal, 1902~1986)[14] 부부의 인구문제의 위기라는 저서에서 저출산의 원인을 급격한 도시화로 인한 경제적 불안이라는 혁신적인 진단이라 할 수 있다. 1932년에는 사회복지를 권리로 인식하고 있는 사회민주당의 군나르 미르달이 집권하면서 사회복지정책 실시하여 사회안전망을 구축하는 한편 사회보험제도의 확충과 공중보건제도를 실시하였다. 1950년대에는 아동복지, 금주치료, 공공부조 등 개인에 관련된 사회복지서비스도 실천하였다. 1937년 보편적 복지체제의 창시자로 알려진 사회복지부 장관 구스타프 묄러(Gustav Möller)는 결혼 여부와 상관없이 모든 임산부에게 지급하는 출산수당을 실천하였으며. 곧이어 아동수당이 도입되었고, 정치적 타협을 위해 공공보육서비스가 보류되었으나, 이후 도입되었다. 이미 1947년에 국민기본연금법과 아동수당법 제정을 통하여 소득조사 없이 기초연금과 아동수당을 지급하게 되었다. 사회복지법과 연관하여 스웨덴의 법들은 우리나라와 차이를 보이고 있는데, 예를 우리나라에 있어서 장애인 노동정책은 장애인고용촉진직업재활법에서 규정하고 있으며 장애인 교육은 특수교육진흥법에서 규정하고 있는 반면에 스웨덴에서 전자는 노동 관련법에서, 후자는 교육 관련법에서 통합적으로 규정하고 있다.

이런 과정으로 발전을 거듭하였던 세계 최고의 복지수준을 자랑하였던 스웨덴

13) 스웨덴의 경제학자, 스웨덴은 대공황으로 인해 경제위기 상황 속에서 저출산 문제가 두드러지게 나타나고 있었다. 이 시기 스웨덴에서 발생한 현상에 대하여 1934년 군나르 뮈르달과 알바르 뮈르달 부부는 인구문제의 위기라는 저서에서 저출산의 원인이 급격한 도시화로 인한 경제적 불안이라는 당시로서는 혁신적인 진단을 하면서 출산수당 아동수당 등이 도입되었다.

14) 스웨덴의 외교관이자 사회학자로 스웨덴 정부가 핵보유 의지 포기선언을 공포하는 데 중요한 역할을 했다. 그 공로로 1982년 노벨평화상을 수상하였다. 1934년 첫 저서 인구 문제의 위기를 출간한 인구 · 여성 · 육아 문제 등의 전문가로 1930~1940년대 가정문제 연구에 몰두, 여성의 취업기회 보장, 국가아동연금제 실시 등을 요구하였다.

은 전통적으로 고부담 고복지정책과 1970년대 두 번 오일쇼크로 인한 경제적 충격과 복지의 과잉 지출로 재정이 압박받는 상태에 있었다. 그러나 만성적인 스태그플레이션(stagflation) 상황에도 불구하고 사회복지분야는 지속적으로 순항하고 있었다. 그러한 과잉복지는 노동계층의 의욕을 감퇴시키는 등 많은 폐단을 야기시키고 있었다. 스웨덴 정부에서 이런 위기 타개책으로 제3의 길(The third way policy), 즉 공급측면에서 자극적인 조치, 국내수요측면에서 긴축정책을 실행하게 되었다. 그리고 또한 시장경제원리인 경쟁을 도입하였으며, 그것은 단순히 경제적인 측면만을 강조하는 것이 아닌 수혜자 스스로 복지혜택을 받기 위해서는 경쟁적으로 노력이 요구됨을 인식하게 하는 데 목적이 있었다.

정리한다면 사회복지의 집행에 있어서 국가가 주체로서 운영하고 있는 스웨덴은 높은 복지와 높은 세금부담률은 사회복지의 특성이라 할 수 있다. 스웨덴에서 변화의 흐름은 복지에 대한 증대보다는 세금을 낮추고 고용을 늘리겠다는 보수진영 야당연합이 집권에 성공하였다. 즉 스웨덴 유권자들은 정부로부터 실업수당 대신에 일자리를 받는 것을 선택하였다는 것이다.

(4) 미국

미국은 대표적인 잔여적 복지국가에 속한다. 왜냐하면 윌렌스키나 르보가 제시한 기준에 의해 정부 역할의 최소화와 가족이나 시장의 기능을 통한 사회복지의 해결에 주안점을 강조하고 있기 때문이다. 그러므로 미국의 사회복지는 연방정부와 주정부 간 상호협의로 운영되고 있는 잔여적 복지국가라고 할 수 있는 것이다.

미국의 사회복지 실천 주체로는 연방정부와 주정부로 구분하여 접근할 수 있다. 이런 구분은 우리에게 있어서 본다면 중앙정부의 사회복지와 지역사회복지의 구분과 비교할 수 있을 것이다. 이것은 상호보완관계로 연방정부가 운영하는 사회복지와 주정부가 운영하는 사회복지가 있으며 그 제도의 법적 토대로서 사회보장법(Social Security Act)이 있다. 이 법은 미국의 사회복지에 연관된 법제정에 있어서 효시가 되는 법으로서 루스벨트 대통령이 경제공황 타개를 위한 뉴딜 정책의 일환으로 1935년에 제정되었다.

1861년 남북전쟁 이후 산업화가 급속히 진행되면서 미국의 경제적 팽창은 빈곤문제, 지역주의 팽배, 경제적 계층 양극화와 같은 많은 문제들을 발생시켰다. 이런 상황 속에서 1929년 발생하였던 경제공황은 뉴욕증권가에서 주가폭락에 따른 실업자와 빈민 증가를 야기하였다. 1935년 루스벨트 대통령은 빈곤, 게으름 등을 개인만의 문제가 아닌 사회적 문제라는 인식으로 사회보장법을 선포하였으며, 사회보험과 공공부조라는 제도화를 통하여 사회복지에 대한 책임을 주정부와 연방정부에 부과하였다.

미국은 의료보장제도면에서 선진사회복지국가들 중 의료보험이 민영화된 유일한 국가이다. 현실적으로 미국에서 의료보험 가입자는 2억5천만 명으로 추산되고 있지만 서비스의 질적 차원에서 많은 문제점을 노출시키고 있다. 이 중에서 노인 의료보장제도로서 연방정부의 메디케어(Medicare)와 소득이 빈곤선 이하로 사람에게 의료비 전액을 지원하는 연방정부와 주정부 공동으로 운영하는 메디케이드(Medicaid)는 미국의 의료보험제도에 공공성을 부여하고 있다. 이 제도는 우리나라의 의료보호에 해당되는 의료서비스로서 미국의 공공부조 프로그램으로 보족적 보장소득제도이다. 납세가 자격의 기준이 되는 전자는 65세 이상 노인 혹은 65세 미만이더라도 특정한 장애나 질병을 가지고 있는 소정의 자격 요건을 갖춘 사람에게 제공하는 의료 프로그램이다. 후자인 메디케이드는 주로 소득과 관련해 저소득층을 위해 주정부 차원에서 운영하는 프로그램이다. 요보호아동에게 구호가 제공되는 ADC 프로그램으로 시작되었던 공공부조 프로그램을 대표하는 AFDC(Aid to Family with Dependent Children)는 공공부조 프로그램 중 가장 규모가 크다. 이 프로그램의 비용은 연방정부와 주정부가 공동 부담하고 있다. 이것을 위한 재정은 일반조세로 충당하고 있었다[15].

15) 1996년 클린턴 정부의 복지개혁법의 요지는 극빈가구에 조건 없이 현금을 지급하는 제도로 노동에 있어서 동기부여가 취약하고 빈곤 극복에 실질적인 효과가 없다는 비판으로 기존의 연방 복지 급여 지원금과 아동부양가족지원금(AFDC)을 폐지하는 것이었다. 그것을 대신하고 있는 새로운 빈곤가구 임시지원(TANF: Temporay Assistance for Needy Families) 프로그램은 포괄보조금을 지급하면서 지원 주체를 연방정부에서 주정부로 이양하였다. TANF 프로그램에 의하면 수혜 대상자(18세 미만 아동을 둔 월소득 1,500달러 미만 가구)는 근로 교육프로그램 이수 등 일자리를

1960년에는 장애인에 대한 관심을 증폭시켰던 시민권법(Civil Right Act)이 제정되었다. 이것을 토대로 하여 10여 년 뒤 1973년에는 장애인에 대한 균등한 고용보장과 조정을 위한 재활법이 제정되었다. 1990년에는 장애인고용에 있어서 장애인에 대한 차별을 보호하기 위한 장애인차별금지법(25인 이상의 공공기업이나 사기업에서, 1994년부터는 15인 이상 기업에서)이 제정되었으며, 이 법에 의해 취업에 있어서 장애차별이 금지되었다.

2014년부터 시행된 오바마 케어(Obama Care)는 5,000만 명의 의료보험 미혜택자들의 보호에 관한 제도로서 미국 의료보험 시스템에 변화를 주는데 큰 의미를 부여할 수 있을 것이다. 즉 3,200만 명의 저소득 의료보험 미가입자와 중산층의 의료비 지급을 통하여 의료 사각지대의 극복을 위한 오바마 케어는 버락 오바마(Barack Obama) 대통령이 주도하는 미국의 의료보험 시스템 개혁 법안으로 정식 명칭은 환자보호 및 부담적정보험법(PPACA: Patient Protection and Affordable Care Act)이다.

결론적으로 다민족 국가로서 미국은 사회복지에 있어서 연방정부와 주정부 간의 상호작용과 조화로운 협력을 통하여 운영되고 있다. 미국은 세계 최초로 사회보장법을 제정한 국가이지만, 그러나 사회복지에 대한 인식은 상대적으로 결핍된 국가인 선진국형 복지모델로서 사회보험제도보다 공공부조에 의존하는 복지 후진국형 모델인 잔여적 복지국가이다.

(5) 일본

아시아 대표적인 복지국가로서 일본의 제도적인 틀은 독일로부터 그리고 내용적인 면은 미국으로부터 사회복지를 제도화한 잔여적 복지국가이다. 현대적 의미에서 일본의 사회복지는 제국주의 열강들과 조약을 통한 문호개방으로부터 출발하였다고 볼 수 있다. 그러나 일본에서 조직적이며 실질적인 의미에서 사회복지가 등장한 것은 제2차 세계대전 이후라 할 수 있다. 일본의 자민당 정권은 패전 이후 그동안의 사회복지에 대한 무관심을 접고 사회의 노령화에 대비하여 1973년

얻기 위한 노력을 하면서 주당 일정 시간의 노동을 할 경우에 현금이 아닌 식품 교환권과 공공주택 지원 등 현물 위주의 보조금을 지급받는다는 것이다.

을 복지원년으로 삼고서 경제적 규모보다 상대적으로 열악하였던 복지 분야에 대한 관심을 갖게 되었다.

역사적으로 일본은 1790년대부터 영국 등 서구 열강들의 문호개방압력에 대한 대외위기 의식과 중국의 아편전쟁 소식으로 불안감은 더욱 심화되고 있었다. 그러나 계속되는 서구의 압력 속에서 일본은 1854년 3월 31일에는 도쿠가와 막부와 페리가 미일 화친조약에 서명하였으며, 1858년에는 영국 · 러시아 · 네덜란드 · 프랑스와 통상조약을 체결하였다. 1867년에 막부체제가 붕괴되면서 왕정복고가 진행되었고, 이후 등장한 메이지 정부는 부국강병을 위한 학제 · 징병령 · 지조개정 등 일련의 개혁을 추진하고 있었다. 이것은 일본 자국민들의 현황을 고려하지 않은 관주도 서구 근대국가를 모델로 자본주의 육성과 군사적 강화를 추구하였던 것이다. 결과적으로 메이지 유신으로 일본의 근대적 통일국가가 형성되었다. 경제적으로는 자본주의가 성립하였고, 정치적으로는 입헌정치가 개시되었으며, 사회 · 문화적으로는 근대화가 추진되었다. 일본의 근대화 과정이 사회복지의 출발이라고 할 수 있다.

다른 한편에서 일본의 사회복지법체제는 독일의 영향을 받았으며 사회복지의 법체계 형성과정 속에서 접근하여 분석하는 것이 요구되는데, 왜냐하면 시기별로 사회복지정책의 구분이 명확하게 나타나고 있기 때문이다. 일본의 사회복지는 패전 후 정책적인 측면에서 4기로 구분하여 살펴볼 수 있을 것이다. 첫째로 미군정기였던 제1기는 1951년 복지6법의 기본법이라 할 수 있는 사회복지사업법의 제정과 함께 시설복지와 공공부조 중심의 복지3법 시대(1945~1959)로 —생활보호법, 아동복지법, 신체장애자복지법— 구빈적 성격이 매우 강하였다. 둘째로 제2기는 1960년대 복지를 국민의 권리로 인식되는 동시에 소득증진과 사회보장이 정립되는 복지6법 시대(1960~1972)이다. 복지6법이란 복지3법에 정신박약자복지법, 노인복지법, 모자 및 과부복지법이 더해진 것으로 경제성장으로 인하여 발생하였던 사회문제의 해결을 위해 사회복지가 확대된 것으로 이해할 수 있다. 셋째 제3기는 1986년 노인보건법의 개정 등 1980년대 재정적인 측면에서 수혜자 부담을 강조하는 정책 그리고 복지 8법으로 접어들기 위해 1939년에 노인복지법의 일부를 개정하는 등의 법률이라 명하면서 위의 8개의 법들을 동시에 개정하였다[16]. 이 시기는 전 세계적으로 발생하였던 오일쇼크로 인한 경제적 위기에도 불구하고 1973년을 복지원년으로 선포하면서 복지의 확대를 시도하는 사회복지의 조성기(1973~1985)이다. 마지막으로 제4기는 그동안의 공공부조 중심의 사회복지제도에 변화를 시도하는 복지개혁기(1986~현재)이다.

현재 65세 이상의 노인인구가 우리나라 인구의 절반에 이르고 있는 일본은 2020년경에는 총인구의 23.6%로 예상되고 있다. 인구구조에 있어서도 다른 나라의 노인인구구조와는 차이를 보이고 있는데, 그것은 두드러지게 후기노령인구의 증가하고 있다는 것이다. 따라서 세계 최고의 고령국가로서 일본에서의 노인문제는 매우 심각하다. 일본은 복지서비스가 요구되는 노인층의 증가에 따른 가족의 기능을 강조하면서 재정적인 수입을 통한 복지의 확대로 대체하기 위해 장기요양보호(Long Term Care: LTC)로서 일본 고유브랜드인 개호보험제도가 1997년에 제정된 개호보험법을 토대로 2000년부터 실시되었다. 이러한 흐름 속에서 1990년은 일본 사회복지정책 아젠다로서 새로운 복지의 변화를 시도하였던 원년이라고 할 수 있다. 그것은 가족 구조와 기능의 변화에 대한 대응으로 사회적 기여와 소비자의 선택에 대한 합의 또는 계약이라 할 수 있다. 그것이 바로 약화되고 있는 것을 의미한다[17]. 시설복지서비스로부터 재가복지서비스로 전환하면서 복지 = 무료라는 인식으로부터 전환하여 수익자부담의 원칙을 정립하였다.

16) 이 시기 일본사회의 노령화의 진행은 사회복지분야에서 많은 재정적 부담을 주고 있었다. 그것을 극복하기 위해 새로운 패러다임이 1986년에 전국사회복지협의회에 의해 사회복지개혁의 기본구상이 제언되었다. 이것을 법률개혁으로 진행시키기 위해 1989년 복지관계3심의회에서 ―중앙사회복지심의회, 아동복지심의회, 신체장애자복지심의회― 복지8법을 개정하여 1990년에 공포하였다.

17) 독일은 사회복지가 역사적으로 오랜 기간을 지나면서 국가와 국민 간의 신뢰와 신용을 바탕으로 하는 문화가 형성되었다. 그러나 일본은 복지국가를 추구하려는 정책의 일환으로 사회복지를 추구하였다. 그것은 하나의 운동(movement)이나 슬로건과 같은 방식으로 진행되었으며, 우리나라가 현재에도 헤어나지 못하고 있는 '성장이 먼저냐 분배가 먼저냐'라는 논쟁을 일본은 이미 30여 년 전에 '성장에서부터 복지에로'라는 슬로건을 통한 복지가 진행되었다.

(6) 소결

위와 같이 독일, 일본 그리고 영국, 스웨덴 미국에 연관된 사회복지법들의 분류에 있어서 체계화는 순서에 따른 법제정에 영향을 주었으며, 그 분류는 단독적인 측면이 아닌 사회복지 연관법들이 중층적으로 겹치면서 아래와 〈표 13-1〉 같은 것들을 토대로 정리될 수 있을 것이다.

▼ 표 13-1 독일 · 일본 · 영국 사회복지관련법 입법사례 비교(2018)

<table>
<tr><th>독일</th><th>스웨덴</th><th colspan="3">일본</th><th>영국</th><th>미국</th></tr>
<tr><td>사회법전</td><td>국민건강보호법(1891)</td><td>복지3법</td><td>복지6법</td><td>복지8법</td><td>빈민법(1601)</td><td>사회보장법(1935)</td></tr>
<tr><td>I 사회법 총칙(1976)</td><td rowspan="12">• 연금보험법(1913)
• 국민연금법(1935)
• 국민기본연금법 · 아동수당법(1947)</td><td rowspan="2">생활보호법(1946)</td><td rowspan="2"></td><td rowspan="2">×</td><td rowspan="12">• 정주법(1662)
• 작업장법(1722)
• 길버트법(1789)
• 스핀햄랜드법(1795)
• 신빈민법(1824)
• 베버리지보고(1942)
• 장애인고용법(1944)
• 요람에서 무덤까지(1948)
• 국민부조법(1948)
• 사회보장수정법(1974)
• 복지개혁법(1996)
• 장애인차별금지법(2010)
• 평등법</td><td rowspan="12">• 시민권법(1960)
• 장애인에 대한 균등한 고용보장과 조정을 위한 재활법(1973)
• 장애인차별금지법(1990)
• 환자보호 및 부담적정보험법(2010)</td></tr>
<tr><td>II 교육촉진법(2005)</td></tr>
<tr><td>III 고용증진법(1998)</td><td>아동복지법(1947)</td><td>o</td><td>o</td></tr>
<tr><td>IV 사회보장법(1974)</td><td>신체장애자복지법(1948)</td><td>o</td><td>o</td></tr>
<tr><td>V 질병보험법(1988)</td><td rowspan="2"></td><td rowspan="2">정신박약자복지법(1960)</td><td rowspan="2">o</td></tr>
<tr><td>VI 연금보험법(1989)</td></tr>
<tr><td>VII 산재보험법(1996)</td><td></td><td>노인복지법(1963)</td><td>o</td></tr>
<tr><td>VIII 아동 · 청소년법(1990)</td><td></td><td></td><td>노인보건법(1963)</td></tr>
<tr><td>IX 장애인의 재활과 참여에 관한법(2001)</td><td></td><td>모자복지법(1964)</td><td>모자 및 과부복지법</td></tr>
<tr><td>X 행정처리와 자료보호에 관한 법(1980)</td><td></td><td></td><td>사회복지사업법(1951)</td></tr>
<tr><td>XI 수발보험법(1994)</td><td rowspan="2"></td><td rowspan="2"></td><td rowspan="2">사회복지의료사업단법</td></tr>
<tr><td>XII 사회부조법(2005)</td></tr>
</table>

많은 국가들의 사회복지정책의 실천을 위하여 사회복지법의 제정이나 법적 규정에 대한 해석은 사회복지적으로 매우 중요한 요소이다. 왜냐하면 그것은 현실적으로 경제력이 도달되지 않은 국가에서는 하나의 원리로서 단지 정치적 선언으로 간주될 수 있기 때문이다. 우리나라의 사회복지법들에는 아직도 선언적으로 표현된 많은 내용들이들이 존재하고 있다.

논의된 현상들과 연관하여 1960년대는 우리나라의 경우 사회복지에 연관된 법들 제정의 르네상스 시기로 규정할 수 있다. 왜냐하면 이 시기에 법 실천의 의지와는 별개로 많고 다양한 사회복지에 연관된 법들을 제정되었기 때문이다. 그럼에도 불구하고 법적으로 사회복지에 연관된 법들의 체계가 있었음에도 사회구성원들의 삶은 사회복지적이지 않았다는 주장이 있기도 하다. 왜냐하면 그것은 한편으로 사회복지적인 법들이 프로그램 규정설에 토대를 두고 있었고 다른 한편으로는 경제적인 뒷받침이 어려웠기 때문이다. 그러나 우리 사회에서 급속한 산업화는 사회병리적 현상의 해결을 요구하였으며, 그 결과물이 사회복지에 대한 권리에 대한 법적 권리의 인정을 위한 지속적인 노력이라고 볼 수 있다. 그런데 우리나라의 많은 헌법학자들이 주장하는 사회복지의 법적 권리는 추상적 권리로서 다수설로 인정되고 있다. 그러므로 이 설에 의하면 국가는 헌법에 의거하여 입법 등 기타 국정 상 필요한 조치를 강구할 추상적 의무를 진다는 설이다. 즉 생존권이 비록 추상적 권리일지라도 법적 권리라는 것이다. 그러므로 수급권을 국가의 의무로서 강제할 수 없지만, 헌법에 규정된 권리는 국가의 법적 의무로 간주되고 있는 것이다. 다른 한편으로 이 설은 구체적 입법이 없는 경우 헌법상의 규정을 근거로 소송을 통한 권리주장은 불가능하다는 경우로서 프로그램적 규정설과 큰 차이가 없다는 논쟁이 있기도 하다.

우리나라는 시민들의 의식이 제도적으로나 법적으로 신속하게 변화 발전하고 있다. 그러므로 우리 사회에서는 사회복지에 대한 헌법적으로 규정되어 있는 권리가 구체적이지 않을지라도 수급권처럼 사회적 기본권이 실질적으로 효력이 존재하기에 국가가 이것을 실현하지 않을 때에는 국민의 권리를 침해한 것으로 간주될 수 있고 국민은 국가에 소송을 제기할 수 있다는 것이다. 이것이 우리 헌법이 사회복지의 권리에 대한 시각인 것이며 이 권리를 위한 투쟁이 사회복지에 연관된 제도와 법의 형성을 위한 역사인 것이다.

3) 정리

위에서 논의된 인간의 삶을 증진시키기 위한 사회복지의 제도화는 세계사적으로 사회복지법의 변화와 발전과 함께하여 왔다. 제도화란 사회복지에 연관된 법의 제정을 의미하며, 오늘날 사회복지 선진국들 모두는 역사적으로 오래된 사회복지 입법사를 가지고 있으며 보편적 복지를 지향하는 진보적인 사회복지법들을 운영하고 있다. 1945년 이후 우리에게 있어서 사회복지 입법사는 오늘날 사회복지를 관장하는 관련된 법들이 2000년대 이래로 더욱 세련되고 세밀한 그리고 사회구성원들을 배려하는 법으로 제정 · 개정되고 있는 중이다.

이런 사회복지 입법사는 역사적 발전과정 속에서 중대한 영향을 끼친 세 가지의 공통적인 사건들을 통하여 급격한 변화를 경험하게 된다. 아래와 같은 세 가지 사건들은 사회구조의 혁명적 변화를 통하여 사회복지법들에 있어서 발전적인 변화를 야기시켰다.

하나는 18세기 후반에 발생하였던 산업혁명이다. 산업혁명은 서구사회뿐만 아니라 세계 모든 나라들에 대해 사회경제적 구조의 혁명적 변화에 영향을 주었다. 이러한 변화는 현대적 의미에서 자본주의 구조적 모순의 심화로 인한 빈부격차의 증가로 사회복지의 등장을 촉진시켰으며 사회복지와 연관된 사항들의 제도화와 그 토대로서 법제화를 가속화시켰다.

둘은 제2차 세계대전이다. 1945년 세계대전의 종전은 세계 질서의 재편성과 새로운 세상의 건설을 의미하였다. 전세계적으로 많은 나라들이 전후 복구를 위한 건설 현장이었으며 공장들은 물자를 생산하느라 쉬지 않고 돌아갔다. 이런 과정은 전쟁으로 파괴되었던 물적 정신적으로 피폐되었던 모든 것들에 대한 재건을 통하여 새로운 변화와 발전의 토대가 되었다. 그 가운데서도 장기간의 전쟁으로 피폐된 인간의 삶의 질에 대한 깊은 관심이 고조되었다. 산업혁명이 사회복지와 법의 제정의 맹아로서 작용하였다면 베버리지 보고서를 통하여 제2차 세계대전에 의해 피폐되었던 인간의 삶과 말살된 인권은 세계적으로 재건과 도약에 관한 법적 제도화가 이루어졌다.

셋은 오일쇼크(Oil Shock)이다. 종전 이후 세계 경제는 1970년대 초까지 30여 년 동안 급속한 발전을 경험하였다. 그러나 1970년대 들어와 가장 많은 석유를 생산하는 산유국인 중동국가들의 자원무기화로 대부분의 산업국가들은 경제적 위기에 봉착하게 되었다. 왜냐하면 이 시기 모든 산업의 동력의 토대가 석유였기 때문이다. 그러나 세계적인 경제 불황을 발생시켰던 오일쇼크는 오히려 복지국가들의 사회복지에 연관된 제도들에 대한 재정비를 시도하게 되었다.

모든 나라에는 그 나라의 능력에 적절한 사회복지와 사회복지에 연관된 법들이 제정되어 있을 것이다. 그에 따른 변화와 발전을 정리한다면 사회복지법은 선진 사회복지법으로의 발전을 의미한다. 그것은 복지국가들의 잔여적 복지와 보편적 복지의 기준을 제시한다. 그럼에도 불구하고 현대 복지국가에서는 이분법적으로 구별된 이상적인 사회복지법이 아닌 능력본위(meritocracy)[18]의 측면에서 적절하게 조합된 사회복지법들이 제정되고 있다.

4. 우리나라 사회복지법 분석

1987년은 현대정치사뿐만 아니라 사회복지 영역에서도 분수령이 되었다. 정치적 민주화 이후 정치변동은 우리나라의 민주주의와 시민사회 발전에 획기적인 전환점이 되었다. 그 결과 국가가 국민에게 복지를 제공할 의무를 명시한 9차 개정된 헌법[19]에 의해 사회권이 부각되기 시작하였다. 이러한 절차적 민주주의의 완

18) 이 용어는 1959년 마이클 영(Micheal Young)의 저서인 능력 『지배사회의 부상(The Rise of the Meritocracy)』에서 민주정 귀족정에 대비된 능력이 지배하는 통치체제의 의미로서 소개된 신조어이다. 그러나 그것은 현실에서는 오히려 그들에 의해 진입이 억압되는 디스토피아(Dystopia)였다.

19) 제9차 헌법개정은 1987년 10월 29일 국민투표에 의해 모든 국민들의 민주화에 대한 열망에 의한 1987년 6월 민주화항쟁의 결과물로서 대통령 임기를 5년 단임 대통령 직선제 쟁취되었으며 그 이외에도 헌법에는 인권에 대한 규정강화에 의해 사회권의 증진을 가져왔다.

성을 통해 사회복지 환경이 크게 변화되었고 있었다. 구체적으로 사회보험, 공공부조, 사회복지서비스에 연관된 세 가지 형태로 설명할 수 있으며, 이외에도 보건이나 노동 그리고 교육 등에 연관된 법으로서 사회복지법을 실천하고 집행하는데 직·간접적인 도움을 주고 있다. 사회복지법들은 사회복지에 관련된 법들의 집합체의 의미로서 사회복지실천을 규정하는 법적 규범의 총체를 의미하기도 하여 사회복지법제[20]라고 하며 구체적으로는 아래와 같이 구분 정리할 수 있다.

1) 사회보장에 연관된 법

사회복지분야에서 사회보장에 연관된 법들은 많은 경우 사회구성원들의 소득을 직접적으로 보장하기 위해 제정되었다. 사회보장에 연관된 기본적인 법들로는 사회보장에 관한 가장 포괄적인 의미로 사회보장기본법, 우리나라 연금법의 역사에서 가장 오래된 법인 공무원연금법(1960), 사립학교교직원연금법(1973년 제정된 사립학교교원연금법의 적용대상에 사립학교 사무직원이 포함됨을 명확히 나타내기 위하여 2000년에 제명을 변경), 군인연금법(1963) 등이 속한다. 이 법들은 사회적으로 국가를 위해 역할을 수행하는 단체 구성원들의 삶에 대한 보상의 측면에서 법적으로 보장하려는 것이다.

2) 사회보험에 연관된 법

사회보험법에 연관된 법들은 근본적으로 수혜자 부담원칙으로서 복지국가의 기준으로 가장 중요한 기본 요소라 할 수 있다. 여기 4대 보험에는 산업재해보상보험법, 국민건강보험법, 국민연금법, 고용보험법이 속한다. 산재보험해상법은 1953년에 우리나라에서 최초로 제정되어 53번의 개정을 통하여 현재에 이르고 있으며, 국민연금법은 1973년에 국민복지연금법으로 제정되어 75번을 개정으로 두 번째

20) 총 1118조의 민법이나 총 372조의 형법 그리고 총 502조의 민사소송법과는 달리 사회복지법제는 사회복지에 연관된 법들의 모임이라 할 수 있다. 여기에는 사회복지서비스에 연관된 법 등은 대개 조항 수가 15조항으로 구성되어 있는 일제하 일본군위안부 피해자에 대한 생활안정지원 및 기념사업 등에 관한 법률에서 100여조 이상 되는 사회보험에 연관된 법 등의 30여 개 이상 직간접적으로 관련된 법들이 속한다고 볼 수 있다.

사회보험이 되었다. 국민건강보험법은 1999년에 제정되어 현재까지 63번의 개정되었으며, 제4의 사회보험인 고용보험법은 1994년에 제정되었다. 마지막으로 독일의 수발보험법, 일본의 개호보험과 더불어 세 번째로 우리나라는 2007년에 노인장기요양보험법을 제정하면서 제5의 사회보험국가가 되었다.

3) 공공부조에 연관된 법

공공부조는 전적으로 국민의 세금으로 충당된다. 공공부조에 연관된 법으로는 1961년 생활보호법의 제정된 이후 전면개정으로 국민기초생활보장법이 1999년에 제정되었다. 의료급여법은 1977년에 제정되었던 의료보호법을 2001년 적극적 의미에서 전면 개정한 법이다. 2005년에는 복지사각지대에 대한 긴급복지지원법이 제정되었고, 2010년에는 장애인연금법이 그리고 2007년에는 65세 노인들의 소득보장을 위한 법제정에 대해 우리 사회를 시끄럽게 하였던 기초노령연금법이 제정되었으나 2014년에 폐지되고 그 대체로 기초연금법이 제정되었다.

4) 사회복지서비스법의 종류

사회복지서비스법은 사회보험이나 공공부조의 실천의 효과를 증진시키기 위하여 각 개별적인 사회구성원들의 삶에 대한 미시적인이고 구체적인 사항들을 규정한 법들을 의미한다. 이 법에는 사회복지사업법 제2조에 규정된 영유아보육법을 비롯하여 아동복지법, 장애인복지법, 노인복지법, 한부모가족지원법, 입양특례법, 건강가정지원법, 다문화가족지원법, 보호관찰 등에 관한 법률, 정신건강증진 및 정신질환자 복지서비스 지원에 관한 법률 등 27개의 법률 등이 속하여 있으나 이외에도 많은 법들에 의해 사회복지서비스가 제공되고 있다. 특징적인 사실은 사회복지서비스를 제공하기 위하여 각각의 법에는 서비스를 제공할 수 있는 기관들의 설치를 규정하고 있다는 것이다. 그것들에 대한 정확한 법명과 제정연도, 조항 수 등의 외형적 분석은 아래의 〈표 13-2〉와 같다.

▼ 표 13-2 우리나라 사회복지법제 외형분석(2019, 81-82)

	사회복지법제	제정연도	조항수(2017)	개정빈도(2020)
1	국민기초생활보장법	1999	9장 51조	29
2	아동복지법	1961	7장 75조	47
3	노인복지법	1981	7장 62조	62
4	장애인복지법	1981	9장 90조	61
5	한부모가족지원법	1989	5장 31조	29(2018)
6	영유아보육법	1991	9장 56조	68
7	성매매방지 및 피해자보호 등에 관한 법률	2004	38조	22(2017)
8	정신건강증진 및 정신질환자 복지서비스 지원에 관한 법률	1995	8장 89조	32
9	성폭력방지 및 피해자보호 등에 관한 법률	2010	4장 38조	19
10	입양특례법	1976	8장 45조	19
11	일제하 일본군위안부 피해자에 대한 생활안정 지원 및 기념사업 등에 관한 법률	1993	15조	18
12	사회복지공동모금회법	1997	37조	14
13	장애인 · 노인 · 임산부 등의 편의증진 보장에 관한 법률	1997	29조	23
14	가정폭력방지 및 피해자보호 등에 관한 법률	1997	22조	25
15	농어촌주민의 보건복지증진을 위한 특별법	2004	4장 33조	25
16	식품 등 기부 활성화에 관한 법률	2006	14조	8
17	의료급여법	1977	37조	45
18	기초연금법	2014	7장 31조	12
19	긴급복지지원법	2005	19조	13
20	다문화가족지원법	2008	17조	13
21	장애인연금법	2010	27조	14
22	장애인활동 지원에 관한 법률	2011	9장 49조	15
23	노숙인 등의 복지 및 자립지원에 관한 법률	2011	6장 28조	7
24	보호관찰 등에 관한 법률	1988	6장 101조	23
25	장애아동 복지지원법	2011	7장 41조	7(2016)
26	발달장애인 권리보장 및 지원에 관한 법률	2014	7장 44조	8
27	청소년복지지원법	2004	10장 45조	18

5) 사회복지 관련법

세상에 존재하고 있는 모든 것들은 인간의 삶과 연관되어 있기에 실질적으로 사회복지와 관계되지 않은 것을 이야기한다는 것이 매우 어려울 것이다. 법적인 측면에서도 대부분의 법들은 사회복지 관련법으로서 기능을 할 것이다. 그러므로 위에서 논하여진 법들 이외에 부분적으로 사회복지라는 명칭은 부여되지 않았지만 인간의 삶의 질을 높이기 위해 없어서는 안 될 매우 중요한 역할을 하고 있다. 이 법들은 사회복지법들이 할 수 없는 분야에서 간접적으로 인간의 삶을 지원하고 있기에 사회복지의 서브 인프라(Sub-Infra)라고 할 수 있을 것이다. 그러므로 이 법들은 아래와 같이 네 가지의 유형으로 분류할 수 있다.

(1) 공중위생과 연관된 법

인간은 깨끗하고 위생적인 환경에서 살아야 한다는 권리를 보장하기 위하여 환경과 의학적인 측면에서 접근하고 있는 법들을 말한다. 여기에는 아래의 다섯 가지 정도의 법이 속하여 있는데, 하나는 검역법이다. 1954년 해공항검역법으로 제정된 후 현재까지 25번 개정되었으며, 둘은 1962년 제정되어 82번 개정된 식품위생법이다. 세 번째 법으로는 1990년 제정된 후 45번 개정된 환경정책기본법, 넷은 1999년 제정되어 30번 개정된 공중위생관리법, 마지막으로 2008년 제정된 이후 18번 개정된 환경보건법 등이 있다.

(2) 주택에 관련된 법

우리나라에서 집의 의미는 거주보다는 재산일 것이다. 주택에 연관된 것들은 우리 사회구성원들의 삶에 있어서 가장 중요한 목적이며 목표이기에 그와 연관 법들의 영향에 매우 민감하다. 여기에 속하는 법들로는 주택법(1972년 제정, 2003년 주택건설촉진법 전면개정), 공동주택의 관리에 관한 사항을 정함으로써 공동주택에 대한 투명하고 안전하며 효율적인 관리를 통하여 국민의 주거수준 향상을 위해 공동주택관리법(2015), 전세나 월세에 관련된 주택임대차보호법(1981), 부동산서비스산업의 기반 조성 및 지원 · 육성에 필요한 사항을 정함으로써 부동산서비스산업의 발전을 촉진하고 국민편의 증진과 양질의 일자리 창출 및 국민경제의 지속가능한 발전을 위해 부동산서비스산업 진흥법(2017) 등이 제정되어 있다.

(3) 노동 및 고용에 관련된 법

현대산업사회에서 우리나라 노동자들의 삶과 인권 그리고 그들의 노동에 연관된 가장 기본적인 법은 근로기준법(1997)[21]이다. 이 법을 토대로 하여 노동자들의 임금에 대한 최저수준을 보장하여 노동자의 생활안정과 노동력의 질적 향상을 위해 제정된 최저임금법(1986), 장애인고용 촉진 및 직업재활법(1990년 제정된 장애인고용촉진 등에 관한 법률을 2000년 전부 개정), 사회의 노령화에 따라 연령을 이유로 하는 고용차별을 금지하고, 고령자가 그 능력에 맞는 직업을 가질 수 있도록 지원을 위한 고령자 연령차별금지 및 고령자고용촉진에 관한 법률(1991년 고령자고용촉진법을 2008년 전부 개정) 등이 있다.

(4) 교육에 관련된 법

사립학교법은 1963년에 제정된 우리나라의 교육에 관한 법의 효시로서 현재까지 75번 개정되면서 가장 큰 영향력 가지고 있다. 그 이외에도 교육에 관한 국민의 권리 · 의무 및 국가 · 지방자치단체의 책임을 정하고 교육제도와 그 운영에 관한 기본적 사항을 규정하고 있는 교육기본법(1997)[22]을 비롯하여 2004년 제정된

21) 일제강점기에 노동운동가로 활동한 대한민국 초대 사회부 장관인 전진한의 헌신과 기여에 의해 제정된 우리나라 최초의 근로기준법은 1953년 5월 10일에 제정되어 그해 8월 9일부터 시행되었다. 내용적인 측면에서 이 법은 노동자에게 연차, 월차, 생리휴가, 공휴일 휴무, 주휴일 등의 휴일 및 휴가가 주어지고 이들이 모두 유급 휴가인 등 오히려 1997년 이후 새로 제정된 근로기준법보다 긍정적이다. 현재 사용되고 있는 근로기준법은 1997년에 기존의 법을 폐지하고 새로 제정한 법으로 총 26회 개정되었다.

22) 1949년 제정된 교육법을 폐지하고 교육기본법, 초 · 중등교육법, 고등교육법 3개 법률을 제정하여 1998년 3월 1일부터 시행하고 있다.

유아교육법(1982년 유아교육의 법적 근거를 제시하였던 유아교육진흥법 폐지 후 제정)과 장애인 등에 대한 특수교육법(1977년 12월 31일 제정되었던 특수교육진흥법이 2007년 폐지되면서 제정됨), 초·중등교육법(1997)[23], 고등교육법(1997) 등이 있다.

6) 소결

우리나라에서 사회복지법은 실질적으로 1950년 한국전쟁 이후 짧은 역사에 비하여 빠른 변화와 발전을 거듭하고 있다. 그것은 2000년대 이후로 사회복지법이 실질적인 실천의지나 경제적 상황과는 별개로 사회의 민주화 등의 복지국가를 지향할 수 있는 수준으로 제정되었음을 의미한다. 그러나 우리에게 사회복지법에 의해 보장되는 것들을 완전한 법적 권리라기보다는 추상적 권리로서 고려되고 있다.

사회복지법은 그 범위를 한정하거나 제한하는 것은 의미가 없다. 왜냐하면 모든 법들은 인간의 삶과 연관되어 있으며 위에서 논의한 법적으로 규정된 그리고 직접적으로 연관된 사회복지법제나 사회복지 이외의 모든 법들로서 인간의 삶과 간접적인 연관성을 규정하는 법 등은 어떤 방식으로든 인간의 삶의 향상에 기여하고 있기 때문이다. 실질적으로 1990년 이후 우리 사회에서 사회복지에 대한 관심이 증대되면서 사회복지법들은 1960년대 법의 명칭이나 외형을 강조하는 형식적 의미에서 제정된 사회복지 관련법들이 폐지되면서 실질적 의미에서 법의 내용, 목적과 기능이 강조되고 사회정의, 평등한 사회, 연대, 통합을 실현하는 법으로 개정되거나 제정되고 있다. 사회복지법이나 그 이외의 모든 법들의 제정이나 개정에 있어서 중요한 사실은 인간의 삶을 풍요롭게 하는 데 기여하여야 한다는 것이다.

1960년대 이후 우리나라의 사회복지를 위한 법체계가 형성된 이래 사회복지법들이 제정과 함께 경제적 상황에 따라 급속한 변화와 정체 그리고 발전을 계속해왔다. 그 과정은 우리나라의 사회복지법들에 대한 고찰을 위하여 1945년 이후부

23) 사회의 발전과 교육여건의 변화에 따라 1949년 12월 31일에 공포된 교육법의 개정을 통해서는 교육적 역할의 어려움을 인식하고 재구조화의 시도로 큰 틀에서 교육기본법·초·중등교육법·고등교육법으로 분할 제정하였다.

터 형식적 의미에서 사회복지법으로 한국전쟁 그리고 유신정권, 생산적 복지의 국민의 정부, 참여복지의 참여정부 등 지내오면서 구체적이고 실질적 의미에서의 사회복지법으로 발전하고 있는 것이다.

5. 정리

아리스토텔레스는 법이 없으면 인간은 죄악의 동물로서 단지 법의 역할을 범죄보다는 국가의 목적을 달성하기 위한 것으로 간주하였다. 이것은 단지 법을 소극적인 측면인 아닌 포괄적이고 적극적인 측면에서 접근하고 있는 인식이다. 국가의 목적을 그는 인간의 고귀한 행동과 착한 생활을 지키는 것으로 규정하였던 것이다. 이것은 독일 철학자 임마누엘 칸트(Immanuel Kant, 1724~1804)가 이야기한 인간은 수단이 아닌 목적이라는 사실과 맥을 같이 한다고 볼 수 있다. 현대사회에서 이것을 가장 잘 실현할 수 있는 법이 사회복지법이다.

그러므로 사회복지법은 형법이나 민법처럼 인간의 행위에 대한 금지나 처벌이 아닌 오히려 풍요로운 인간의 삶을 보장하기 위한 가장 인간적인 측면을 강조하는 법이다. 실질적 의미에서 사회복지법의 등장은 한편으로는 시민법의 모순으로부터 발생하였지만은, 다른 한편으로 18세기 산업혁명으로 인해 나타났던 많은 사회문제들의 해결을 위해 정책적으로 제정되었다고 볼 수 있다. 왜냐하면 자본주의 생산양식의 발전으로 도시노동자의 생활문제들이 발생하였기 때문이다. 그러나 그런 짧은 역사성으로 사회복지법의 내용적인 측면에서의 발전이 완벽하다고 할 수는 없다. 그러나 19세기 이후 사회경제적 발전과 변화가 매우 급속하게 진행되었으며, 제2차 세계대전 이후 풍요로움의 추구와 빈곤으로부터 해방, 자유의 획득을 위한 노력은 생존권 보장이라는 사상으로 발전하였다. 그에 따라서 사회 구성원들에게 삶의 질적 수준의 상승 등 다양한 욕구들이 등장하였으며 그것의 실현을 위한 사회복지법들의 제정과 개정이 빈번하게 발생하였다. 이것을 위하여 이 장에서는 법학의 측면에서 접근되는 것들보다는 법 이론적인 측면에서도 가장 기초적인 것들만이 다루어졌다. 예를 들면 누구나 궁금할 수 있는 법이란 무엇인가는 인간 누구에게도 던질 수 있는 질문일 것이다. 그러므로 그것에 대한 생각도 답도 매우 다양하다. 그러므로 빠른 변화가 진행되고 있는 현대사회에서 법의 목적인 정의와 사회복지의 목적인 좋은 삶의 추구에서 사회복지에 관계된 법들의 정의는 무엇이며 좋은 삶의 추구는 어떤 것인지에 대한 깊은 고민이 요구된다.

법은 상식(common sense)이라고 사람들은 이야기하고 있다. 이것은 이론이 현실에서 다시 뭉쳐져야 한다는 것은 자명한 원리임에도 불구하고 상식적이지 않음을 의미한다. 이것은 이론이 현실적으로 가장 잘 적용되어야 함을 의미하는 것으로서 그런 측면에서 사회복지는 사회구성원들에게 현실적인 학문일 것이다. 그러므로 앞에서 논의된 것처럼 산업혁명의 부산물로서 사회복지의 토대로서 사회복지법은 그것을 실천적으로 가장 잘 규정하고 있는 이론이라고 볼 수 있을 것이다. 이와 같은 권위가 있는 이론들이 역사적으로 등장하기 위해서는 전통이 요구된다. 결론적으로 사회복지법에 대한 이해를 위해서는 그 목적이나 정의보다는 인간의 삶을 증진하려는 의지에 대해 어떻게 표현하고 있는가가 기본적이고 전통적인 의미가 중요한 핵심이 되어야 한다.

생각해 봅시다

1. 사회복지에서 빈민법의 의미 역사성에 대하여 생각허 봅시다.

2. 서구사회의 사회복지법에 대하여 비판적으로 생각해 봅시다.

3. 우리나라 사회복지법의 역사와 우리 사회의 복지사회 건설을 위한 방안에 대하여 생각해 봅시다.

제5부

사회복지의 미래

사회복지는 배려와 관심이다. 그러므로 사회복지에 연관된 정책이나 실천의 목적은 사회구성원들의 관심과 배려이어야 한다. 지금까지 우리는 역사적인 측면에서 사회복지의 과거와 현재에 대하여 논하였다. 영국의 역사학자 에드워드 카(Edward Hallett Carr, 1892~1982)가 이야기한 것 같이 과거와 현재에 대한 정확한 인식은 사회복지의 미래에 대한 예측을 가능하게 할 수 있을 것이다. 그러므로 미래의 사회복지에서 새로운 분야로 실천되어야 할 것이 무엇인지를 논의할 수 있을 것이다. 그것은 사회복지의 방향성에 대한 것으로 사회에 대한 이데올로기적인 논점보다는 복지사회의 추구가 앞으로 무엇을 해야 하는 가에 대하여 살펴보는 자리이다. 그것을 위하여 사회복지개론의 마지막 부분인 이 장에서는 배려와 관심을 사회복지의 미래의 관점에서 접근할 것이다.

제 14 장 철학으로서 사회복지와 사회복지사

역사적 경험으로 전 지구적인 경제적 불황은 복지국가들의 재정적 축소와 그것으로 인한 어려움들을 야기시키고 있다. 그러나 그것을 보는 시각은 복지의 축소와 연결되는 것이 아닌 오히려 사회복지분야에서의 정부 역할의 감소로 보는 것이 타당할 것이다. 왜냐하면 그들의 예산 규모에 있어서 절대적인 총량은 감소하지 않았기 때문이다. 이런 측면은 결국 복지국가들에 있어서 사회복지의 주체가 인간이며 인간과 인간과의 관계성 회복에 대한 관심과 무게를 두는 것을 철학적 측면에서 사회복지를 논하는 핵심이라 할 수 있다.

이 장에서 논의의 초점은 과연 사회복지란 무엇인가이다. 사회복지의 철학적 의미는 과연 무엇인가? 그것을 위하여 사회복지를 철학적으로 논하는 것이 아닌 철학적인 측면에서 사회복지를 논하는 것이며 그 핵심에는 인간의 생존 불안이 있다. 이것은 한편으로는 미래의 삶을 담보하는 측면에서 사회보장을 의미하며[1], 다른 한편으로는 사회복지실천의 최전선에 위치한 주체로서 사회복지사의 역할이 매우 중요한 의미를 가진다.

그러므로 철학적인 측면에서 사회복지의 접근은 두 가지로 설명할 수 있다. 하나는 윤리적인 측면과 다른 하나는 종교적인 분석에 의해 가능할 수가 있을 것이다. 그것을 통하여 종국에는 시대적인 흐름으로써 당연한 사회복지의 현실적 표

1) 사회복지의 실천을 위한 한 축으로 사회보험에 대한 비판적 논점에 대해서는 버나드 쇼(2019)의 14장을 참고하기를 바란다.

현의 핵심이 인간의 사회복지 마인드(mind)로 인식되어야 할 것이다.

1. 사회복지와 종교

2019년 현재 우리나라에는 총인구 45%에 해당하는 2,100만 정도가 종교를 가지고 있는 종교인이다. 실질적으로 세상에는 사람들이 존재하고 있는 것들에 대한 인정과는 관계없이 수많은 종교가 있다. 인간의 정신문화 양식의 하나로서 종교는 인간의 여러 가지 문제 중에서도 가장 기본적인 것에 관하여 경험을 초월한 존재나 원리와 연결 지어 의미를 부여하고 또 그 힘을 빌려 통상의 방법으로는 해결이 불가능한 인간의 불안·죽음의 문제, 심각한 고민 등을 해결하려는 한다. 인간의 삶에 연관하여 고려한다면 종교들은 모두 사회복지적이라고 할 수 있을 것이다.

1) 복지사회에서 종교의 의미

역사적으로 종교는 사회복지적인 역할을 실천하였다. 그것은 종교가 가지고 있는 교리적인 면과 밀접한 관계가 있으며 그것의 대외적 실천을 종교사회복지라고도 부를 수도 있을 것이다. 왜냐하면 사회복지와 종교 간의 연관성의 근거로서 종교의 존재 이유가 인간의 삶의 질적 향상에 있기 때문이다. 또한 실질적으로 사회복지는 사회의 구성원인 인간의 삶의 질과 관계하고 있다. 그러므로 종교와 사회복지에 있어서 관계는 한편으로는 존재론적인 측면에서 그리고 다른 한편에서는 상호 간의 역할의 측면에서 함께 한다고 볼 수 있을 것이다.

철학적인 측면에서 본질적으로 접근한다면 종교와 사회복지와 관계를 인간과 인간의 조화로운 삶과 그것을 통한 행복 추구라고 규정할 수 있을 것이다. 실질적으로 종교의 사회적 역할은 사회구성원들의 삶의 질적 상승으로 간주할 수 있을 것이다. 그러나 다른 한편으로는 우리들은 종교에 있어서 과거의 역사로부터 반성을 통한 교훈을 얻을 수가 있다[2]. 근대에 들어와서 종교의 기능은 빈민구제로서 가장 많이 이야기되는 것은 인간의 삶을 증진시키는 역할인 것이다. 그것이 사회복지의 목표인 것이며, 그것을 위하여 종교의 사회참여가 사회복지의 모습으로 드러난다는 것이다.

사회복지의 종교적인 동기를 개인적 차원에서 자선이나 자비로 나타나기도 하지만 조직화된 기관이나 시설에 의해서 실천되기도 한다. 실질적으로 사회복지 제도화의 출발점으로 삼고 있는 영국의 빈민법의 실천적 의미는 종교 관련 단체나 교회에서 실천하고 있는 시혜적 성격이라 할 수 있으며, 그 방식도 정교일치적인 교구를 중심으로 실행되었다. 유럽대륙과 미국에서도 인간의 빈곤문제 해결의 중심에는 종교기관이 존재하고 있었다. 그러한 성격은 역설적이지만 오히려 제국주의 시대에 정복자들에 의해 피정복민에 대한 당근으로 주어졌던 것도 사실이다. 그 한편에는 종교도 일정 부분 역할을 한 것은 사실로 나타났다. 정복국가들은 지리상의 발견 이후 종교적 차원에서 목적과 목표를 실천하기 위해 그 지역에 접근하였다. 그것은 선교 차원에서 의료와 문명이 들어가고 그 이후 지역은 정치적 차원에서 정복되는 것이다. 그러므로 종교와 연관된 종교사회복지는 인간 스스로의 삶을 개척하여 삶의 질을 증진시키는 복지가 아닌 시혜적 차원에서의 복지라고 할 수 있는 것이다. 그것으로 진전된 복지 형태가 국가에 의한 정책적으로 실행되는 제도적, 보편적 복지인 것이다. 민간복지로부터 공공복지로의 전환에 있어서 종교적 복지는 사회복지의 발전에 있어서 민간복지와 공공복지 간에 상호보완적으로 중간적, 과도기적 역할을 수행하였다고 볼 수 있다.

우리 사회에서 종교의 역할은 매우 중요하다. 특별히 사회복지분야에서 종교의 역할이 매우 크다는 것은 이미 잘 알려진 사실이다. 실질적으로 1980년대까지 사회복지에 연관된 시설이나 기관들의 운영 주체는 많은 곳이 종교기관에 속하여 있었다[3]. 여기서 논의되어야 할 종교의 사회복지 분야에서의 역할은 종교개혁가 마

2) 기독교는 중세에 모든 것을 통제하였으며, 기독교에 관한 것이 아니면 모든 것이 불법으로 간주되어 그 시기를 암흑기라 불리게 되었다. 동양에서도 고려시대에 불교는 승려들의 타락으로 그들이 정치를 지배하고 인간을 지배하게 되는 현상도 있었다.

틴 루터(Martin Luther, 1483~1546)의 말을 되새겨 볼 필요가 있다[4]. 그는 오히려 종교의 과도한 사회참여를 경계하였다. 이런 측면에서 이제는 우리 사회의 종교기관들도 영적인 측면과 세속적인 측면 사이에서 고민을 하여야 할 것이다. 현재 우리 사회의 종교기관들은 많은 사회복지에 관련된 기관들을 소유하고 있으며, 대외적으로 사회복지를 수단으로 하여 세력 확장의 도구로 사용되는 것이 아닌지 의구심을 자아내고 있는 것도 사실이다. 그러므로 이제는 경제적인 기반이 없을 때 물질적인 측면에서 인간의 삶의 질의 향상을 위한 직접적인 사회참여가 아닌 종교는 형이상학적인 측면에서 인간의 내면에 대한 복지를 추구하는 것이 필요하다.

결론적으로 사회복지의 동기에 대하여 많은 사람들은 종교적 교리로부터 찾을 수 있을 것이다. 왜냐하면 우리가 살고 있는 지구에서 부족한 자원과 급격히 증가하고 있는 인구문제로 모든 종교들은 교리적으로 끊임없이 인간의 삶과 그 미래에 대한 관심과 복된 삶을 종교의 목적으로 간주하여 왔기 때문이다. 그것은 서양이나 동양에서도 마찬가지이다. 예를 들자면 인간의 삶은 기독교신학과 불교의 사상에서 찾을 수 있는 기복신앙이나 자비사상에 의해 행복을 누린다는 것이다. 그것은 종교와 철학 간의 일치로서, 그것을 우리들은 사회복지를 종교철학적인 측면에서 접근할 수 있을 것이다.

2) 복지사회에서 종교의 역할

현대사회에서 종교는 복지사회를 건설하는 데 매우 중요한 역할을 하고 있다. 실질적으로 복지선진국이나 복지국가를 추구하고 있는 국가들 속에서 종교는 현

3) 전통적으로 우리나라의 경우 종교단체나 기관들이 인적 물적인 측면에서 사회복지시설의 70% 정도 운영하고 있다. 이와 같은 종교에 연관된 기관이나 시설에 근무하는 종사자들은 과거와는 달리 종교선택에 있어서 강요가 감소되어 비종교인이 종교가 다른 이유로 취업의 기회가 종교에 얽매이거나 박탈되는 경우가 줄어들고 있다. 이런 현상은 취업에 대한 기회와 보장에 있어서 긍정적이라 할 수 있다.

4) 독일의 종교개혁가인 마틴 루터는 영적인 것과 세속적인 것을 구분하였다. 그는 사회봉사를 통해 구원에 이르는 것을 경계하였는데, 따라서 그는 빈곤과 같은 사회문제를 국가가 책임져야 한다고 주장하였다. 이것이 잔여적 복지에서 보편적 제도적 복지로 전환인 것이며, 종교의 과도기적 역할에 만족해야 한다는 것을 의미한다.

대사회를 복지사회와 복지국가로 인도하는 정신적 토대라고 할 수 있다. 그러나 현대 복지국가에서 시대적 흐름과 사회·경제적 변화는 고전적 의미에서의 종교의 역할로부터 전환이 요구된다.

이것을 위한 전환적 사고는 두 가지 측면에서 접근할 수 있다. 하나는 현대 사회에서 사회복지의 주체인 인간에게 종교와 윤리적 토대로 희생이나 봉사를 강조하는 것으로부터 인식의 대전환이 요구된다. 왜냐하면 산업사회에서 위와 같은 복지마인드는 사회구성원들 상호 간의 상대적 박탈감과 사회적 부정을 발생시키는 요인으로 작용할 수 있기 때문이다. 그동안 우리 사회에서는 복지마인드와 사회구조와 구성원들의 사회복지에 대한 인식구조에 있어서 모순으로 다양한 사회적 경제적 성과물에 대한 공정하고 공평한 분배를 한편에서는 찬성하기도 하고, 또 다른 한편에서는 반대하기도 하였다. 그 원인은 사회복지에 대한 정의를 단기간에 법과 제도화를 통하여만 접근하였기 때문이다. 그러므로 우리 사회에서 요구되는 것은 사회복지를 위한 다양한 통로를 만드는 것이다. 그것은 사회복지를 희생이나 봉사와 같은 물질적인 것뿐만이 아니라 나눔이라는 사회구성원들 간의 다양한 소통구조, 바로 그것이 현대 산업사회에서 상호 간의 박탈감을 극복할 수 있는 사회복지인 것이다.

둘은 종교의 사회복지적인 이데올로기는 본질적으로 대량생산의 대중사회에 대하여 미국의 사회학자 소스타인 베블렌(Thorstein Veblen, 1857~1929)이 이야기하였던 과시적 사회에서 과시적 소비(conspicuous consumption)를 통한 베블렌 효과(Veblen Effect)[5]의 극복인 것이다. 이것은 종교의 역할에 대한 강화어 제고를 의미한다. 이것은 종교가 오히려 자본주의의 모순에 대한 현실과 야합하며 이익을 추구하는 등 세속화되고 있는 종교의 비합리적인 현상에 대한 반성적 접근인 것이다.

---

5) 고전 경제학에서는 수요와 가격은 반비례 관계에 있다고 주장하였다. 그러나 미국의 사회·경제학자 베블렌은 그의 저서 유한계급론(The Theory of the Leisure Class)에서 가격이 오르고 있음에도 불구하고 특정 계층의 허영심 또는 과시욕으로 인해 수요가 줄어들지 않고 오히려 증가하는 현상이 발생할 수도 있다고 주장했다. 참고로 오히려 다른 사람이 구매한 물건이나 유행하는 재화에 대한 수요가 떨어지는 것을 의미하는 스놉효과(Snob effect), 이와 반대의 현상으로 유행으로 인해 어떤 물건에 대한 수요가 높아지면 그에 따라 소비도 편승하는 효과로 밴드왜건효과(Bandwagon effect)가 있다.

결론적으로 종교적 이데올로기를 통한 사회복지의 실현은 종교적 교리의 시대적 흐름으로부터 적절한 관계의 유지를 의미한다. 그것은 한편으로 종교의 본질은 불변적인 것이면서, 다른 한편으로 종교의 본질에 대한 실천에 있어서 방법적인 다양성을 가지고 접근해야 할 것이다. 이것은 종교의 사회복지에 있어서 철학적 토대를 제공하고 있음을 의미한다.

2. 사회복지의 윤리

윤리(倫理, Ethics)[6]는 사회복지분야에서 사회복지에 대한 종교적 접근과는 달리 인간의 삶의 행복추구가 목적인 아닌 행복추구를 위한 사회복지의 실천방식이라고 할 수 있다. 이런 측면에서 현대산업사회의 물질적 풍요 속에서 사회복지 윤리적 정당성에 대한 문제제기는 의미가 있는 것이다. 사회복지와 윤리, 이 관계에 대하여 심정윤리와 책임윤리라는 양 측면에서 접근할 수 있을 것이다. 이것은 사회복지사, 사회복지기관, 후원자 클라이언트 그리고 사회복지에 연관된 법 등에 연관된 도덕성을 의미한다.

1) 사회복지 윤리의 정당성 I

심정윤리의 측면에서 접근은 오늘날 사회복지라는 것 자체에 정당성을 부여하거나, 그것이 사회문제를 해결하고 사회구성원들에게 행복을 가져다줄 수 있는 최고선으로 생각하는 사회복지사들이나 사회복지기관들은 그런 자원들에 대한 사려깊은 사용이 요구되는 것이다. 그런 측면에서 사회복지의 실천에 있어서 제어하고

6) 윤(倫)은 무리 · 또래 · 질서 등의 의미가 있으며, 리(理)는 이치 · 이법 또는 도리 등의 뜻이 있다. 그러므로 윤리는 인간이 사회를 구성하고 살아가는 데 있어 지켜야 할 이치 또는 도리라는 의미이다. 서양 철학의 측면에서 윤리는 언어적으로 에틱스(ethics)는 '습속', '성격'이라는 뜻의 그리스어 에토스(ethos)에서 유래한다.

통제할 수 있는 그 무엇인가가 요구되고 있는데 그것이 책임윤리인 것이다.

사회복지와 윤리는 매우 밀접한 관계성을 가진다. 왜냐하면 사회복지의 목적인 모든 인간이 평등하고 인간다운 삶을 살 권리가 있다는 명제가 윤리적 차원에서 매우 중요하기 때문이다. 특히 산업사회로 들어서면서 그 의미는 한층 더 배가 되었다. 앞에서도 논의가 되었지만 복지라는 개념과 사회복지는 역사적으로 오래 전에 이미 존재하고 있었다. 산업사회에서 자본주의의 발전은 사회문제로서 노동문제를 야기시켰으며, 그것은 부의 집중과 빈곤문제를 심화시켰다. 부유한 자본가들의 사회적 부담에 대한 표현으로 자선이 행해졌는데, 부익부 빈익빈이라는 자본주의의 모순 심화로 그 가능성은 매우 낮아졌을 것이다. 그것에 대한 부담으로 사회윤리적인 인식이 자선과 시혜에 대한 제도화 토대가 되었을 것이다. 사회윤리적인 측면에서 국가는 제도적으로 빈곤에 대한 정책을 수립하면서 현대적 의미의 사회복지가 등장하였다고 볼 수 있다. 그러므로 개인적 양심이 지켜야 할 것으로 윤리는 사회복지의 정당성을 유지시킬 수 있는 근간인 것이다. 이것은 그동안 사회복지 재원마련을 위해서는 사회적으로나 법적으로 면죄부 제공에 있어서 세심한 접근이 요구된다는 것이다.

결론적으로 현재 그것을 실천하려고 하는 후발 복지국가에서 발생하고 복지에 관련 문제 해결의 토대는 경제적 발전뿐만 아닌 사회콕지의 윤리의 중요성인 것이다.

2) 사회복지 윤리의 정당성 Ⅱ

사회복지 실천에 있어서 윤리는 경제적인 측면과 깊은 연관성이 있다. 왜냐하면 사회복지에 있어서 경제적인 역량은 사회복지의 실천에 가장 중대한 영향을 미치고 있기 때문에 윤리적인 접근은 매우 중요하다. 실질적으로 국가의 경제력과 사회복지 실천은 사회복지 수준을 결정하고 그 실천가능성을 증진시키는 동력인 것이다. 그러나 복지국가에서 사회복지를 위한 경제력은 윤리적인 고려가 우선되어야 한다. 그런 토대 하에서 사회복지에 대한 경제적 지원만이 사회적 기부로서 많은 호응을 받을 수 있는 것이다.

사회복지 분야에서의 윤리와 도덕적 토대에서 무한경쟁의 세계화라는 전략적인 구도는 자본주의와 시장경제와의 연결만이 아닌 삶의 질적 평준화와 발전의 의지와도 깊은 관계가 있다고 볼 수 있는 것이다. 그러므로 사회복지와 윤리와의 관계성 토대는 인간의 평등에 대한 관심과 배려이다. 예를 들면 세계적으로 70억의 인구가 함께 먹을 수 있는 식량이 충분함에도 불구하고 기아에 허덕이는 수많은 어린이와 여성들이 있다. 그것은 식량생산이 특정 지역에 집중되어 있다는 것으로 사회복지적인 해결의 현실화와 구체화된 실천으로 분배가 중요한 것이다.

이러한 현상은 인간, 기업, 정부의 이윤 추구로부터 자연스럽게 분배로 이어지는 구도를 의미한다. 그러므로 윤리적으로 분배의 토대인 재원은 건전성을 담보하여야 하며 분배는 공평하여야 한다. 그것이 사회복지에 있어서 윤리의 존재적 의미인 것이다.

3) 소결

사회복지의 윤리적인 실천은 오늘날 복지국가에서 심오하게 고민해야 할 부분이다. 왜냐하면 사회복지에 연관된 사업이나 프로그램들을 위한 자원들의 출처가 불분명한 경우가 자주 나타나고 있기 때문이다. 다른 식으로 표현한다면 우리나라에 있어서 그런 경우에 책임윤리보다는 면죄부라는 측면의 심정윤리만을 토대로 접근하고 있다는 것이다.

모든 분야에서도 그렇지만 사회복지에서도 칸트의 이야기처럼 사회복지에 있어서 목적이 훌륭하다고 수단을 정당화할 수는 없는 것이다. 그러므로 사회복지에 있어서 윤리적 정당성은 사회복지실천에 있어서 발생할 수 있는 위험 속에서 고려되어야 한다. 그 위험은 사회복지의 공급자와 수급자의 인권의 실천과정에서 모두에게 발생할 수 있다. 그러므로 사회복지의 윤리는 사회복지사의 윤리라고 할 수 있을 것이며, 그 토대가 사회복지사 윤리강령이다. 이것은 사회복지사의 인권으로 그 과정과 결론의 끝은 우리 모두의 인권이다. 그 위험을 막아주는 울타리와 바른길을 알려주는 이정표를 최대한 많이 세우는 것이 사회복지에 대한 윤리적 정당화의 실현이라 할 수 있을 것이다.

정리한다면 종교와 윤리는 사회복지를 실천하기 위한 수단이기도 하지만 목적이기도 하다. 왜냐하면 사회복지 제도적 실천은 종교로부터 출발되었고 종교적 윤리가 오늘날 사회복지 실천적 토대로서 윤리적 역할을 수행하고 있기 때문이다.

3. 철학으로서 사회복지의 의미

역사적인 측면에서 복지와 사회복지는 동시적 발전과정은 아니다. 전자의 발전으로 인해 발생한 부작용을 해결하기 위한 제도화가 후자인 것이다. 사전적 의미에서 복지란 사람들이 건강하고 편안하며 행복하게 살 수 있게 갖추어진 사회환경으로 정의할 수 있을 것이다. 그것을 위해 복지국가들은 사회복지에 있어서 보편적 복지를 추구하고 있으며 그것은 복지국가의 철학적 토대라고 할 수 있을 것이다. 보편적 복지의 본질은 인권의 보장을 의미한다.

1) 사회복지와 인권

사람들의 삶에 대한 질적 차원에서 인간다운 삶이란 사회복지와 밀접한 관련을 맺고 있다. 이것은 인권을 의미한다. 그러므로 의식주 등 인간의 생리적인 기본 욕구가 충족되지 않는다면 인권은 보장된다고 할 수 없다. 그러므로 인간의 기본적 인권이 여러 요소에 의해 침해를 받는다면 인간의 행복과 복지는 그 토대부터 흔들릴 수밖에 없는 것이다.

인권은 모든 인간이 선천적으로 타고난 권리로서 천부인권인 것이다. 그것이 보장되지 않으면 인간은 인간답게 살 수 없는 것, 즉 인간답게 살 모든 권리로서 인권인 것이다. 그러므로 사회복지는 우리나라 헌법 제34조에 명시되어 있듯이 모든 인간이 인간답게 살 권리를 실현하는 것이다. 사회복지는 누구나 복지를 누리고 인간으로서의 권리를 향유하게 하는 것이다. 특히 그것은 억압받고 고통받는 사회적 약자의 복지에 대한 요구를 수렴하는 것이며 인권의 의미도 인간의 삶의 수준을 최저기준에서 최적기준으로 인도하여야 한다. 이렇듯 복지와 인권 개념은 결코 분리될 수 없는 것이다. 그러므로 인권이 좀 더 추상적 관념이라면 사회복지는 인권이 구체적으로 현실화되는 것으로 이해할 수 있는 것이다.

인권에 대한 구체적인 생각은 보편적으로 사회를 대표하는 중산층에 속한 사회구성원들의 사회적 삶에 대한 사고에서 그 연관성을 찾을 수 있다. 구체적으로 사회구성원들의 사고에 대한 질문은 중산층이란 무슨 생각과 사상 그리고 취미에 대한 개념, 재산의 정도에 대한 것들로서 그 대답을 정리한 것이 각 국가 구성원들의 사회복지에 대한 철학적 사고의 토대로 간주할 수 있을 것이다. 그 사고의 토대는 사회복지와 인권으로 영국, 프랑스, 미국의 중산층이 지녀야 할 덕목과 우리나라 국민들 생각하는 중산층이라는 개념에 있어서 고려된 사항을 다음의 〈표 14-1〉은 보여주고 있다[7].

▼ 표 14-1 국가별 중산층 사고에 대한 분석

	내용
영국	• 페어플레이 • 자신의 주장이나 신념 • 약자를 보호하고 강자에 대한 대응 • 독선적이지 않은 행동 • 불의와 불법에 대한 단호함
미국	• 떳떳한 자기주장 • 사회적 약자 보호 • 비평지의 정기구독

7) 〈표 14-1〉에서 보여주는 선진 4개국의 중산층에 대한 논점은 프랑스의 경우 퐁피두 대통령이 제시한 것이고 영국의 중산층에 요구되는 덕목이 지녀야 할 것은 옥스퍼드대 중산층의 기준인 것이며, 미국의 경우에는 공립학교 교육 중산층의 기준이다. 반면에 우리의 경우 직장인에 대한 직접 인터뷰를 정리한 것이다. 일반적으로 중산층에 대한 기준은 국가들이 경제적인 측면에서 제시하고 있다. 그러나 우리에게 있어서 모든 분야에서 국가의 중심으로 간주되고 있는 중산층이 지녀야 할 덕목이나 가치들에 대하여 깊은 성찰이 더욱 필요하다.

	내용
프랑스	• 하나 이상의 외국어 가능 • 취미로서 스포츠 • 악기연주 가능 • 자신만의 독특한 요리가능 • 공분에 대한 의연함 • 약자에 대한 봉사활동
한국	• 부채 없는 30평 이상 아파트 소유 • 월 급여 500만 원 이상 • 중형 이상 자동차소유 • 예금 잔액 1억 원 이상 • 해외여행 연 1회 이상

위의 〈표 14-1〉로부터 사회구성원들이 가지고 있는 사회복지의 철학적 의미를 인지할 수 있을 것이다. 그러므로 우리나라도 선진국에 도달하고 있기에 선진국처럼 적절한 수준의 복지사회를 구축하는 것이 절실히 요청된다 하겠다. 왜냐하면 우리의 현실은 외형적으로 선진국에 도달하였지만 내용적으로 오랜 시간을 통하여 선진국에 도달한 서구사회의 복지서비스와 복지체제와는 많은 차이로 인하여 빈부격차의 갈등이나 심화와 같은 사회문제 등을 야기하고 있기 때문이다.

결론적으로 인권은 세계인권선언에서 규정하고 있는 것처럼 불변성과 보편성, 절대성, 평등성을 전제하는 특성이 있다. 따라서 사회복지도 당연히 누구에게나 적용되는 평등성과 복지의 세계적 수준을 추구해야 하는 보편성을 띠고 있다. 그러므로 사회복지 개념은 일국적 차원에서 논의되고 구현되는 것이 아니라 인류 보편적 기준에 부합해서 인간의 존엄성이 보장되는 방식으로 예외 없이 추구되지 않으면 안 될 것이다.

2) 보편적 복지의 의미

산업혁명 초기였던 18세기 영국에서는 빈부격차와 사회적 불평등은 심화되고 사회구성원 각각의 삶의 질은 전적으로 개인의 책임으로 간주되고 있었다. 왜냐하면 경제정책의 운영원리로서 자유방임적인 시장제도가 작동하고 있었기 때문이다. 따라서 질병, 빈곤, 실업, 재해 등의 문제들과 개인의 무능력, 나태함, 불행에 대한 국가와 사회의 의무는 강요되지 않았다.

이러한 상황에서 사회복지는 개인이나 종교단체, 자선단체의 자발적 시혜에 의존하고 있었다. 예를 들어 그 내용은 시장제도에서 탈락한 사람, 실업자, 극빈자, 부랑인 등을 대상으로 하였고, 이들에 대한 수용 및 기초적인 의식주 해결을 위한 서비스에 국한되었다. 이런 과정 속에서 독일의 종교개혁가인 마틴 루터는 영적인 것과 세속적인 것을 구분하였으며, 그는 사회봉사를 통해 구원에 이르는 것을 경계하였다. 이것은 빈곤과 같은 사회문제를 국가가 책임져야 한다고 것을 의미하는 것으로서 마틴 루터의 이러한 주장은 이데올로기적으로 오늘날 복지국가의 전형인 보편적 복지로 진행되었다고 볼 수도 있을 것이다.

그러므로 오늘날 사회복지 자체의 철학적 정당성은 위의 사회문제를 해결하고 행복을 가져다줄 수 있는 최고선으로 간주되는 것에서 찾을 수 있을 것이다. 그러므로 사회복지에 철학과 이념은 그 사회가 추구하는 사회복지의 개념이 협의적 개념이냐 또는 광의적 개념이냐에 의존하고 있다. 역사적으로 볼 때 사회복지는 협의의 개념에서 광의의 개념으로 변화해왔다고 할 수 있다. 이러한 개념의 변화를 존 로마니쉰(J. M. Romanyshin)은 다음과 같이 정리하였다.

① 보충적인 것에서 제도적인 것으로
② 자선이나 시혜의 개념에서 시민권으로
③ 특수서비스 활동에서 보편적인 서비스 활동으로
④ 최저 기준 달성에서 최적 기준 달성으로
⑤ 개인적 개혁에서 사회적 개혁으로
⑥ 사적인 것에서 공적인 것으로
⑦ 빈민구제에서 복지사회건설로

위의 분류는 다른 측면에서 사회복지에 대한 유형구분인 잔여적 유형과 제도적 유형에 연결시킬 수도 있다. 그것은 협의의 사회복지는 잔여적(residual) 유형과, 광의의 사회복지는 제도적(institutional) 유형과 일맥상통한다는 의미이다. 잔여적 또는 선택적 사회복지라고 불리고 있으며, 사회를 운영하는 여러 제도 중 사회복지제도는 지극히 지엽적이고 주변적인 역할만을 담당한다는 의미이다. 이러한 유형의 사회복지는 논하였던 것처럼 18~19세기 영국에서 그 전형을 찾아볼 수 있다. 제도적, 혹은 보편적 사회복지란 복지제도가 시장제도를 보완하는 성격을 갖는 것이 아니라 시장제도와 대등한 위치에서 시장제도를 제한하면서 나름의 논리대로 운영된다. 이러한 상황에서 사회복지는 개인들의 의지와 무관하게 항상 존재하면서 사회구성원 전체를 대상으로 삶의 질과 관련된 거의 모든 서비스를 포괄하고 있다. 그러므로 20세기 초에 형성된 제도적 사회복지 유형은 오늘날 복지국가를 표방하는 사회에서 기본적으로 채택되고 있는 복지유형이며, 오늘날 일반적으로 추구하려고 하는 복지국가는 잔여적이라기보다는 제도적 유형의 복지를 의미하지만 현실적으로 혼합된 형태로 실천되고 있다.

결론적으로 사회복지 체계화의 측면에서 그 의미와 출발은 우리에게 있어서 아직은 미약하다고 볼 수 있다. 그래서 사회복지에 대한 학문적 연구의 필요성과 그 독립성에 관한 당위성을 주장하려고 한다면, 그것에 대한 철학적 토대가 우선적으로 형성되어야 한다. 그것의 근원은 종교로부터 흘러나와 윤리로서 작용하고 있다. 그것은 사회복지를 위한 물적 토대보다 정신적인 것에 더 무게를 두고 있는 것이다. 그러므로 종교와 윤리는 건강한 사회복지 마인드를 건설할 수 있는 사회복지의 철학적 토대라 할 수 있을 것이다.

3) 사회의 고령화와 인권 - 노년기와 죽음 -

잘 죽는다는 것. 그것은 웰다잉(Well Dying)의 의미로서 살아온 날을 아름답게 정리하고 평안하게 삶을 마무리하는 것을 일컫는 말로 규정하고 있는 것이다. 사회의 고령화로 인하여 노인복지의 출발인 잘 사는 것에 대한 관심으로부터 웰다잉은 인권의 화두로 등장하였다. 이런 측면에서 웰다잉과 안락사(Euthanasia)를 동일시하는 경우가 있지만, 둘은 큰 차이점을 가지고 있다. 왜냐하면 후자는 치료 불가능한 환자들을 인위적으로 죽음에 이르게 하는 것이기 때문이다.

우리 사회에서 웰다잉의 등장은 노인에 대한 규정에 해당되는 65세 이상 노인들 중에서 75세 이후 노인의 증가로 인하여 전통적인 측면에서 죽음에 대한 이해로부터 변화를 요구하고 있다. 이것은 삶의 마지막이자 가장 중요한 길이라 할 수 있는 죽음을 스스로 미리 준비하는 것은 자신의 생을 뜻깊게 보낼 뿐 아니라 남아 있는 가족들에게도 도움이 되는 것이라는 인식이 확산되면서 나타난 현상이다. 고령화에 따른 각종 질병의 증가, 가족해체, 1인 가구의 확산으로 급증하고 있는 고독사 등이 웰다잉 트렌드(trend)를 이끄는 요인으로 작용하고 있다. 우리 사회에서 노인들의 유병장수는 노년기의 삶의 질을 감소시키는 가장 주된 요인이다. 산업화 초기단계에서 노인들의 질병에 대한 의료적 극복 정도는 수명의 증가를 가져왔다. 즉 의학기술의 발달은 인간의 생존기간을 확장시켰다. 한때에는 경제적 부의 증가로 삶을 위한 방식인 웰빙(well-being)이 사회적 현상으로 자리 잡고 있었다. 그러나 사회의 고령화로 인하여 죽음에 대한 관심의 증가는 인간에게 잘 사는 것만큼 잘 죽는 것이 매우 중요하다는 사실을 인식시켰다. 그것은 우리 사회에서 현실적으로 죽음이 단순한 인간의 사망이 아닌 그 이후 의식적인 측면에서 여러 문제와 당면하게 되었다. 그것은 장례에 연관된 것으로서 진행해야 된다는 것이 아직까지는 다수의 의견이다. 그러나 노인인구의 급격한 증가 속에서 노인 개인적인 죽음이 사회구조와 가족구조의 변화로 인한 부양문제와 깊이 연관되어 있다. 왜냐하면 장례문화는 현재 80세 이상의 노인들에 있어서 50~60대 그리고 이전세대까지 영향을 미치고 있기 때문이다.

웰다잉법(존엄사법)의 제정은 임상적 상황에 대한 윤리적 판단을 필요로 하기에 의료 관계자들에 대한 교육도 철저히 이뤄져야 할 것으로 보인다. 웰다잉법은 호스피스 · 완화 의료를 제도화하는 것과 생명을 연장하는 것과 같은 연명의료에 대한 결정을 하고 그 기준을 제시하는 두 가지 내용을 담고 있다. 기존의 의료 행위가 질병을 치료하고 생명을 연장하는 것에만 중점을 두고 있다면, 호스피스는 환자의 정신적·사회적 문제를 해결하고 가족들의 문제까지 지원하려 한다. 이 법을 긍정적으로 보는 사람들은 이 법을 통해 임종을 앞둔 환자들의 존엄성이 존중될 수 있고, 환자의 가족들의 정신적·경제적 피해 또한 줄일 수 있을 것이라고 이야기한다. 반면에 이 법에 대해 부정적으로 바라보는 사람들은 환자의 병원비, 보험금 등 경제적인 문제들이 얽혀 악용될 수 있다는 소지가 있음을 지적한다. 그러므로 이것에 대하여 환자가 직접 연명의료의 중단을 요청에 의해 실행되는 것도 아니며 가족들이 요청하는 것일 경우 또는 이런 상황들이 발생한 경우에 실행되는 것도 아니다. 이런 상황 속에서 결정은 법에 규정된 절차에 의해 논의되고 심의해야 한다는 것을 의미하는 것이다. 웰다잉에서 중요한 것은 환자의 인권이며 그에 대한 존중의 의미인 것이다.

웰다잉의 전제는 건강한 삶, 웰빙이다. 우리 사회에서 웰빙 열풍은 그 마지막 단계인 웰다잉으로 이어져야 할 것이다. 이런 현상에 있어서 철학적이고 윤리적인 접근은 산업의 발전과 사회의 변화 속에서 진행되어야 한다. 사회복지의 실천과 그 수준을 결정하는 것은 인간의 사회복지에 대한 관심, 즉 사회복지 마인드라고 할 수 있으며, 그것은 철학으로서 사회복지의 시대적 변화인 것이다. 이런 측면에서 웰다잉은 과거 당하는 죽음으로부터 맞이하는 죽음으로의 죽음에 대한 인식의 전환을 의미한다.

4. 전문가로서 사회복지사

전문가로서 사회복지사(Social Worker)는 사회복지의 실천적 주체라고 할 수 있을 것이다. 그러므로 사회복지 분야의 전문직에 대한 논의는 사회복지사가 전문직으로서 가치와 윤리에 관한 것이다. 왜냐하면 한 나라의 사회복지사의 수준이 그 사회의 모든 것들의 수준을 결정할 수 있기 때문이다. 실질적으로 우리 사회에서 사회복지사들은 한편으로는 행정의 영역에서, 다른 한편으로는 실천의 영역에서 활동하고 있는데, 예를 들면 일반적으로 전자는 공무원으로 후자는 사회복지기관이나 시설에서 근무하고 있다. 사회복지사의 삶은 사회복지를 희생이나 봉사로 인식하는 사회적 분위기로 매우 어려운 상황이기에 역할과 그에 따른 사회적 여건에 대한 논의가 요구된다.

1) 전문직의 개념

인간에게 직업[8]은 생존유지의 측면에서 매우 중요하며, 직업은 자신의 역량을 토대로 진행되기에 모두 전문직이라고 할 수 있다. 역사적인 측면에서 전문직이라는 용어의 등장과 직종의 등장은 지금부터 200여 전, 즉 산업혁명이 발생하면서 중간계급 등장 그리고 중산층의 양적 질적 팽창으로부터 시작되었다고 할 수 있다. 현대적 의미에서 전문직(Profession)에 대한 사전적 의미로는 어떤 특정 부분에 높은 정도의 전문적 지식이나 기술을 필요로 하는 직업들이다. 이와 연관하여 이런 분야에서 일하는 사람들을 전문가라고 하는 것이다. 예들 들어 전문직에 속하는 직종으로는 공무원으로부터 의사나 변호사, 회계사, 학자에 이르기까지 그리고 자격증의 종류에 따라 물리치료사, 미용사 등으로 매우 다양하다. 이러한 직종들은 모두 고유한 자격증을 가지고 있다.

모든 전문직의 특징은 자격 조건이 있으며, 이것을 통하여 전문직의 사회적 기준과 지위가 ―권력과 권위― 유지될 수 있으며 보호되고 있는 것이다. 그러므로 전문가는 그런 기준과 지위를 위하여 형식적으로는 시험이나 선거를 통하여 ―사법고시, 행정고시 외무고시 대통령이나 국회의원선거― 능력을 증명하게 된다. 그런 과정에 있어서 자격증의 취득에 따른 희소성이 발생하는 것이며, 그것이 자격증의 권위를 보여주며 사회적 전문성을 표현한다. 전문가로서 그 유지를 위하여 규정된 복장을 착용하고 그에 걸맞은 행위들이 요구된다.

이런 측면에서 미국의 사회학자 탈코트 파슨스(Talcott Parsons, 1902~1979)는 전문직

8) 독일어로 직업은 Beruf(베루프)로 표현한다. 이 단어는 신을 의미하는 Be와 부르다라는 의미의 ruf와의 합성어이다. 전체적인 의미에서 직업이란 신이 인간에게 부여한 것이다. 그러므로 직업이란 신이 부여한 것이기에 인간 스스로가 업종 변경은 허락되지 않는다.

의 특성으로서 핵심적 특성과 파생적 특성에 대하여 정리하고 있다[9]. 전자의 특성에 대하여 그는 공식적 훈련, 지식적용기술, 기술이 사회적으로 책임 있게 사용될 것임을 담보하는 제도화된 수단, 후자의 특성으로 전문가는 지성인이라는 점, 윤리강령, 자격 제도 등을 제시하고 있다. 이런 전문직의 자격 조건을 규정하고 실천할 수 있는 현대사회의 주요 수단은 교육기관이다. 독일의 사회학자 막스 베버는 전문가와 전문성의 유래를 캘빈주의의 종교윤리에서 찾고 있다. 그는 그 속에 함축되어 있는 내적 금욕주의가 전문가주의 확립에 많은 영향을 주었다고 주장하였다. 이런 측면에서 전문가에 대한 사전적 의미는 어떤 분야를 연구하거나 그 일에 종사하여 그 분야에 상당한 지식과 경험을 가진 사람을 말하며, 영어로서 specialist, expert, professional로 다양하게 표현되고 있다.

인간의 마음을 밭에 비유하여 이야기하기도 하는데, 그것은 심전(心田)이라고 한다. 이것은 그 밭에 무엇을 심는가의 중요성을 일깨우는 이야기다. 무엇을 마음 밭에 뿌려서 가꾸는 것은 매우 중요하며 또한 그것은 기다림과 함께한다. 그런 측면에서 우리나라에 있어서 사회복지와 전문성의 관계에 있어서 중요한 사실은 존재하는 것이 아니라 만들어야 한다는 것이다. 왜냐하면 사회복지사에 대한 사회적 인식이 직업이 아닌 삶에 밀접하게 연결되어 일상적 현상인 상식적 수준에서 접근하고 있기 때문이다. 이것을 극복하기 위하여 그 주체이기도 하고 객체이기도 한 사회복지사들의 노력이 절실히 요구된다.

2) 사회복지사의 활동과 전문성

사회복지는 광의적인 의미에서 모든 인간에게 인간적인 삶을 보장하는 것이라 할 수 있다. 협의의 의미에서는 사회복지는 사회적 약자들에 대한 배려를 우선적으로 적용시키고 있다. 그렇기에 복지는 한편으로는 인권을 지킬 수 있는 최후의 보루이기도 하다. 그러나 다른 한편으로 경우에 따라서는 사회적 약자에게는 인

9) 사회복지의 전문직과 연관하여 에스더 그린우드(Esther Greenwood)는 체계이론의 전문성, 클라이언트가 인정하는 권위, 활동을 위한 지역사회의 재가, 클라이언트와 동료관계를 위한 윤리강령, 전문적 문화를 강조하였다.

권을 무시할 수 있는 가장 좋은 수단으로 제공되기도 한다. 즉 사회적 약자들에게 약이 되기도 하고 독이 되기도 하는 것이 오늘날 사회복지사들의 역할이다. 어떤 이야기를 할지라도 우리 사회의 사회복지 발전은 의도적이든 비의도적이지든 간에 사회복지사의 희생과 봉사에서 이루어졌다.

(1) 직업으로서의 사회복지사

정치가에 있어서 정열, 책임감, 판단력 세 가지의 자질이 중요하다고 이야기하고 있는데, 오히려 이것은 사회복지사에게 필요한 덕목일 것이다. 왜냐하면 현실적으로 사회복지는 매우 정치적이기 때문이다. 막스 베버는 자신의 저서인 직업으로서 학문·정치에서 우리 사회 저변에 만연된 봉사와 희생이라는 사회복지에 대한 편견으로부터 벗어날 수 있는 시사점을 주고 있다. 현대사회를 복지사회로 규정하기에 가장 많은 노동유형은 사회복지에 연관된 노동일 것이다. 사회복지사들이 직업적으로 수행하는 것들을 사회복지노동이라 부를 수 있을 것이다.

현실적으로 직업으로서의 사회복지사들은 20세기 이후 사회복지에 관련된 사업의 성립과 발전 그리고 제도화와 전문성의 분화를 배경으로 등장하였다. 그럼에도 불구하고 사회복지사들이 수행하고 있는 복지노동에 있어서 인간적인 측면보다는 한편으로 노동주체, 노동대상, 노동과정을 포함하는 노동 일반이 가지는 성격으로 규정되고 있지만, 다른 한편으로 그 고유성에 대한 사회복지의 공공적 성격과 전문적 성격의 중요성이 규정되어야 한다. 전자의 측면에서 사회복지사들은 첫째 사회복지에 연관된 노동을 실행하는 주체이고, 둘째 사회복지사는 사회복지의 수혜자이기도 한 것이다. 또한 사회복지사는 사회복지의 실천을 위한 과정과 함께해야 한다. 후자의 측면에서 사회복지노동은 공공적 성격을 수행하기 위해 전문적인 직업이어야 한다. 그것을 수행하는 사회복지사의 노동은 일반적인 노동과는 구별되어야 한다. 그러므로 노동으로서 복지노동을 지탱하며 유지한다는 것은 인간사회의 공동채무를 주체적·자율적으로 수행하려는 자원봉사활동(Voluntarism)과 과학·기술 및 철학적 윤리에 바탕을 둔 전문성을 추구하는 프로페

셔널리즘(professionalism)인 것이다. 이 양자의 하나 됨이 복지노동의 바람직한 상태인 것이다.

결론적으로 직업으로서 사회복지사는 그동안의 우리 사회에서 인식된 사회복지사의 희생과 봉사라는 상징도 중요하지만 산업사회에서 삶의 방식으로 선택된 직업으로 간주되어야 한다. 왜냐하면 전자의 측면에서 사회복지사의 삶은 사회복지노동의 질적 저하를 가져올 수 있기 때문이며 후자의 측면에 사회복지사의 인권의 보호도 매우 중요하기 때문이다. 사회복지의 수준은 사회복지사의 삶의 수준인 것이며 이것은 직업으로서의 사회복지사라는 사회적 인식이 중요하다. 그러므로 그 수요에 대한 직업군은 사회복지분야로서 그것에 연관된 직업이 사회복지사이다. 실질적으로 사회복지에 연관된 직업들이 발생하고 있고 그에 상응하는 사회복지사들도 배출되고 공공부문에서도 사회복지전문요원들의 필요성이 증가하고 있는 것이다.

(2) 사회복지전담공무원

우리나라의 사회복지정책의 하나로서 사회복지전담공무원제도는 사회복지가 국가적인 정책으로 발전하기 위해 민간기관에서처럼 사회복지사들의 필요성에서 출발하였다. 또한 이 제도는 사회복지 행정의 전문성과 효율성을 높이기 위하여 1993년 시행된 사회복지사업법 제10조 사회복지전담공무원 규정에 따라 도입되었다. 초기에는 별정직으로서 사회복지사들이 사회복지전문요원으로 활동하면서 사회복지사제도는 변화하였다.

사회복지전담공무원제의 본격적인 관심은 1997년 국제통화기금 관리체제 이후 현실적인 측면에서 사회복지에 대한 관심을 실행하기 위한 정부는 요구되는 사회복지의 절대적인 인력부족에 대한 인식에서 시작되었다. 사회복지사는 1970년 사회복지사업법의 개정으로 사회복지사업종사자에게 새롭게 등장한 명칭이다. 사회복지사란 명칭 개정 이후 1985년부터 사회복지사 자격증이 교부되었으며, 사회복지사 등급을 사회복지사 1급, 사회복지사 2급, 사회복지사 3급으로 구분하였다. 또한 1997년에는 사회복지사업법 제11조 제3항을 개정하여 사회복지사 전문성의 제고를 위해 사회복지사 1급 자격에 국가시험제도를 도입하여 2003년 1월1일부터 시행하였다.

법적근거의 부재로 지방자치단체 조례에 의해 1987년 사회복지전문요원을 처음 임용하기 시작하면서 공공부조에 연관된 업무를 전담하였다. 1991년 보건복지부 훈령 사회복지전문요원의 직무 및 관리운영에 관한 규정의 제정으로 사회복지사 자격증을 소유한 사람들을 지방공무원이라 이름으로 읍・면・동에 배치하였다. 1992년 사회복지사업법 제10조에 사회복지전담공무원의 법적 근거 조항의 신설을 통하여 별정직이었던 사회복지전문요원이 지방공무원으로 자리매김하게 되었다.

정리하면 사회복지분야에서 사회복지사와 사회복지전담공무원 모두 사회복지사이다. 사회복지전담공무원은 우리 사회에서 공적인 사회복지가 민간영역 위주로 발전해 오면서 공적영역의 역할의 강화 측면에서 제도화된 것이라 볼 수 있다. 일반 사회복지기관에서 사회복지업무를 수행하는 사회복지사와 중앙정부나 지방정부에서 각종 사회복지연관 기관이나 시설들의 사회복지 실천을 지원하는 사회복지전담공무원의 관계는 갑을관계가 아닌 상생관계로 인도되어야 한다.

(3) 사회복지사의 역할

프랑스의 계몽사상가인 볼테르(Voltaire, Francois-Marie Arouet, 1694~1778)는 개인보다는 다수가 현명하다고 말하였다. 그러나 아무리 천재라 할지라도 자신이 타고난 분야 밖에서는 바보일 수 있다는 버나드 쇼(George Bernard Show, 1856~1950)와 같이 전문가적인 자질의 측면에서 어떤 일이든 타고난 적성을 지닌 사람들이 해야 잘 할 수 있다고 반론하는 사람들도 있을 것이다. 이런 논쟁은 사회복지사의 역할에 있어서는 일방통행식이 아닌 두 가지를 모두 받아들여야 할 것이다.

일반적으로 사회적 약자들은 여성, 노인, 장애인, 어린이로 규정되고 있다. 그동안 사회복지사는 사회적 약자들과 사회복지서비스나 정책을 집행하는 기관이나 시설을 중개하는 역할을 수행하고 있었다. 실질적으로 그것을 종합하여 보면 사회복지사는 정부와 기관, 기관과 기관, 기관과 시민, 기관과 클라이언트 사이에서 중개인으로서 역할로 정리할 수 있을 것이다. 우리 사회에서 그 중개의 역할은 분배와 관련이 있었지만, 중대한 책임과는 거리가 있는 행위로 간주할 수 있다. 그러나 복지국가에서 사회복지사의 역할과 기능에 대해 이야기한다면, 아마도 모든 사회구성원들의 역할을 포함하는 매우 포괄적인 의미를 가질 것이다.

중개인으로 사회복지사의 역할 수행하는 데 있어서 사회적 약자들 그룹 속에는 서열이 존재하였다. 그것은 한편으로 계층별 인구수가 그리고 다른 한편으로 정치적인 측면에서 많은 영향을 받고 있다. 예를 들어 과거에는 장애인의 수가 노인인구보다 많았는데, 사회의 고령화는 노인계층이 그것을 역전시키면서 우리 사회에서 가장 강한 압력집단이 되었다. 물론 인구구조상 노인인구에는 장애 있는 노인들도 있을 것이다. 그러므로 그것은 장애인의 수와 노인인구는 구조적으로 중층구조로 이루어져 있다는 것을 의미한다. 이러한 현상은 복지국가를 추구하는 가운데 정치, 경제, 사회, 문화적인 측면에서 노인에 대한 관심의 증가와 장애인 복지에 대한 상대적인 박탈감, 즉 복지의 빈익빈 부익부가 발생하고 있을 것이다.

이러한 문제의 해결을 위해 복지가 존재하였는데, 오히려 오늘날에는 복지가 복지문제를 발생시키고 있는 것이다. 우리들은 그것을 복지병이라 부르고 있다. 복지병은 사회복지가 너무 잘 되어 있어서도 발생하며 너무 안 되어 있어도 발생하고 있다. 사회복지사들은 그러한 역할을 지금까지도 계속하고 있다. 사회적 약자와 정부, 후원자 그리고 복지관 등 사이에서의 중개인으로서 사회복지사가 그와 같은 역할을 하고 있는 것이다. 그런 측면에서 본다면, 사회복지사를 전문가로서 간주하기는 어려울 것이다.

전문적이라는 것은 역할의 전문성을 의미한다고 본다면, 중개인으로서 역할을 사회복지사들이 극복할 때 전문가로서의 전문인으로 탄생될 수 있을 것이다. 역할은 전문적일 수 있지만, 오늘날 다원화된 사회에서는 다양한 직업, 직종들 사이에서 역할의 공유는 전문적인 역할의 존재를 어렵게 한다. 그런 측면에서 우리 사회복지사들은 일반적인 사회복지의 실천이 아닌 좀 더 세밀하게 복지에 관련된 문제들을 분석하여 운동의 차원으로 접근하려는 거시적인 틀과 접목시켜야 할 것이다. 그것은 전문가로서 사회복지사가 중개인인 아닌 대변인이 되어야 함을 의미한다. 이제는 사회적 약자 그리고 자국민의 복지에 대한 대변인으로 자리매김하여야 한다. 거기에는 책임이 뒤따라야 할 것이다.

이미 논하였던 전문직을 규정하고 있는 일반적 특성들이 만족되어야 사회복지사에 있어서 전문성을 논할 수 있을 것이다. 구체적으로 이야기한다면 사회복지사업법 제11조에 규정되어 있듯이 사회복지사는 대학이나 공인된 공식적 교육기관에서 일정 기간 훈련을 통하여 사회복지사 2급 자격증을 취득하여야 한다. 그러나 우리 사회에서 그들에게 체계화된 이론의 전문성이라든지, 그것을 통한 전문화된 문화가 형성되어 있다든지, 결론적으로 그것은 사회복지의 책임과 권리 그리고 권위를 인정하는 그런 사회구조에 아직 도달하지 못하였다는 것을 의미한다. 즉 사회복지사의 전문성은 사회적으로 책임을 능력이 있게 사용될 것임을 담보하는 제도화된 수단에 있어서 그리고 사용범위에 있어서는 사회복지사들의 인식이 미치지 못하는 것 같다. 그것은 능력의 권위를 의미한다. 즉 클라이언트가 인정하는 최소한의 권위가 필요한 것이다. 그 책임을 다하기 위해서는 사회복지사들에게 권위가 요구된다. 사회복지의 현장에서 노인 고용문제는 노동부보다 사회복지사의 권위가 앞서야 하며 장애인 교육문제에도 사회복지사는 장애인을 대변할 수 있는 정확한 지식과 논점을 제시할 수 있어야 한다.

그러므로 우리 사회에서 사회복지사가 전문가로 인정받기 위한 가장 중요한 덕목은 권위이다. 왜냐하면 현장전문가로서 사회복지사는 그 권위를 통하여 사회적 약자들을 한편으로 정부 관료들의 행태로부터 보호할 수 있는 것이며, 다른 한편으로 클라이언트들은 사회복지사를 신뢰할 수 있기 때문이다. 또한 사회복지사의 언행은 그 지역의 복지수준을 가늠할 수 있어야 한다는 것을 의미한다. 또한 전문가로서의 사회복지사는 하나의 생존을 위한 직업이기에 자신의 행위를 봉사로서 희생으로 간주하는 것으로부터 벗어나야 한다.

3) 전문가로서의 사회복지사와 인권

우리가 살고 있는 세상에는 매우 다양한 사람들이 살고 있다. 사람들은 사람들을 인종으로 구분하고, 민족으로도 구분하고, 물질에 의해서도 구분하며 그 사람의 지위로도 구분하고 있다. 그런데 그러한 구분 속에 또 다른 구분이 있는데, 그것이 바로 계급과 계층이다. 이러한 구분하고 구별 짓는 현상들을 극복하기 위하여 분석하고 해결해야 하는 것이 사회복지사의 역할이다[10]. 그래서 사회복지사는 전문가이어야 하며 전문가로서의 사회복지사는 만들어지는 것이다.

그렇다면 왜 전문가로서의 사회복지사와 인권인가? 그동안 사람들은 사회복지사의 역할을 대변인이란 말로 전문가로서의 사회복지사와 연관시키려 하였다. 이것을 위하여 장애인의 인권에 관한 예를 들 수 있을 것이다. 그러한 문제제기가 바로 우리 사회에서 장애인의 인권에 대한 관심이 부족함을 의미하고 있는 것이다. 과연 사회복지사는 장애차별(disablism)과 같은 것으로부터 장애인 인권을 보장할 수 있는 역할을 대변하고 있는가.

장애인의 인권은 많은 의미를 내포하고 있다. 이런 인권은 비장애인과 똑같은 무언가를 주장하는 것은 아니며 그렇게 요구하고 있지도 않다. 예를 들어 이동권의 보장이 단지 도로를 개조하고 모든 지하철이나 지하도에 리프트나 엘리베이터를 설치하는 것을 의미하는 것은 아니며, 그것을 통하여 전적으로 보장될 수는 없는 것이다. 왜냐하면 우리들이 이미 교과서적으로 논의된 것처럼 장애인의 인권을 일괄적으로 처리할 수 있는 것이 아니기 때문이다. 예를 들어 모든 장애인들이 외출하는 방식과 욕구는 다양하다는 것이다. 그런 측면에서 인권은 개개인의 권리이며, 그렇기에 집단적인 측면에서 일괄적으로 주장하고 요구해서도 안 되는 것이다. 사회복지사들은 사회적 약자들 그리고 모든 국민의 삶의 권리를 우선적으로 그리고 아주 거시적이면서도 미시적인 측면까지 고려하고 있어야 한다.

---

10) 현대사회에서 중요한 사실은 장애의 증가와 장애 종류의 다양화에 의하여 장애를 통해 장애인들 간에 장애차별이라는 새로운 차별로 인하여 이중적 또는 삼중적 차별이 발생할 수 있다는 것이다. 장애차별이란 장애인을 변화시키는 구조적 권력, 문화적 가치, 개인적 편견 등이 결합되어 장애인을 부정적인 측면에서 억압하고 차별하는 것을 말한다.

실질적으로 그동안 장애인들은 인권의 사각지대에 놓여 있었다. 그것은 장애인들이 하나의 인격체로서 우리나라에서 살기가 매우 어렵다는 것을 의미한다. 그러나 이것을 극복하기 위해 많은 노력들이 행해져 왔던 것도 사실이다. 그러한 노력은 주로 기관이나 시설을 통한 대규모적인 집단적 수용을 통하여 실행되었다. 그 원인은 성장위주의 정책으로 말미암아 장애인들을 효율적으로 우리 가정에서 돌보는 것이 어려웠기 때문이라 볼 수도 있지만, 그러나 오히려 이런 현상들이 장애인들의 인권을 잘 돌볼 수 없는 단초를 제공하였다고도 볼 수 있는 것이다. 그러므로 장애인들을 위한 현실적인 법, 예산지원 필요하고 제공되고 있지만, 더욱더 중요한 점은 장애인들에 대한 소규모적이고 가정적인 측면에서의 돌봄을 통하여 그들의 인권을 보장하는 것이다. 물론 사회복지분야에서 인권에는 장애인 인권만이 중요한 것은 아니다. 왜냐하면 비장애인도 사회복지를 통하여 상처받을 수 있기 때문이다. 앞에서도 간단히 언급하였지만 그것은 존엄한 존재인 인간에게 도움이나 인간으로서의 기본적인 삶이라는 규정에 의해 동의 없이 이루어지는 행위나 행태들을 의미한다.

인권은 아래와 같은 예로 설명할 수 있을 것이다. 예를 든다면 언젠가 모방송사에서 우리나라에서 가장 적은 돈과 가장 큰돈의 액수와 그 차이는 과연 얼마일까 하고 조사한 적이 있었다. 그중 가장 적은 돈 중 하나가 장애인 받고 있는 보조금이라고 한다. 몇 해 전에 한 여성장애인이 그 보조금을 거부한 적이 있었다. 그 이유는 인간으로서의 기본적인 삶을 고려하지 않은 금액이라는 것이다. 즉 인권이라는 이름으로 거부된 장애인복지를 인권을 위한 복지로 변화시키는 것이 사회복지사를 비롯한 우리 사회구성원들의 당면한 과제인 것이다. 그 금액은 그 당시 대한민국 사회에서 가장 적은 돈 중 세 번째를 차지했다. 복지와 인권의 상관관계는 매우 중요하며, 그것은 정비례 관계로 존재하여야 한다. 그것을 위해서는 장애인 비장애인 모두 상호 간의 관심이 필요하다.

4) 사회복지사와 노동조건

노동조건은 모든 노동자들에게 가장 중요하게 간주되는 환경적 요소라고 할 수 있다. 사회복지분야에서 항상 클라이언트들의 삶의 주변만을 고려하는 사회복지사의 노동조건은 클라이언트들이 서비스를 제공받을 수 있는 조건과도 깊은 관계를 갖고 있는 것이다. 사회복지사들은 사회적 약자의 인권을 지키기 위하여 노력하기도 하지만, 자신들의 인권보장을 지키는 것도 매우 중요하다. 왜냐하면 사회복지사도 한 사람의 직업인으로서 그들의 삶의 수준이 인권보장과 바로 장애인이나 여성, 노인들의 인권보장과 직접적으로 관계가 있기 때문이다. 그동안 우리 사회는 이런 사실에 대한 인식부족으로 사회복지사는 직업이라는 생각보다 희생이나 봉사라는 시각을 통하여 바라보게 되었다. 그러므로 우리나라의 사회복지사들에게는 직업으로서의 사회복지사라는 자의식에 대한 요구가 절실하며, 그것을 위하여 사회복지사 스스로 노동자인가에 대한 직업적 정체성 그리고 전문가라는 문제제기도 필요하다. 이와 같은 직업으로서의 사회복지사에 대한 문제의식 하에서 사회복지사의 노동에 대한 주장과 노동조건의 개선에 대해 논할 수 있을 것이다[11]. 우리 사회에서 이와 같은 단순하고 명확한 문장에 대한 이해가 아직은 익숙하지 않은 것 같다.

▼ 표 14-2 총예산에 대한 사회복지예산비율

구분	2015	2016	2018	2020
총예산	378.4조	386.7조	428.9조	512.3조
사회복지예산비율(%)	31.27	31.02	30.52	35.2

11) 사전적 의미에서 사회복지사는 수용시설 현장에서 시설운용자와 수용자 사이에서 제도적으로 개입하여 정부의 감독을 대신하여 수용자의 인권과 법적 불이익에 대한 대변을 할 수 있는 자격을 갖춘 자로 규정되고 있다. 이러한 규정으로부터 사회복지사에게 봉사정신과 희생정신이 필요충분조건이기보다는 필요조건이나 충분조건만을 강조하고 있음을 인식할 수 있는 것이다. 직업적인 측면에서 사회복지사에 대한 정체성은 그들을 위한 단체로서 사회복지사협의회의 정체성 또한 고려되어야 한다. 그것은 사회복지 자격증을 소유한 자들의 —과장, 국장, 팀장 등— 친목단체인지 아니면 사회복지사라는 직업을 가진 자들의 권리를 보장하고 보호하려는 단체인지가 매우 중요한 논점인 것이다. 이 문제를 극복한다면 사회복지사라는 직업에 대한 정체성을 확립할 수 있을 것이다.

오늘날 많은 사회복지사들은 사회복지분야의 일자리 부족으로 인하여 실업상태에 있거나 열악한 노동환경에서 일하고 있음에도 불구하고 우리 사회에서 사회복지와 사회복지사에 대한 접근이나 그것에 관한 연구는 국가나 사회복지기관 그리고 대부분 클라이언트를 중심으로 이루어져 왔다. 이런 이유로 그동안 사회복지의 수준은 사회복지사의 복지의 수준이 결정한다는 사실을 간과하였던 것은 사실이다. 위의 〈표 14-2〉에서 보는 것처럼 매년 우리나라 총예산이 늘어나는 것과 마찬가지로 사회복지예산도 증가하고 있다. 그럼에도 불구하고 문제는 사회복지현장에서 사회복지정책을 실천하고 있는 사회복지사의 임금은 개선의 여지가 보이지 않고 있다는 것이다. 예를 들어 정부예산에서 사회복지예산 비율은 큰 폭으로 증가하고 있는 것에 비해 사회복지사들에게 주어지는 정부 임금가이드라인에 미치지 못하고 있음은 보육이나 사회복지사들에 대한 인건비 지원의 감소를 의미하는 것이다. 이런 현상을 통하여 사회복지에 대한 우리 사회구성원들의 인식을 가늠해 볼 수 있을 것이다. 그러므로 여기서는 실질적으로 우리 사회 사회복지사들의 노동조건과 그것에 대한 사회적 인식에 대하여 논의한다.

2019년 현재 우리나라에는 110만 명의 사회복지사 자격증 소지자들이 있으며, 이들 중 사회복지전담공무원이나 사회복지기관이나 시설과 같은 사회복지현장에 취업한 사회복지사는 9.1% 수준으로 100,000명 정도이다. 이 숫자와 연관하여 사람들은 사회복지서비스의 수준은 사회복지사의 질적 수준에 종속한다는 사실에 주목하여야 한다. 그러므로 이것을 위하여 사회복지사에게 요구되는 많은 노동조건들이 있지만, 여기서는 두 가지 점에서만 접근할 것이다. 하나는 임금에 연관 것이며, 다른 하나는 전문성에 연관된 것이다. 후자는 앞에서 논하였기에 전자를 중심으로 논할 것이다. 현재 우리나라 사회복지사의 임금 수준이 4인 가족 최저생계비보다도 적다는 이야기가 있다[12]. 자본주의 사회에서 그리고 우리 사회에서 사회복지사에게 가장 중요하고 필요로 하는 것은 자신들의 사회적 역할

12) 사회복지사의 임금수준에 있어서 정부가 제시하는 임금가이드라인은 권고 사항이다. 이런 이유로 지방정부 재정 수준에 따라 임금 격차가 있는 것은 사실이다. 현재 우리나라 사회복지사의 평균 초봉은 다른 직종에 비하여 상대적으로 낮은 수준이다. 물론 호봉에 따라 변화가 있지만 큰 차이 보이지 않는 것이 사실이다.

에 대한 적절한 보상으로서 임금일 것이다. 그것은 임노동자들의 자존심과 같다.

보편적으로 사회복지사의 복지 수준은 사회복지사의 임금수준이라고 할 수 있다. 그러나 후자가 반드시 한 사회의 복지수준과 사회복지사의 전문성을 담보한다고 단정적으로 이야기할 수는 없을 것이다. 그러나 이와 연결고리에 있는 것이 전문성이라는 것을 부정할 수는 없다. 왜냐하면 전문성은 인간의 기본적 삶의 토대 위에서 가능하기 때문이다. 이런 논의의 출발은 사회복지사라는 직업의 정체성에 대한 해석으로부터 비롯된다. 사회복지사는 돈을 바라고 할 수 있는 직업이 아니며, 생업으로 삼기보다는 남을 돕는다는 것에 의미를 부여해야 한다는 것이 우리 사회에서 사회복지사에 대한 인식이다. 이러한 측면에서 사회복지사에게는 야근에 대한 수당이 없으며 그런 것을 보호하는 근로기준법도 없기에, 희생과 봉사가 사회복지의 노동조건의 핵심으로 되었으며 사회복지의 핵심적인 덕목으로 되었다. 그 결과는 사회복지사에게는 복지가 중요하지 않으며 또한 의미도 없다는 것이 보편화되었다. 마틴 루터 킹(Martin Luther King, 1929~1968) 목사는 자신의 죽음에 임박하여 유언과 비슷한 이야기를 한 적이 있다. 그는 자신을 소개할 때 많은 업적에도 불구하고 섬기는 사람으로 소개해 주기를 요구하였다. 사회복지사도 다른 사람들을 섬기는 존재이다. 그런데 그와 사회복지사와의 차이는 전자의 직업은 목사이며 후자는 그 자체가 사회복지사인 것이다. 목사의 입장에서 섬기는 사람과 직업적으로 섬기는 사회복지사인 것이다. 그러므로 희생과 봉사라는 덕목이 직업으로서는 적절하지 않다는 사실이다. 이것은 자원봉사자들의 덕목인 것이며, 그동안 우리는 자원봉사자들의 덕목을 사회복지사의 덕목으로 강요하였다고 볼 수 있다. 사회복지사의 전문성을 논하기 위해서는 자원봉사자가 아닌 노동자라는 인식의 전환이 필수적이다. 이것이 일반 산업노동자의 임금수준의 60% 정도인 사회복지사의 임금수준을 극복할 수 있는 토대가 될 것이다. 우리나라에는 직업적으로 사회복지에 종사하고 있는 사회복지사 1명이 국민 500명 이상 담당하여야 한다. 반면 특정 계층이 주요고객인 261,881명의 보육교사와 222,543명의 요양보호사와 비교할 때 양적으로 매우 적은 수임을 누구도 부인할 수 없을 것이다. 사회복지가 제도화된 이래 우리 사회에서는 아이러니하게도 사회복지사는 유망직종 리스트에서 한

번도 빠져본 적이 없는 직업으로 간주되는 사회적 분위기가 지속되고 있다. 인공지능이 대세라는 4차 산업혁명 시대에도 사회복지사는 꿋꿋하게 유망직종의 자리를 지켜나갈 수 있는 전문 직종으로 인정받고 있다. 그러나 다시 아이러니하게도 사회복지가 대세인 시대에 사회복지를 실천하는 사회복지사가 오히려 전문가로서 인정을 받지 못하고 있는 것이 우리 사회의 현실인 것이다.

사회복지사와 노동조건은 전자의 선입견인 희생과 봉사, 그리고 후자에 있어서 전문가라는 입장에서 상대적으로 매우 낮은 수준의 임금에 있어서 관계를 의미한다. 후자의 극복은 전자에 국민적 합의가 필요할 것이다. 왜냐하면 대부분의 국민들은 사회복지사의 역할을 단순히 남에게 도움 준다는 시각만을 강조하고 있기 때문이다. 그러므로 우리 사회에서 사회복지사들의 노동환경에서 사회복지사의 공공성(Publicness)을 강조하려면 한다면 감정노동자인 복지노동자의 노동조건에 대한 개선을 통하여 전문성의 증진인 것이다. 결론적으로 사회복지사의 전문성은 사회복지의 노동환경 개선과 깊은 관계가 있다는 것이다.

5. 소결
– 한국사회복지사협회를 중심으로 –

사회복지사들의 전국적인 조직으로서 대표적인 단체는 한국사회복지사협회이다. 그러므로 한국사회복지사협회는 우리나라 사회복지사의 대표성을 갖고 있다고 할 수 있을 것이다. 이런 이유로 협회의 역할은 주체인 사회복지사가 우리 사회 구성원들의 복지를 위해 열성적으로 일할 수 있는 노동환경 조성과 사회복지사의 인권과 복지에 대한 노력인 것이다.

한국사회복지사협회는 1965년 개별사회사업가협회로 창립된 이후 1985년 현재의 명칭인 사단법인 한국사회복지사협회로 개명하였으며 사회복지사 자격증 소지자라면 누구든지 가입할 수 있는 단체라 할 수 있다. 그러나 그동안 한국사회복지사협회는 실질적이고 현실적인 측면에서 단체의 명칭과는 다르게 사회복지사의 권익보다는 단지 관변 단체인 것처럼 보이는 사업이나 업무들을 하고 있는 듯하다. 사실 사회복지 관련 일에 종사하는 사람들은 이 협회를 사회복지사 자격증 발급 대행기관처럼 간주하기 한다. 그러므로 사회복지사들의 노동조합도 아니고 친목단체도 아닌 한국사회복지사협회는 현재 짧지 않은 55년간의 역사를 대변할 수 있는 사회복지사들의 모임에 대한 정체성 확립이 매우 중요할 것이다. 그것은 사회복지의 지향점과 사회구성원들의 일상적 삶에 대한 정확한 통찰이다.

사회복지사는 사회복지에 연관된 노동을 수행하는 노동자이다. 그러므로 이 협회의 회원은 사회복지시설이나 기관에 종사하거나 이와 연관된 곳에 일하는 사회복지사들이거나 사회복지사 자격증을 소지하고 있는 사람들이다. 여기서 문제는 한편으로 협회의 회원으로 사회복지기관의 관장, 국장, 과장, 직원들이 함께하는 친목단체와 같은 모임, 다른 한편으로는 사용자와 노동자의 계급구조에 따른 사회복지사의 직업으로서의 정체성에 따른 것이다. 그러므로 사회복지사의 협회나 단체는 직업으로서의 사회복지사들의 생존권과 사회복지라는 의미가 함께 할 수 있는 역할을 수행해야 할 것이다. 사회복지사는 자신의 삶을 영위하는 것이 아니라 희생과 봉사로서 타인의 삶에 대한 의무만을 강요하는 일방적 사회복지는 막스 호르크하이머(Max Horkheimer, 1895~1973)와 테오도르 아도르노(Theodor Adorno, 1903~1969)가 이야기했듯이 인류는 진정한 인간적 상태에 들어가서라기보다는 새로운 종류의 야만상태로 빠져들어 가고 있는가 하는 문제제기로부터 우리 사회의 사회복지에 대한 논의가 새롭게 시작되어야 한다.

결론적으로 한국사회복지사협회는 그 존재이유를 두 가지 측면에서 접근하여야 한다. 하나는 사회복지사의 대변인 역할에서 찾아야 한다. 단순히 정부의 위임받아 정책적 대리인의 역할도 해야 하지만 구체적으로 그 행위를 현장에서 실천하고 있는 사회복지사라는 클라이언트들에 대한 사회복지를 실행해야 하는 것이다. 다른 하나는 자본주의 사회에서 노동자들은 사회복지수당보다 더 많이 벌기 위해서 또는 더 많이 벌 수 있다면 할 수 있는 모든 수단을 사용할 수 있을 것이다. 버나드 쇼의 이런 자본주의 구조 하에서 발생할 수 있고 발생하고 하고 있는 사회복지의 제도적 모순에 대한 철학적 사고와 그 토대에 대한 심각한 고민을 고려해야 할 것이다. 또한 고도로 발달된 사회복지와 그것의 실현을 위한 복지제도를 통하여 인간이 인간과 접촉할 필요가 없고 타자의 존재를 느낄 필요도 없으며 아무도 딴 사람에게 다가가거나 느낄 필요가 없는 사회의 건설에 대한 경계로서 사회구성원들의 사회복지에 대한 깨달음이 요구될 것이다.

생각해 봅시다

1. 우리 사회에서 사회복지사의 역할에 대하여 생각해 봅시다.

2. 직업으로서 사회복지사의 의미에 대하여 생각해 봅시다.

3. 사회복지사의 사회복지증진 의미 대하여 생각해 봅시다.

제 15 장 사회복지의 미래[1)]

여기서는 사회복지분야에서 논의되고 논의되어야 할 그리고 인간의 삶의 증진에 연관된 모든 논의에 대하여 논의될 것이다. 실질적으로 오늘날에는 산업생산에서 문화생산으로 변화하는 도상에서 복지국가는 우리나라뿐만 아니라 세계 모든 나라들이 바라는 목표일 것이다. 실질적으로 복지국가를 추구하는 산업사회에서의 주체인 노동자에게 사회구성원들의 삶의 질적 상승을 추구하는 서비스를 제공하는 사회복지사 역할은 매우 중요하며 광범위하다. 그러므로 사회복지사의 수준이 사회복지의 미래일 뿐만 아니라 사회적 변화의 진행방향을 담보할 것이다. 이와 연관하여 인구구조의 변화에 종속된 사회복지의 전개뿐만 아니라 미래를 담보할 사회계층에 대한 구체적이고 실질적인 관심이 우리 사회에서는 요구되고 있다. 이와 같은 과정으로 사회구성원들은 더 이상 이웃이나 친구 낯선 사람들의 덕행에 의지할 필요가 없는 사회에서 살게 될 것이다. 그러므로 복지사회를 추구함에 있어서 우리 사회의 구성원들이 쟁점으로 부각되었거나 부각되어야 할 것뿐만 아니라 사회복지로부터 소외된 계층들이 요구하는 것들에 대하여 세심하게 논의되어야 할 것이다. 이 장에서는 그런 분야에 대한 문제제기가 고려될 것이다.

1) 여기에서 논해지는 글은 신문에 기고하였거나 강연에 참고하기 위해 적어두었던 글들을 정리하여 모은 것들이다.

1. 우리가 나아가야 할 복지국가의 모습

사회복지는 사람들이 잘살기 위해 사람이 실천해야 하는 것이다. 그것을 위해 조직과 제도를 만드는 것도 사람이 하는 것이다. 그러므로 사회의 구성원으로서 영향력이 있는 사람이 사회복지에 대하여 어떤 생각하고 있는가가 중요한 요소가 될 것이며 그 생각을 공유하는 사람들을 사회구성원들이 선택하는 것이다. 결국 진정한 사회복지의 실천을 위한 의견이 잘 수렴되기 위해 무엇을 해야 하는지를 사회구성원들은 항상 고민해야 한다.

우리나라의 경우 무상급식에서 시작된 복지 논쟁은 건강보험, 보육, 국민기초생활보장 등 다른 복지정책으로 확산되고 있다. 그리고 논쟁적 토대는 보편적 복지정책과 선별적 복지정책에 관한 것으로 두 가지 점에서 사회복지에 대한 관심과 배려가 요구된다. 하나는 그런 논쟁의 중요성에도 불구하고 우리나라의 경우 복지정책의 수준은 유럽의 선진국에 비해 많이 부족한 것이 사실이다. 외형적이고 물질적인 측면에서 경제적 수준은 완전하지도 불완전하지도 않은 상황에서 모호한 복지를 실천하고 있다. 둘은 모호한 경제적 발전 수준 속에서 과도한 정치·경제·사회·문화적 소비수준을 부추기는 우리 사회 중산층의 사회복지에 대한 숙고가 그렇기 때문에 이런 소모적 논쟁이 가속화되면서 오히려 복지 사각지대를 만들어 내고 있지 않은지 깊은 고려가 필요하다.

정치적인 입장에 의해서 탄생된 사회복지제도들이기에 일관성보다는 정권에 따라서 변화가 나타나는 현상은 무엇보다도 우리 사회에서 이것을 과도하게 정치적으로 그리고 선거에 이용하고 있는 것이 사실이다. 한편에서는 선거에서 표를 많이 얻기 위해 무분별하게 보편적 복지정책을 확대하고자 한다는 것이다. 실질적으로 무상급식의 경우 관리 부실과 비용, 급식의 질 저하 등의 문제점이 드러나고 있기도 하다. 그러므로 무상이라는 말에 대한 오해와 덫에 걸려 헤어 나오지 못해 무분별하게 국가 재정을 사용하는 것보다는 더 질 높은 복지정책을 생각해 보아야 할 때이다.

이것을 위하여 우리나라 복지 실천에 있어서 선별적 복지정책과 보편적 복지정책에 관한 논쟁에 대하여 선택의 문제보다는 효과적인 복지정책을 추진하는 것은 매우 중요한 일이다. 2019년 말 코로나 19와 같은 감염병의 갑작스러운 출현에 대처하기 위해서는 무엇보다도 국민들이 정말 필요로 하는 곳에 복지정책을 제대로 시행하는 것이 더 중요한 일이다. 어떤 복지정책이 더 효과적인가 하는 논쟁에 앞서 자격과 조건 없이 요구가 있으면 모든 국민에게 복지를 제공하는 것이 복지국가라고 할 수 있다.

그러므로 우리 사회가 추구해야 할 사회복지의 실천은 중산층이 삶에 대한 태도와 사고 그리고 사회복지에 대한 인식과 같은 의식수준이 매우 중요하다. 왜냐하면 보편적으로 중산층의 사고가 오피니언 리더(opinion leader)처럼 사회적 영향력으로 기능하고 있기 때문이다. 위에서 논의된 직장인 대상 설문조사에 의하면 우리나라 중산층들은 중산층에 속하기 위한 조건으로 첫째 부채 없는 30여 평의 아파트를 소유해야 하고, 둘째 월급 500만 원 이상, 셋째 2000cc 이상 중형차, 넷째 예금 1억원 이상 그리고 연1회 해외여행이 가능해야 한다고 말한다. 이것을 통하여 우리나라 중산층의 계급의식과 사회구성원들의 삶에 대한 노력과 지향점을 이해할 수 있을 것이다. 그리고 우리 사회의 사회복지에 연관된 정책들과 실천에 있어서 진정성을 가늠해 볼 수 있을 것이다.

결론적으로 특별히 우리 사회에서 사회복지제도는 인간의 보편적 욕망이나 욕구를 실현시키기 위해 존재하기에 사회복지정책적 집행과 실천에는 정답을 규정할 수 없는 것이다. 따라서 형평성은 높지만 효율성은 낮다거나 그 반대의 경우에도 꼭 필요한 곳이 어디인지에 대해 먼저 국민의 합의가 필요한 시점인 것이다[2]. 우리가 나아가야 할 복지국가의 모습 속에 사회복지는 사람을 위해 사람들의 마음을 모아 실천하는 것이므로 사람들의 사회복지에 대한 진정성이 녹아 있어야 한다.

---

2) 교육적인 측면에서 가난은 진정한 교육의 목적을 방해하는 가장 큰 요소이다. 버나드 쇼에 의하면 가난과 빈곤은 재능과 천재성을 가로막기에 가난의 저주를 없애면 천재성이 번창할 가능성이 열 배로 늘어난다고 하였다. 그에 의하면 이것은 단순히 빈곤만을 의미하는 것이 아닌 교육기회의 공평성을 강조한 것이다. 우리 사회에서 사회복지적인 측면에서 출발선이 공정해야 한다는 측면을 강조한 정책이 무상급식 무상교육이라 할 수 있다. 그러므로 교육의 공평함은 경제적 평등이 전제되어야 하며 천재성의 발현은 공평성이 전제되어야 한다.

2. 보편적 복지정책 VS 잔여적 복지정책

무상급식에 대한 논쟁은 복지란 무엇이며 복지정책의 대상자는 누구인가에 대한 생각의 차이로부터 시작되었다. 복지정책의 대상 범위를 보편적 복지정책으로 본다면 무상급식은 당연히 시행해야 하는 제도이다. 그러나 복지정책의 대상을 잔여적 복지정책의 위치에서 본다면 무상급식은 다시 생각해 봐야 할 제도인 것이다.

잔여적 복지정책은 사회복지의 효율성을 깊이 고려하는 제도이다. 정해진 예산으로 더 큰 효과를 보려면 우선 필요한 곳에 투입해야 한다고 생각하는 제도이다. 도움이 필요한 학생에게만 급식비를 제공하면 예산을 절감할 수 있고 이렇게 절약한 예산은 다른 복지정책에 사용할 수 있다는 것이다. 국민기초생활보장 제도처럼 저소득계층에게만 생계, 주거, 의료, 교육 등의 지원을 하는 제도가 잔여적 복지정책인 것이다. 이 정책은 도움이 필요한 저소득계층만을 구별하고 선택하여 복지의 혜택을 주는 것이다. 정부의 공공부조나 사회적 서비스는 가정과 정상적인 사회구조 및 시장을 통해 제공받을 능력이 없는 사람에게만 제공되어야 한다는 관점에서 집행되는 복지정책을 말한다. 그러므로 잔여적 복지는 일반적인 주변 사회의 욕구충족 자원이 고갈되어 가족이나 시장의 욕구충족 기능이 상실되었다고 인정되는 경우에만 도움을 주어야 한다는 개념이다. 따라서 잔여적 복지 개념에서는 그러한 문제로 어려움을 겪고 있는 사람들에게는 스스로 사회와 시장에서 일단 최대한의 욕구충족을 위한 노력을 기울여야 하며 그러한 노력의 자원이 고갈되었을 경우에만 별도의 복지서비스가 실시되어야 한다는 것이다. 반면에 보편적 복지정책에서는 복지는 소득의 중요성보다는 국민이라면 누구나 누려야 할 권리로 간주한다. 그러므로 보편적 복지정책은 복지정책으로 또 다른 차별을 만들어서는 안 되는 형평성을 더 강조하는 제도라고 볼 수 있을 것이다.

보편적 복지정책과 잔여적 복지정책에 대한 논쟁은 우리나라만의 문제는 아니다. 유럽, 일본, 미국 등에서도 선거 때마다 복지의 대상, 금액, 불평등의 문제가 논쟁이 되고 있다. 왜냐하면 이 논쟁의 핵심은 바로 세계 금융 위기 이후 계속되고 있는 경기 침체 때문이다. 그러나 나라마다 각 나라의 국민이 원하는 복지정책의 방향은 다르게 나타나고 있다. 예를 들어 영국의 경우는 영국 국민은 복지 재정 확대에 부정적인 반응을 보이고 있다. 복지정책을 확대하면 저소득층에게 복지 재정이 쓰인다고 생각하기 때문이다. 반면에 스웨덴의 경우는 스웨덴 국민은 복지 재정 확충을 요구하고 있다. 그들은 국가가 제공하는 폭넓은 복지혜택을 받고 있으므로 오히려 복지 재정을 확대하면 더 많은 혜택을 누릴 수 있다고 생각하기 때문이다[3].

사실 두 제도 모두 장·단점이 있다. 보편적 복지정책의 경우 중산층을 보호할 수 있다는 장점이 있다. 모든 국민이 복지를 받기 때문에 형평성을 지킬 수 있는 것이다. 반면 대상이 모든 국민이기 때문에 비용만큼 효과적인 복지가 이루어지지 않는 보편적 복지와는 달리 선택적 복지의 경우 꼭 필요한 대상에게 복지를 제공하기 때문에 낮은 비용으로 높은 효과를 기대할 수 있다. 그리고 빈부의 격차를 줄일 수 있는 장점이 있다. 하지만 특정인에게만 복지가 제공되다 보니 혜택을 받는 사람의 사회적 이미지가 빈곤층으로 낙인찍힐 수 있을 것이다. 그러나 사회복지는 어느 측면도 소홀히 할 수 없는 것이다.

3. 사회복지의 발전을 위한 소고

도시와 농촌, 지역과 수도권 간의 균형발전에 대한 논의에도 불구하고 한 방향으로의 인구집중은 계속되고 있다. 경제는 지속적으로 팽창하고 있고 하드웨어의 측면에서도 정치·경제·사회·문화에 연관된 모든 것들이 대도시나 수도권 서울을 지향하고 있다. 여기서는 중요한 것은 사회복지 분야뿐만 아니라 사회복지와

3) 소비가 중요한 요소로 작동되고 있는 자본주의 사회에서 사회의 구성원들은 누구나 소비에 대한 의존으로 일찍부터 중독적인 현상이 발생하고 있다. 이런 현상은 직업적 전문가들과 정부기관들에 의해 제공되는 사회복지프로그램에 의존으로서 효율적이고 효과적인 놀이터인 것이다.

연관된 것에 대해서도 예외가 아니라는 사실이다. 예를 들자면 사회복지에 연관된 행정업무도 그렇지만 사회복지 클라이언트의 생활과 연관된 기관이나 시설들은 굳이 비싼 도심에 위치할 필요는 없을 것이다. 그럼에도 불구하고 사회복지시설이나 기관 그리고 요양원들은 오염되지 않은 자연환경보다는 대부분이 복잡한 도심을 중심으로 위치되어 있으며, 기관과 클라이언트들도 그곳에 위치하려고 많은 노력을 기울이고 있다.

모 방송국에서 독일의 사회복지정책의 하나인 장애인 복지에 대하여 방송하였다. 국제화시대에 어떤 주제로 방송을 하든지 간에 매번 느끼는 것이지만 방송을 볼 때마다 답답함을 금할 수 없다. 그 이유는 본질을 전하기 위한 핵심 내용들이 주변에 대한 소홀함으로 인하여 왜곡된 정보가 될 수 있기 때문이다. 여하튼 독일에서 어린이 재활치료가 잘 되어 있다는 사실은 이미 알려진 사실이다. 독일의 체계적이며 경제적으로 어떠한 부담도 없이 국가가 전적으로 책임지고 실천되는 장애인복지정책은 진정으로 세계 모든 국가들이 부러워하고 있다. 그런데 중요한 사실은 그러한 복지정책 실천을 위한 많은 하드웨어들이 아주 작은 마을이나 대도시에서도 조용한 곳에 위치하고 있다는 것이며 소프트웨어들도 직장을 따라 이동한다는 것이다. 이와는 반대로 우리나라의 사회복지와 연관된 하드웨어들은 대부분 도심에 위치하고 있는데, 여기에는 세 가지 측면에서 그 이유를 살펴볼 수 있을 것이다.

첫째 위에서 언급하였던 서구 대부분의 복지시설이나 요양시설 등은 우리의 생각과는 반대로 소위 산 좋고 물 맑으며 번잡하지 않은 곳에 위치하여 클라이언트들의 정신적 육체적 안정을 추구하고 있다는 것이다. 반면에 우리 사회에서 사회복지시설 위치에 대하여 논쟁이 되는 접근성을 이야기하곤 한다. 위치에 의존하는 시설적 가치보다는 클라이언트들의 삶의 질적 상승을 위한 환경적 가치에 더 많은 관심을 가져야 할 것이다.

둘째 접근성과 연관하여 산 좋고 물 좋은 곳인가 아니면 도심인가 어느 곳을 클라이언트들이 선호하며 방문할 것인가 하는 문제이다. 왜냐하면 클라이언트의 방문 수는 사회복지시설이나 기관 운영에 매우 중대한 요소이며 영향을 미치고 있기 때문이다. 여기서 접근성은 도로와 같은 것도 중요하지만 서비스에 대한 접근도 매우 중요하다. 그곳에는 항상 훌륭한 서비스를 제공할 수 있는 인적자원들의 구성이 복지사회에서 접근성을 의미하는 것이다.

셋째 인적자원이다. 문제는 우리 사회에서 어느 누가 공기 좋고 물 좋은 곳에 일자리 있다 한들 훌륭한 인재들이 그곳에서 일하고 싶어 하겠는가이다. 실질적으로 취업이 어려운 현재에도 대도시나 도심을 중심으로 구직을 시도하고 있으며, 인력의 많은 부분이 대도시로 그리고 중심지로 이동한다는 사실은 우리나라의 구조적 문제이다. 극복을 위한 대안으로 지역사회복지정책은 품질 좋은 일자리의 창출과 인재의 지역분산을 가능하게 할 수도 있을 것이다.

결론적으로 사회복지는 인간의 삶과 직결되는 분야이다. 사회복지를 통하여 인간의 삶이 변하기도 하지만 인간의 삶을 통하여 사회복지는 의미를 가져야 할 것이다. 그러므로 사회복지는 번잡스럽고 복잡한 곳을 지양하여야 하며 요란하지 않아야 한다.

4. 지적발달장애인 복지대회

지적장애인복지대회가 순천에서 열렸다. 이 대회는 전국에 있는 지적발달 장애인들이 모여 결자해지의 측면에서 자신들의 미래에 대하여 논의하고 결의하는 자리이다. 그것을 위하여 그들은 자신들의 복지에 대한 이야기도 하고 자조모임도 하면서 다양한 행사를 진행하였다. 물론 이 대회에는 장애인뿐만 아니라 그들의 부모들 그리고 정치인과 경제인들도 참여하였다. 여러 장애의 유형이 있지만, 그리고 장애에 경중을 논할 수는 없지만 그리고 여러 장애와 연관된 행사들이 있지만, 이번 대회는 정말 의미가 큰 대회라 할 수 있을 것이다.

모 방송국에서 얼마 전 발달장애인에 연관된 프로그램을 방송하였다. 내용은 발달장애인들이 음악모임을 통해 클라리넷 연주를 위해 노력하고 그것을 통한 음

악회 그리고 사회적 기업으로 거듭나는 과정을 다루고 있다. 평균연령이 20세 중반인 그들과 그 과정 전부에는 그들의 어머니들이 함께하고 있었다. 결국 그들 모두는 서울시로부터 조합으로 인정되고 기업으로 인정되면서 직업음악가로서의 지위를 지니게 되었으며, 그것을 시청하였던 많은 사람들에게 감동을 안겨 주었다. 우리 사회에서 그들이 이런 결과를 획득하기 위해 얼마나 노력을 하였는가는 어느 누구도 부인할 수 없을 것이다. 그 가운데에는 그들의 어머니와 가족이 있었다. 우리 사회는 그들의 어머니의 노고에 감사해야 한다. 왜냐하면 현대사회에서 그들과 함께 고민하고 배려하고 관심을 가져야 하는 것이 사회의 구성원으로서 우리의 역할이기 때문이다.

우리 사회에는 많은 문제들이 도사리고 있다. 그중에서도 현재 화두는 청년 실업이다. 정확히 말하면 청년이라기보다는 오히려 대학 졸업자들이 취업하지 못한 것에 대한 사회적 반성이라 하겠다. 또 다른 쟁점은 역사 교과서와 역사 인식의 문제이다. 역사를 보는 시각은 일반 시민들도 다양한 의견을 가지고 있음에도 불구하고 다른 한편에서는 이데올로기 편향성으로 몰아가는 이상한 현상과 그것을 실행할 경우 100억 이상의 예산이 소요된다는 것에 대해 경제적으로 낭비라는 시각이 강하게 표출되고 있다. 이런 국가의 소모적인 논쟁으로 시간을 낭비하고 있는 동안에 순천에서 열렸던 전국지적발달장애인 복지대회는 매우 우리 사회가 무엇이 중요한 문제인가를 제기하고 있다는 것에 의미가 있다. 2014년 현재 우리나라에는 186,976명의 등록된(2018년 233,620명) 지적 발달장애인이 살고 있다. 그러나 등록되지 않은 수를 고려한다면 더 많은 지적발달장애인이 있다고 볼 수 있다. 대통령과 정치인들은 이것을 인식하여야 한다. 그리고 그들은 현재의 우리 경제력으로도 그들의 어머니와 가족들의 삶을 보호하고 함께 할 수 있을 것이다.

우리 사회구성원들은 전국지적발달장애인 복지대회를 지켜보면서 그리고 이 대회에 참여하였던 단체나 참가자들을 바라보면서 사회복지의 의미를 생각해 보아야 한다. 왜냐하면 우리들은 우리 사회 약자들에 대하여 무엇인가를 해야 하는 시민이며 국민이기 때문이다. 우리 모두는 이 대회를 순천에 유치하고자 힘쓴 관계자와 그것을 잘 치를 수 있도록 혼신을 힘을 쏟은 지적발달장애인 순천지부 관계자들의 노고에 경의를 표하면서 이 나라에서 장애로 삶에 불편을 느끼는 모두 사람들 그리고 그것을 인내와 용기로 함께 해온 부모님들과 함께할 수 있는 사회를 건설하는 데 힘을 모아야 할 것이다.

5. 여행과 쉼의 방식

선진국들의 삶의 질적 수준을 평가한다면 여행과 쉼의 방식이 될 것이다. 여행과 쉼은 사회복지수준에 종속된다고 할 수 있다. 그러므로 삶의 방식에 있어서 여행과 쉼의 모습은 사람의 삶의 질을 결정한다.

우리에게 있어서 가을은 단풍이며 단풍놀이이다. 단지 가을은 놀기 좋은 계절이라는 것이다. 그러나 우리에게도 그렇지 않을 때도 있었다. 일반적으로 인간에게 있어서 가을은 쉼의 계절이며 수확의 계절이며 독서의 계절이다. 가을은 하늘이 높고 말이 살찐다는 천고마비(天高馬肥)를 의미하기에 사람들은 가장 좋아하는 계절로 가을을 이야기하고 가을을 선택한다. 그런데 언제부터인가 가을은 우리에게 정신적 삶보다는 오락과 즐거움만을 추구하는 계절로 되었다.

그러나 우리에게 있어서 가을 좋아하는 이유는 다른데 있는 것 같다. 그것은 유난히 그 무더웠던 여름은 가고 가을의 선선함이 서서히 느껴지고 있으며 무엇인가에 대한 사색의 여유를 가질 수 있기 때문일 것이다. 사람들은 이 가을의 정취를 만끽하기 위해 어딘가로 떠나기 시작할 것이다. 불과 얼마 전 강과 바다로 향했던 여름 휴가라는 단어가 사라지기도 전에 또다시 단풍이라는 단어와 함께 산으로 달려들 갈 것이다. 아마 모든 사람들이 산으로 향할 것이며 산들은 다시 인산인해가 될 것이다. 그래서 우리는 이 시기를 자연의 정취를 즐긴다는 표현보다는 자연이 인간에 의해 몸살을 앓을 것이라는 표현을 하기도 하는 것이다. 우리는 여가에 있어서 여행과 쉼, 휴가의 의미를 구분하지 않는 단순히 노는 시간으로 이해하면서 인생의 귀중한 시간을 허비하는 행위를 지양해야 한다.

시간을 소비하는 행태로써 여행, 휴가 쉼 등은 포괄적 의미에서 여가에 속한다. 여가는 남는 시간이다. 여가를 잘 사용하는 것은 매우 중요하다. 왜냐하면 사회적으로 은퇴 시기는 법적으로 규정되어 있지만, 평균수명의 증가로 인생에 있어서 남는 시간이 점점 증가할 것이기 때문이다. 여가가 노년기에 많은 이유는 젊은 시절에 수고한 것에 대한 보답이라 할 수 있을 것이다. 그러나 여행, 쉼, 휴가가 사회적으로 은퇴 이후에만 가능한 것은 아닐 것이다. 그것은 삶의 과정에서 발생하는 필요충분한 요소로 기능하여야만 되는 것이다. 그러나 우리 사회에서 여가의 의미는 휴가에 집중되어 있다. 그래서 휴가는 쉼이 아닌 한철 행사와 같은 것으로 인식되어 있다. 그런 이유로 휴가는 우리 사회구성원들에게는 재충전이나 가족과의 쉼이 아닌 오히려 그것을 통해 삶을 피곤하게 하고 능률을 떨어뜨리는 그런 것으로 표출되고 있는 것이다. 여유와 쉼을 통한 여가의 미학이 필요하다.

독일 신학자 칼 프리드리히 본회퍼(Karl Friedrich Bonhoeffer, 1906~1945)는 그의 소설 『선데이(Sonntag)』에서 말하고 있다. 오늘날 인간이 인공적인 소리, 즉 시끄러운 소음에 즐거워하는 이유에 대해서 그리고 오늘날 인간이 혼자 있는 것을 참지 못하고 침묵을 두려워하는 것에 대해서 이야기하고 있다. 인간에게 있어서 침묵은 깊은 사색으로 이해되어야 한다. 어느 곳이든지 소음과 알지 못하는 음악으로 뒤덮여 있는 우리 사회 구성원들에게 이 말은 정신적으로 깊은 영감을 주고 있다.

우리 사회 구성원들이 계절의 정취를 느끼면서 마음의 양식을 가꾸는 데 많은 시간을 할애했으면 한다. 마음의 양식이란 많은 경험을 하는 것이며, 그것을 위하여 직접적으로는 여행을 떠나고 간접적으로는 독서를 하는 것이다. 특별히 우리나라에 있어서 가을이란 시간을 단순히 놀이로서 보내는 것이 아닌 자신에 대하여 되돌아볼 수 있는 계절이었으면 한다. 그것을 위하여 그것은 여행에 있어서 남이 가는 곳으로 가는 것이 아니라 내가 가고 싶은 곳으로 떠났으면 하는 것이며 또한 남이 가는 날에 떠나는 것이 아니라 가고 싶은 날에 떠나는 것, 그것은 내가 여유가 있어 가고 싶은 날에 떠나는 것을 의미한다.

6. 교통복지와 문화

현대사회에서 인간은 편안하고 안락한 이동을 추구한다. 안락한 이동은 인간의 삶의 질에 중요한 요인으로 많은 영향을 미친다고 볼 수 있을 것이다. 이동을 위한 수단은 역사적으로 변화와 발전을 거듭해 왔다. 오늘날 산업사회에서는 자동차와 도로가 이동의 가장 중요한 요소이며 수단의 하나이다. 이런 측면에서 전체적으로 사회구성원들을 위한 이러한 상황이나 현상에 대한 것들을 교통문화라고 할 수 있을 것이며, 실질적으로 교통문화는 자동차문화라고 할 수 있을 것이다. 이것으로 사회구성원들은 교통복지의 혜택을 누릴 수 있는 것이다.

전 세계적으로 오늘날과 유사한 형태 자동차의 등장은 120여 년 정도이다. 우리나라에 처음으로 자동차가 등장한 때는 100년 전이다. 우리나라 역사에서 최초의 자동차는 고종이 타기 위해 1903년 미국 포드사에서 도입된 차량이나, 실질적으로 1911년에 영국에서 도입된 차량이 우리나라의 최초의 차량으로 기록되어 있다. 그 당시에 우리나라에는 자동차가 1대 있었다는 것이다. 그러나 서구 선진국보다 100년이나 뒤졌지만 100여 년이 지난 현재 우리나라는 세계적인 자동차 생산국으로 급속히 발전하였다. 짧은 시간 동안 자동차의 폭발적인 증가는 자동차문화에 오류를 발생시켰으며, 그것이 우리나라의 전반적인 교통문화와 교통의식에 영향을 미쳤다고 볼 수 있을 것이다.

우리나라의 많은 자동차들은 수도권에 몰려 있다. 따라서 교통문제도 수도권에 집중되어 있다. 그것과 연관하여 우리의 교통문제는 지방에서 서울로 또는 서울에서 지방이라는 단순한 구조를 가지고 있다. 이것은 도로 상에서의 정체를 의미한다. 매년 이러한 정체는 지속적으로 아래로 내려가고 있는데, 기흥, 오산, 이제는 천안에서부터 정체가 시작되고 있다. 그런 현상은 하행선도 마찬가지이다. 이제는 정체 거리와 장소뿐만이 아니라 모든 시간 동안 모든 도로가 주차장이 되고 있다는 사실이다. 그동안 정책담당부서들은 어떤 이유인지 단순히 이러한 현상에 대한 해결책을 두고 차가 너무 많아서, 도로가 너무 좁아서라는 측면에서 의견을 개진하였다. 자동차의 증가는 막을 수 없으니 논과 밭을 갈아엎고 산을 무너뜨려 도로를 만들었다. 그러나 도로의 증가와 확장은 이러한 정체현상을 막지 못하고 오히려 점점 심화되는 경향을 보이고 있다. 그 원인은 우리나라의 도로정체문제가 오늘내일 문제가 아니기 때문이다. 그러므로 그것은 해결방식에 대한 접근에서 문제를 야기시키다는 것을 의미한다. 제시된 해결책은 또 다른 문제로 도로를 정체시키고 있는 것이다. 예를 들어 고속도로 톨게이트 정체 문제를 해결하기 위해 하이패스라는 방식을 도입하였는데, 그것은 오히려 정체가 되었을 때 더욱 심한 정체를 유발하고 있다는 것이다. 하이패스가 정체 시 무용지물일 수 있다는 사실에서 보여주는 것처럼 결과적으로 모든 정책들이 수도권 도로정체문제들을 해결하지 못하였다는 것을 의미한다. 이와는 반대로 지방의 도로들은 비어 있다. 앞의 논리라면 지방에는 자동차 수가 적고 도로가 많아서 또는 넓어서 도로에 정체가 없다고 할 수 있다. 전자는 논리적으로 적절할 수 있지만 후자는 의미가 없다. 그런 측면에서 무슨 이유에서인지 많은 도로들의 건설은 한편으로 도로정체해결과는 연관성이 없다고 볼 수 있을 것이며, 다른 한편으로 많은 도로들이 교통량과는 관계없이 건설된 텅 빈 도로들이라 할 수도 있다. 우리나라 도로정체는 아주 많은 문제들을 파생시키고 있다. 그것은 정치 · 경제 · 사회 · 문화적인 측면과 연관이 있다는 것을 의미한다. 그럼에도 불구하고 현재 우리 사회에서 도로정체는 어떠한 논의의 소재도 되지 않고 있다. 경제적인 측면에서는 가끔 원유가격상승이 우리의 기름값 상승으로 이어져 절약이라는 구호가 등장하기는 하나 도로정체와 기름과의 관계를 무관한 것으로 인식하는 듯하다. 문제는 도로정체 자체가 하나의 문화로 만들어질 수 있다는 사실에 우리 사회는 비판적 시각에서 어떠한 문제제기할 기미가 보이지 않는다는 것이다. 정치적인 측면에서 도로정체는 매우 중요하다. 왜냐하면 그 문제를 정치인들이 해결해야 하기 때문이다. 그들에게는 우리나라 도로에서 발생하는 문제들에 대한 정확한 이해가 필요하다. 이 문제는 단지 명절 때에 많은 방송들이 고속도로 정체를 중계하면서 정체시간과 소요시간 그리고 빠른 길에 대한 정보를 소개하는 그런 정도의 의미가 아닌 것이다. 정체의 중요한 사실은 시간과 자원의 낭비로 이어진다는 것이다. 물류의 측면에서는 기름소비뿐만 아니라 시간 내에 도달하지 못하는 택배나 화물운송 차량들의 지체로 인한 국가적 손실은 막대하나 일상이 되어버린 우리 사회에서는 이것에 대해 정치인이나 경제인들뿐만 아니라 화물차 운전자조차도 어떠한 문제제기를 하지 않고 있다. 단지 그들 모두는 근시안적으로 운송비에 대한 적절한 보상수준에만 매달리고 있는 실정이다. 그것은 실질적으로 정체로 인한 기름값의 소모와 비교한다면 의미 없다는 사실이다. 이런 측면에서 국가 경제를 위하여 화물운송차량을 위한 전용노선의 신설은 매우 의미가 있다고 본다. 그러나 현실적으로 도로공사는 자신들의 이익추구를 위하여 눈에 보이는 도로이용료의 주고객인 승용차에게 불리한 정책을 시행하고 있지 않은 것이다. 그것은 바로 승용차의 정체로 이어져 도로 사용이 감소할 것이기 때문이다. 도로와 주차장은 구별되어야 한다. 특히 고속도로에서 속도가 주차장에서 속도보다 빠르지 않다면 그것은 매우 심각한 수준임을 인식하여야 한다. 그리고 그 정체거리가 몇십 킬로미터에 달한다면 그 운영주체는 이윤창출보다는 상황의 심각성으로 인한 고객들의 운행권 보장에 노력하여야 한다. 제한속도를 넘으면 과태료를 운전자에게 과하듯이, 천재지변이 아님에도 불구하고 자동차의 효율을 떨어뜨리는 기본 속도 이하로 운행이 되는 도로 상황에 대해서는 도로운영 주체에 대하여 책임을 물어야 할 것이다.

우리나라의 도로 정체에 대한 일차적 책임은 국민적인 과도한 자동차 운행일 것이다. 출퇴근 이후에도 밤낮없이 움직이는 자동차, 특히 퇴근 이후 집에서 쉬어야 할 시간임도 불구하고 늦은 밤과 새벽에도 수없이 움직이는 자동차들은 우리나라의 도로정체를 특정 시간이 아닌 일상적인 정체로 만들었다. 그것은 우리나라 자동차 운행의 비효율적이고 비생산적임을 의미하고 있는 것이다. 또한 국민의 과도한 자동차 운행으로 도로정체는 정치적 무관심으로 인한 경제적 낭비를 경제활성화로 오인시키고 있는 것이다. 즉 유류세는 우리나라 조세의 주요수입원이다. 우리 정부는 부자들에게 소득세나 상속세와 같은 것이 아닌 유류세로 간편하게 세수를 충당하려고 한다. 이런 이유로 그들은 유류세 인하에 대해 한편으로는 매우 부정적이면서 다른 한편으로는 자동차들의 운행이 유류사용 증가로 이어져 세수의 증가로 이어질 수 있기에 두 마리 토끼를 놓치지 않으려는 것이다. 우리 교통문제의 핵심인 과도한 자동차 운행은 기름 소비로 이어져 정부의 세수에서 유류세의 증가를 의미한다. 아마도 이것은 정부의 부자들에 대한 세수에 나태해지는 근거를 마련해 주는 것으로 이해할 수도 있을 것이다. 두 번째 책임은 3시간 내에 모든 지역에 도달할 수 있는 교통여건 속에서 서울과 수도권 간의 교통문제는 전국의 교통문제라는 우리 국민들 인식의 부재이다. 우리나라, 서울 수도권의 도로정체를 해결하기 위해서 도로의 문제만을 해결하려는 미시적인 접근으로는 안 된다.

결론적으로 정책결정자들의 결단만이 이 문제를 해결할 수 있다. 왜냐하면 논하여진 것처럼 도로정체와 같은 교통문제는 단순히 교통문제만이 아닌 사회복지적인 측면에서 우리 사회 모든 분야와 연결되어 우리 국민의 삶의 질을 떨어트리고 있기 때문이다. 그것을 위하여 그들은 직접 수도권에서 일어나고 있는 특히 고속도로에서 교통지옥이라는 말을 직접 경험하여야 하며 그 엄청난 정체로 발생하는 손실에 대하여 고려하여야 한다. 왜냐하면 이런 현상은 일 년에 한두 번 발생하는 그리고 하루의 특정한 시기에 발생하는 특별한 것이 아니라 매년 매일 매순간 그리고 온종일 일어나는 우리나라의 일상이기 때문이다.

7. 보훈의 달

보훈이란 사전적 의미에서 국가나 국민들이 공을 세운 사람에게 보답하는 것을 의미한다. 이런 측면에서 보훈은 정치적 이념이나 사적 관계가 아닌 국가를 위한 마음과 행동으로만 생각되어야 한다는 것이다. 우리에게 있어서 보훈은 매우 중요하다. 왜냐하면 우리나라는 역사적으로 많은 고난을 겪었으며 이것을 극복하기 위해서 수많은 사람들의 희생이 있었기 때문이다. 여기서 중요한 사실은 사회복지적인 측면에서 그들의 삶에 대한 국가의 보장이며 그것을 위하여 그들에 대한 정확한 보훈이 요구된다는 것이다. 이런 측면에서 보훈도 사회복지라고 할 수 있을 것이다.

우리나라에서는 6월을 보훈의 달로 그리고 6월 6일은 현충일로 기념하고 있다. 현충일은 말 그대로 충(忠)을 드러내는 날이다. 우리 국민 누구나 지금까지 우리나라를 지키기 위해 헌신하였던 우리의 선조들에 대하여 진심으로 감사의 마음을 드려야 할 것이다. 보훈은 충을 드러내면서 다시 한번 국가에 대해 생각하고 순국한 인사들에 대한 보답을 의미한다. 그러므로 보훈이란 공훈에 대한 보답이다. 이런 측면에서 우리나라에서 보훈이란 숭고한 정신으로 구국에 노력하신 선열들과 그들의 후손에 대한 보답이라 할 수 있다. 역사적 측면에서 아주 오래전까지 거슬러 올라가 보훈의 의미를 되새길 수도 있지만, 일반적으로 우리나라에서 보훈의 의미와 그것의 실천적 토대는 대개 두 가지로 정리될 수 있을 것이다. 그것은 보훈 대상자로 선정될 수 있는 기준이 되는 것으로, 하나는 구한말 일본의 침략에 항거하였던 인사들과 일제강점기에 독립을 위해 노력했던 분들이다. 다른 하나는 1950년 6월 25일 발발하였던 한국전쟁 시 전쟁에 참여하여 희생당하신 분들이다. 문제는 이미 선정된 보훈대상과 선정되고 있는 보훈대상자들에 있어서 형평성 논란이다. 또 다른 원인으로는 보훈의 의미를 한국전쟁에 많은 비중을 두고 있다는 사실이다.

우리나라 보훈을 집행하는 정책중심에는 보훈대상자의 선정에 대한 문제가 자리 잡고 있다. 이것은 보훈대상자가 될 수 없는 자들이 보훈대상자로 되어 있다는 것이며 그런 이유로 국민의 혈세가 낭비되고 있다는 것이다. 특히 일제강점기에 연관된 전자의 측면에서 독립유공자 선정문제는 그 심각성이 매우 크다고 볼 수 있다. 대표적인 현상은 해방된 지 70년 지났음에도 불구하고 친일인명사전에 의하면 아직도 친일과 연관된 인사들이 독립투사로 알려져 있을 뿐만 아니라 그들의 자녀들이 독립유공자로 선정되어 있다는 사실들이며, 독립을 위해 몸을 던지신 선조들에게 부끄럽지만 경제적인 측면에서 그들과 후손들의 삶이 곤궁하다는 사실 그리고 아직도 친일에 대한 사실 관계 논란이 계속되고 있다는 것이다.

후자의 측면에서는 항상 6월이 되면 민간인 학살문제가 우리 사회에서 해결되지 못한 뜨거운 감자이다. 이것은 보훈에 대한 또 다른 측면이다. 물론 이것은 피해보상을 의미하는 것이 아니다. 민간인 학살이 문제가 되는 것은 학살의 주체들이 보훈의 대상자로 선정되었다는 것이다. 이와 같은 사실들에 대하여 논의된 것을 정리하면 전자나 후자 모두 그동안 선정되었던 보훈대상자들 속에는 실질적으로 보훈 대상자가 될 수 없는 인사들이 다수 속해 있다는 것이다. 이는 전자와 후자가 중첩된다는 것으로부터 출발한다는 것이다. 즉 일제강점기에 일제에 동조하였던 다수의 친일 인사들이 해방된 조국에서는 조국을 수호하는 군인들로 변신하였으며 후에는 그들은 우리나라 국군의 토대가 되었다.

결론적으로 국가의 미래는 보훈이라는 제도의 정확하고 적확한 운용과 연결되어 있으며, 다른 어떤 제도보다도 그것을 통하여 그 나라 국민들의 단결과 결속력을 강화시킬 수 있을 것이다. 그런 이유로 보훈을 세계 모든 나라에서 국가적으로 중요하게 생각하는 과제인 것이다. 그것은 국가에 충성한 사람들에 대한 삶의 보상과 보장이 국가의 미래를 보장하는 가장 중요한 요소일 것이며 그것을 통하여 현재를 살고 있는 국민들에게 나라를 사랑할 수 있는 가치를 인식시킬 수 있을 것이다. 그러므로 보훈의 진정성은 보훈대상자가 보훈대상자이어야 한다는 사실이다. 우리나라에 있어서 보훈 대상자 선정에서 있어서 가장 중요한 것은 형평성보다도 더 중요한 것은 편향된 사고로부터의 자유로워야 한다는 것이다. 보훈은 권력과는 관계없이 국가에 대한 충성이 본질일 것이다. 보훈에 있어서 사회복지는 이것을 실현하기 위한 토대인 것이다.

8. 어린이집과 승합차

5월이 되면 어린이는 나라의 보배라는 이야기가 회자된다. 그러나 진정한 의미에서 어린이가 우리 사회의 보배인지는 생각해 보아야 할 것이 많이 있다. 어린이 연령에 대한 규정에 따라 달라지지만 일반적으로 초등학교까지라고 한다면 우리나라는 2019년 12.9%로서 수적으로 전 계층에 비교해서 가장 작은 비율에 해당된다. 희소성가치에 의하면 어린이는 우리 사회에서 가장 귀중한 말 그대로 보배임에도 그러한 국가적 사회적 정책적 배려에 대한 깊은 성찰이 필요하다. 왜냐하면 우리 사회에서 우리 어린이들 모두는 아니지만 부모의 과도한 평가와 배려만 있을 뿐이기 때문이다. 그러므로 이것이 우리 사회에서 어린이에 대한 철학적 의미의 사고가 요구되는 이유인 것이다.

인천의 한 어린이집에서의 학대사건이 인구에 회자되면서 사회에 알려진 이후 의도적이든 비의도적이든 많은 학대사건들이 세상 밖으로 드러나게 되었다. 그런데 현실적으로 우리 사회에서는 그런 학대 사건뿐만 아니라 어린이집에서 발생하고 있는 문제들 가운데 아동학대 만큼 심각한 것이 어린이 통학을 위한 승합차 운행이라 할 수 있다. 왜냐하면 그동안 어린이집 통학 승합차의 운행은 많은 사고를 유발하였기 때문이고 그것은 어린이의 사망으로까지 이어졌기 때문이기도 하다. 그러나 사실 이 문제에 대하여 누구의 잘못을 논한다는 것은 무의미하다. 왜냐하면 그동안 어느 누구도 그것에 대하여 책임지려는 그리고 해결하고자 하는 의지도 보이지 않고 있었기 때문이다.

현재 우리나라 만 5세까지 어린이들의 어린이집과 유치원 진학률은 거의 85% 정도로서 선진국들과 비교해서도 매우 높은 수준이라 할 수 있다. 이 통계에 의하면 우리나라 모든 어린이들이 어린이집에서 보육을 받고 있다고 볼 수 있을 것이다. 이런 통계적 사실과 우리정부의 보육정책을 통하여 우리 어린이들이 보건복지부의 보육지침으로 보육되고 있는 것이다. 이것은 오히려 어린이들을 획일화시켜 발전 가능성을 저해시키는 요소인 것이다. 또한 선진국 어린이들과 달리 거의 모든 우리 어린이들이 어린이집으로 등교하는 방식은 부모의 직업 유무나 이동수단의 소유 여부와 관계없이 일률적으로 어린이집 통학버스를 이용한다는 것이다.

어린이들의 어린이집 등교방식으로 통학버스 운영은 우리 사회에서 어린이집의 증가와 대규모화로 인한 경쟁으로 등장한 현상이었다. 그것은 법적으로 어린이집 설립이 허가제에서 신고제로 전환되면서 시작되었다고도 볼 수 있다. 그것으로 인하여 경쟁적으로 어린이집들이 설립되고 그 규모에 있어서도 대형화하면서 어린이 모집의 과열 현상이 발생하였다. 이런 이유로 지역적으로 먼 곳에서도 어린이들을 데려오기 위하여 통학버스가 제공되었던 것이다. 물론 법적으로 규정된 조항들이 분명하게 규정되어 있지 않았던 이유로 한편으로 그것은 자연스러운 현상으로 간주되었으며, 다른 한편으로 우리에게 있어서 어린이집 운영에 대한 세세한 정보의 부족으로 간주할 수 있었을 것이다. 그것은 어린이집 운영에 대한 정보뿐만 아니라 어린이에 대한 학문적으로 현실적으로 어떠한 보육이 요구하는가에 대한 고민이 전혀 없었다는 것을 의미한다. 그것은 우리 사회에 있어서 보육의 진정한 의미에 대한 왜곡의 출발인 것이다. 그러므로 어린이집에서 발생하고 있는 사건들에 대한 분석을 위하여 그리고 단지 어린이집 통학문제에 대하여 어린이들이 타고 다니는 승합차만의 문제로만 접근하는 것이 아니라 보육과 연관된 제도들에 대한 통합적인 접근이 필요하다.

매번 어린이집 사고 후에 사건들이 인구에 회자되면서 상투적으로 이야기되고 있는 상황 속에서 더 이상 우리 어린이들이 어른들의 잘못으로 인하여 희생을 당해서는 안 된다는 발언들이 이제는 삼가 되었으면 한다. 또한 더 이상은 우리 사회에서 이와 같은 상식적인 논의들이 상투적인 이야기로 만들어져서는 안 될 것이다. 그러므로 이것을 위하여 제도를 통해서 해결할 것은 해결하고 사람에 의해 해결될 수 있는 것은 사람을 통해서 해결해야 한다. 이것은 매우 중요한 문제로 매번 위와 같은 논의들이 사건 이후 재발의 원인으로 제기되고 있기 때문이다. 진정으로 우리 국민들이 원하는 것이 있다면 이런 상황들을 단순한 어린이집에서 발생한 것으로서 간주하는 것으로부터 접근하는 것이 아니라 어린이들을 해결 당사자의 자녀 그리고 우리 국민들이 하나의 구호처럼 메아리치고 있는 미래의 희망들에게 발생한 문제로 인식하여야 할 것이다.

9. 새로운 교통문화를 위하여

우리 사회에서 지하철 역사에 가면 흔히 볼 수 있는 단어가 교통약자이다. 교통약자를 이야기할 때 많은 경우 노인과 장애인을 의미한다. 지하철 관계자들에게 교통약자란 무임승차 대상자를 의미하며 교통복지라고 한다. 그러므로 여기서는 교통복지의 진정성에 대한 제고와 전자의 측면에서 우리 사회에서 급격한 고령화현상과 사회의 노령화에 의해 나타나는 노인교통에 연관된 문제들과, 후자의 측면에서 어린이집이나 초등학교 주변에서 아동들에 대한 빈번한 교통사고에 있어서 아동들의 이동권 보장을 사회복지적인 측면에서 논의할 것이다.

- 노인교통사고에 대한 소고 -

노인인구의 증가는 다양한 노인문제의 발생을 의미하기도 한다. 이런 현상은 더욱 증가하게 될 것이다. 시대의 변화에 따라 노인믄제 해결을 위한 접근은 노인의 삶의 질에 대한 정책적 접근의 수혜자로서뿐만 아니라 공급자의 측면에서 이루어져야 할 것이다. 아래의 글은 이런 측면에서 노인인구의 증가와 급격히 변화하는 사회에서 노인의 역할에 대하여 논의될 것이다.

우리나라의 노인인구는 2020년 현재 800만 넘어 전체 인구의 15.5%이다. 노인은 현재 우리 사회에서 가장 영향력 있는 핵심계층으로 자리매김하고 있다는 것으로, 그것은 그만큼 노인들의 사회적 책임감이 무겁다는 것을 의미한다. 그러므로 우리 사회에서 중요하게 관심을 가져야 하는 것은 노인들이 자신들의 권리뿐만이 아니라 사회의 어르신으로서 사회적으로도 책임을 질 수 있는 계층이 되어야 한다는 것이다. 왜냐하면 이와 같은 가파른 노인인구의 증가는 많은 사회적 문제를 야기시키고 있기 때문이다. 실질적으로 중요한 문제로 부각되고 있는 것이 노인에 있어서 이동권에 연관된 교통문제이다. 현실적으로 우리나라에서 노인교통사고는 아직까지 많은 부분이 보행하는 노인들에게 발생하고 있다.

우리 사회에서 노인의 교통사고가 증가하고 있다고 한다. 이는 우리나라 급격한 노인인구 증가와 무관하지 않을 것이다. 이런 사회적 현상에 대하여 우리는 깊은 관심을 가져야 할 것이다. 왜냐하면 노인 사망률 원인으로 교통사고가 하나의 원인으로 자리매김하고 있기 때문이다. 얼마 전에 횡단보도에서 세 명의 초등학생들과 보행신호를 기다리고 있는데 두 명의 노인이 신호를 무시하고 횡단하고 있었다. 그 모습을 본 초등학생들도 '와'하고 서로 앞다투면서 뛰어갔으며 자동차들이 달리고 있는 가운데 뒤따르던 중고등학생들도 한꺼번에 뛰기 시작하였다. 사고의 발생 가능성이 있기에 보는 사람들로 하여금 가슴을 졸일 수 있는 현상이었다. 물론 이런 현상들은 노인들만 아니라 모든 계층에서 나타나고 있다. 문제는 여기서 같은 현상이라도 위험이나 위기현상의 발생 가능성일 것이다. 현실적으로 교통사고의 주체와 객체와 연관하여 고려하여 본다면 연령대별로 그 상관성은 의미가 있을 것이다. 왜냐하면 위급상황에 있어서 신체적 반응 정도는 그 차이가 뚜렷하다고 볼 수 있기 때문이다. 아마도 이러한 현상은 노인의 교통사고 유발의 측면에서 접근할 수 있을 것이다. 노인과 교통사고의 상관성에 본다면 노인인구의 증가가 뚜렷한 가운데 노인을 우리나라는 교통사고의 대상으로서 생각해 볼 필요성이 있다. 그것은 한편으로 노인이 교통사고의 객체적인 측면에서, 다른 한편으로 노인이 교통사고의 주체인 측면에서 살펴볼 수 있다. 우리나라에 있어서 교통문제는 전자에서 서서히 후자의 측면으로 변화하고 있다. 왜냐하면 운전면허증을 소지한 65세 이상 노인의 수가 증가하고 있기 때문이다. 그러나 노인운전자 수의 증가는 노인운전자의 교통사고 가능성의 증가를 의미한다는 논리는 노인계층에만 해당되는 것이 아닌 모든 계층에 적용되는 것으로서, 여기서 고려되어야 할 것은 노인이라는 조건으로 인한 사고 가능성을 없애려는 노력이 선행되어야 할 것이다. 그 예로는 많은 변화 속에서 노인의 교통문화는 한편으로는 신체적 노화와 인지능력 감소로 인한 교통사고 유발자가 될 수 있다는 사실과 다른 한편으로는 노인의 이동수단으로 자동차를 소유한 노인의 증가로 노인들이 교통사고의 가해자로 될 수 있다는 사실이다. 그동안 우리 사회에서 노년기의 삶에 설계에 있어서 노인의 소비적인 측면만을 강조하여 부분적이지만 경제력을 통한 편안한 노후만을 이야기하고 있었다. 그러므로 절대적으로 길어진 노년기의 삶에 있어서 질적 변화로 인한 노인문제의 해결을 위해서는 기존의 사회복지적인 사고뿐만 아니라 사회·문화적인 측면에서도 노인들의 사회적 재기여를 위한 교육적인 측면이 강조되어야 한다. 전자의 측면에서 자동차를 소유한 노인의 증가로 인한 문제들을 해결하기 위해서는 과학적 분석을 통하여 노인운전자들을 위한 도로건설이나 교통법규의 정비가 요구된다. 과거에 자동차 소유가 하나의 사치로서 사회적 신분이나 계층을 의미한 적도 있지만 오늘날 자동차는 모든 계층이 소유할 수 있는 필수품으로 우리 사회에서도 정년을 마친 사람들의 자동차 소유는 일반화되어 있다고 볼 수 있다. 이것은 은퇴 후에도 계속 운전의 가능성이 있음을 의미한다. 그러므로 노인운전자를 배려한 도로구조나 교통체계는 현대사회의 필수적인 요소로서 모든 계층의 운전자들에게도 긍정적인 작용을 할 것이다. 후자의 측면에서는 도로나 보도에서 노인의 행태변화를 위한 사회적 기여의 중요성이 인식되어야 한다. 이것은 시대의 변화에 따른 노인들도 사회적 경제적인 보상만을 추구하는 인식으로부터 전환이 필요함을 의미한다. 즉 노인은 우리 사회에서 할 수 있는 역할에 대하여 생각하여야 하며, 우리 사회도 그것에 대하여 고려하여야 한다. 그 한 예로서 노인들은 우리 사회의 교통문화를 건설적으로 진보시키는 데 일조할 수 있다는 것이다. 그것은 한편으로는 노인 스스로 교통법규를 지키는 데 노력해야 하며, 다른 한편으로는 우리 사회에서 건전한 교통문화를 만드는 데 노인은 기여해야 한다는 것이다.

일반적으로 한 나라의 미래를 이야기할 때 아동과 청소년들이 거론되고 있었지만, 사회의 고령화로 인하여 노인의 역할이 우리나라의 미래를 좌우한다고 볼 수 있다. 노인인구 증가를 염려하였던 시기와는 달리 65세 이상의 노인들과 최근 65세에 도달하여 노인의 반열에 오른 어르신들은 상대적으로 높은 경제력을 지니고 있다. 매우 중요한 노년기의 경제력은 노인의 삶의 변화를 의미한다. 이것은 노인들의 이동수단과 무관하지 않기에 노인들을 위한 교통문화의 선진화는 선진화된 제도구축도 중요하지만 노인들의 선진화된 교통의식이 더욱 중요하다. 형식적인 제도보다는 사회적 약자로서 고령 운전자를 배려하는 문화와 의식에 대한 개선이 선행돼야 한다. 자동차는 단지 움직이는 이동수단만이 아닌 그 사회의 문화적 수준을 보여주는 것이다. 이런 측면에서 자동차 소유의 목적이 부에 대한 과시의 표현으로 아직도 우리 사회에서 일반화되어 있다는 것이다. 그러므로 이것을 불식시키기 위해서 이 사회의 어른으로서 노인들의 역할이 요구되는 것이다. 그것은 자동차가 이동수단으로 그 역할을 잘할 수 있도록 사회적 모범을 보여주는 보행자로서의 노인 그리고 운전자로서의 노인이 필요하다는 것이다. 그것을 위하여 노인일자리 창출과 같은 것과 같은 경제적인 활동을 통한 기여뿐만 아니라 또 다른 형태의 문화적 기여가 요구되는 것이다. 노인들은 한편으로 자신들을 위한 사회구조를 건설하는 것에 기여하면서, 다른 한편으로 미래의 자신들의 후손들을 위한 그리고 후손들이 요구하는 사회구조를 인정하는 새로운 노인상을 정립하여야 한다.

민식이법과 교통문화

아동은 우리 사회에서 교통약자의 범주에 속하여 있으며, 그들을 위한 정책적 토대로서 아동복지, 청소년복지가 역할을 하고 있다. 그러므로 교통문화는 교육의 주체인 학생들의 안전한 삶으로부터 출발해야 하는 것을 담고 있다. 이런 측면에서 우리나라의 교통질서는 학생들을 위한 교통문화로 변화해야 하며 그 결과 스쿨존에서의 자동차 운전에 대하여 법적인 처벌이 강화되었다. 사실 학교 근처에서 자동차는 법규범이나 처벌에 관계없이 학생 중심 관점에서 운행되어야 한다. 민식이법은 제정되었음에도 스쿨존에서의 사고는 줄어든 것 같지 않고 오히려 운전자들의 법에 대한 불만이 악화되는 경향이 있다. 결국 한 나라의 교통문화는 그 나라 운전자들의 운전습관이라고 규정할 수 있을 것이다.

우리나라 교통에 연관된 법들은 자동차 중심으로 규정되어 있다. 그럼에도 불구하고 우리 사회에서 운전자들의 운전습관은 교통규범을 지키지 않는다는 것이다. 물론 시대에 적절하지 않은 교통규범에 대한 정리나 개정은 요구된다. 그렇다고 법을 지키지 않는 모습은 최근에 제정된 민식이법에서도 나타나고 있다. 민식이법의 제정 이후 야기되는 현상에서 볼 수 있듯이 법은 지켜야 함에도 불구하고 오히려 불합리한 법규정이라고 운전자들은 이야기하고 있다. 작금 법을 만드는 국회에서 벌어지고 있는 국회의원들이 관행을 법보다 우선된다는 괴변과 일치하고 있다. 자동차 운전자의 대부분은 스쿨존에 있는 아이들의 아버지이거나 어머니일 것이다. 사실 스쿨존에서 운전자들이 지켜야 할 것들은 속도만이 아니다. 소음에 대한 고려도 필요하다. 우리 교통문화에서 경적이 배려나 관심이 아닌 빨리 가는 것 또는 비키라는 것 등 사적 욕구의 표현만이 아니라 스쿨존에서 운전자들은 사적욕구의 억제를 법이 아닌 생활로서 받아들여야 한다. 운전자들뿐만 아니라 모든 사회구성원들은 단지 받아들여 우리의 자식들이 하루의 대부분을 보내는 지역인 스쿨존을 안락하고 편안한 환경이어야 하는 것은 당연하다.

교통은 자동차, 운전자, 보행자와 주변 환경 등이 함께 상호 소통하는 것이다. 그러므로 상호소통에는 아동들과도 함께하여야 한다. 복잡한 현대사회에서 사회복지는 사회구성원들의 삶의 질적 증진을 위해 물질적인 서비스뿐만 아니라 사회환경에 대한 관심이 증진되어야 한다. 편리한 삶 도시도 필요하지만 편안하고 안락한 삶과 도시도 매우 중요하다.

☞ 새로운 교통문화를 위하여 우리 사회가 해야 할 일은 한편으로는 고령 인구의 상대적 증가에 대한 고려이다. 이것은 단순히 노인인구의 증가만이 사회를 노령화한다는 것을 의미한다는 것은 아니다. 다른 한편으로는 이것에 대한 정확한 이해를 위해서는 사망률 감소로 인한 고령인구 증가와 출산율 감소로 나타나는 청년인구와 경제활동인구의 감소와 같은 양 측면에 대한 분석이 요구된다는 것이다.

10. 경적과 사회복지

현대산업사회에서 좋은 환경은 인간에게 사회복지적이어야 한다. 우리나라 대부분의 도시는 매우 소란스럽다. 아마도 고요보다 소음에 익숙해진 소음의 나라라고 할 수 있을 것이다. 많은 소음의 원인이 있겠지만 그중 하나는 자동차 소음이다. 자동차 자체에서 발생하는 소음뿐만 아니라 경적의 과도한 사용이 더 큰 원인일 것이다. 사회복지는 인간의 삶의 질에 깊은 관련이 있는 환경에도 관심을 가져야 할 것이다. 경적은 사회복지적인 측면에서 관심과 배려인 것이다.

경적이란 말이 클랙슨(Klaxon)으로 더 익숙해져 있던 세대가 있었다. 단순히 사람을 놀라게 하였던 빠아앙이란 소리부터 부—웅 등 다양화된 클랙슨 소리는 사회복지와는 무관하게 한때 산업사회의 활력을 의미하였으며 부의 상징이기도 하였다. 언젠가 많은 사람들은 클랙슨 소리를 들어보는 것이 소원이기도 하였던 그 시절의 10대였던 아이들은 오늘날 50대 60대로 경적의 세대가 되었다. 그러나 오늘날 우리 사회에서는 산업발전과 성장에 대한 지나친 강조로 자동차의 증가와 교통문화에 대한 소홀함은 문화지체를 야기시켰다. 그 현상으로서 경적은 과거의 향수로서가 아닌 소음으로서 놀람의 의미로 변화되고 있지만, 여전히 경적은 보행자뿐만 아니라 자동차 운전자들을 놀라게 할 뿐 아니라 위협하고 있다. 이런 측면에서 우리 사회의 운전자들의 습관적 현상으로 경적의 사용은 자동차문화로서가 아닌 분노의 수단을 의미한다고 볼 수 있다.

사전적 의미에서 경적의 의미는 주의나 경계를 하도록 소리를 울리는 장치 또는 그 소리로서 일반적으로 주로 탈것에 장치한다. 여기서 주의나 경계는 타인에 대한 배려를 의미하는 것이다. 즉 타 운전자나 보행자의 부주의에 대한 일깨움의 표시이다. 그러므로 경적은 단순히 내가 먼저 무엇을 하기 위한 경쟁적 수단으로 사용하는 것은 아닌 것이다. 경적의 정도는 지역이나 국가에 따라 다양하기 나타나고 있다. 일본이나 유럽을 여행한다면 경적과 같은 도심의 소음을 느끼지 못할 것이다. 반면에 우리나라에서 경적은 도심이나 주택가, 학교, 횡단보도에서 때와 장소를 가리지 않고 운전자의 일방적 행태로 나타나고 있다. 이것은 경적의 의미에 대한 역설적인 표현인 것이다. 즉 운전 중 주의나 경계라기보다는 운전자 자신의 분노 표시라고 보는 것이 적절할 것이다. 이러한 경적의 무모한 일상화는 인간의 삶의 질적 상승의 토대로서 경제개념을 무리한 경제성장으로 인한 문화적 지체 현상의 하나라고 간주될 것이다.

1990년대 이후 우리나라에서는 급격한 자동차의 증가와 과도한 자동차 구입이 발생하였다. 이것은 분배구조의 모순 속에서 한편으로 소득을 무시한 경제정책과 과도한 소비현상을 발생시켰으며, 자동차를 이동수단이 아닌 과시의 수단으로 간주하게 되었고, 그것은 자동차의 대형화로 이어져 가계부채로 이어졌으며, 다른 한편으로 과도한 노동시간 그리고 스트레스의 증가로 연결되면서 극단적 이기주의적인 운전 양태가 나타나게 된 것으로 분석가능하다. 전자의 해결을 위한 운전 행태의 변화는 양보 없는 운전이나 과속운전과 양심 없는 운전으로 습관화되었으며, 그것의 방법으로 경적의 사용인 것이다. 그러므로 경적의 사용은 단순한 현상이 아닌 사회구조의 변화에 따른 것이기에 지역마다 정도의 차이가 나타난다. 그러므로 어느 지역은 매우 소음이 심하고 어느 도시는 상대적으로 조용함을 느낄 수 있다. 외국여행에 대한 후기에는 많은 부분이 조용함에 대하여 어색하게 이야기하고 있다. 지역을 방문할 경우 그 지역의 첫인상은 매우 중요하며, 그 첫 만남은 방문객의 이동수단에 대한 결정이다. 이동수단의 사용방식이 교통문화인 것이다. 그 한 부분이 경적 소리이다. 그러므로 경적의 사용도 생각이 있어야 한다.

어떤 사람은 도시의 활력으로 많은 차와 사람들의 쉼 없는 움직임에 대하여 말한다. 시대의 변화와 흐름이 그것의 정도와 방식을 규정한다는 것이다. 대통령선거에서 사람이 먼저라는 구호가 있었다. 모든 사회구조는 사람 중심으로 이루어져야 한다는 의미이다. 자동차보다 보행자가 우선이라는 것은 질서의 작은 한 부분이지만 지켜져야 할 당연한 규칙이다. 경적은 자동차가 보행자보다 먼저 가려는 수단이 아닌 보행의 보호를 위해 존재한다는 것이다. 훌륭한 교통문화는 운전자들의 경적에 대한 의미부여로부터 시작될 수 있을 것이다.

11. 교육과 학교복지

유럽 대부분의 국가들은 복지국가이다. 여기에 속한 국가들은 의무교육을 실천하고 있다. 이것은 무상교육을 의미하기도 하지만 교육에 있어서 기회가 경쟁 아닌 비경쟁 구도를 의미하기도 한다. 이것이 교육가 추구해야 할 진정한 목적이라 할 수 있을 것이며 우리의 교육 분야에서 실현해야 할 가치이다. 그러므로 여기서는 그 가치를 교육복지라고 할 수 있으며 그것에 대한 문제제기를 통하여 접근할 것이다.

우리나라는 헌법에 교육의 의무와 권리를 명시하고 하고 있지만 현실은 그렇지가 않다. 왜냐하면 그것은 우리에게 있어서 교육의 기회는 비경쟁구도가 아닌 경쟁이기 때문이다. 이 글에서는 교육과 학교복지 측면에서 우리나라 교육문제에 대한 접근을 통하여 한편으로는 우리 사회 내에서의 가장 중요한 교육문제의 하나인 입시문제에 대한 분석을 시도할 것이다. 그리고 부분적이지만 다른 한편으로는 그것을 통하여 비판적 측면에서 교육문제에 대하여 사회복지적인 새로운 인식 틀을 살펴보면서 해결책을 실질적으로 논의하려고 한다.

새로운 학기가 시작된다는 것은 우리 사회 교육의 의미에 있어서 그리고 우리 학교교육에 있어서 새로운 입시의 시작임을 의미한다. 그 입시란 대부분 고등학교에서 대학교로 진학하는 것이다. 대학교 진학 그것도 소위 명문대학 진학은 모든 입시의 목적이며 목표인 것이다. 그동안 대학교 진학을 위한 입시를 해소하기 위한 수많은 정책들이 발표되었으며 그것은 진행 중이고 30여 년 만에 수능이라는 새로운 입시형태로 부활되면서 우리의 자녀들은 출생과 함께 20대 초까지 입시로부터 자유롭지 못하다. 교육문제란 미시적인 측면에서 학교에서 파생되고 있는 문제들과 연관되어 있다. 반면에 거시적인 측면에서 교육문제는 정책적인 측면에서 매우 중대한 사회문제이다. 왜냐하면 언제부터인가 우리의 교육은 학원과 같은 사교육기관에 더 많은 상호의존적 관계를 형성하고 있으며, 그것으로부터 벗어나려는 정책적 노력은 의도적이든 비의도적이든 오히려 그것을 더욱 심화시키는 방향으로 진행되고 있었기 때문이다. 구체적으로 우리의 교육은 정치적 타락으로부터 출발하고 있다. 그것으로부터 우리나라의 교육에서 3대 핵심문제가 발생하였고 그 문제들이 해결되지 않는 이유일 것이다. 이 세 가지 문제는 이미 알려져 있고 누구나 인식하고 있는 문제이다. 하나는 입시문제이며, 다른 하나는 그에 따른 학벌지상주의이며, 셋은 이와 연관된 학연문제이다. 이 세 가지 문제들은 우리나라 정치·경제·사회·문화 부문의 발전에 기여하였다는 의견과 오히려 그 반대의 측면인 발전을 저해하는 요소라는 견해가 있다. 여기서는 근본적으로 모든 사회적 문제들을 파생시키고 있는 입시문제에 대하여 논의한다.

실질적으로 입시와 연관된 문제에 있어서는 세계 어느 나라도 자유로울 수는 없을 것이다. 왜냐하면 이것은 인재를 얻기 위한 중요한 방식이기 때문이다. 그러므로 모든 국가들은 어떠한 방법으로든 최고 인재를 양성하기 위한 입시 과정을 운영하고 있다. 그런데 문제는 그것이 과도하게 작용하고 있다는 것이며, 특히 우리나라의 입시는 개인의 삶을 결정짓는 유일무이한 것으로 간주되고 있다는 것이다. 입시가 교육인 것으로 인식되고 있는 것이다.

이런 측면에서 학원문제의 핵심에 있는 관계자들은 그 문제들을 해결하려는 것이 아닌 더욱 문제를 악화시키려는 형태를 보이고 있다. 왜냐하면 결과적으로 그들의 정책은 우리 학생들을 항상 입시의 긴장 속에 빠뜨리고 있기 때문이다. 나라의 백년대계를 이끌어가야 할 입시정책은 해마다 바뀌어야 하는 것으로 당연시 되었다. 그것은 오히려 관련부처가 자랑스럽게 매년 5월경이면 학부모에 대한 서비스로 생각하는지 내년도 입시에 대하여 설명한다. 수능시험 담당자도 매년 과목에 대한 난이도와 중요 사항들을 발표한다. 연례행사로서 학생들이 해야 할 것을 그냥 과정의 한 부분으로 조용히 진행되어야 함에도 불구하고 오히려 자신을 내세우려는 것인지 아니면 진정 학생들에게 정보를 주려는 것인지 그 진정성 또한 학생들과 부모들에게는 부담으로 작용할 것이다. 대학들도 그것이 커다란 권리인 양 입시요강을 수능점수의 비율과 논술의 비중에 대한 것들은 매년 다르게 적용 발표하여 오히려 혼란을 부추기면서 대학이란 최고의 학문의 전당에 신뢰를 스스로 상실시키고 있다. 학생들을 선발하는 데 그리고 학생들은 같은 과목들을 같은 선생님들에게 학습하고 있는데, 그 기준이 매년 바뀌는 것은 어떠한 이야기를 하더라도 합리적이지 않으며 자랑거리도 될 수 없다. 그것은 단지 학생들 그리고 그들의 부모를 입시의 틀 속에 가두어 두려는 정치적 도구로 간주될 수밖에 없을 것이다.

이와 같은 교육에 연관된 문제들을 해소하기 위한 교육복지라는 개념은 우리나라에서 학문적으로 정립되어 있지 않지만, 그 의미를 실천하는 측면에서 다양하게 접근할 수 있을 것이다. 그러므로 교육이나 복지 모두 인간의 삶의 질적 향상이라는 목적을 내포하고 있기에 교육복지는 한편으로는 교육적인 측면에서의 접근과 다른 한편으로는 사회복지에서 접근의 합일점을 의미할 것이다. 그러나 이 의미의 실천 주체가 누구냐에 따라서 그 양상은 다르게 나타날 것이다.

논의된 것들을 종합하면 우리 사회에는 교육복지가 존재하고 있지 않으며 단지 입시 잘할 수 있게 만드는 것이 교육부나 학부모의 고육복지에 대한 인식이라 할 수 있다. 그러므로 교육복지가 교육기회의 비경쟁 구도를 의미한다고 하였듯이 이것을 구현하는 것이 교육부의 책무인 것이다. 그러므로 정부는 교육과 입법을 통하여 인간 사회를 확립 유지해야 하는 것이다. 이것을 추구하기 위하여 교육의 당사자들인 학생, 선생님, 학교는 가장 중요한 역할을 해야 한다는 것이다. 모든 교육이 입시라고 인식하고 있는 우리 사회 구성원들에게 입시는 국가적 행사이기도 하지만 대부분의 사회에서 그것은 교육의 전체가 아닌 교육과 연관된 작은 부분인 것이다. 결론적으로 교육복지는 우리 사회에서 살아가는 모든 사회구성원들의 사회적으로 바른 생활을 통하여 자신의 존재가치를 입증하는 것에 주안점을 두어야 할 것이다.

12. 정리
- 정책적인 측면에서 에스컬레이터와 건강 -

진정한 복지국가를 추구하기 위해서 무엇을 해야 하는가는 우리 사회의 구성원들이 미래에 대한 진정한 관심이 되어야 할 것이다. 결국 이것들은 사회구성원들의 일인 것이다. 그러므로 사회의 각 분야에 종사하고 있는 사람들은 자신들이 누리려는 것보다 인류의 복지를 우선시하는 모든 제안들을 대하여 실질적으로 사려 깊은 이해가 필요한 것이다. 위에서 논의된 열한 가지의 주제는 우리 사회의 구성원들의 행복한 삶을 어렵게 하는 요소들로서 역설적이지만 이것의 극복이 미래사회의 복지를 추구하는 것이다.

사회복지는 주변 상황의 변화에 종속되거나 영향을 받아서는 안 되는 분야이다. 경제적 · 정치적 상황 악화에 따른 예산 축소라든지 정치적 거래로 예산이 편성되는 분야가 아니다. 왜냐하면 사회가 끊임없이 진보하는 것처럼 인간의 삶은 증진되어야 하기 때문이다. 그러므로 사회복지에 대한 것들이 중단되거나 불필요한 것으로 간주되어서는 안 되면 논쟁의 대상도 되어서는 안 된다. 사회복지에서 비용이 비복지적인 것이 아니라 비효율적인 측면에서 논의되어야 하는 것이다. 그것은 사회복지의 분야들을 정리해서 적재적소에 배분하고 사용하면 되는 것이지 비효율적이라 해서 버려져서는 안 된다는 것이다. 그러므로 사회복지에 연관된 것들의 비효율적인 것을 효율적으로 전환시켜 해결하는 것이 사회복지적인 발상인 것이다.

사회복지의 제도화가 본격적으로 실행 실천되면서 2019년 현재까지도 우리 사회에서는 무상복지와 사회복지의 역할, 노인, 교통, 교육, 보육 등에 연관된 사항들에 대한 다양한 논쟁이 진행되었다. 현실적으로 산업화와 사회의 급속한 변화와 발달은 사회구성원들의 삶의 평준화보다는 오히려 부의 집중과 어두운 면들을 심화시키고 있다. 그러므로 사회복지의 전체적인 틀 속에서 우리 사회의 화두는 진정한 의미에서 계층 간의 사회통합이다. 여기서는 진정한 사회통합을 위한 하나의 제언의 측면에서 접근한다.

우리 사회의 무상복지에 대한 논쟁은 대부분 청소년이나 아동을 위한 사회복지정책을 위한 예산에 연관되어 있다. 무상복지가 경제적인 측면에서 사회복지비용에 대한 문제가 제기되고 있기에 모든 사회복지 서비스의 논쟁적 토대로 작용하고 있지만 그것보다는 사회복지의 미래의 재원인 아동이나 청소년에게 연관된 복지정책으로 보는 것이 타당하다. 왜냐하면 무상의 시작인 무임승차에 대한 적자이유가 수없이 제기되고 있었음에도 불구하고 그것이 최고 사회복지정책으로 간주하면서 적자기업이 오히려 국가로부터 보조금의 정당성을 주장하고 있기 때문이다. 중요한 사실은 우리 사회에서 무임승차에 대한 많은 비용이 요구되고 있지만 그 비용의 근원에 대하여서는 관심이나 이의제기 그리 없는 것 같다. 이런 측면에서 우리 사회의 복지정책은 매우 단기적이고 정치적이라 할 수 있는 것이다. 정책적인 측면에서 전자의 의미로는 미래의 부양 의무자에 대한 복지마인드의 결여에서 찾아볼 수 있을 것이며, 후자의 의미로는 정치인들의 단기적인 정치적 이해추구의 결과물로서 접근될 수 있을 것이다.

노인인구의 급격한 증가를 예측하지 못하고 1980년대에 경로우대와 같은 노인에 대한 복지정책이 추구되었으며, 그것은 현재에 이르고 있다. 1998년 경제환란은 오히려 우리 사회를 사회복지의 본격적인 추진과 제도화의 계기가 되었다. 사회복지의 제도화와 체계화와 더불어 우리 사회에서 노인인구는 급속히 증가되었으며, 이는 우리 사회의 사회복지를 노인 위주의 정책적 토대로 받아들일 수 있을 것이다. 이는 사회복지의 실질적 수혜자의 대부분인 노인임을 반증하는 것으로 노인복지에 대한 비용증가로 이어졌다. 노인복지가 사회복지라는 인식이 우리 사회에 저변에서 각인되기 시작하였다. 그러므로 우리 사회에서 사회의 어르신으로서 노인에 대한 인식의 변화가 절대적으로 요구되는 시기이다. 그것은 사회구성원들의 노인에 대한 공경뿐만 아니라 노인의 사회구성원들에 대한 사회적 기여에 대한 고려이다. 이것은 전자에 대한 정책적 배려에서 후자에 대한 인식의 변화를 의미한다. 2000년 노인인구 7.2%의 고령화 사회에서 8년만인 2018년에 14.3%로 고령사회에 진입한 우리 사회의 건강한 노화는 육체적인 건강만을 의미하지 않는다. 그럼에도 불구하고 우리 사회에서 신체적 노화는 건강에 대한 관심으로 이어지면서 과도할 정도로 의학적인 접근만을 강조한다는 것이다. 노인만의 건강한 노화뿐만이 아니라 모든 사회 구성원들의 건강을 위한 인식의 대전환이 필요하다. 그것은 우리 주변의 잘못된 습관으로 인한 건강증진의 어려움은 사회적 비용의 증가를 의미한다.

우리나라에는 진정으로 필요 유무가 아닌 장애인 · 노인 · 임산부 등의 편의증진 보장에 관한 법률의 법규정에 의해 수많은 에스컬레이터 등은 수많은 편의 시설들이 설치되어 있다. 사회의 고령화로 인한 사회구성원들의 건강 유지를 위한 도구로 간주될 수 그 시설들이 그동안 잘못된 습관으로 인하여 사회구성원들의 건강증진의 기회박탈이나 장애로 작용하였다고 볼 수 있다. 그 중에서도 특히 에스컬레이터의 오용과 남용에 대한 문제의식이 요구된다. 왜냐하면 예를 들어 에스컬레이터가 타고 가는 것이 아닌 걸어가는 기구로 인식되면서 계단의 무용지물이 되었을 뿐만 아니라 기구의 높은 고장률과 교체 등의 문제들이 발생하고 있기 때문이다. 실질적으로 우리 사회에서 대부분의 지하철 역사에 많은 비용을 들여 에스컬레이터가 설치되어 있다는 것이다. 그것으로 인하여 사회 · 경제적 비용이 지속적으로 증가하면서 지하철 공사의 적자가 누적되고 있다는 것은 사실이다. 그러나 더 큰 문제는 이것에 대한 지하철 공사나 직원들의 접근방식은 누적의 원인에 대한 해결이 아닌 정부보조금을 통한 해결을 주장하고 있다는 것이다.

현대사회에서 운동의 한 수단으로서 걷기의 중요성이 강조되면서 지하철은 걷기운동의 좋은 장소로 알려지게 되었다. 건강지수를 중요하게 생각하고 있는 우리 사회 구성원들의 건강을 증진시키기 위하여 지하철의 적절하고 효율적인 정책은 많은 역할을 할 수 있을 것이다. 왜냐하면 지하철을 이용하여 목적지에 도달하려면 많은 경우 걷기로 환승해야 하며 운동량을 더 증가하게 하려면 계단을 이용할 수 있기 때문이다. 그러나 지하철 이동에 있어서 에스컬레이터와 계단이 나란히 설치되어 있는 구조적인 문제와 지하철 역사에 에스컬레이터의 설치할 당시 지하철 공사의 에스컬레이터의 잘못된 이용방식 ─한 줄은 타고 가는 사람 다른 한쪽은 걸어가는 사람─ 홍보로 인하여 계단을 이용하는 사람이 아닌 에스컬레이터를 계단처럼 이용하는 사람이 대부분이다. 그것에 대한 뒤늦은 정책적 수정을 위해 실행되고 있는 에스컬레이터를 타고가는 것으로 각인시키는 작업과 계단에는 한 계단에 해당하는 칼로리 소모량을 알려주는 것과 같은 소극적인 작업의 실효성은 거의 없는 것 같다. 여전히 에스컬레이터는 타는 것이 아닌 걸어가는 것으로의 인식은 걸어가거나 뛰어가는 사람에게 자동적으로 비켜주거나 타고 가는 사람을 이상하게 또는 비키라는 듯 쳐다보는 것이 현실이다. 그러므로 에스컬레이터 잘못된 이용에 대한 교정과 수정을 위한 지속적이고 적극적인 노력이 요구된다.

그 노력의 하나로서 에스컬레이터는 한 줄로 내려가는 것만을 운영하고 계단을 이용하여 올라가는 것이다. 노인들의 어려움이 있을 것이나 현상적으로 보면 건강을 위하여 노력하는 것보다는 수고스러운 일은 아닐 것으로 보인다. 이것의 실천적 방안으로 사회의 어른으로서 노인들의 사회적 기여이다. 노인인구의 증가는 노인 건강의 중요성 증대를 의미한다. 그것은 노인에 대한 관심뿐만이 아니라 국민연금시대의 도래를 통한 노년기의 경제적 보장은 사회에 기여하는 노인들의 삶의 방식으로의 전환되어야 함을 의미한다. 노인의 전향적인 삶을 위하여 노인복지의 정책적 변화도 진행되어야 한다. 그 방법과 수단으로 지하철역에서의 에스컬레이터 이용에 대한 솔선수범은 노인이나 모든 국민들의 무릎의 보호와 건강한 몸을 만드는 데 일조할 수 있을 것이다.

결론적으로 사회복지의 본질적 목적으로 사회통합의 진정성에 도달하려면 사회복지는 비용지출만이 아닌 관심과 배려에서 출발해야 한다. 그것은 투자를 의미하는 것으로 단지 물질적인 것만 아닌 사회의 또 다른 면으로서 고려되어야 할 것이다. 그것은 단순히 고민과 관심이 아닌 사려 깊은 배려와 관심이 요구된다는 것이다. 인류 문명의 진보가 인간적인 비극이 초래할 수 있다는 영국의 소설가이며 비평가인 올더스 헉슬리(Aldous Huxley, 1894~1963)의 멋진 신세계에서의 예언처럼 사회복지의 발전이라는 의미가 사회복지에 대한 인간의 과도한 의존이 아닌 자율적이고 배려 있는 인간상의 정립에 기여하여야 할 것이다.

생각해 봅시다

1. 저출산 고령화 문제에 대하여 생각을 나누어 봅시다.

2. 건강한 고령사회를 위해 일상생활분야에서 논의해야 할 문제들에 대하여 생각해 봅시다.

3. 저출산 문제를 극복할 수 있는 일상생활분야에서 논의할 수 있는 문제들에 대하여 생각해 봅시다.

참고문헌

[단행본]

김귀환, 노인복지론, 정민사, 2017
김귀환, 사회복지법제론, 정민사, 2019
김귀환, 사회복지입문, 나눔의집, 2008
김귀환, 사회복지정책론, 정민사, 2017
김귀환, 현대사회문제의 이해, 청목출판사, 2011
니콜로 마키아벨리, 군주론, 자화상, 2019
다니엘 벨/ 김원동・박형신 역, 탈산업사회의 도래, 아카넷, 2006
도쿄대 고령사회 종합연구소/최예은 역, 도쿄대 고령사회 교과서, 행성B, 2019
라구람 라잔・루이지 징갈레스/고승의 역, 시장경제의 미래(*Saving Capitalism From The Capitalist*), 앤트, 2008
루돌프 예링/정동호・신영호 역, 권리를 위한 투쟁, 세창출판사, 2015
리 호이나키/김종철 역, 正義의 길로 비틀거리며 가다, 녹색평론사, 2011
리처드 리브스/김승진 역, 20 VS 80의 사회, 민음사, 2019
마흐무드 맘다니/최다희 역, 규정과 지배, 창비, 2017
막스 베버/김진욱 외, 직업으로서의 학문・정치, 범우사, 2014
바버라 에런라이크/전미영 역, 긍정의 배신, 도서출판 부키, 2012
서혜석, 군사회복지 이해와 실천, 양서원, 2008
소스타인 베블렌/이종인 역, 유한계급론, 현대지성, 2018
수전 스트레서/김승진 역, 낭비와 욕망, 이후, 2011
스테펜 K. 샌더슨/김정선 외 역, 사회학: 인간사회의 구조와 변동, 그린, 1998
시몬 베유Simone Weil/박진희 역, 시몬 베유 노동일지, 리즈앤북, 2012
심연수, 복지국가와 정의, 인간사랑, 1998
오선균, 기적의 초등 독서법, 황금부엉이, 2019
올더스 헉슬리/이덕영 역, 멋진 신세계, 문예출판사, 2019
요스타 에스핑 안데르센/박형신・정헌주 외 역, 복지자본주의의 세 가지 세계, 일신사, 2006

이지수 · 강민지 · 남효정 · 김유정 · 이옥진 · 김기웅, 대한민국 치매현황 = Korean dementia observatory, 국립중앙의료원 중앙치매센터, 2019
이철수, 사회복지학사전, Blue Fish, 2009
장애여성공감, 어쩌면 이상한 몸, 오월의 봄, 2018
제레미 리프킨/이희재 옮김, 소유의 종말, 민음사, 2018
조지 버나드 쇼/김일지 · 김지연 역, 쇼에게 세상을 묻다: 모르면 당하는 정치적인 모든 것, 텐데데르, 2019
칼 만하임/임석진 역, 이데올로기와 유토피아, 김영사, 2012
테오도르 아도르노 · 막스호르크하이머/김유동 역, 계몽의 변증법, 문학과지성사, 2019
프란쯔 자베르 카우프만/정연택 역, 사회정책과 사회국가, 2005
프랑크 쉬르마허/장혜경 역, 고령사회 2018, 나무생각, 2005
하동석/유종해, 이해하기 쉽게 쓴 행정학용어사전, 새정보미디어, 2010
한국군사회복지학회, 군사회복지 이해와 실천, 양서원, 2016
한나 아렌트/홍원표 역, 어두운 시대의 사람들, 한길사, 2019
한비야, 지도 밖으로 행군하라, 푸른숲, 2005
한완상, 현대사상교양전집 제9권 성적인간, 태극출판사, 1977
할레드 호세이니/왕은철 역, 연을 쫓는 아이, 현대문학, 2019
해리 브레이버만/이한주 역, 노동과 독점자본, 까치글방, 1999
헤르베르트 마르쿠제/박병진 역, 일차원적 인간, 한마음사, 2009
홍지성/최현 역, 채근담, 범우사, 2019
Creighton Campbell/Naoki Ikegami. 2003. "Japan's Radical of Long-term Care". Social Policy & Administration, Vol 37, p21
Harold Wilensky/Charles Lebeaux, Industrial Society and Social Welfare, Free Pr, 1965
Thoma Klie/Roland Schmidt, 1999. Die neue Pflege alter Mensachen, Goettingen.

[논문]

강상석, 사회복지전담공무원의 직업정체성 형성 경험에 관한 연구, 예명대학원대학교, 2019
강영주 · 최지민, 자치분권시대에 대비한 광역지자체 사회복지기능 개편 방안, 한국지방행정연구원, 2019
강혜규, 사회복지제도 운영체계 국제비교 연구 -호주 · 뉴질랜드 · 영국을 중심으로-, 한국보건사회연구원, 2011
곽연, 사회복지사의 역할불일치가 이직의도에 미치는 영향, 우송대학교 대학원, 2019

권창호, 지역사회 군사회복지실천을 위한 민군협력관계 영향요인 연구, 가톨릭관동대학교 대학원, 2016

김경수, 독거노인의 심리적 요인과 자살 생각 간의 관계에 대한 사회적 지지의 매개효과 -전라남도지역을 중심으로-, 광주대학교 사회복지전문대학원, 2020

김성근, 군 복무 부적응자를 위한 군 사회복지 실천에 관한 연구, 대진대학교 통일대학원, 2017

도건우, 의료의 끝은 복지의 시작… 병원+복지 통합한 '의료복지복합체' 모델 주목": 미래의 노인주거, '超고령사회' 일본에서 답을 찾다, 月刊朝鮮. 통권 제478호 p.376-385, 조선뉴스프레스, 2020

박정연, 민주화 이후 사회복지정책 및 사회복지법의 변화에 대한 연구: 사회권을 중심으로, 성공회대학교 대학원, 2018.

배임호, 회복적 사법정의(Restorative Justice)에 근거한 프로그램 참여자에 대한 교정복지실천 개입에 관한 연구. 상, 하 17년 동안 교정복지실천 케이스를 중심으로, 교정 세상을 지키는 따뜻한 사람들, 제63권 제5호, p.44-49 법무부 교정본부 2019.

보건복지부, 사회복지사 자격 이수 교과목 늘어난다: 전문성 강화를 위해 종전 14과목→17과목으로 확대, 세종: 보건복지부, 2019

서경주, 세계 자본주의의 발전 과정, 수원대 문화 제3집 pp. 45-55, 수원대학. 1987

손현, 사회통합형 주거복지법제에 관한 연구, 한국법제연구원, 2019

승정헌, 사회복지 지방분권 연구: 사회복지 사무와 사회복지 재정 중심으로, 서울사회복지대학원대학교, 2020

신기철, 건강보험 재원조달정책에 관한 비교연구: 사회보험방식 9개 OECD 회원국을 중심으로, 사회보장연구 제31권 제3호 제74집 pp.119-144, 사회보장학회, 2015

염경남, 교육복지 현장 사회복지 슈퍼비전 모형 개발, 서울여자대학교 대학원, 2015

윤조덕・김상호・박정란, 사회보험과 노동조합의 역할: 한・중・일 비교, 한국노동연구원, 2008

이기호, 지역사회보장협의체 제도의 성과에 영향을 미치는 요인에 관한 연구: 메타 거버넌스의 전략적 요소를 중심으로, 강원대학교 대학원, 2019

이아영, 사회복지사 자격제도 운영개선에 관한 연구. 1, 뉴스기사를 통해 본 사회복지사 자격제도의 문제, 소셜 워커 통권 제208호 p.34-37 한국사회복지사협회, 2020

이정숙, 사회복지사 윤리의식과 직무만족도 관계에서 전문성의 매개효과에 관한 연구: 경기북부 사회복지사를 중심으로, 신한대학교 특수대학원, 2020

이현주, 국제사회보장동향 - 2008 겨울호: 뉴질랜드 복지전달체계의 동향: 제도와 복지행정의 정합, 한국보건사회연구, 2008

이화여자대학교 산학협력단, 외국의 정신질환범죄자관리 및 의료복지체계, 법무부, 2019

임은정, 지역사회 정신건강복지센터의 서비스 유형과 건축계획, 광운대학교 대학원, 2019

정창수, 남북한의 노인복지법제 통합에 관한 연구, 국민대학교 대학원, 2016
정현주・김요완, 정신건강사회복지사의 임파워먼트 실천에 관한 질적 연구: 이론과 실천의 딜레마를 중심으로, 보건과 복지 제21권 제4호 p.169-203, 한국보건복지학회, 2019
최선희, 정신건강사회복지사의 직무에 관한 질적 연구, 위덕대학교 대학원, 2020
최옥금, 최근 남미 국가의 연금개혁: 연금 민영화의 한계, 국민연금연구원, 2013
최혜경, 한부모가족복지시설 사회복지사 역량모델 개발, 부산대학교 대학원, 2020
황지애, 사회복지사의 인권관점 실천을 위한 제도에 관한 연구: 사회복지사 윤리강령 및 인권교육을 중심으로, 서울시립대학교 도시과학대학원, 2019

(사)한국노숙인복지시설협회 www.kawih.or.kr
en.wikipedia.org/wiki/Social_protection_in_France
en.wikipedia.org/wiki/Welfare_in_Japan
en.wikipedia.org/wiki/Welfare_in_Sweden
http://www.cctimes.kr/news/articleView.html?idxno=596148#08W8
https://blog.naver.com/kdw9763/221647292185
https://blog.naver.com/ksy54000/221536362243
https://blog.naver.com/shbyv239nxm5yf1/221644879639
국세청 http://kosis.kr/
국회도서관 www.nanet.go.kr
보건복지부 http://mohw.co.kr/
사회복지사업법 시행규칙 [별표 1] 사회복지학 전공교과목과 사회복지 관련 교과목(제3조 관련)
한국자활센터협회 www.jahwal.or.kr
한국장애인개발원 www.koddi.or.kr

찾아 보기

[인 명]

[내 용]

●●● ㄱ

저자 소개

김 귀 환

- 고려대학교 사회학과 졸업
- 독일 뷔르츠부르크 대학 사회학 박사과정 수료
- 현) 순천제일대학교 사회복지과 교수

논문 및 저서

- 한국사회에서 사회복지정책의 발전방향에 대한 연구(2015)
- 부랑인 문제와 인권에 관한 연구(2016)
- 노동문제와 노동복지의 관계성에 대한 연구(2017)
- 소득 불평등과 빈곤문제에 관한 연구(2018)
- 사회보장제로서 사회보험에 대한 연구(2019)
- 케어복지론(8인 공저, 나눔의집, 2006)
- 사회복지입문(나눔의집, 2008)
- 사회복지와 정책(4인 공저, 동문사, 2009)
- 현대사회문제의 이해(청목출판사, 2011)
- 사회복지정책론(정민사, 2013)
- 인간행동과 사회환경(5인 공저, 정민사, 2013)
- 노인복지론(정민사, 2017)
- 사회복지법제론(정민사, 2019)

사회복지학개론 -사회복지의 이해-

1판 1쇄 인쇄	2021년 2월 20일
1판 1쇄 발행	2021년 2월 25일
저　자	김귀환
발 행 인	회장 박철용 · 대표 박세원
발 행 처	정민사
주　소	경기도 파주시 직지길 522 파주출판도시
전　화	031-955-8030
팩　스	031-955-8025
홈 페 이 지	http://www.jmpub.co.kr
이 메 일	yswgroup@naver.com
출 판 등 록	1979년 1월 22일 No. 406-2004-000130호
I S B N	978-89-5809-902-4
정　가	**19,000원**